HISTOIRE ET CRITIQUE

DE LA

RÉVOLUTION CARTÉSIENNE.

HISTOIRE

ET CRITIQUE

DE LA RÉVOLUTION

CARTÉSIENNE,

PAR

M. FRANCISQUE BOUILLIER,

ANCIEN ÉLÈVE DE L'ÉCOLE NORMALE, PROFESSEUR DE PHILOSOPHIE
A LA FACULTÉ DES LETTRES DE LYON.

LYON.
IMPRIMERIE DE L. BOITEL,
QUAI SAINT-ANTOINE, 36.
—
1842.

Donné à la Bibliothèque de Montbéliard
par Paul Ankermann
1896

AVERTISSEMENT.

Ce livre est un mémoire qui a eu l'honneur de partager le prix proposé par l'Académie des Sciences morales et politiques pour la question de l'examen critique du cartésianisme. Je remercie la section de philosophie de l'indulgence avec laquelle elle a jugé un ouvrage dont j'ai moi-même reconnu les nombreuses imperfections. J'ai tâché d'en faire disparaître quelques-unes avant de le livrer à l'impression. J'ai fortifié les parties les plus faibles, j'ai achevé celles qui m'ont paru le plus incomplètes. J'ai ajouté et j'ai retranché. Néanmoins, malgré tous ces changements, mon livre ne diffère en rien, quant au fond et à l'esprit, du mémoire couronné par l'Institut. Dans la section de philosophie, M. Cousin et M. Damiron ont des droits tout particuliers à mes remerciments et à ma reconnaissance. Je dois beaucoup à leurs encouragements, à leurs avis et à leurs conseils. Le long rapport de M. Damiron dont la commission a adopté les conclusions est un des morceaux les plus remarquables qui aient été écrits en France sur l'histoire de la philosophie moderne. C'est en le consultant que j'ai rectifié un certain nombre d'erreurs de faits et d'idées qui se rencontraient dans mon mémoire.

Plus d'une fois, en composant ce livre, je me suis demandé avec inquiétude, quel pouvait en être l'intérêt auprès des hommes qui s'occupent d'études philosophiques, et voici les raisons qui m'ont donné quelque espoir et quelque confiance. Quoique nous soyons déjà séparés du cartésianisme par deux grands siècles, nous lui touchons encore de bien près, et c'est de lui que nous tenons notre méthode et nos principaux résultats. Faire l'histoire et la critique du cartésianisme, c'est faire l'histoire et la critique des véritables origines de la philosophie du XIXe siècle. Quels que soient les secours que notre philosophie ait empruntés à l'Ecosse ou à l'Allemagne, ce livre, entre autres choses, pourra démontrer qu'elle est avant tout française dans son esprit et française dans ses origines.

HISTOIRE ET APPRÉCIATION.

DE LA

RÉVOLUTION CARTÉSIENNE.

ÉTAT DE LA PHILOSOPHIE

ANTÉRIEUREMENT A DESCARTES.

Après la révolution socratique qui a enfanté à la suite l'un de l'autre Platon et Aristote, la révolution cartésienne est la plus féconde et la plus puissante que présente l'histoire de la philosophie. Il n'en est pas d'autre qui ait suscité plus de grands systèmes, qui ait entraîné dans son mouvement plus d'hommes de génie. Quelles que doivent être les destinées ultérieures de la philosophie, le mouvement philosophique dont Descartes est le chef demeurera toujours un des plus grands progrès que la raison humaine ait accomplis. Mais l'importance de ce mouvement philosophique ne saurait être comprise et appréciée, si l'on ignore quels sont ses antécédents dans l'histoire et quelles causes l'ont préparé. Sans doute, Descartes a consommé cette révolution philosophique qui porte son nom, mais s'il a eu la gloire de la consommer, il n'a pas eu la gloire de la commencer. C'est dans l'état antérieur de la philosophie, qu'il faut en étudier les commencements et les origines. Le cartésianisme a été une réaction contre la philosophie scholastique, il lui a succédé dans l'histoire. Pour comprendre la nature et la portée de cette réaction, il faut donc connaître la nature de la philosophie scholastique, les causes de sa décadence et de sa chûte, car les mêmes causes qui ont amené la chûte de la philosophie scholastique, ont préparé l'avénement et le triomphe du cartésianisme.

Quelles sont les circonstances philosophiques qui avaient préparé, au commencement du XVIIe siècle, le rôle et la venue de Descartes, quelle est l'origine et la nature de la philosophie scholastique dont le cartésianisme a triomphé ; quelles sont les tentatives de réforme philosophique plus ou moins hardies, plus ou moins heureuses, qui ont précédé la réforme accomplie par Descartes ; quels philosophes en ont été les précurseurs ? Telles sont les principales questions auxquelles il faut répondre avant d'étudier en elle-même la philosophie de Descartes.

DE LA NATURE ET DE L'ORIGINE DE LA PHILOSOPHIE SCHOLASTIQUE.

La philosophie scholastique du moyen-âge, qui sert d'introduction à la philosophie moderne, n'est pas un fait isolé dans l'histoire de l'esprit humain. Lorsque, par des circonstances que je n'entreprends pas ici de déterminer, un ensemble de croyances qui passent pour sacrées et définitives, s'est répandu dans le monde, lorsque tous les pouvoirs de la société sont armés, au nom de ces croyances, contre quiconque oserait les mettre en doute ou même seulement les soumettre à l'examen, il semble qu'il y ait un moment d'arrêt dans le développement de la raison humaine. Mais ce moment n'est pas de longue durée ; bientôt, reprenant son activité naturelle, la raison travaille à s'affranchir, et dénoue les uns après les autres les liens de l'autorité dans lesquels elle était enchaînée. Alors entre la raison et l'autorité commence une lutte qui, de toute part se trahit au sein même de la philosophie scholastique. Cette lutte n'est d'abord ni franche, ni ouverte, soit que la raison elle-même n'ait pas encore une conscience claire de son but, soit qu'elle ne puisse l'avouer sans s'exposer à succomber certainement sous l'empire de la force; elle commence d'ordinaire par se mettre à l'abri derrière cette autorité même dont elle aspire à s'affranchir. Mais à mesure qu'elle prend de la force, elle devient moins timide, et il arrive enfin un jour où après bien des vicissitudes, bien des revers et bien des triomphes, elle ose proclamer hautement son indépendance.

Telle est, en quelques mots, l'histoire générale de toutes les philosophies scholastiques. Car il est dans l'histoire plusieurs périodes philosophiques auxquelles par analogie ce même nom pourrait être donné.

Partout où la philosophie s'est rencontrée dans des circonstances analogues à celle où la raison humaine s'est trouvée au moyen-âge, partout où elle a été placée en présence de livres sacrés et d'un sacerdoce puissant, elle n'a été d'abord et n'a pu être qu'une philosophie scholastique, c'est-à-dire une servante et une humble interprète de la théologie. Telle a été d'abord la philosophie indienne, placée en face des védas et de la caste sacerdotale. — Telle a été aussi la philosophie arabe, placée en face du livre divin de Mahomet. Si l'histoire de la philosophie grecque ne nous présente pas un semblable phénomène, c'est que dans la Grèce il n'y a pas de livres sacrés, il n'y a pas eu de caste sacerdotale puissante, aussi la raison s'y est-elle développée avec plus de liberté, et les rares persécutions qui y ont été dirigées contre la philosophie, sont plutôt des persécutions politiques que des persécutions religieuses.

Ce qui s'était passé au sein de la civilisation indienne et de la civilisation arabe, devait aussi avoir lieu au sein de la civilisation chrétienne, au commencement du moyen-âge. En effet, lorsqu'après les invasions des Barbares et les émigrations des peuples, un commencement d'activité intellectuelle se manifesta, la raison se trouva placée en présence de livres sacrés et d'un sacerdoce puissant, et, de toutes parts, elle se sentit enchaînée par la tradition et par l'autorité. La théologie était la science unique; et ses représentants, dépositaires des traditions sacrées, disposant à la fois des forces de l'Eglise et de l'Etat, ne toléraient aucune doctrine qui fut contraire à ses enseignements ou qui même parût seulement s'en écarter et s'en distinguer. Aussi la philosophie du moyen-âge n'est-elle d'abord que la servante de la théologie. Elle est la servante de la théologie, car elle est obligée de lui emprunter et les questions qu'elle traite, et la forme et la solution même de ces questions. Donner une forme scientifique aux dogmes de la théologie, aller d'un principe donné à une conséquence donnée, voilà quelle fut d'abord l'humble et unique tâche de la philosophie.

DES DIFFÉRENTES VOIES PAR LESQUELLES LA RAISON COMMENCE A S'AFFRANCHIR DU JOUG DE L'AUTORITÉ.

Mais la voie par laquelle on va d'un principe à une conséquence, c'est le syllogisme. L'étude du syllogisme et de ses lois a donc dû être, à cette époque, l'objet principal de la philosophie, et l'autorité ecclésiastique elle-même si ombrageuse, n'a pu s'en alarmer. Par une merveilleuse coïncidence, les seuls ouvrages de la philosophie ancienne que le moyen-âge connut alors étaient des ouvrages de logique, c'était l'*Organon* d'Aristote, avec quelques commentaires de Boëce et de Porphyre. Dans ce temps de despotisme intellectuel, le syllogisme, seul procédé de l'esprit admis dans la science, excita l'admiration et l'enthousiasme pour le philosophe qui en avait si bien décrit le mécanisme simple et profond, et l'autorité d'Aristote devint un jour presqu'égale à l'autorité des Pères des Ecritures. Aux VIIIe, IXe et Xe siècles, les commentaires et les gloses sur l'*Organon* se multiplient à l'infini. Par ce travail obscur, et en apparence stérile, la raison se fortifiait et se préparait à de hautes et importantes discussions.

Il est encore une autre voie, celle de la théologie elle-même, par laquelle l'esprit humain se prépare à l'indépendance. Car les écritures sacrées ont besoin d'être interprétées. Le langage des Pères et des Ecritures est souvent figuré, il faut distinguer le sens figuré du sens propre; les textes ont pu subir des altérations, il faut distinguer les passages authentiques de ceux qui ne le sont pas. Enfin, il y a des autorités qui semblent se contredire, il faut concilier entre elles ces autorités; or, tout ce travail appartient à la raison humaine. Hilbert de Lavardin, archevêque de Tours au XIe siècle, donne, dans son *Tractatus theologicus*, la forme qui sera adoptée par tous ses successeurs dans les discussions théologiques. Cette forme, à peu près invariable, est celle-ci: la question est posée, la réponse se fait par des citations des Pères ou des Ecritures; puis viennent les objections contre cette réponse, objections qui elles-mêmes à leur tour, sont résolues par des autorités, et surtout par celle de saint Augustin. Telle est, par exemple, la forme du fameux *Sic et non* d'Abélard. Toutes les questions douteuses, tous les problèmes théologiques y sont posés avec le pour et le contre, et l'ouvrage tout entier n'est qu'une pure compilation d'autorités contraires. Tel est aussi le plan du livre des sentences de Pierre-le-Lombard, ouvrage qui obtint une fortune immense, et qui devint un texte commenté tour-à-tour par tous les théologiens scholastiques. On trouve dans ce livre une compilation sans ordre de tous les problèmes théologiques et de leurs solutions. Quelquefois Pierre-le-Lombard ne donne à ces problèmes qu'une solution ambigue, et même se borne à opposer solution à solution, de sorte que deux opinions se trouvaient en présence, qui pouvaient être également soutenues par les disciples du maître. Cette méthode favorisa les développements de l'esprit d'examen et de critique.

Ainsi la raison humaine grandissait et se fortifiait, d'un côté par l'étude de la dialectique, de l'autre par les discussions théologiques et par l'interprétation des textes sacrés.

Un des résultats de cette étude de la logique, considérée comme l'instrument de la théologie, avait été de faire adopter et consacrer par l'Eglise l'autorité d'Aristote, dont le moyen-âge ne connut d'abord que les ouvrages logiques. Ce résultat n'a pas été sans importance pour l'affranchissement de la pensée. La faveur dont Aristote avait joui comme logicien protégea sa métaphysique et sa physique qui ne furent connues que plus tard en Occident, et vinrent donner un nouvel aliment en même temps qu'une excitation nouvelle à l'esprit philosophique. Car c'est une erreur de croire, comme beaucoup d'historiens de la philosophie, que l'autorité d'Aristote ait été funeste pendant toute la durée du moyen-âge aux progrès de l'esprit humain.

Ce n'est pas l'autorité d'Aristote qui créa les circonstances dont l'ensemble a fait naître la philosophie scholastique, ce n'est pas l'autorité d'Aristote qui avait investi la théologie d'un pouvoir absolu sur toutes les intelligences. Au contraire, c'est l'autorité d'Aristote qui d'abord a balancé l'autorité de la théologie. C'est à l'abri de cette autorité que la philosophie a pu commencer à se séparer de la théologie. C'est, grâce à Aristote, que s'est établie cette distinction entre les vérités religieuses et les vérités philosophiques, derrière laquelle se sont mis à couvert avec plus ou moins de succès les penseurs les plus indépendants du moyen-âge. D'ailleurs, l'exemple et l'autorité d'Aristote n'ont-ils pas contribué à suggérer aux philosophes de cette période la pensée que la raison humaine pouvait bien tenter de résoudre par ses propres forces les problèmes dont la théologie s'était réservé la solution? Car, après tout, Aristote n'était-il pas un homme et n'avait-il pas trouvé la vérité par les propres forces de sa raison? Ainsi, dans les circonstances où se trouvait placée la philosophie du moyen-âge, l'autorité d'Aristote fut d'abord favorable à ses progrès. Plus tard, elle devint un obstacle, et alors éclata contre elle une réaction qui amena la ruine de la philosophie scholastique. Mais, c'est seulement après bien des vicissitudes qu'Aristote parvint à cette domination absolue qui put menacer un moment d'arrêter tous les développements ultérieurs de la raison. Un savant théologien du XVIIe siècle, de Launoy, dans un ouvrage intitulé: *De varia Aristotelis fortuna*, nous a tracé un tableau intéressant de ces principales vicissitudes. Les mêmes pouvoirs, qui devaient un jour vainement s'efforcer de prolonger l'autorité mourante d'Aristote, avaient d'abord non moins vainement lutté contre elle, lorsqu'elle commençait à s'établir.

Aristote triompha successivement de toutes les défenses, de tous les anathèmes, d'abord comme logicien, ensuite comme métaphysicien, enfin comme physicien. C'est seulement vers le milieu du XVe siècle que tous les ouvrages d'Aristote furent autorisés et que sa domination devint absolue (1).

C'est à l'abri des autorités respectées d'Aristote et de ses commentateurs, que de grandes questions philosophiques furent traitées avec quelque originalité et quelque indépendance, sinon quant à la forme, au moins quant au fond. Parmi elles, la question du réalisme et du nominalisme occupe le premier rang. Elle remplit et agite presque toute la philosophie scholastique, et les différentes phases de cette question peuvent servir à marquer les différentes périodes de la philosophie du moyen-âge. Les diverses solutions que comporte ce vaste problème ont été produites dans la philosophie du moyen-âge avec

(1). Voici quelles sont les principales vicissitudes de la fortune d'Aristote rapportées par de Launoy :

En 1209, le concile de Soissons interdit la lecture des œuvres d'Aristote et les condamne à être brûlées, parce qu'elles sont une source d'hérésies.

En 1215, le légat du pape excepte l'*Organon* de cette condamnation et en prescrit l'enseignement.

En 1231, Grégoire IX modifie encore par un nouveau décret la décision du concile. Il se borne à interdire provisoirement, et jusqu'à ce qu'on en ait examiné et extrait les erreurs, la métaphysique et la physique qui, jusque-là, avaient été condamnées d'une manière absolue.

En 1254, une ordonnance du légat du pape Simon permet simplement et sans restriction la lecture de la métaphysique et de la physique.

En 1266, la métaphysique et quelques ouvrages de philosophie naturelle sont prescrits dans l'université de Paris.

Enfin, en 1447, le pape Nicolas V non seulement autorise la lecture es ouvrages d'Aristote, mais pour la rendre plus facile, il les fait traduire en latin.

toute leur force et toutes leurs conséquences, et plus d'une fois elles ont agité l'Eglise et l'Etat.

Mais toutes ces discussions, quoique souvent sérieuses et même indépendantes quant au fond, étaient serviles par la forme, et rendaient un continuel hommage à ce principe de l'autorité qui domine dans toute la philosophie scholastique. On ne discutait pas avec des arguments, mais avec des textes. A celui qui apportait en faveur de son opinion un texte décisif d'Aristote, de Porphyre ou de Boëce, il n'y avait rien à répondre, à moins qu'on eût à en contester le sens ou à opposer un texte à un texte. La raison n'osait jamais se montrer que cachée derrière quelqu'autorité.

Nous venons d'expliquer l'origine et la nature de la philosophie scholastique, et de montrer quelles germes d'indépendance se développaient dans son sein, il faut dire maintenant quelles causes principales développèrent ces germes, amenèrent la chute de la philosophie scholastique, l'avènement de la philosophie moderne et l'émancipation de la raison humaine.

DES CAUSES DE LA DÉCADENCE ET DE LA CHUTE DE LA PHILOSOPHIE SCHOLASTIQUE.

Au dessus de toutes ces causes doit être placée cette activité inhérente à la raison humaine, ce besoin continu de connaître, de se rendre compte des choses, d'examiner, de juger, qui est l'essence même de notre nature intellectuelle. Mais indépendamment de cette cause intérieure et fondamentale, il y eut un certain concours de circonstances extérieures qui, à partir de la fin du XIVe siècle jusqu'à la fin du XVIe, aidèrent la raison et la philosophie à reconquérir les droits qu'elles avaient perdus. Ces circonstances sont de différente nature; il en est qui sont philosophiques, d'autres politiques, d'autres enfin religieuses. Parmi ces causes, il en est quelques-unes dont l'action est tellement connue que nous devrons nous borner à les énumérer. Nous n'insisterons guère que sur les causes purement philosophiques, et ce sont celles que nous placerons au premier rang.

Dans la première période de la philosophie scholastique, la lutte s'était engagée entre le réalisme et le nominalisme. Dans la seconde période, le réalisme, protégé par l'Eglise, avait triomphé, et le nominalisme, persécuté, avait été réduit au silence. Mais au commencement de la troisième période, à la fin du XIVe siècle, le nominalisme se relève et triomphe à son tour. Il n'entre point dans notre plan d'exposer et de traiter cette grande question du réalisme et du nominalisme, mais il nous suffira de rappeler en quelques mots quelle était la nature du nominalisme pour faire comprendre comment son triomphe dût porter un coup fatal au règne de la philosophie scholastique. En effet, non seulement le nominalisme ne reconnaissait pas aux idées générales, aux principes une valeur indépendante de l'esprit humain qui les conçoit, mais encore il prétendait que les idées générales n'étaient que des mots. Si les principes, les idées générales ne sont que des points de vue arbitraires de l'esprit humain, que des mots, leur autorité ne mérite pas une bien grande vénération, elle peut, à bon droit, être considérée comme un peu suspecte, et, dans tous les cas, elle doit être soumise à la discussion. Ces conséquences, qui sortent directement du principe du nominalisme, portaient une atteinte profonde à ce respect religieux pour des principes reçus sur la foi d'autrui qui était le fondement même de la philosophie scholastique.

Ajoutons que les nominalistes avaient été malheureux dans les applications de leur système aux dogmes de la théologie, et spécialement à celui de la Trinité, qu'ils n'avaient pu expliquer qu'en admettant l'existence d'une seule personne ou de trois personnes distinctes, tombant ainsi tantôt dans l'hérésie des Sabelliens, tantôt dans celle des Trithéïstes. Aussi, en raison de ses tendances, le nominalisme avait toujours été plus ou moins persécuté par la théologie, tandis que les philosophes réalistes arrivaient presque tous aux premières dignités de l'église. Or, c'est le nominalisme qui finit par l'emporter sur le réalisme, et le triomphe de cette opinion fût nécessairement un rude échec pour le pouvoir qui d'abord l'avait persécutée.

D'autres causes, toujours prises au sein de la philosophie elle-même, préparaient encore la ruine de la scholastique. Les savants de Constantinople, chassés de leur patrie par la conquête, apportèrent en occident les originaux précieux des ouvrages que, jusque alors, le moyen-âge n'avait connus qu'à travers d'inexactes et barbares traductions, en même temps que d'autres chefs-d'œuvres qui lui étaient demeurés entièrement inconnus. Ils firent en Italie ce qu'autrefois leurs ancêtres les grammairiens grecs avaient fait dans le même pays vers la fin de la république romaine, ils y enseignèrent la grammaire, la rhétorique, la dialectique et répandirent l'étude de la langue grecque. Lorsque les hommes du moyen-âge purent lire dans l'original les chefs-d'œuvres de la Grèce, ils en furent comme éblouis, et ils se prirent d'un vif dégoût pour les formes barbares et grossières de la scholastique qui, dès lors, devinrent l'objet des railleries des érudits et des littérateurs. Ce dégoût de la forme dut rejaillir nécessairement sur le fond, et la scholastique y perdit en considération et en crédit.

Mais le fait philosophique le plus important qui se rattache à l'émigration des savants grecs de Constantinople, c'est l'introduction en Occident des ouvrages de Platon. Jusque-là, Platon avait seul régné en Orient, tandis qu'Aristote avait seul en Occident l'empire de la pensée. Lorsque ces deux grands rivaux furent mis en présence, les esprits se partagèrent entre eux et firent un choix. Voici quels étaient dans cette lutte les avantages par lesquels chacun de ces deux grands philosophes attirait à lui les intelligences. Aristote a d'abord plus de partisans que Platon à cause du caractère particulier de sa philosophie et aussi parcequ'il est déjà connu. En effet, Aristote est un esprit analytique, il détermine avec précision l'objet de la philosophie, il embrasse toutes ses parties, ce que Platon ne fait pas, il offre donc plus de facilités, soit pour l'étude, soit pour l'enseignement. D'ailleurs Aristote était l'arme dont se servaient les philosophes scholastiques, et il importait aux esprits indépendants de rechercher à sa source même le péripatétisme pur, afin de le comparer avec le péripatétisme de la scholastique. Enfin, Aristote s'était fondu avec la théologie, et semblait lui avoir emprunté quelque chose de son caractère sacré.

Platon, de son côté, avait d'autres avantages qui devaient contribuer à faire accueillir et à faire répandre sa doctrine. La curiosité philosophique excitée par les ouvrages d'Aristote devait inspirer le désir de connaître ceux de Platon. L'agrément, l'élévation, la forme dramatique de ses ouvrages devaient encore les faire préférer à la sécheresse des traités didactiques d'Aristote. Les éloges donnés par la plupart des Pères de l'Eglise grecque à la philosophie de Platon disposèrent aussi beaucoup d'esprits à l'accueillir favorablement. Enfin la philosophie platonicienne avait un caractère qui s'accommodait davantage aux tendances mystiques du christianisme. Car il faut remarquer, qu'en général, à cette époque, on s'attacha moins au platonisme qu'au néoplatonisme, parce que le platonisme, tel que l'avait fait l'école d'Alexandrie, s'accordait mieux avec les dogmes chrétiens, et présentait aussi un ensemble systématique qu'on pouvait opposer plus facilement à la philosophie d'Aristote.

Ainsi, deux écoles opposées se formèrent : l'une se rattachant à Platon, l'autre à Aristote, et chacune d'elles eut des caractères particuliers, dépendants, jusqu'à un certain point, du philosophe qu'elle avait adopté pour son chef. L'école d'Aristote ou plutôt celle du péripatétisme pur, du péripatétisme puisé à sa source, dans le texte grec des ouvrages d'Aristote, est l'école libérale, l'école du bon sens, elle a une tendance empirique. Les péripaticiens purs sont, en général, des laïques, des médecins qui s'efforcent de fonder leurs sciences sur les principes de la philosophie naturelle d'Aristote. Cette autorité d'Aristote que la théologie avait élevée si haut, tourne maintenant contre elle. Car les opinions les plus hardies sur la providence divine et sur l'immortalité de l'ame se produisent appuyées désormais sur l'autorité d'Aristote.

L'école de Platon a d'autres caractères, elle représente les tendances enthousiastes et mystiques de l'époque. Le chef de cette école, Marsile Ficin, remercie Dieu de l'avoir choisi pour traduire les ouvrages de Platon et de Plotin, et pour combattre les péripatéticiens qui nient l'immortalité de l'ame et réduisent à peu de chose la providence divine.

A cette époque de retour des esprits vers les sources mêmes de la philosophie ancienne, Epicure et Zénon comptèrent aussi quelques partisans, mais leur influence fut nulle en comparaison de celle d'Aristote et de Platon.

On ne voit pas, au premier abord, ce que l'indépendance de l'esprit humain avait gagné à ce changement; car, à ce qu'il semble, l'esprit humain ne s'est affranchi du joug de la théologie que pour passer sous le joug de maîtres nouveaux. La philosophie n'a cessé d'être la servante de la théologie que pour être la servante des systèmes de l'antiquité. Mais il faut considérer que cette nouvelle autorité, à laquelle l'esprit humain au XVe et au XVIe siècle semble se soumettre, est d'une nature bien différente de celle dont il s'affranchit. Elle ne saurait être ni aussi absolue, ni aussi impérieuse, car ces systèmes anciens ne peuvent répondre à l'esprit et aux besoins du XVe et du XVIe siècle, par conséquent, ils ne peuvent exercer qu'une influence passagère. Leur insuffisance est comprise même par leurs plus zélés partisans qui s'efforcent de les modifier et ne font que les exagérer.

D'ailleurs, on avait le choix entre Aristote et Platon, entre Zénon et Epicure, et il y a bien de la différence entre un maître que l'on choisit et un maître qui vous est imposé. Le choix de l'autorité à laquelle on se soumet est une heureuse transition entre la soumission forcée à une certaine autorité et l'indépendance absolue. Or, tel est le grand caractère de la philosophie du XVe et du XVIe siècle, elle est une transition entre l'esclavage de la pensée philosophique et son émancipation absolue. Il est donc vrai que l'esprit humain a passé à de nouveaux maîtres, mais ces maîtres nouveaux n'ont qu'une puissance fondée sur une admiration et un enthousiasme qui ne sauraient être de longue durée; ils sont plusieurs, ils sont divisés entre eux, on peut donc les opposer les uns aux autres, et quand le jour sera venu, il ne sera pas difficile de les renverser.

Ce jour fut singulièrement hâté par la grande révolution religieuse à laquelle on a donné le nom de réforme. Si les circonstances philosophiques que je viens de décrire n'ont pas peu contribué, indépendamment d'une foule d'autres causes, à préparer les esprits à la réforme, dont Luther et Calvin ont été les chefs, la réforme, à son tour, exerça une influence puissante sur l'avenir de la philosophie, quoique cette influence n'ait pas été aussi immédiate qu'au premier abord on pourrait le croire. En effet, il existait entre la révolution religieuse et la révolution philosophique une liaison intime, et le triomphe de l'une accéléra sans nul doute le triomphe de l'autre. Dans un ordre d'idées différent et par des voies différentes, la réforme religieuse, de même que la réforme philosophique, avait pour but l'affranchissement de la pensée humaine, elle était aussi une insurrection de l'esprit humain contre le pouvoir absolu dans l'ordre spirituel. Nous n'avons pas à examiner si tel était en effet le but que se proposaient les réformateurs, et s'ils ne manifestèrent pas l'intention de substituer un nouveau pouvoir spirituel non moins absolu à celui qu'ils combattaient; nous n'avons ni à justifier ni à expliquer leurs inconséquences et leurs contradictions, mais seulement à considérer le résultat définitif de l'œuvre qu'ils ont accomplie. Or, ce résultat a été incontestablement favorable à l'émancipation de l'esprit humain.

En même temps que l'esprit humain réclamait ses droits, de grandes découvertes dans presque toutes les branches de la connaissance et de l'activité humaine ne lui permettaient plus de douter de sa fécondité et de sa puissance. Je n'énumérerai pas ces découvertes ; il suffit de rappeler les grands noms de Copernic, de Tycho Brahé, de Keppler, de Harvey, de Galilée. Remarquons seulement que la découverte de Copernic, plus que toutes les autres, acheva de discréditer la philosophie scholastique. En effet, elle donnait un éclatant démenti à la prétendue infaillibilité d'Aristote et de la théologie ; elle frappait d'un coup mortel la physique péripatéticienne qui plaçait la terre immobile au centre du monde. Copernic, dans les destinées de la philosophie scholastique, joue un rôle analogue à celui de Newton dans la philosophie de Descartes. L'un, en détruisant les fondements de la physique d'Aristote, et l'autre, les fondements de la physique de Descartes, ont également contribué à la chute de la philosophie scholastique et de la philosophie cartésienne. Ajoutez encore à toutes ces causes les traits du ridicule, sous lesquels succombait alors la scholastique. De vives et de spirituelles attaques faisaient justice de sa méthode, de ses procédés, de l'ignorance et des préjugés de ses adeptes. La plus remarquable de toutes ces satyres, celle qui eut le plus de succès dans le monde savant du XVIe siècle est l'*Eloge de la Folie* dont Erasme est l'auteur. Erasme, dans cet *Eloge de la Folie*, livre impitoyablement à la risée du public la folie, l'ignorance, les controverses bizarres, les ridicules subtilités, la latinité barbare des moines et des philosophes : Dans sa revue épigrammatique, il n'épargne personne, et la folie ose réclamer ses sujets jusque sur le trône du Vatican. A côté d'Erasme, il faut placer Rabelais et Montaigne dont l'esprit et la verve ne furent pas moins fatals à la philosophie scholastique que la satyre Ménippée à la Ligue. En couvrant d'un immortel ridicule les formes barbares et les discussions stériles de la philosophie scholastique, Erasme, Rabelais, Montaigne ont contribué, pour leur part, à l'avènement de la philosophie nouvelle.

CARACTÈRES GÉNÉRAUX DES PHILOSOPHES RÉFORMATEURS DU XV° ET DU XVI° SIÈCLE.

Telles sont les causes sous l'empire desquelles l'esprit philosophique a secoué ses chaînes, tels sont les auspices sous lesquels une grande révolution philosophique a commencé. Dans le cours du XV° et du XVI° siècle, se succèdent en philosophie d'audacieux réformateurs qui sont comme les précurseurs de Descartes. Quelque informes et incomplets que puissent nous paraître les systèmes auxquels ils ont attaché leurs noms, nous leur devons une attention bienveillante, parce qu'ils ont préparé les voies à d'autres systèmes plus profonds et plus complets. D'ailleurs, à défaut de génie, le cœur et le courage n'ont pas manqué à ces auteurs des premières tentatives d'une réforme philosophique, car c'est au prix seulement de leur repos, de leur liberté ou même de leur vie qu'ils ont accompli leur périlleuse mission. Ne mériterait-il donc pas d'être accusé d'injustice et d'ingratitude celui qui, dans cette histoire, passerait sous silence leurs généreux efforts? Je sais bien que d'ordinaire à ces précurseurs malheureux de révolutions dont le jour n'est pas encore arrivé on reproche d'être venus trop tôt, de n'avoir pas compris leur époque, mais s'ils n'étaient pas venus trop tôt, s'ils n'avaient pas déposé à l'avance dans les esprits un germe fécond, d'autres seraient-ils jamais venus à temps, et le XVII° siècle aurait-il vu s'accomplir la révolution cartésienne? Néanmoins les philosophes qui, dans le XVᵉ et le XVIᵉ siècle, ont secoué le joug de la philosophie scholastique sont trop nombreux pour occuper tous une place dans cette revue rapide de l'état de la philosophie antérieurement à Descartes; nous sommes obligés de faire un choix parmi eux et de ne nous arrêter qu'à ceux dont les destinées et les doctrines ont eu le plus d'éclat et de retentissement. Tous ne sont pas indépendants au même degré et de la même manière. Les uns, tels que Pomponat et Vanini, semblent suivre Aristote, les autres, tels que François Patrizzi et Ramus, semblent suivre Platon; d'autres enfin, tels que Telesio, Giordano Bruno et Campanella, affectent de ne suivre les traces d'aucun maître, mais tous par ces voies diverses travaillent également au triomphe de l'indépendance de la raison humaine. Ceux qui s'attachent à Aristote vont rechercher dans le texte grec, et non dans des traductions infidèles et barbares ses véritables opinions, et comme ces opinions ne se trouvent point être très orthodoxes, ainsi qu'on l'avait cru jusqu'alors, ils tournent contre la théologie cette autorité dont l'Aristote de la scholastique avait été revêtu par la théologie elle-même. D'un autre côté les platoniciens en exaltant Platon, en dénigrant Aristote portaient aussi de rudes coups à la philosophie scholastique, qui reposait tout entière sur la philosophie plus ou moins défigurée d'Aristote. Quant à ceux qui déjà rejetaient toute autorité dans la recherche de la vérité, ils frappaient à la fois sur la scholastique, sur Platon et sur Aristote, et par la méthode ils touchaient de bien près à Descartes. Néanmoins, dans leurs essais de réforme, il y a, ou une tendance naturaliste et empirique qui les rapproche de l'école péripatéticienne, ou une tendance idéaliste et mystique qui les rapproche de l'école platonicienne, et suivant que l'une ou l'autre de ces tendances dominera en eux, nous pourrons les placer à la suite des philosophes de l'une ou l'autre école.

Mais en même temps qu'ils attaquent les dogmes de la philosophie scholastique, la plupart des philosophes réformateurs du XVe et du XVIe siècle attaquent avec plus ou moins d'audace, plus ou moins de franchise les dogmes fondamentaux de la théologie chrétienne. Cette hostilité contre le christianisme me semble, sauf de rares exceptions, un caractère général des philosophes de cette période. Les philosophes du XVIIe siècle, plus prudents et plus habiles, assureront le triomphe de la révolution philosophique en la séparant avec plus de soin de la révolution religieuse. Toutefois quelle que soit la témérité de Pomponat, de Giordano Bruno, de Vanini, de Ramus, cette témérité ne saurait aller jusqu'à attaquer ouvertement le dogme chrétien. Il est un voile transparent derrière lequel ils s'abritent pour attaquer, pour nier les vérités religieuses de leur temps. Ce voile transparent, c'est la fameuse distinction des vérités religieuses et des vérités philosophiques. Ils ont poussé jusqu'à l'absurde cette distinction qui ne peut raisonnablement porter que sur la forme de certaines vérités, et non sur leur nature et sur leur origine. Ils terminent les plus vives attaques contre les principaux dogmes de l'église catholique, en protestant de leur soumission aveugle et absolue à tout ce qu'elle enseigne, ils déclarent qu'ils croient comme chrétiens à ce qu'ils nient comme philosophe. Sans doute, il est difficile de croire qu'au fond de cette distinction il y ait toujours eu beaucoup de bonne foi et de franchise, mais qui donc oserait reprocher aux philosophes de la renaissance un artifice sans lequel jamais, même au prix de leur vie, ils n'eussent pu exprimer un seul nstant leur véritable pensée? Qui oserait reprocher la timidité et la dissimulation à des philosophes qui, la plupart, moururent martyrs de leurs audacieuses opinions? En effet, les philosophes qui appartiennent à ces époques critiques, où la philosophie se sépare des croyances anciennes et rompt avec elles, ont à passer par de rudes et cruelles épreuves. Voici en quels traits énergiques et fidèles un des philosophes de cette période, Pomponat, a tracé la condition du philosophe de la renaissance « le philosophe est semblable à Protée, la soif de la vérité le consume, il est honni de tous comme un insensé, les inquisiteurs le persécutent, il sert de spectacle au peuple, et voilà les avantages et les récompenses de la philosophie! »

Voilà bien le portrait des précurseurs de Descartes. La soif de la vérité les consume, et pour l'éteindre leur esprit fougueux se précipite dans toutes les directions sans règle ni méthode. Leur vie est errante et agitée comme celle de tous les hommes dont les opinions sont en contradiction avec celles de leurs contemporains. Enfin les inquisiteurs les persécutent; l'exil, la prison, les tortures, le bucher, voilà leur lot et leur partage. Ainsi ont vécu, ainsi sont morts Giordano Bruno, Ramus, Vanini, Campanella. Leur vie est une tragique histoire dont on voit à l'avance, à travers une foule de persécutions, le dénouement fatal se préparer. Quel ami de la liberté pourrait donc aujourd'hui demeurer froid et insensible aux généreux efforts, aux souffrances de ces héroïques martyrs de la liberté de la pensée? Puissent ces considérations jeter quelque intérêt sur l'esquisse rapide que nous allons tracer des travaux et de la vie de ceux qui, dans cette période, ont servi avec le plus d'éclat cette grande cause de l'indépendance de la raison humaine! En quoi ont-ils rompu avec la philosophie du passé, en quoi ont-ils contribué à préparer la philosphie nouvelle, voilà ce que nous devons avant tout rechercher dans leurs doctrines? Je parlerai d'abord de ceux qui se rattachent à Aristote et ensuite de ceux qui se rattachent à Platon.

PIERRE POMPONAT.

Un des premiers et des plus célèbres philosophes de cette période est Pierre Pomponat. Il est né à Mantoue en 1462. Il étudia la médecine en même temps que la philosophie et enseigna l'une et l'autre science à Bologne. La plupart des philosophes réformateurs du XVe et du XVIe siècle appartiennent comme Pomponat à l'Italie. L'Italie, à cette époque, devance tous les autres pays de l'Europe par la culture intellectuelle, elle est le centre et le foyer de ce mouvement philosophique qui commençait dès-lors à ébranler toutes les hautes intelligences. Pomponat est un disciple d'Aristote, mais un disciple indépendant, car il le suit et l'interprète avec hardiesse et liberté. D'ailleurs ce n'est pas l'Aristote de la scholastique défiguré par la théologie que suit Pomponat mais le véritable Aristote étudié dans les manuscrits grecs que les savants de Constantinople ont apportés avec eux. Pomponat est un laïque et un médecin, ainsi que la plupart des philosophes qui ont appartenu à cette école péripatéticienne pure du XVe et du XVIe siècle. Depuis que l'autorité de la philosophie d'Aristote avait triomphé dans toutes les universités du moyen-âge, on avait généralement cru qu'il y avait un accord parfait entre ses principes et les dogmes du christianisme, la théologie avait consacré l'alliance de cette philosophie avec la foi. Mais, selon Pomponat, un tel accord n'existe pas entre Aristote et l'Eglise. Il déclare qu'il n'est pas de l'avis de ceux qui pensent que les voies du péripatétisme conduisent à la foi (1).

Mais si la philosophie d'Aristote est en contradiction avec la foi chrétienne, ne faut-il pas opter entre elles, ne faut-il pas sacrifier l'une à l'autre? Pomponat a la prétention de les adopter toutes les deux à la fois, il ne rejette rien, il distingue, il distingue entre la philosophie et la foi, il affirme que, comme chrétien, il continue de croire à ce qu'il lui est impossible de croire comme philosophe, comme péripatéticien. Cette distinction se reproduit sans cesse dans ses trois principaux ouvrages qui ont pour titre: *De immortalitate animæ, de fato, De libero arbitrio, prædestinatione, providentia libri quinque* et *De incantationibus seu de naturalium effectuum admirandorum causis*. Ces trois ouvrages sont également remarquables par la hardiesse et quelquefois par la profondeur de la pensée. Une courte analyse des opinions que Pomponat y a développées suffira pour confirmer ce jugement.

Dans le *De immortalitate animæ*, Pomponat entreprend de prouver que cette immortalité de l'ame à laquelle il croit comme chrétien ne saurait être démontrée par les principes de la philosophie. Il passe en revue les diffé-

---

(1) Neque eis consentio qui viam fidei cum Aristotele convenire credunt. (*De libero arbitrio et predestinatione*. Lib. III, cap. I).

rentes hypothèses qu'on peut faire sur la nature de l'ame humaine et du lien qui l'unit au corps et il arrive à cette conclusion que dans aucune de ces hypothèses on ne saurait concevoir l'immortalité de l'être pensant. Cependant Pomponat n'admet pas d'une manière absolue la mortalité de l'homme. C'est la personnalité de l'ame qui périt et non sa substance. L'ame, selon lui, demeure immortelle mais seulement, comme intelligence pure, n'ayant ni conscience, ni sentiment, ni personnalité, ni mémoire, elle est mortelle, en tant qu'intelligence humaine, individuelle, donnant au corps la forme et la vie, ayant la conscience, la personnalité, le sentiment et la mémoire. Qui ne comprend qu'une telle opinion revient à la négation absolue de l'immortalité? Ne pas être ou être sans savoir qu'on est, n'est-ce pas pour nous une seule et même chose? Pomponat répond d'une manière assez spécieuse aux diverses objections que soulève un pareil système. Pourquoi l'homme accuserait-il la providence de ne l'avoir pas fait immortel? La destinée de l'homme résulte de sa nature et il n'a pas plus le droit de s'en plaindre que la pierre n'a le droit de se plaindre de n'être pas un végétal, et le végétal de n'être pas un animal. Quant au vice et à la vertu, on ne saurait dire qu'ils demeurent sans châtiment et sans récompense, car, selon Pomponat, ils les trouvent en eux-mêmes et dans cette vie. Enfin, après avoir épuisé tous ses arguments en faveur de la mortalité de l'ame, il termine en se jetant dans les bras de l'Eglise, et en protestant de sa soumission entière comme chrétien à tous les dogmes qu'elle enseigne et entre autres à ce dogme de l'immortalité de l'ame qu'il vient d'attaquer comme philosophe et comme péripatéticien. Cette conclusion termine uniformément tous les ouvrages de Pomponat et de la plupart des philosophes de cette époque, même de ceux qui témoignent le plus d'hostilité contre les dogmes du christianisme. L'ame humaine est mortelle ou tout au moins il est impossible à l'homme d'affirmer quelque chose sur cette question, voilà la véritable opinion de Pomponat et l'on ne peut nier qu'elle ne soit plus conforme que l'opinion contraire aux principes et à l'esprit de la philosophie d'Aristote.

Dans son ouvrage sur le destin, la prédestination, le libre arbitre et la providence, il traite comme le titre l'indique, les grandes questions relatives à la liberté et à la providence. Le but qu'il se propose est de discuter la valeur des doctrines péripatéticiennes contenues sur ce sujet dans l'ouvrage d'Alexandre d'Aphrodise. Il commence d'abord par donner une analyse de cet ouvrage chapitre par chapitre et ensuite il recherche s'il existe un destin, c'est-à-dire, si tout ce qui arrive, comme l'ont prétendu quelques philosophes, arrive nécessairement et si tout ce qui n'arrive pas ne peut arriver. Or, sur cette question de la liberté et de la fatalité deux grandes hypothèses contradictoires sont en présence. Celle de la providence divine et celle du libre arbitre. Ces deux hypothèses, selon Pomponat s'excluent mutuellement; cependant quelques philosophes ont fait effort pour les concilier, et il compte six opinions principales sur cette question de la liberté et de la fatalité. La première est celle de ceux qui, pour sauver le libre arbitre, rejettent hardiment l'existence de Dieu et de la divine Providence ; Pomponat repousse cette opinion. La seconde appartient à Épicure et à Cicéron, elle consiste à admettre un Dieu sans providence, et par conséquent un Dieu qui ne gêne en rien le libre arbitre de l'homme. Pomponat par des raisons qu'il serait trop long d'énumérer et qui, d'ailleurs, ne présentent rien d'original repousse cette seconde opinion comme la première. D'après une troisième opinion que Pomponat attribue à Aristote, il y aurait une providence, mais une providence qui s'étendrait seulement sur les choses éternelles et célestes, sans embrasser les choses sublunaires. Mais quel que soit le respect de Pomponat pour Aristote, il n'hésite pas à affirmer qu'une telle distinction est impossible, et qu'on ne peut concevoir que l'action de la providence s'étende sur les choses sublunaires qui sont placées sous l'influence de ces choses célestes. Il est encore une quatrième opinion attribuée également à Aristote par Thémistius et Averroës, d'après laquelle la providence s'étendrait aussi sur les choses sublunaires, mais sur les genres seulement et non sur les individus, car tandisque les individus sont périssables, les genres sont immortels. Tel ou tel homme périt, mais le genre humain ne périt pas. Cette opinion ne satisfait pas plus que les précédentes l'esprit de Pomponat. La cinquième opinion est celle des chrétiens. Selon les chrétiens, la providence de Dieu s'étend sur toutes choses, sur ce qui est périssable comme sur ce qui est éternel, sur ce qui est particulier comme sur ce qui est général, sur ce qui est accidentel et sur ce qui ne l'est pas, et néanmoins cette providence se concilie avec la liberté. Mais une telle opinion, quoique vraie au point de vue de la foi, ne saurait néanmoins se concilier avec les principes de la philosophie et les lumières de la raison. Enfin Pomponat place en dernier lieu l'opinion des stoïciens qui considèrent toutes choses comme ayant été prévues, préordonnées par Dieu, et, par conséquent, comme également assujéties à une même fatalité. Telle est l'opinion à laquelle Pomponat semble donner la préférence, il la regarde comme plus convenable que toutes les autres, en ayant toutefois bien soin d'ajouter qu'elle doit néanmoins être rejetée

parcequ'elle est contraire à la religion chrétienne (1).
Telle est la conclusion contenue dans une espèce d'épilogue par lequel il termine cet ouvrage. Il y rappelle qu'il y a six opinions principales sur la providence et le libre arbitre, et que chacune de ces opinions présente les plus grandes difficultés. Cependant il répète qu'à ne consulter que la raison, il incline vers l'opinion stoïcienne plus que vers toutes les autres. Mais comme l'Eglise condamne cette opinion, il faut lui soumettre les lumières de la raison et la rejeter.

L'ouvrage qui a pour titre *De incantationibus* est peut-être encore plus original et plus hardi que le *De immortalitate* et le *De fato*. Un ami lui avait demandé son opinion sur deux ou trois cures merveilleuses opérées par des formules magiques, cet ouvrage est la réponse de Pomponat. Prouver qu'il n'y a pas et qu'il ne peut y avoir d'ordre surnaturel, que tous les faits en apparence miraculeux s'expliquent par des causes et des agents naturels, voilà quel est le but que Pomponat se propose d'atteindre. Toutefois, il ne faudrait pas croire qu'il développe et soutienne cet opinion avec la même force et la même profondeur que Spinosa et Leibnitz. Tout en combattant les préjugés qui régnaient de son temps il en subit jusqu'à un certain point l'influence. Il pense que l'astrologie est une science qui repose sur des fondements solides, mais par astrologie il entend seulement l'influence naturelle des astres sur les hommes et sur les choses de ce monde. Il accorde dans les événements et dans les déterminations des hommes un grand rôle à

---

(1) Stoici magis convenienter respondere videntur.... Quanquam ut in sequenti libro dicam hæc opinio sit falsa quoniam religioni christianæ adversatur. Lib. II.

cette influence, mais cette influence n'a rien qui ne rentre dans les lois générales et éternelles du monde. Tout ce qui se produit dans le monde se produit en vertu de ces lois générales et non en vertu de l'intervention miraculeuse d'agents merveilleux, tels que les anges ou les démons. Il n'est aucun besoin de recourir à ces êtres surnaturels pour expliquer ce qui se passe dans l'homme, pour garder et diriger notre volonté, la raison et les sens, voilà les gardiens naturels que Dieu a donnés à l'homme(1). Il n'y a donc ni anges, ni démons qui, à chaque instant, par leur intervention, viennent déranger le cours naturel des choses. Dieu agit toujours de la même manière et suivant les mêmes lois, il est immuable en ses desseins et rien de nouveau, rien qui n'ait été prévu de toute éternité ne saurait entrer dans son esprit (2). Mais si Dieu est immuable en ses desseins, que devient l'efficacité des prières et des bonnes œuvres et en quoi consistent les miracles ? La conciliation tentée par Pomponat entre l'immutabilité de l'ordre de la nature et l'efficacité des prières, l'existence des miracles, contient en germe l'opinion développée par Leibnitz dans sa Théodicée. Selon Pomponat, Dieu est immuable dans ses desseins, mais de toute éternité il a décrété que les prières produiraient un certain effet et il a prévu cet effet, de là, l'efficacité des prières. Pomponat se sert d'un exemple pour mieux faire comprendre son opinion. Les habitants d'Aquilée ont demandé par des prières publiques le beau temps et ils l'ont obtenu. Est-ce à dire qu'ils aient par

---

(1) Custodes hominum sunt ratio et sensus. Lib. I, cap. 10.

(2) Deus non potest induci nec flecti ad aliquod operandum. Quod prius non intendebat, cum sit immutabilis atque aliqua novitas in eo cadere non posset. Lib. I, cap. 12.

ces prières changé la volonté de Dieu? Non, leurs prières n'ont pas changé la volonté de Dieu, et cependant elles n'ont pas été inutiles, parce que Dieu a voulu de toute éternité que les prières eussent une influence sur le retour du beau temps. Sans doute, Dieu sans la prière des habitants d'Aquilée pouvait produire cet effet, mais comme il fait toujours ce qu'il y a de mieux et de plus convenable, il a établi pour le bien de l'homme la prière comme un moyen d'obtenir tel ou tel effet (1).

Il en est des miracles comme de l'efficacité des prières, ils ne vont en rien contre l'ordre du monde et l'immutabilité des desseins de Dieu. Un miracle, selon Pomponat, n'est pas un événement contre l'ordre de la nature et contre les lois des corps célestes, c'est un événement rare, extraordinaire, dont on n'aperçoit pas les causes (2). Dieu a prévu et arrangé toutes choses de toute éternité de manière à ce que, sous l'empire de l'influence des astres, de pareils événements se produisent et se multiplient dans le monde alors qu'il en est besoin. Or, jamais il n'en est plus besoin que lorsqu'il s'agit de faire passer les hommes d'une foi ancienne à une foi nouvelle. Pomponat considère toutes les religions qui ont existé dans le monde comme providentielles, et ni les miracles, ni les prophètes n'ont manqué à aucune d'elles pour les faire triompher. L'œuvre des fondateurs de religions nouvelles étant une œuvre divine et prévue par Dieu de toute éternité, leur venue

---

(1) Posset etiam sine ipsis (Aquilanis precantibus) Deus tales effectus producere, verum cum cuncta ordinet et disponat secundum modum convenientissimum, ideo pro hominum bono ordinavit tale medium. Cap. 12.

(2) Non sunt autem miracula quia sunt totaliter contra naturam et contra ordinem corporum cœlestium, sed pro tanto dicuntur miracula quia insueta et rarissime facta. Cap. 13.

est longtemps prédite à l'avance, leur berceau est environné de prodiges, leur vie en offre de plus grands encore, les disciples se pressent sur leurs pas ; et s'ils triomphent de tous les obstacles, il ne faut pas s'en étonner, puisque Dieu a tout préparé, tout disposé pour le triomphe de la cause qu'ils défendent. Puis, quand cette religion a fait son temps, alors les miracles, les prodiges cessent, et elle décline lentement jusqu'à ce qu'elle périsse pour faire place à une autre : Pomponat ne craint pas de faire l'application de ces principes à la religion chrétienne elle-même. Il remarque que les miracles du christianisme, d'abord si nombreux, ont diminué et ont fini par cesser tout à fait. « Aujourd'hui, dit-il, au sein de notre foi tout languit, il n'y a plus de miracles, ou du moins il n'y a plus que de faux miracles, tout semble annoncer qu'elle touche à son terme (1). » Si l'on considère combien de telles idées étaient neuves et hardies au temps où Pomponat osait les proclamer ; si l'on considère combien elles ont été confirmées par les progrès ultérieurs de l'histoire et de la philosophie, on ne saurait refuser de lui accorder du courage et du génie. La forme de ses ouvrages est encore scholastique, tandis que déjà le fond l'est si

(1) Quæ omnia ordinantur in hoc ut talis lex perveniat ad suam perfectionem, cumque talis ambitus et cœlorum influxus cessabit et declinabit, sic et lex labefactari incipiet, donec in nihil convertatur, velut continget de cœteris generalibus et corruptilibus. Verum propter brevitatem temporis in aliquibus non latet, sed ob temporis longinquitatem latet in aliis, quare existimatur sic semper fuisse et in œternum duratura. Et non solum hoc continget circa ipsos legiferos verum et circa signa et verba quibus tales utuntur........ Videmus enim (lex Christi) sua miracula in principio esse debiliora, postea augeri, deinde esse in culmine, deinde labefactari, donec in nihil revertantur. Quare et nunc in fide nostra omnia frigescunt, miracula desinunt, nisi conficta et simulata, nam propinquus videtur esse finis. Cap. 13.

peu. Il expose le pour et le contre, et quelquefois il est difficile de se reconnaître dans le dédale des arguments pour et contre telle ou telle opinion.

Que les ouvrages de Pomponat aient paru suspects à l'inquisition, nul ne s'en étonnera. Une accusation d'impiété et d'athéisme fut portée contre lui par le clergé de Venise, et il est probable qu'il aurait succombé si le patriarche de Venise n'avait remis le jugement de cette cause au cardinal Bembo. Le cardinal Bembo était un des hommes les plus éclairés et les plus tolérants de cette époque, non seulement il acquitta Pomponat, mais encore il fit rayer ses ouvrages de la liste des ouvrages prohibés. Pomponat mourut donc paisible et dans un âge avancé. L'influence de son enseignement et de ses ouvrages fut grande ; de son école sortirent des penseurs non moins hardis que le maître, mais moins heureux que lui, ils ne rencontrèrent pas tous un cardinal Bembo pour les protéger.

JULES VANINI.

Le plus célèbre et le plus infortuné des disciples de Pomponat est Vanini. Jules Vanini est un péripatéticien, il déclare lui-même, dans la dédicace de ses dialogues au maréchal Bassompierre, qu'il est d'origine péripatéticienne. « *Aristotelis sum soboles.* » Il nous apprend encore qu'il fut initié à la philosophie par Jean Bacon, qui était le chef de la secte des Averroïstes, et qui lui enseigna à jurer sur la parole d'Aristote et d'Averroës (1). Après Aristote et Averroës, c'est Pomponat qui est pour Vanini le philosophe par excellence. Il professe une admiration profonde pour tous ses ouvrages et surtout pour celui de tous, où Pomponat a montré le plus de hardiesse et d'originalité, pour le *De incantationibus et de affectuum naturalium rerum causis* (1). En lisant cet ou-

---

(1) Primis philosophiæ sacris initiati, in Averrois verba jurare coacti sumus a Joanne Bacconio Averroistorum principe meritissimo, olim præceptore nostro. (*Amphitheatrum.* Cap. 4).

(2) Petrus Pomponatius, philosophus acutissimus, in cujus corpus ani-

vrage, Pythagore, selon Vanini, aurait cru que l'âme d'Averroës avait passé dans Pomponat. Vanini, comme Telesio, comme Giordano Bruno, naquit dans les états du royaume de Naples. C'est à Rome qu'il vint étudier la philosophie sous Jean Bacon : de Rome il retourna à Naples où il se mit à étudier la physique, la médecine et l'astronomie ; dès lors Vanini montrait cet esprit plein de vivacité et d'audace, cette imagination féconde et intempérante, cette témérité de langage qui devaient le perdre un jour. Bientôt il laisse de côté la physique et la médecine, se prend de passion pour la théologie et entre dans les ordres ; au milieu de cet accès de première ferveur, il se retire dans un monastère, puis il ne tarde pas à se dégoûter de la vie monacale et se met à courir le monde. Il s'en allait de ville en ville, d'université en université, prêchant et discutant ; il parcourut ainsi la plupart des universités d'Italie, d'Allemagne, d'Angleterre et de France (1). Partout il combat l'athéisme et l'impiété, mais il les combat de telle sorte, que partout il se fait lui-même soupçonner d'athéisme et d'impiété. Cependant, non seulement il prêchait contre l'impiété et l'hérésie, mais encore il écrivait pour la combattre, car il avait composé une apologie de Moïse et de la loi chrétienne, et une apologie du concile de Trente en réponse aux attaques des partisans de Luther. Dans ces discours, dans ces apologies y avait-il une arrière-pensée, et Vanini trahissait-il la cause pour laquelle en apparence il combattait, il est

---

mam Averrois commigrasse Pythagoras judicasset in admirabili suo opusculo de affectuum naturalium rerum causis. Cap. 5.

(1) Fere omnia litterarum, exercitationum per totum Europæum orbem erecta theatra, amphitheatra, circosque duxi frequentandos. Nec me suscepti pœnitet laboris. (*Amphitheatrum.* Pref.)

permis de le conjecturer d'après la forme et l'esprit de quelques-uns de ses ouvrages.

Les deux ouvrages les plus considérables de Jules Vanini sont l'*Amphitheatrum divinæ providentiæ* et le *De naturæ arcanis mortalium reginæ deæque*.

Dans la préface de l'*Amphitheatrum* il annonce que le but de son ouvrage est de combattre l'hérésie et surtout l'athéisme. Il entreprend donc d'abord de prouver l'existence de Dieu ; il ne la démontre pas comme Aristote, par le mouvement, mais par la nécessité de l'existence d'un être éternel se suffisant à lui-même, et ayant en lui la raison de l'existence des êtres contingents. Mais quelle est la nature, quels sont les attributs de cet être nécessaire, qu'est-ce que Dieu ? A cette question Vanini répond : si je le savais je serais Dieu moi-même. Nous comprenons mieux la nature de Dieu, parce que nous savons qu'elle n'est pas que parce que nous savons qu'elle est : voilà pourquoi Vanini entreprend de la définir plutôt par des négations que des affirmations. Cette définition ne manque ni d'originalité ni de vérité dans quelques-unes de ses parties, on peut seulement lui reprocher d'incliner un peu vers le panthéisme (1).

Non seulement Vanini admet l'existence de Dieu, mais encore il admet la création dans le sens le plus orthodoxe,

---

(1) Sui ipsius et principium et finis, utriusque carens, neutrius egens, utriusque parens atque auctor, semper est sine tempore, cui præteritum non abit, nec subit futurum. Regnat ubique sine loco, immobilis absque statu, pernix sine motu, extra omnia omnis, intra omnia, sed non includitur in ipsis, extra omnia, sed non ab ipsis excluditur, intimus hæc regit, extimus creavit, bonus sine qualitate, sine quantitate magnus, totus sine partibus, immutabilis cum cætera mutat... Denique est omnia, super omnia, extra omnia, intra omnia, præter omnia, ante omnia et post omnia omnis.

car il la définit : *constitutio substantiæ ex nihilo.* Il s'écarte sur cette question de son maître Aristote et rejette l'opinion péripatéticienne de l'éternité du monde. Le monde n'existe pas par lui-même, il est fini, donc il a commencé, donc il a été créé. Ce Dieu qui a créé le monde veille sur lui et le conserve, il est une providence ; Vanini s'efforce de prouver sa divine providence par des preuves qui ne sont pas toutes d'une grande valeur, telles que les statues de pierre, les sybilles et enfin les miracles de la nouvelle et de l'ancienne loi. Il s'indigne même contre ceux qui ont voulu ne voir dans les miracles que des impostures ou des événements naturels, tels que Machiavel, Pomponat, Cardan, il traite cette opinion d'opinion abominable et sacrilège, *sacrilegam et nefariam doctrinam.* Assurément rien n'est plus orthodoxe que de pareilles doctrines ; à ne consulter que l'*Amphitheatrum* il serait difficile de comprendre comment jamais Vanini ait pu devenir suspect d'impiété et d'athéisme, à moins qu'on ne veuille soupçonner d'être volontaire la faiblesse des arguments dont il se sert pour établir quelques-unes de ces grandes vérités ; à moins que l'on ne pense qu'il développe avec une certaine complaisance ces mêmes arguments qu'il réfute quelquefois si faiblement, à moins encore qu'on ne voie percer une arrière-pensée dans les passages où Vanini oppose la philosophie à la foi, tout en déclarant qu'il se soumet entièrement à la foi, comme lorsqu'il affirme que jamais il n'aurait pu croire à l'immortalité de l'âme, si cette immortalité ne lui avait été enseignée par la foi (1). Néanmoins, cette arrière-pensée n'est nullement évidente dans

---

(1) Ego christianus nomine, cognomine catholicus, nisi ab ecclesia quæ veritatis est certissima et infailibilis magistra, edoctus essem, animam nostram esse immortalem vix crediderim. Cap. 27.

l'*Amphitheatrum*, et si Vanini n'eût pas tenu d'autres discours ni écrit d'autres ouvrages, il n'aurait pas probablement soulevé contre lui autant de défiances et de haines.

Mais dans son second ouvrage, *De naturæ arcanis mortalium reginæ deæque*, Vanini ne garde pas la même réserve, et sur la plupart des questions il se met en contradiction flagrante avec les doctrines de l'*Amphitheatrum*. Cet ouvrage est sous forme de dialogues ; Vanini a bien soin, il est vrai, de ne pas indiquer celui des deux interlocuteurs qui représente ses opinions, mais on le reconnaît sans peine aux vives plaisanteries, à l'ironie mordante avec lesquelles il attaque les dogmes catholiques, et surtout à la supériorité de sa discussion et de ses arguments sur la discussion et sur les arguments de son rival. Dans ses dialogues, Vanini embrasse l'universalité des choses ; les premiers livres sont consacrés à la physique, il y traite successivement du ciel, de la terre, de l'eau, du feu, du mouvement, de la génération, etc. En général, cette physique est toute péripatéticienne ; dans le quatrième livre il traite de Dieu. Dieu, selon Vanini, n'est autre chose que la nature ; la véritable religion n'est autre chose que cette loi de la nature que Dieu a gravée dans l'âme de tous les hommes (1). Toutes les institutions religieuses, selon Vanini, ont leur origine dans les impostures des prêtres, tous les miracles sur lesquels ces institutions religieuses s'appuient, ou ne sont que des fraudes ou ne sont que des événements naturels dont les causes étaient ignorées. Non seulement Vanini l'affirme, mais il se fait

---

(1) Alexandre et César sont les noms des deux interlocuteurs entre lesquels a lieu le dialogue. Alexandre demande : — « *In quanam religione vere et pie Deum coli vetusti philosophi existimarunt ?*... César répond : — *In unica naturæ lege quam ipsa natura, quæ Deus est (est enim principium motus) omnium gentium animis inscripsit*. Dial. 50.

fort de le démontrer ; il semble avoir oublié que dans l'*Amphitheatrum* il a appelé cette doctrine une doctrine abominable et sacrilège. Il passe donc successivement en revue les différentes espèces de miracles, les apparitions dans l'air, les oracles, les sybilles, les démoniaques, les guérisons de maladies par attouchements, les résurrections, et par des arguments dont la plupart sont empruntés à Pomponat, il prouve que dans tout cela il n'y a que des fraudes ou des événements naturels. Il est vrai qu'il semble n'avoir en vue que les miracles du paganisme, mais l'allusion aux miracles du christianisme est trop transparente pour que personne puisse s'y tromper ; d'ailleurs, dans toute cette discussion, les plaisanteries abondent contre les écritures juives et les dogmes chrétiens. Néanmoins, Vanini termine en protestant d'une soumission entière à l'autorité de l'église, et ce qu'il y a de plus remarquable, c'est ce que son ouvrage est approuvé de la Faculté de théologie (1), approbation qui semble supposer de la part de cette Faculté, ou beaucoup de légéreté dans l'examen ou peu de pénétration dans l'esprit. Toutefois cette approbation ne devait pas sauver Vanini.

Dans le cours de sa vie errante, Vanini n'avait pu trouver nulle part la paix et la tranquillité. A peine avait-il prêché et discuté dans une université qu'il était obligé de fuir ; il avait même été emprisonné à Londres pendant 49 jours par les protestants, il vint chercher un asile à Paris, où il trouva des protecteurs et entre autres le maréchal de Bassompierre, auquel il a dédié ses ouvrages.

(1) Voici cette approbation : « *Nos subsignati doctores in alma Facultate theologica parisiensi fidem facimus legisse dialogos Cæsaris Vanini, philosophi præstantissimi in quibus nihil religioni catholicæ, apostolicæ et romanæ contrarium reperimus etc.* »

Mais bientôt les mêmes soupçons, qui partout l'avaient poursuivi, viennent l'y poursuivre; il est encore obligé de fuir, et après avoir quelque temps erré de ville en ville il vint se réfugier à Toulouse : là il fut d'abord bien accueilli, mais il eut l'imprudence de chercher dans des conférences secrètes à répandre ses idées. Un témoin s'éleva contre lui, il eut beau protester de son attachement à la foi de l'église, il fut condamné à être brûlé, comme coupable d'avoir soutenu des opinions blasphématoires. L'arrêt fut exécuté et Vanini fut brûlé à Toulouse en 1619. Il paraît qu'à cette époque même, ce jugement fut flétri par l'opinion publique et considéré comme une tache à la mémoire de ce parlement, dont le fanatisme vivace devait encore longtemps après condamner Calas. On eut soin de faire disparaître les pièces de cet odieux procès.

C'est le crime d'athéisme qui fut le texte principal de l'accusation portée contre Vanini. Cependant Vanini n'était certainement pas athée, mais en qualité d'averroïste il tendait à un certain panthéisme. Quant à l'accusation d'avoir soutenu des opinions contraires au christianisme, elle était vraie et elle suffit pour nous expliquer le jugement terrible porté contre lui par le fanatisme méridional des juges de Toulouse. Sans doute, dans la vie, dans le caractère, dans les ouvrages de Vanini, il y a beaucoup d'inconséquence et de légèreté, mais sa mort a purifié sa vie. Vanini est un martyr de la cause de l'indépendance de la raison humaine, il en est même avec Giordano Bruno, le dernier martyr, car depuis il y a eu des auteurs emprisonnés, des ouvrages brûlés par la main du bourreau, mais personne que je sache, du moins en France, pour cause d'opinions philosophiques n'a eu la langue arrachée, n'a été brûlé sur la place publique. A ce titre donc, Vanini a droit à notre indulgence et à notre respect.

BERNARDINO TELESIO.

Dans l'ordre chronologique Bernardino Telesio devrait être placé avant Vanini. Mais Telesio ne s'appuie déjà plus, comme Pomponat, comme Vanini, sur l'autorité d'Aristote, il est l'adversaire d'Aristote et il n'est pas un partisan de Platon, il rejette l'autorité de l'un et de l'autre, il a la prétention d'élever un système qui ne relève que de lui-même, sous ce point de vue il a fait faire un nouveau progrès à la cause de l'indépendance de la raison humaine. Voilà pourquoi je le place après Vanini. Cependant la doctrine de Telesio, quoique opposée à celle d'Aristote, a une tendance naturaliste et empirique qui la rapproche beaucoup de cette école de péripatéticiens purs, de philosophes médecins dont Pomponat est le chef, et c'est en raison de cette tendance que nous plaçons Telesio à la suite de Pomponat et de Vanini.

Bernardino Telesio naquit à Naples au commencement du XVIᵉ siècle d'une famille riche et distinguée. Il vint étudier à Padoue la philosophie d'Aristote, les mathématiques et la physique. Padoue était à cette époque l'université la plus célébre de l'Italie, c'est à Padoue qu'ont enseigné ou étudié la plupart des philosophes les plus célèbres de cette période. Après avoir fait ses études à Padoue, Telesio revint à Naples où il enseigna publiquement ce qu'il appelait la philosophie de la nature. Ni les protecteurs, ni les disciples ne lui manquèrent, et sous es auspices ils formèrent une académie, dont le nom d'Académie Télésienne indiquait combien grande était l'influence des doctrines de Télésio. Le but de cette société était de renverser la physique péripatéticienne et de perfectionner la science de la nature. Les travaux de Telesio en physique ne furent pas tout-à-fait stériles. Il fit des recherches qui lui sont propres et on lui attribue quelques découvertes partielles surtout en optique par suite de l'application des mathématiques à la physique.

C'est en 1565 que Telesio publia son grand ouvrage intitulé : *De natura rerum juxta propria principia*. Cet ouvrage eut un succès prodigieux pendant la vie même de son auteur. Telesio y déclare qu'il ne conçoit pas comment pendant un si grand nombre de siècles tant d'esprits distingués ont pu ajouter une foi aveugle à l'autorité d'Aristote dont les ouvrages renferment cependant tant d'erreurs grossières. Mais c'est surtout contre la physique d'Aristote qu'il dirige ses attaques. Il reproche à cette physique d'être en contradiction avec elle-même et avec la Bible. A l'autorité d'Aristote il oppose l'autorité de la Bible, l'autorité de l'Eglise, de même que Pomponat opposait l'autorité d'Aristote à celle de la théologie, et dans cette lutte d'autorités diverses opposées les unes aux autres, tout tournait également au profit de l'émancipation de la raison humaine. La grande cause des erreurs d'Aristote, selon Telesio, c'est l'usage des principes rationnels et de la méthode *a priori*. Or, on ne peut par cette voie arriver à la vérité, on ne construit pas le monde les yeux fermés et en présence de témoignage de l'expérience, la raison doit savoir se taire. A en juger d'après la philosophie naturelle, Telesio n'est pas lui-même toujours demeuré fidèle à ces préceptes et n'a pas toujours consulté l'expérience en rejetant l'autorité d'Aristote, il ne renonce pas à emprunter quelque chose aux anciens, et les principes de sa physique ont une telle analogie avec les principes de la physique de Parménide qu'il est impossible de croire qu'il ne les ait pas connus et étudiés.

En effet, selon Telesio, il y a trois principes de toutes les choses qui existent. Les deux premiers, la chaleur et le froid, sont immatériels et actifs, le troisième matériel et passif est la matière. La chaleur est mobile, elle est le principe du mouvement et de la dilatation. Le froid au contraire est immobile, il est un principe de contraction et de permanence. Enfin une troisième substance, la matière est l'objet nécessaire sur lequel s'exerce l'activité de ces deux principes. Entre le chaud et le froid il existe une lutte éternelle. La chaleur absolue a formé le ciel et les corps célestes, le froid absolu a formé la terre. C'est sur les confins du ciel et de la terre que s'établit la lutte entre les deux principes, et de cette lutte naissent les différents corps que la terre entretient et nourrit. Les différentes propriétés dont ces corps jouissent tiennent aux différentes proportions de chaud et de froid qui sont entrées dans leur composition. Peu conséquent avec les principes de son système, Telesio, au lieu d'expliquer la formation de l'âme par des actions et des combinaisons diverses de chaleur, de froid, de matière, admet que Dieu crée successivement au fur et à mesure chaque âme pour animer chaque corps humain.

La psychologie de Telesio et sa morale semblent se ressentir un peu de son aversion pour les principes *a priori*, car en psychologie il incline à une sorte de sensualisme, et en morale il pose comme règle fondamentale de toutes les actions la conservation de soi-même.

Telesio n'échappa pas aux persécutions, qui étaient le partage de tous les philosophes qui, par une voie ou par une autre, aspiraient à s'affranchir du joug de la philosophie sensualiste. Il fut en butte aux intrigues et aux attaques des moines, partisans fanatiques d'Aristote, et pour y échapper il fut obligé d'abandonner Naples et de se réfugier à Cosenza, où il mourut dans un âge avancé vers la fin du XVIe siècle.

THOMAS CAMPANELLA.

Campanella est un philosophe qui, comme Telesio, rejette en même temps l'autorité de Platon et d'Aristote, et cherche la vérité par les propres forces de son esprit. Il y a dans sa philosophie un mélange de naturalisme et de mysticisme par lequel elle échappe à une classification bien rigoureuse des systèmes de cette époque. Thomas Campanella est sans contredit un des plus grands philosophes du XVIe siècle. Il est de la fin du XVIe siècle, il a vu les commencements du XVIIe, il est le contemporain de Bacon, il touche à Descartes, il appartient à la fois à l'époque de la renaissance et aux temps modernes. La vie de Campanella est remplie par d'étranges et de terribles vicissitudes. Il naquit dans la Calabre. Ses parents voulurent le destiner à l'étude du droit, mais pour se consacrer tout entier à la science et à la philosophie, il entra dans l'ordre des Dominicains, dans cet ordre auquel avaient appartenu Albert-le-Grand et saint Thomas. Bientôt il éprouva ce dégoût de la philosophie scholastique, par lequel ont passé tous les hommes supérieurs de cette période. Il étudia successivement la plupart des systèmes de philosophie de l'antiquité, et pas un, pas même celui du véritable Aristote, ne put le satisfaire. Etant novice à Cozenza, il défendit avec éclat dans des discussions publiques Bernardino Telesio, dont il ne partageait pas toutes les idées, mais dont il admirait l'indépendance. Par sa supériorité dans les discussions, par ses attaques hardies contre Aristote, il excita bientôt contre lui la jalousie et la haine des moines. On l'accusa de chercher à introduire des innovations dans la religion. Dans cette accusation, il n'y a rien qui doive nous étonner, mais il n'en est pas de même d'une accusation d'une autre nature dont Campanella fut la victime. Il paraît qu'aux haines et aux défiances religieuses, vinrent s'ajouter contre lui les haines et les défiances politiques. Il fut accusé d'avoir conspiré contre la domination espagnole, qui pesait alors sur sa patrie. L'accusation était-elle vraie, Campanella avait-il réellement conspiré contre l'Espagne? C'est un point sur lequel ses biographes ne sont pas d'accord, et qu'il nous est impossible d'éclaircir. Ce qu'il y a de certain, c'est qu'il fut traduit devant le tribunal de l'inquisition pour cause de crime contre l'Eglise et contre l'Etat. Il fut soumis jusqu'à six fois aux plus cruelles tortures de la question extraordinaire, mais il demeura inébranlable au milieu des tourments et aucun aveu ne sortit de sa bouche. Si son intrépidité le sauva de la mort, elle ne le sauva pas de la prison dans laquelle il fut condamné à terminer ses jours. Pendant 25 ans, Campanella demeura enfermé dans son cachot, il supporta avec une noble fermeté cette longue et cruelle captivité, et sut l'adoucir par l'étude de la philosophie et de toutes les sciences. Dans la préface d'un de ses ouvrages, il remercie le ciel de l'avoir ainsi enlevé pendant un si longtemps à toutes les distractions du monde, pour travailler dans le silence et la solitude au perfectionnement de la science. Il se félicite d'avoir été arraché au monde de la matière et d'avoir pu s'absorber dans ce monde bien plus vaste de l'esprit qui contient en lui-même les principes de toutes choses. (1) De tels sentiments prouvent que dans l'âme de Campanella il y avait autant d'élévation et de grandeur que de courage.

Il avait subi cette longue captivité, lorsque le pape Urbain VIII, ami des lettres, et touché des souffrances de Campanella, dont il connaissait et estimait les ouvrages, obtint, non sans beaucoup de difficultés, du gouvernement espagnol qu'on le transférât à Rome, sous le prétexte de le faire condamner par le tribunal de l'inquisition. Arrivé à Rome, il ne tarda pas à être délivré par la protection du pape qui lui donna même une petite pension. Cependant le gouvernement espagnol poursuivait encore un ennemi qu'il avait jugé si dangereux, il le fit arrêter de nouveau par ses agents, mais Campanella parvint heureusement à s'échapper avec l'aide de l'ambassadeur de France, dont la politique était de favoriser les ennemis de la maison d'Espagne. Il se réfugia en France où il trouva asile et protection ; il vécut plusieurs années à Paris, recevant une pension du cardinal de Ri-

---

(1) Si quidem cum apud ingratos dominos in ergostulis degerem, Deus cujus natu omni fiunt atque ordinantur me, tanto tempore teneri voluit, quantum sufficeret ad scientiarium omnium instaurationem, quam præconceperam duce Deo, nec tamen in vulgari prosperitate aut extra solitudinem perficere valuissem, et qui corporali mundo privatus eram, longe spatiosori mundo mentali ac proinde in archetypo immenso qui portat omnia verbo virtutis suæ, ipse versabar. (*Philosophiæ realis partes.*)

chelieu, ennemi de la puissance autrichienne et espagnole. Il mourut en 1639.

Les principaux ouvrages de Campanella ont pour titres : *De sensu rerum et magia*, *Philosophiæ realis partes*, *De civitate solis*. De même que Telesio, il a combattu toute sa vie et dans presque tous ses ouvrages l'autorité d'Aristote. Il traite spécialement cette question dans les premiers chapitres de la *Philosophia realis*. Suivant la méthode du temps, il expose longuement les raisons pour et contre, et il conclut que sur certaines questions il est de toute nécessité pour le salut et la foi de rompre avec Aristote, que sur d'autres il est utile, et sur un grand nombre il est avantageux de se mettre en contradiction avec lui. (1) Il appuie cette conclusion sur l'autorité des conciles, des Pères et surtout de saint Thomas.

Campanella diffère de Pomponat et de Vanini par une tendance au mysticisme qui, comme je l'ai déjà dit, s'allie en lui au naturalisme. Dieu, selon Campanella, est la vérité, c'est de Dieu que vient toute vérité et les hommes sans lui ne sauraient jamais la trouver. Pour arriver à la vérité il faut donc s'adresser à Dieu qui nous la découvre de deux manières : 1° en nous mettant sous les yeux le livre de la nature dans lequel on lit par l'observation et l'induction ; 2° en nous révélant les choses par l'inspiration directe et interne ou par les prophètes.

---

(1) In aliquibus necessarium est necessitate præcepti ac salutis evertere Aristotelismum, in aliquibus vero esse utile eidem contradicere, in multis vero licitum. (*Philosophiæ realis partes*).

Campanella s'est fait de la métaphysique une idée plus juste et plus profonde que la plupart de ses contemporains et de ses prédécesseurs. Il la divise en trois parties. La première a pour objet la recherche des principes de la connaissance, la seconde la recherche des principes de l'existence, la troisième la recherche des principes de l'action.

Il traite la première partie de la métaphysique par une longue et savante énumération des diverses objections que les sceptiques ont imaginées contre la valeur des témoignages de la raison humaine. Après les avoir exposées il entreprend de les réfuter et il oppose surtout au scepticisme cette contradiction flagrante qu'il renferme en son sein et à laquelle il lui est impossible d'échapper, et ce témoignage irrécusable de la conscience qui nous atteste que nous sommes des êtres doués d'intelligence et de volonté.

Mais c'est dans la seconde partie de la métaphysique, dans la recherche des principes de l'existence que Campanella me paraît avoir fait preuve de beaucoup d'originalité et de profondeur d'esprit. Qu'est-ce que l'être, quels sont ses principes constitutifs? Comment du développement de ses principes sortent tous les êtres particuliers et contingents dont l'univers se compose? Voilà les questions que se pose Campanella, et voici comment il les résout.

Il y a deux principes de toutes choses, l'être et le néant.

L'être n'est autre chose que Dieu lui-même, et le néant n'est que la privation, la limite de l'être (1). L'être

---

(1) Principia metaphysica duo ponunt, ens scilicet qui Deus est summus, et nihilum quod est defectus entitatis. (*De civitate solis*).

se manifeste par trois puissances essentielles et primordiales, la force, la sagesse et l'amour. Ces trois puissances essentielles de l'être infini se trouvent, à des degrés différents, dans tous les êtres finis qui tous émanent de l'être infini. En tant qu'êtres, ils ont aussi tous pour essence la force, la sagesse, l'amour, mais en tant qu'êtres finis, ils ils ont aussi pour essence la privation de la force, de la sagesse, de l'amour; ils participent de l'impuissance, de l'inintelligence, de la haine qui sont, pour ainsi dire, les qualités essentielles du néant. Ce défaut, cette privation se retrouvent à des degrés différents dans tous les êtres finis, Dieu seul, en tant qu'être infini, est exempt de toute privation, de toute imperfection, de toute limite (1).

A des degrés différents et sous des formes différentes, Campanella retrouve dans tous les êtres ces trois attributs sesentiels de l'être, et il admire quelle lumière vient jeter sur la science l'idée de cette trinité mystérieuse (2). C'est en se plaçant à ce point de vue que Campanella a soutenu bue tous les êtres, les plantes, les minéraux eux-mêmes étaient doués de sentiment et d'amour en une certaine mesure. Il a développé cette idée dans un ouvrage spécial intitulé : *De sensu rerum*(3).

(1) Ens essentiatur potentia essendi, sapientia essendi, amore essendi, tanquam ex tribus primalitatibus, essentialitatibus seu realitatibus, non autem componitur tanquam ex tribus rebus aut entibus. Ens finitum essentiatur ex potentia, sapientia et amore ut ens, ut finitum vero etiam ex impotentia, insipientia, et disamore quæ sunt nihili quasi essentialitates. Deus autem nullius nihilitatis est particeps. (*Philosophia realis*. Ad lectorem prælucidarium).

(2) Admiratus sum quomodo illud difficillimum monotriadis arcanum sit omnium scientiarum illuminatio. (*Philosophiæ realis quæstiones physiologicæ*. (Lib. 38, art. I).

(3) Voici le titre complet de l'ouvrage : *Pars mirabilis occultæ philosophiæ ubi demonstratur mundum esse Dei vivam statuam beneque cognos-*

On trouve dans les ouvrages de Campanella une physique complète. Sur la plupart des questions il combat Aristote ; sur un grand nombre il suit les principes de Telesio. Campanella est le contemporain de Galilée ; il a connu et étudié ses dialogues, il les cite souvent, mais en combattant quelques-unes des découvertes de Galilée, il montre qu'il n'était pas un grand physicien. Il fait rentrer la psychologie dans la physique. La psychologie de Campanella a une tendance sensualiste. Il reconnaît pour facultés principales de l'âme, la sensation, la mémoire, la croyance, le témoignage des hommes, le jugement, l'imagination. Toutes ces facultés ont bien l'air de se réduire pour lui à la faculté de sentir. C'est ainsi qu'il définit la croyance ou témoignage des hommes, *sentire alieno sensu*, et le raisonnement, *sentire aliquid in alio*. Ce qui ne l'empêche pas en d'autres passages de parler d'une faculté supérieure d'intuition néoplatonicienne. A peu près à la même époque à laquelle Bacon travaillait au *De augmentis et de dignitate scientiarum*, Campanella essayait aussi de faire une classification des connaissances humaines. Sans doute, dans cette classification Campanella est loin d'avoir déployé le même génie que Bacon ; il n'a pas, comme lui, marqué du doigt sur la carte du monde intellectuel les pays qui restaient à découvrir ; il n'a pas montré cette même fécondité et cette même justesse d'aperçus sur l'avenir de la science, néanmoins il faut reconnaître que les bases de la classification de Campanella sont meilleures que les bases de la classification

centem, omnesque illius partes, partiumque particulas sensu donatas esse alias clariori, alias obscuriori quantus sufficit ipsorum conservationi ac totius in quo consentiunt et fere omnium naturæ arcanorum rationes aperiuntur.

de Bacon, car Campanella a entrepris de diviser les sciences par rapport à leur objet, tandis que Bacon les divisait d'après un point de vue plus vague et plus arbitraire, d'après les diverses facultés intellectuelles qui concourent à leur formation. Les sciences d'après leur objet se divisent, selon Campanella, en sciences divines et sciences humaines ou bien en théologie et micrologie. Au dessus de la micrologie et de la théologie se place la métaphysique qui embrasse les principes communs à ces deux classes de science. La micrologie présente deux grandes divisions, la science naturelle et la science morale. Les principales divisions de la science naturelle sont la médecine, la géométrie, la cosmographie, l'astronomie, l'astrologie. La science morale se divise en éthique, politique, économique. La rhétorique et la poétique sont des sciences auxiliaires des sciences morales. Parmi les sciences appliquées, Campanella, conformément aux idées de son temps, place la magie qu'il divise en magie naturelle, magie angélique et magie diabolique.

Je n'aurais pas fait connaître dans toute son étendue l'esprit original et novateur de Campanella si je passais sous silence son utopie de la cité du soleil. Il y a dans cette utopie une foule d'opinions par lesquelles l'auteur devance son siècle et qui peuvent peut-être nous apprendre les horribles persécutions qu'il eut à subir de la part du pouvoir politique.

La cité du soleil est située à Taprobane. Campanella en décrit la position, les murailles, les temples, le gouvernement. La nature de ce gouvernement découle des principes métaphysiques de la théorie de l'être. Le chef suprême de ce gouvernement s'appelle HOH, ce qui veut dire en latin *metaphysicum*. Ce chef est assisté dans le gouvernement par trois ministres qui ont pour nom la force, la sagesse, l'amour. Le premier a la direction des travaux de la guerre, le second a la direction de tout ce qui concerne les sciences, le troisième veille sur les mariages et sur la génération des enfants. En dessous de ces trois ministres il y a autant de magistrats qu'il y a de vertus. Campanella applique à sa république les mêmes principes de communauté que Platon. Tout est commun dans la cité du soleil, les femmes elles-mêmes sont communes, néanmoins les unions ne peuvent avoir lieu qu'avec le consentement et sous la surveillance des magistrats. Les femmes et les hommes sont élevés de la même manière. Les enfants dès leur plus jeune âge sont placés au milieu des instruments de tous les arts et de tous les métiers, afin que leur vocation se réveille, car dans la cité du soleil tout citoyen est tenu de travailler, et nous sommes l'objet des railleries des citoyens de cet état parce que nous avons attaché l'idée de bassesse au travail et l'idée de noblesse à l'oisiveté (1).

Le chef suprême est nommé par élection. Il faut qu'il ait des notions sur chaque chose, car il doit présider à tout, politique, histoire, science, philosophie. Mais le plus savant est-il toujours le plus habile, et la science est-elle une garantie suffisante pour l'habileté à gouverner ? A cette objection les habitants de la cité du soleil répondent qu'un savant leur offre toujours plus de garanties qu'un ignorant qu'on choisit pour roi parce qu'il est le fils d'un roi. D'ailleurs la science dont il s'agit est une science vraie, solide, féconde, et non une science stérile et scholastique comme la nôtre. Campanella entre ensuite dans des détails sur leur métaphysique et leur

---

(1) Irrident nos in eo quod artifices vocamus ignobiles ac eos habeamus nobiles qui nullam addiscunt artem et vivunt otiosi.

religion. La métaphysique qu'il leur attribue est la sienne, c'est celle dont nous avons essayé d'esquisser les principaux traits. Quant à leur religion, elle consiste à adorer Dieu dans le dogme de la Trinité. Dieu, disent-ils, est la souveraine puissance ; de la souveraine puissance procède la souveraine sagesse, et de la souveraine puissance unie à la souveraine sagesse procède l'amour qui, avec la sagesse et la puissance, ne fait qu'un seul et même Dieu Ce sont les magistrats eux-mêmes qui sont les prêtres de cette religion. Même dans cette courte analyse il est impossible de ne pas reconnaître au milieu de beaucoup d'idées fausses, des idées qui ont pour elles la vérité, la force, la nouveauté, et qui suffisent à prouver que Campanella était un grand esprit.

Cependant Campanella a été moins favorablement jugé par un philosophe dont il semble que nous devrions respecter davantage l'autorité, par Descartes. Voici en effet comment Descartes s'exprime sur le compte de Campanella dans une lettre à un de ses amis qui lui avait procuré ses ouvrages :

« Votre Campanella m'ayant trouvé à répondre à quelque objection, j'avoue que son langage et celui de l'allemand qui a fait sa longue préface ont fait que je n'ai osé converser avec eux avant que j'eusse achevé les dépêches que j'avais à faire, crainte de prendre quelque chose de leur style. Pour la doctrine, il y a quinze ans que j'ai lu le *De sensu rerum* du même auteur, avec quelques autres traités, et peut-être que celui-ci en était du nombre. Mais j'avais trouvé dès-lors si peu de solidité dans son esprit, que je n'en ai rien gardé dans ma mémoire. Je ne saurais maintenant en dire autre chose, sinon que ceux qui s'égarent en affectant de suivre des chemins extraordinaires me paraissent moins excusables que ceux qui ne s'égarent qu'en compagnie et en suivant les traces de beaucoup d'autres. »

Ce jugement nous paraît d'une injuste sévérité, comme la plupart de ceux que Descartes a portés sur ceux qui l'ont précédé et surtout sur ses contemporains. Il est impossible de ne pas reconnaître dans Campanella un des plus remarquables précurseurs de la révolution philosophique du XVIIe et un des esprits les plus vastes et les plus originaux de la fin du XVIe siècle.

Tels sont les principaux philosophes du XVe et du XVI^c siècle dont les systèmes ont une tendance péripatéticienne ou du moins naturaliste. Soit en opposant l'autorité du véritable Aristote à l'autorité de l'Aristote de la scholastique et de la théologie, soit en rejetant l'autorité des anciens pour en appeler à l'expérience, ils ont servi et courageusement servi la cause de l'indépendance de la raison humaine. Il nous faut maintenant rendre compte des efforts et de l'influence des philosophes de la même période dont les systèmes ont une tendance platonicienne, idéaliste ou mystique.

MARSILE FICIN.--FRANÇ. PATRIZZI.

Le philosophe qu'on peut considérer comme le chef de l'école néoplatonicienne du XVe et du XVIe siècle est Marsile Ficin. Il vécut à la cour de Côme de Médicis vers la fin du XVe siècle. Par ses travaux, par son zèle, il contribua plus que tout autre à ressusciter en Italie l'étude de l'antiquité grecque et surtout celle du platonisme. Sa philosophie se compose de tout ce qu'il y a de plus mystique et de plus enthousiaste dans l'école d'Alexandrie. Tous les philosophes alexandrins sont également pour lui des hommes de génie. Son érudition est vaste mais sans critique. Mais ce qui doit lui assurer une place parmi les réformateurs de la philosophie, c'est bien moins son système que la traduction latine des œuvres de Platon, de Plotin et de Proclus dont il est l'auteur. Cette traduction, encore estimée aujourd'hui, contribua puissamment à détacher les esprits de la philosophie scholastique en les initiant à de nouveaux systèmes.

De tous les philosophes platoniciens celui qui fit à

à Aristote la guerre la plus savante et la plus redoutable est sans contredit François Patrizzi.

François Patrizzi naquit en Dalmatie en 1529. Sa jeunesse fut errante et malheureuse. Il demeura sept années dans l'île de Chypre réduit à la plus grande misère jusqu'à ce que l'archevêque de cette île l'eût pris sous sa protection et l'eût emmené avec lui à Venise. Patrizzi quitta bientôt Venise pour achever ses études dans la grande université de Padoue; c'est à Padoue qu'il commença sa carrière philosophique et littéraire. Nommé ensuite professeur au gymnase platonique de Ferrare, il y enseigna pendant dix-sept ans au bout desquels un de ses auditeurs et de ses disciples devenu pape, Clément VII, l'appella à Rome et lui donna une chaire d'enseignement public de la philosophie. Patrizzi occupa cette chaire jusqu'à sa mort 1597. Le but unique qu'il se proposa pendant toute sa vie, c'est de faire triompher le platonisme et de renverser le péripatétisme. Telle est l'intention dans laquelle il composa le grand ouvrage qui a pour titre : *Discussiones peripateticæ quibus aristotelicæ philosophiæ universa historia atque dogmata cum veterum placitis collata eleganter et erudite declarantur*. Cet ouvrage est divisé en quatre livres. Dans le premier, Patrizzi traite de la vie, des mœurs, des auditeurs, des disciples, des commentateurs d'Aristote. Dans le second, il s'efforce de montrer l'analogie des principes d'Aristote avec ceux de Platon et d'autres philosophes antérieurs. Dans le troisième, au contraire, il se propose de mettre en évidence la différence qui existe entre ces mêmes principes et ceux de Platon et d'autres philosophes antérieurs. Enfin, dans le quatrième livre, il fait la critique des principes d'Aristote.

Il ne fit paraître ces quatre parties que successivement,

afin de ne pas exciter tout d'un coup toutes les colères des partisans d'Aristote. Dans sa haine contre le péripatétisme, Patrizzi se laisse entraîner aux plus odieuses, et aux plus ridicules accusations contre son fondateur. Il accuse Aristote d'avoir vécu dans les plus honteuses débauches, il l'accuse, non-seulement d'avoir payé de la plus noire ingratitude son maître Platon, mais encore d'avoir fourni un poison à Antipater pour empoisonner Alexandre. Il lui reproche d'avoir nié l'existence de Dieu, la providence et l'immortalité de l'ame. Mais la partie la plus originale et la plus sérieuse des attaques de Patrizzi contre le péripatétisme est celle qui porte sur l'authenticité même des ouvrages attribués à Aristote. Jusqu'alors cette authenticité n'avait pas été sérieusement discutée et n'avait été que l'objet de vagues soupçons. Patrizzi le premier la soumet à une critique savante, systématique dans laquelle on peut retrouver les germes de la critique plus approfondie qu'en ont faite les modernes. Il s'appuyait d'abord sur l'histoire que nous ont laissée Strabon et Plutarque des manuscrits d'Aristote pour prouver qu'ils n'ont pu parvenir jusqu'à nous que profondément altérés. A ces raisons historiques il en ajoutait d'autres peut-être plus fortes encore tirées du fond même et de la disposition des ouvrages que l'on attribue à Aristote. En effet, la plupart de ces ouvrages ne répondent pas au titre qu'ils portent. Il existe entre eux des contradictions manifestes; il n'y a point d'ordre, point d'enchaînement systématique entre les divers livres dont ils se composent; on y trouve de longues et fréquentes répétitions. Il rapporte aussi les objections déjà faites par d'anciens commentateurs contre l'authenticité de quelques-uns de ces livres, objections qui, suivant lui, n'ont jamais été bien refutées. Enfin, son zèle pour la philosophie platonicienne l'entraîna si loin que, dans sa préface de son grand ouvrage philosophique, *Nova de universis philosophia*, il en conjure le pape de bannir de toutes les écoles catholiques la philosophie d'Aristote. Mais Aristote avait encore trop de partisans même en Italie pour que le vœu de Patrizzi pût être exaucé.

Quand au système de Patrizzi, c'est un mélange des idées les plus bizarres des néoplatoniciens. On y trouve beaucoup d'emprunts faits à Marsile Ficin et à Telesio, pour lequel il professait une grande admiration. Nous n'entrerons pas dans les détails de ce système singulier. L'importance du rôle philosophique de Patrizzi est pour nous toute entière dans ses attaques originales et érudites contre Aristote, et dans ses tentatives pour lui substituer la philosophie de Platon.

RAMUS.

Si la plupart des philosophes réformateurs du XVe et du XVIe siècle appartiennent à l'Italie, la France au sein de laquelle devait s'accomplir la grande révolution philosophique qu'ils préparaient, a cependant aussi la gloire d'avoir produit Ramus, un des plus intrépides et des plus brillants précurseurs de Descartes. Ramus, comme Patrizzi, s'est proposé de renverser l'autorité d'Aristote, mais Aristote était plus puissant en France qu'en Italie, et Ramus indépendamment des haines philosophiques souleva contre lui les haines religieuses, il ne faut donc pas s'étonner si, moins heureux que Patrizzi, il succomba dans la lutte. Ramus descendait d'une famille noble mais ruinée du pays de Liége, son grand-père avait été charbonnier et son père laboureur. Ses ennemis, dans la suite, ne manquèrent pas de lui reprocher cette humble origine. Il répond avec noblesse à ce reproche dans le discours d'ouverture de la chaire d'éloquence et de philosophie qui lui avait été donnée par

Henri II. « Je suis chrétien, dit-il, et jamais je n'ai pensé que la pauvreté fut un vice. Je ne suis pas un peripatéticien pour croire que celui-là seul peut faire de grandes choses qui a de grandes richesses. Contraint par une rude nécessité, j'ai subi pendant de longues années un rude esclavage, mais jamais mon ame n'a été esclave, jamais je ne l'ai ni engagée, ni abaissée (1). »

Ramus eut, en effet, pendant sa jeunesse, de rudes épreuves à subir à cause de sa pauvreté, et il ne put achever ses études qu'en entrant comme servant au collége de Navarre. Il commença à se faire connaître lorsqu'il se mit sur les rangs pour obtenir le grade de maître-ès-arts. Il avait pris pour sujet de thèse cet audacieux paradoxe : Tout n'est pas vrai dans Aristote. Il osa le soutenir devant les examinateurs étonnés de son audace, et après une dispute publique qui dura un jour tout entier, il demeura le maître du champ de bataille. Ce succès l'encouragea et lui donna l'idée de soumettre à un examen plus approfondi la valeur de la logique d'Aristote. Ce qui l'avait d'abord dégoûté de la logique péripatéticienne, c'était, ainsi qu'il le raconte dans la préface de ses *Animadversiones*, la stérilité de ses résultats pour la science et pour l'usage de la vie. Après avoir passé les plus belles années de sa vie à l'étude de la dialectique d'Aristote, il s'était aperçu avec douleur qu'il n'en était devenu plus habile dans aucun art, ni dans aucune science, et il en conclut à la fausseté et à la frivolité des principes de la dialectique péripatéticienne. L'étude des ouvrages de Platon et de la

---

(1) Christianus sum nec unquam paupertatem malum putavi. Aristoteleus non sum ut difficile putem esse præclaras res agere cui magnæ opes desunt. Fortunæ necessitate coactus, multos annos duram servitiem servivi, animo tamen nunquam servus fui, animum nunquam despondi vel abjeci.

méthode d'induction socratique vint bientôt la lui rendre plus odieuse encore. Il dirigea donc ses attaques contre la dialectique d'Aristote, telle qu'elle est contenue dans ses ouvrages logiques et telle qu'elle était enseignée à Paris dans des manuels modernes. C'est alors qu'il publia deux ouvrages qui eurent un grand retentissement. Dans l'un intitulé : *Aristotelicæ animadversiones*, il critiquait avec violence la logique d'Aristote; dans l'autre intitulé : *Dialecticæ institutiones*, il essayait de poser lui-même les fondements d'une bonne logique.

Aussitôt que ces deux ouvrages eurent paru, un cri général s'éleva contre leur auteur parmi les Aristotéliciens de Paris. Un portugais, Antoine Govea, se posa l'adversaire et l'accusateur de Ramus en même temps que le défenseur d'Aristote. Ramus fut cité devant le parlement de Paris comme coupable d'avoir ébranlé, par ses attaques contre Aristote, les fondements de la religion et de la science. Du parlement de Paris, l'affaire fut portée au conseil du roi, qui nomma une commission pour prononcer un jugement définitif. La commission était composée de deux commissaires choisis par Ramus, de deux autres commissaires choisis par son adversaire Antoine Govea, et enfin d'un cinquième membre nommé par le roi. La majorité de la commission ainsi composée se trouva hostile au novateur. Une sentence fut rendue contre lui, ses ouvrages furent supprimés, et défense lui fut faite d'enseigner désormais la philosophie sans une permission spéciale du roi. Je cite un passage de cette sentence rendue contre Ramus, afin de montrer jusqu'à quel point en était venue l'autorité de l'Aristote scholastique.

« Après avoir le tout veu et considéré, avons été d'advis que le dit Ramus avait été téméraire, arrogant et impudent d'avoir réprouvé et condamné le train et art de logique receu de toutes les nations que lui-même ignorait, et que, parce qu'en son livre des *Animadversiones*, il reprenait Aristote, était évidemment connue et manifeste son ignorance. Voire qu'il avait mauvaise volonté de tant qu'il blâmait plusieurs choses qui sont bonnes et véritables et mettait sus à Aristote plusieurs choses à quoi il ne pensa oncques. En somme ne contenait sondit livre des *Animadversiones* que tout mensonge et une manière de médire tellement, qu'il semblait être le grand bien et profit des lettres et des sciences, que ledit livre fut de tout supprimé, semblablement l'autre dessus dit intitulé: *Dialecticæ institutiones*, comme contenant aussi plusieurs choses fausses et étranges. » (De Launoy, *De varia Aristotelis fortuna*).

A peine peut-on comprendre aujourd'hui qu'un tel jugement ait été accueilli dans la ville de Paris par des démonstrations de joie aussi aveugles qu'indécentes. La sentence fut affichée en latin et en français dans toutes les rues de Paris et envoyée à toutes les académies étrangères. On joua, même sur le théâtre, des pièces contre Ramus, aux grands applaudissements des péripatéticiens.

Mais bientôt l'université de Paris eut besoin de celui qu'elle venait de proscrire. La peste avait dépeuplé les écoles et chassé les étudiants de la ville de Paris. — L'université pensa ne pouvoir mieux faire pour les attirer de nouveau que de donner une chaire d'éloquence à Ramus au collége de Prêles, tant avait été grand l'éclat de son premier enseignement! A l'avènement de Henri II, il y eut une petite réaction contre les actes du dernier règne, qui fut d'abord favorable à Ramus, et il trouva dans le cardinal de Lorraine un zélé protecteur. La sentence rendue contre lui fut annulée, et il lui fut même permis de publier une nouvelle édition des *Animadvertiones Aristotelicæ* et des *Dialecticæ institutiones* avec quelques adoucissements dans la forme. En prenant possession de cette chaire il prononça un discours d'ouverture dans lequel il remercie avec effusion le roi Henri II qui, non seulement a fait cesser la persécution dont il était victime, mais encore l'a comblé de ses bienfaits. Il ne fait aucune concession à ses adversaires et se maintient franchement dans la même position philosophique. En effet, voici comment il se défend d'avoir attaqué Aristote : « On me reproche comme un crime inouï, d'avoir osé parler contre le philosophe. De quel philosophe s'agit-il ? De Platon ? Mais Aristote lui-même ne l'a-t-il pas attaqué pendant sa vie, et après sa mort ne l'a-t-il pas déprécié par d'indignes moyens ? Pourquoi donc vous est-il permis de suivre Aristote en calomniant Platon, plutôt qu'à nous de suivre Platon en jugeant Aristote ? Jamais les savants n'ont mis Platon au-dessous d'Aristote (1).

Dans la dédicace de ce même discours au cardinal de Lorraine, Ramus nous apprend qu'il le prononça devant plus de deux milles personnes. Un des traits les plus remarquables de la réforme philosophique tentée par Ramus, et qui suffirait à le faire considérer comme un précurseur de Descartes, c'est une tendance à dépouiller la philosophie de sa vieille forme scholastique, pour lui en faire

(1) Sed tamen contra philosophum dicere facinus audax fuit. Quemnam vero philosophum ? Platonemne ? At Aristoteles etiam vivum reprehendit, non solum mortuum indignis modis labefactavit. Qui tibi magis calumniando Platone licet Aristotelem sequi quam nobis Aristotelis libros examinando Platonem tueri ? Nunquam vero Platonem apud doctos homines minorem Plutone judicavi.

revêtir une nouvelle moins aride et plus populaire. Il mêlait dans ses leçons l'éloquence, la littérature à la philosophie. Au lieu de se borner à énumérer les formes du syllogisme abstrait, il analysait les raisonnements des orateurs et des poètes, ce fut même le sujet d'une accusation portée contre lui par un de ses collègues, Gallandius, professeur de littérature latine. C'était, selon Gallandius, une innovation dangereuse et contraire aux réglements de l'université que cette alliance monstrueuse de la philosophie et de l'éloquence. Nous avons le discours de Gallandius et la réponse de Ramus qui est remplie de bon sens et d'esprit.

Mais l'audace de Ramus croissait en même temps que le succès de son enseignement, et, malheureusement pour lui, il ne se montra pas moins ami des innovations religieuses que des innovations philosophiques. Il inclinait au protestantisme qu'il embrassa bientôt ouvertement. Cet esprit d'indépendance qui animait Ramus soit en philosophie, soit en religion était d'autant plus dangereux qu'il savait le communiquer à ses auditeurs par d'éloquentes leçons. Dès lors les haines religieuses et philosophiques se conjurent contre lui. Il est obligé de fuir de Paris ; sa bibliothèque est pillée, son nom voué à l'infâmie. Ramus ayant embrassé ouvertement la foi protestante subit toutes les vicissitudes de ses co-réligionnaires. Pendant les courtes trèves qui de temps en temps viennent interrompre la lutte entre les deux partis, il revient à Paris et il s'en éloigne aussitôt que commence une guerre nouvelle. Pendant un de ces exils, il alla prêcher sa doctrine en Allemagne, où il rencontra de zélés partisans et des adversaires non moins zélés dans les disciples de Mélanchthon. Ramus laissa l'Allemagne savante partagée en deux partis, celui des ramistes et celui des antiramistes. Enfin la troisième guerre civile étant terminée, il revint de nouveau à Paris, où il périt dans le massacre de la St-Barthélemy. Un de ses collègues et de ses adversaires, Jacques Carpentier, admirateur enthousiaste d'Aristote, ameuta contre lui ses fanatiques élèves; Ramus fut découvert dans la retraite où il s'était caché. Il fut jeté par la fenêtre et son corps, objet de mille outrages, fut traîné dans les rues et précipité dans la Seine. Ramus est mort victime à la fois de l'intolérance philosophique et de l'intolérance religieuse. On frappa en lui l'adversaire d'Aristote en même temps que le protestant.

J'ai insisté quelque peu sur la vie de Ramus parce qu'elle représente d'une manière énergique le mouvement philosophique de cette époque, parce que c'est dans cette vie si remplie de luttes et de combats que se trouvent le véritable rôle et la véritable gloire de Ramus. En effet, il n'a pas eu la gloire de fonder un système auquel son nom demeure attaché dans l'histoire de la philosophie. Ses attaques contre la physique, la logique, la métaphysique péripatéticienne sont plus passionnées que profondes. Il ne rend nulle justice à la logique d'Aristote, il semble n'en comprendre ni la justesse ni la profondeur, il n'y voit autre chose qu'un chaos auquel il donne le nom de chaos aristotélique. Selon Ramus, la vraie dialectique est toute entière dans Platon, et Aristote n'a fait que l'embrouiller en voulant la perfectionner. Il n'a réussi qu'à rendre obscur et inintelligible ce qui était clair et simple dans Platon. La dialectique d'Aristote est mauvaise, parce qu'elle contient une foule de préceptes inutiles et omet une foule de préceptes nécessaires, voilà ce que Ramus entreprend de démontrer dans les *Animadversiones*. (1)

(1) Dico ut summa disputationis universæ questio clara perspicuaque

Dans le premier livre, il traite des principes fondamentaux de la dialectique ; dans les autres livres, il suit exactement les divisions de la logique d'Aristote, afin de démontrer sur chacune d'elles cette thèse générale qu'elles contiennent une foule de choses inutiles et omettent une foule de choses nécessaires. Quant à la logique que Ramus a entrepris de lui substituer, elle est en apparence plus claire et plus facile, mais elle n'a rien d'original et de profond. La seule innovation heureuse qui s'y rencontre est peut-être celle qui consiste à appuyer d'exemples tirés des grands orateurs ou des grands poètes chacun des préceptes dont elle se compose (1).

Mais, encore une fois, ce n'est pas là qu'est la gloire de Ramus. Sa gloire est d'avoir compris l'absurdité et la frivolité de l'enseignement scholastique, d'avoir voulu mettre la philosophie à la portée d'un plus grand nombre d'intelligences, en la dépouillant de ses vieilles formes, en la faisant sortir de cette sphère d'abstractions et de subtilités logiques dans laquelle elle s'agitait stérilement ; sa gloire est d'avoir courageusement protesté contre l'autorité d'Aristote, sous laquelle était alors entièrement asservie en France la pensée philosophique ; et il ne s'est pas borné à réclamer la liberté de penser en phi-

ponatur dialecticam ab Aristotele et Aristotelis non legitime institui, idque duobus argumentis confirmo et quod multa dialecticæ artis non necessaria præcepta libris illis conturbentur et quod multa necessaria præjermittantur. Multa, inquam, dico deesse multo etiam plura redundare. (*Animadversiones*, p. 5.)

(1) Nos nullum in arte præceptum ponimus quod perspicuis insignium hominum testimoniis et exemplis non explicemus, Ciceronis maxime et Virgilii. (*Institutiones*, dial. préf.)

losophie, il l'a aussi réclamée en religion. Il a protesté à la fois contre l'autorité absolue dans l'ordre philosophique et dans l'ordre religieux, et il est mort martyr de cette double protestation.

GIORDANO BRUNO.

Quelques années après la mort de Ramus parut Giordano Bruno le plus remarquable des philosophes de cette époque qui, secouant le joug d'Aristote et de la scholastique, lui opposèrent une tendance néoplatonicienne et spiritualiste. Giordano Bruno est un italien, mais il a longtemps résidé à Paris, il y a enseigné, il y a eu des disciples, il a donc comme Ramus préparé immédiatement les voies à Descartes et au triomphe de la liberté de la pensée. La vie de Giordano Bruno présente plus d'une analogie avec celle de Vanini. Comme Vanini il commence par se faire moine, puis il abandonne le couvent et parcourt successivement les différentes universités de l'Italie, de la France, de l'Angleterre et de l'Allemagne; et comme Vanini il était destiné à périr sur un bûcher. Mais si je compare leurs destinées, je ne compare pas leur génie; combien Giordano Bruno ne l'emporte-t-il pas sur Vanini par la profondeur et l'originalité de sa doctrine, par la vivacité de son imagination et par la dignité de son caractère! (1)

A peine Bruno s'était-il fait moine, que les doutes sur la vérité de certains dogmes du christianisme vinrent tourmenter son intelligence. Il prit en dégoût la vie monastique, et il quitta le couvent ; il erra ensuite quelque temps dans diverses parties de l'Italie, et bientôt, toujours poursuivi par la haine et les menaces du clergé, il fut obligé d'abandonner sa patrie. Il chercha d'abord un asile à Genève qui était alors sous la domination de Calvin. Mais l'intolérance de Calvin n'était pas moins redoutable que l'intolérance du clergé romain, on brûlait à Genève comme on brûlait à Rome, et le bûcher de Servet aurait pu s'allumer aussi pour Bruno, si, par une prompte fuite, il ne s'était réfugié en France. De 1581 à 1586, Bruno résida à Paris. C'est dans cet intervalle qu'il faut placer son voyage en Angleterre. Il enseigna quelque temps à l'université d'Oxford, et il eut de vifs démêlés avec les professeurs de cette académie touchant la physique d'Aristote et le système de Copernic. Sa liberté même aurait couru de grands dangers sans la protection de l'ambassadeur de France. A Paris comme à Londres, Bruno avait rencontré de nobles et de puissants protecteurs en dehors du clergé et des universités. Les gens du monde, les nobles commençaient à s'intéresser aux études philosophiques et plaçaient déjà sous leur patronage la philosophie sécularisée. Bruno donnait à Paris des leçons particulières et des leçons publiques. Ces leçons n'eurent d'abord pour objet que la logique et la mnémotechnie

---

(1) Pour tout ce qui concerne la vie et les doctrines de Giordano Bruno, j'ai beaucoup emprunté à une thèse encore inédite que M. Debs a bien voulu me communiquer.

d'après les principes de l'art de Raymond Lulle, et n'excitèrent aucune espèce d'alarme.

Mais bientôt Bruno osa, renouvelant la tentative de Ramus, attaquer Aristote lui-même et exposer ses propres principes. Il fit même soutenir par un de ses élèves une thèse contre Aristote. Quel fut le résultat de cette attaque audacieuse, on l'ignore, mais comme nous voyons Bruno quitter quelque temps après Paris et la France pour parcourir l'Allemagne, nous pouvons conjecturer qu'il fût obligé de suspendre un enseignement qui choquait encore à un tel point les opinions du grand nombre.

De Paris il alla à Wittemberg où il put pendant deux ans enseigner en toute liberté. Il parcourut successivement les diverses universités de l'Allemagne. Puis, nous ne savons par quelles causes il rentra en Italie dans les états de Venise ; pendant quelques années il y vécut tranquille ; mais en 1568, il fut mis en prison à Venise et livré ensuite à l'inquisition romaine.

Dans le cours de cette vie agitée, Bruno composa un grand nombre d'ouvrages. Ces ouvrages sont de différente nature, ce sont des comédies satyriques imitées de Plaute, des poèmes imités de Lucrèce, des dialogues. Il est à remarquer que, dans la plupart de ses ouvrages, Bruno par une innovation que devait consacrer Descartes, se sert d'une langue vulgaire, de l'italien et non du latin qui jusqu'alors avait été la langue exclusive de la philosophie et des sciences. Les principaux ouvrages dans lesquels il a exposé sa doctrine sont : *Della causa, principio e uno, Dell' infinito universo e mondi, De monade, numero et figura, De universo et mundis libri octo*, etc.; *Spaccio della bestta trionfante*. (1) Bruno possédait une

---

(1) Opere di Giordano Bruno ora per la prima volta raccolte e pubblicate da Ad. Wagner dottore 2 vol.

mémoire immense et une connaissance approfondie de la littérature grecque et latine. Il avait été élevé dans le sein du péripatétisme, mais bientôt il avait abandonné Aristote pour Platon, Pythagore et Plotin dont il invoque souvent l'autorité, et parmi les modernes, il s'était inspiré surtout des idées du cardinal de Cusa. Néanmoins Bruno rejette en général l'autorité pour en appeler à l'évidence de la raison, et il s'efforce constamment de détruire ce respect superstitieux pour l'antiquité qui arrêtait alors les progrès de l'esprit humain. Il a combattu toute sa vie contre deux espèces d'ennemis, les théologiens et les péripatéticiens.

Bruno a attaqué avec plus d'audace encore que Pomponat et Vanini les dogmes de la théologie chrétienne, à peine prend-il la précaution de se mettre à l'abri derrière la fameuse distinction des vérités de la raison et des vérités de la foi. Dans le *Spaccio della bestia trionfante*, (1) il attaque non seulement les dogmes, mais encore la morale du christianisme, et il l'accuse de comprimer les facultés de l'homme au lieu de les développer. Il va jusqu'à dire que la théologie païenne est bien supérieure à la théologie chrétienne.

Si Bruno ne ménage pas les théologiens, à plus forte raison ne ménage-t-il pas les péripatéticiens. C'est la physique péripatéticienne qui est l'objet principal de ses attaques, et il se sert contre elle des armes que lui fournit la grande découverte de Copernic. Le monde d'Aristote,

(1) *Spaccio della bestia trionfante*, veut dire expulsion de la bête triomphante. Quelle est cette bête triomphante? Dans la pensée de Bruno, c'est le pape, c'est le catholicisme. L'ouvrage est sous forme de dialogues et Bruno déclare dans la préface que son but est de faire la guerre aux erreurs et à la corruption du siècle, de flétrir des vices et d'exalter des vertus méprisées.

le monde de la Bible, est un monde fini et limité, la terre immobile en occupe le centre, et il est terminé de toutes parts par une voûte à laquelle les étoiles sont attachées. Mais cette notion fausse et rétrécie de l'univers a été détruite par Copernic. La terre n'est pas au centre du monde, elle n'est pas immobile, elle se meut au sein de l'espace, autour du soleil, et cette multitude d'étoiles qui brille dans le ciel sont aussi des terres et des soleils d'une nature analogue à notre terre et à notre soleil, et accomplissent aussi d'immenses révolutions circulaires au sein d'un espace que rien ne limite. Ces terres et peut-être ces soleils eux-mêmes sont peuplés comme notre terre. Par de là ces mondes il en est d'autres encore, et ainsi de suite jusqu'à l'infini. L'univers, étant sans limites, n'a ni centre ni circonférence. (1) Bruno cherche des preuves de cette infinité de l'univers dans la considération des attributs de Dieu. Il n'est pas digne de la grandeur et de la puissance infinie de Dieu de n'avoir créé qu'un monde fini. Car quelque grand que vous supposiez ce monde fini, il ne sera jamais qu'un point par rapport à cet espace infini au milieu duquel il aura été placé. L'idée de l'infinité de l'univers est seule digne de l'idée d'un Dieu infiniment parfait.

L'univers est donc infini. Mais l'univers ne se suffit pas à lui-même, où placer son auteur? Le principe actif et formateur ne réside pas en dehors du monde, mais dans le monde lui-même. Dieu est uni à l'univers comme l'âme est unie au corps. Il est l'âme du monde, il en est à la fois la substance et la cause, il est tout entier dans le

---

(1) In quello campo sono infiniti corpi simili à questo, dei quali l'uno non è più in mezzo che l'altro, perche questo è infinito e però senza centro e senza margine. (*Dell' infinito*, etc. p. 65).

monde et il est aussi tout entier dans chacune de ses parties. L'ouvrier est dans son œuvre, et Bruno lui donne le nom d'*artifex internus*, il l'appelle aussi *natura generans et natura generata*, expression qui a de l'analogie avec l'expression plus énergique encore de Spinosa, *natura naturans et natura naturata*. Dieu, le principe de la force et de la vie, étant uni à toutes les parties du corps, tout est animé dans l'univers et l'univers lui-même, suivant l'expression de Bruno, est un grand animal. (1)

La doctrine de Giordano Bruno est donc un véritable panthéisme qui, comme le panthéisme de Spinosa, porte un certain caractère de spiritualisme et de mysticisme. Quoique Bruno s'appuie encore dans ses spéculations philosophiques sur l'autorité de Platon et surtout de Plotin, il en appelle le plus souvent, ainsi que je l'ai déjà dit, à l'évidence de la raison et doit être considéré comme le plus libre et le plus hardi des penseurs de la fin du XVIe siècle. En faisant prévaloir le système de Copernic sur l'astronomie péripatéticienne défendue par l'Eglise, il a porté un coup mortel à l'autorité d'Aristote, en introduisant dans les esprits la notion de l'infinité de l'univers, il les a disposés à considérer sous un nouveau point de vue Dieu et le monde, il a ouvert à l'astronomie et aux mathématiques une voie nouvelle et féconde. Une mort terrible fut le prix de ces services éminents rendus à la cause de l'émancipation de la raison humaine.

Bruno livré, on ne sait précisément à quelle occasion, au tribunal de l'inquisition romaine, fût condamné à être

---

(1) Questo infinito e immenso e une animale benche non abbia determinata figura e senso che si riferisca a cose esteriori, perche lui ha tutta l'anima in se, e tutto l' animato comprende, e è tutto quello. (*Dell' infinito, etc.*, p. 49).

brûlé s'il ne rétractait ses erreurs. Plus courageux que Vanini, il ne voulut rien rétracter (1). Lorsqu'il fut condamné il adressa à ses juges des paroles qui rappellent celles de Socrate : « Je tremble moins en écoutant votre sentence que vous en la prononçant. » Jusque sur le bûcher, il montra le même courage. Un témoin oculaire et un fanatique approbateur de la sentence du tribunal de l'inquisition, le grammairien Scioppus, en convient lui-même dans une lettre curieuse où il raconte son exécution. Faisant allusion à cette opinion de Giordano Bruno, d'après laquelle chaque astre serait un monde ayant ses habitants, il termine sa lettre par cette froide et cruelle ironie : « Il est allé dire dans ces autres mondes dont il avait rêvé l'existence comment dans ce monde les Romains traitent les impies et les blasphémateurs. »

DU ROLE ET DE L'INFLUENCE DU MYSTICISME AU XVe ET AU XVIe SIÈCLE.

Dans cette période de l'histoire de la philosophie, et dans ce grand mouvement d'affranchissement de la pensée philosophique, le mysticisme, qui se rattache en partie au néoplatonisme, a joué un rôle qui n'est pas sans importance. A la fin du XVe et dans le XVIe siècle les grands philosophes mystiques abondent et contribuent pour leur part à renverser la philosophie scholastique. En effet, il y a d'abord dans tout mysticisme une sorte d'indépendance inhérente à sa nature, inhérente à ce mépris des choses de la terre et des formules écrites qui caractérise le mysticisme. En outre, le mysticisme de cette époque

---

(1) Giordano Bruno fut brûlé à Rome en 1600.

était né en grande partie du dégoût des sèches et stériles formules de la philosophie scholastique ; il était une protestation contre le vieil enseignement des universités, il a donc aussi à sa manière servi la cause de la liberté de penser, et jusque par ses écarts les plus prodigieux, il a contribué à provoquer le réveil et l'activité de la raison humaine.

D'ailleurs, chose étrange ! c'est au sein même du mysticisme de XVIe siècle qu'ont eu lieu ces grands travaux des alchimistes, véritables antécédents de la chimie et de la physique moderne qui, en développant l'esprit d'observation, devaient ruiner à jamais l'autorité des anciens. Il semble au premier abord difficile d'expliquer comment ces recherches expérimentales ont pu s'accomplir au sein du mysticisme qui, par sa nature et ses tendances ordinaires, repousse l'observation, et surtout l'observation sensible.

On peut cependant s'en rendre compte si l'on songe à la source néoplatonicienne, d'où le mysticisme du XVIe siècle a découlé. Car une partie essentielle du néoplatonisme de Plotin, et surtout de Porphyre et de Jamblique, consistait en des opérations théurgiques, en des pratiques propres à évoquer les démons, à provoquer une révélation divine de cette vérité que l'homme désespérait d'atteindre par ses propres forces. C'est de ces opérations théurgiques, de ces pratiques diverses pour évoquer les dieux et les morts, qu'est née en partie l'alchimie, et voilà pourquoi elle a d'abord prospéré au sein du mysticisme. Je n'ai pas l'intention d'analyser ces systèmes obscurs, confus, bizarres que, pendant ces deux siècles, a engendrés le mysticisme. Je me borne à indiquer les philosophes mystiques qui, par l'originalité et l'indépendance de leur esprit, ont plus contribué aux progrès de la réforme philosophique.

Un des plus célèbres est Jean Reuchlin, né en 1455. Il fit une guerre animée aux moines et à la scholastique ; il contribua beaucoup à répandre en Allemagne le goût et l'étude des classiques de Rome et de la Grèce : il s'enfonça dans l'étude de la cabale qui joue un grand rôle dans le mysticisme de cette époque. La cabale, dont l'origine remonte à l'école d'Alexandrie et aux tentatives des Juifs, pour retrouver dans leur pentateuque les doctrines de Platon, est un essai d'explication universelle par la nature de Dieu et par l'émanation ; c'est une théorie *à priori* de l'univers et de ses plus petites parties. Elle ne renferme que des hypothèses plus ou moins poétiques et peu ou point de vraie philosophie.

Agrippa de Nettesheim, disciple de Reuchlin, partagea le goût de son maître pour les sciences occultes et pour la magie. Peu d'hommes ont eu une vie aussi agitée, aussi remplie de fortunes diverses. Il fut d'abord soldat, et fit, pendant plusieurs années, la guerre sous François Ier; nous le voyons ensuite syndic de la ville de Metz et archiviste de Marguerite, régente des Pays-Bas. Sur la fin de sa vie il fit, à Paris, avec un grand succès, des leçons publiques de philosophie. Son ouvrage le plus remarquable est intitulé : *De vanitate scientiarum;* cet ouvrage est une déclamation, un pamphlet violent contre les sciences et les hommes de son époque. Mais Agrippa y fait du scepticisme au profit du mysticisme.

Paracelse est un philosophe mystique plus célèbre encore qu'Agrippa et Reuchlin. Il étudia la médecine, se jeta dans l'étude des sciences occultes et attaqua violemment les médecins qui cherchaient l'art de guérir par l'étude et par l'observation ; son mépris pour les médecins savants le conduisit à regarder toute science médicale comme un don d'inspiration. Néanmoins, lui-même était praticien et expérimentateur : il paraît même qu'il avait fait des expériences très réelles que malheureusement, comme s'il en avait rougi, il environna de mystères et d'allégorie. Enfin, malgré toutes ses opinions bizarres, il a fait faire à la médecine de notables progrès, soit dans la théorie, soit dans la pratique, et c'est surtout de cette école qu'est sortie la chimie moderne.

Robert Fludd, autre grand philosophe mystique, de la même époque, se destina à la médecine comme Paracelse, dont il suivit les traces. Il se livra tout entier à la contemplation et à l'interprétation des livres sacrés, dans lesquels il pensait que toute science devait être renfermée. Le père Mersenne attaqua vivement cette opinion dans ses questions sur la Genèse; à cette attaque, Robert Fludd répondit avec non moins de vivacité, par deux pamphlets intitulés: *Certamen moriæ cum sophia*, et *Summum bonum*. Ces deux pamphlets étaient aussi âcres par la forme que mystiques par le fond. Gassendi se chargea de la défense du père Mersenne, et la publia dans un petit ouvrage ayant pour titre : *Examen de la philosophie de Fludd*, dans lequel il exposait d'abord ses principes, et puis les réfutait avec cette sorte d'ironie socratique qui est un des caractères de la polémique de Gassendi.

A la fin du XVIe siècle parut J.-B. Van-Helmont. Une étude peu approfondie de la philosophie et de la médecine le dégoûta bientôt de ces deux sciences. Il attend tout de l'illumination, il prie beaucoup et finit par obtenir des rêves et des visions. « *Ac mirum sane*, dit-il dans un de ses ouvrages, *quantum luminis mihi ejusmodi visiones recluserint, præcipue non bene dudum antea pasto corpore.* » Il nous raconte même que dans une de ces visions, il a vu son âme hors de lui sous forme d'un point lumineux, et qu'il a conversé avec elle. Un tel mysticisme commence à s'approcher beaucoup de la folie.

Son fils, Mercure Van-Helmont, qui appartient déjà au XVIIe siècle, marche sur ses traces. Leibnitz professait une grande estime pour ce philosophe, à cause, sans doute, de l'analogie de quelques-unes de ses idées avec les siennes propres. En effet, dans les ouvrages de M. Van-Helmont on trouve quelques traces de la théorie des monades. Il considère l'ame de chaque homme comme n'étant qu'une infinité d'esprits coordonnés par rapport à un certain esprit central, et le corps comme étant composé d'une infinité de petits corps coordonnés entre eux. Ces corps, en dernière analyse, sont des esprits, ou du moins peuvent le devenir. Car tout corps est une vie qui a les facultés de l'esprit, l'intelligence, la sensibilité, la locomotion.

Le mysticisme a donc aussi protesté à sa manière contre l'asservissement de la pensée. Il faut lui savoir gré d'avoir d'une part servi les progrès des sciences physiques et chimiques, de l'autre, d'avoir entraîné l'esprit humain loin des sentiers battus par la scholastique, et de l'avoir dégagé de vaines et stériles formules. Ainsi de toutes parts, soit à l'aide du péripatétisme, soit à l'aide du néoplatonisme ou de l'idéalisme, soit à l'aide du mysticisme, l'esprit humain s'affranchissait et échappait aux liens de la scholastique.

Ces diverses tentatives plus ou moins heureuses d'émancipation de la raison viennent aboutir à Descartes qui, par son génie, achève et fait triompher la révolution philosophique commencée avec tant d'ardeur et d'héroïsme par les hommes dont nous venons d'esquisser la vie et les travaux.

Ces hommes avaient déjà beaucoup fait, sans doute, et cependant beaucoup restait encore à faire. Ils avaient courageusement protesté contre le joug de la philosophie scholastique, mais tous n'avaient point osé protester ouvertement au nom de la raison humaine ; la plupart avaient invoqué une autorité contre une autre autorité. Tous avaient pour but la ruine de la philosophie scholastique, mais les uns, pour arriver à ce but, opposaient Platon à Aristote, d'autres le véritable Aristote à l'Aristote défiguré de la scholastique et de la théologie. Ceux-là même qui avaient protesté au nom de la raison humaine, n'avaient pas élevé leur protestation à la hauteur d'une méthode. D'ailleurs nul d'entre eux n'avait produit un système qui renfermât une part de vérité assez grande et dont les parties fussent assez fortement liées entre elles pour aspirer à dominer sur les intelligences. Ainsi donc, faire triompher définitivement la souveraineté de la raison humaine en proclamant son droit absolu, en l'érigeant en une méthode, produire en vertu de cette méthode un système qui fût appelé à remplacer dans le monde et dans les écoles la philosophie officielle du moyen-âge, voilà la tâche immense qui demeurait à Descartes, et que Descartes a si fortement, si glorieusement accomplie.

CONSIDÉRATIONS GÉNÉRALES SUR LE ROLE ET SUR LA VIE DE DESCARTES.

D'où vient qu'à Descartes seul nous attribuons l'honneur d'avoir consommé la grande révolution philosophique du XVIIe siècle ? Pourquoi à côté de son nom n'avons-nous pas placé celui de Bacon ?

C'est que Bacon n'est pas le véritable chef de la philosophie moderne, c'est-à-dire le principal promoteur de ce mouvement philosophique qui rompt à jamais avec le moyen-âge et remplit le XVIIe siècle tout entier. Sans doute, Bacon a le droit de revendiquer une part d'influence dans cette révolution, mais ce n'est pas à lui que revient la gloire d'en être le chef, ni la gloire de l'avoir consommée. Cette gloire appartient à Descartes, et nul ne saurait légitimement la lui contester. Il est vrai que Bacon a rompu aussi avec le moyen-âge. Il a signalé avec force les abus du principe de l'autorité dans les sciences, il a rejeté les vieux préjugés, les vieilles méthodes scientifiques, il a revendiqué contre la théologie l'indépendance de la science. Mais, dans ses protestations, Bacon s'est placé à un point de vue moins élevé et moins absolu que Descartes. C'est plutôt au nom de la stérilité des résultats de la science du passé et de la fécondité des résultats qu'il espère d'une méthode nouvelle, qu'au nom d'un droit imprescriptible de la raison humaine, qu'il proteste contre l'asservissement de la pensée. L'indépendance qu'il revendique contre l'autorité des anciens et de la théologie, c'est moins l'indépendance absolue de la raison humaine que l'indépendance des sciences physiques et leur libre développement. C'est surtout de la réforme des sciences physiques que s'est occupé Bacon, et cependant combien sur ce point même n'est-il pas inférieur à Descartes! Il en a appelé à l'observation, il a protesté avec beaucoup d'esprit et de bon sens contre les formes substantielles et les qualités occultes à l'aide desquelles on cherchait des explications particulières pour chaque phénomène, mais en réalité il n'a rien mis à la place de ces formes substantielles et de ces qualités occultes et c'est à Descartes qu'il était réservé de les bannir à jamais de la science en ramenant aux lois générales de l'étendue, du nombre et de la figure l'explication de tous les phénomènes de l'univers. Que Bacon soit un grand esprit, que ses ouvrages abondent en vues fécondes et prophétiques sur l'avenir des sciences et leur perfectionnement, ce n'est pas nous qui le contesterons, mais nous ne pouvons reconnaître en lui le chef de la philosophie moderne.

Comparez la mesure de l'influence que l'un et l'autre ont exercée sur leur siècle. A peine Bacon fut-il connu et apprécié par ses contemporains et par les hommes illustres qui vinrent après lui. C'est une question de savoir si Descartes, si Hobbes, si Newton avaient lu les ouvrages de Bacon. C'est seulement vers le milieu du XVIIIe siècle que l'influence de Bacon commence à se faire sentir. Voltaire le proclame le père de la philosophie expérimentale. D'Alembert met sa division des sciences en tête de l'Encyclopédie et les encyclopédistes se rangent sous le patronage de ce grand nom. Encore, pour être juste, faut-il remarquer que l'esprit de parti entre bien certainement pour quelque chose dans cette admiration subite du XVIIIe siècle pour Bacon. L'école des encyclopédistes et des sensualistes est ravie de pouvoir mettre à sa tête un pareil chef et de pouvoir opposer un nom illustre au grand nom de Descartes.

L'influence de Descartes a été à la fois plus réelle, plus prompte et plus décisive. Plus tard nous aurons à apprécier cette influence, qu'il me suffise maintenant de dire que la philosophie de Descartes, quelques années après la mort de son auteur, dominait les plus hautes et les plus fermes intelligences du siècle, et que Descartes en mourant laissait après lui une nombreuse et forte famille philosophique. C'est donc bien Descartes qui est le véritable chef de la philosophie moderne, et c'est à ce titre qu'il doit être pour nous l'objet d'une étude spéciale. Faire l'histoire du cartésianisme c'est faire à peu près l'histoire toute entière de la philosophie moderne, ou du moins c'est en étudier les origines, c'est passer en revue tout ce qu'il y a eu en elle de plus vital et de plus fécond.

Avant d'exposer la philosophie cartésienne, je vais présenter quelques considérations sur la vie de son auteur et sur la manière dont il a accompli sa mission. Je ne veux pas faire une biographie de Descartes, je veux seulement considérer les caractères généraux de sa vie et les qualités principales d'esprit et de conduite à l'aide desquelles il parvint à assurer le triomphe d'une méthode et d'une philosophie nouvelles.

Descartes continue l'œuvre de Pomponat, de Ramus, Giordano Bruno, de Vanini et de tous ceux qui, depuis le commencement du moyen-âge, avaient réclamé sous une forme ou sous une autre l'indépendance de la raison humaine. Il est inspiré de leur esprit, mais il en est inspiré sans le savoir ; il ignore jusqu'aux noms de la plupart de ses devanciers, ou s'il les connaît, c'est pour les renier et les maudire avec la foule. Il ne sait pas quels flots d'un sang généreux ont coulé à travers le moyen-âge tout entier, pour préparer la révolution qu'il vient accomplir. Il est bien loin de se douter de ce qu'il doit aux buchers de Giordano Bruno et de Vanini. Mais si Descartes ignore le lien qui le rattache au passé, ce lien n'en est pas moins réel. Il est l'héritier direct, peu importe qu'il le sache ou qu'il l'ignore, de tous ceux qui, avant lui, dans un ordre d'idées quelconque, avaient protesté au nom de la raison contre l'autorité. Non seulement il continue leur œuvre, mais il l'achève, car depuis Descartes, l'indépendance de la raison humaine dans l'ordre philosophique n'a plus été sérieusement contestée.

Quiconque examine les principales circonstances de la vie de Descartes, découvre bientôt qu'elles ont toutes été déterminées par un double mobile qui imprime à cette vie si agitée et si diverse en apparence, une admirable unité. Ce double mobile est, d'une part, un désir ardent de découvrir la vérité en toutes choses par les propres forces de son esprit; de l'autre, un désir non moins ardent de la propager et de la répandre. Une méditation continuelle sur les problèmes les plus élevés que présente la science de Dieu, de l'homme et de la nature, une infatigable persévérance à poursuivre la solution de toutes les questions qui agitaient l'esprit de ses contemporains ou que lui-même s'était posées, voilà ce qui remplit la vie toute entière de Descartes. Rien ne s'est offert à cet esprit puissant dont il n'ait essayé de se rendre compte, et jamais il n'a laissé derrière lui une seule difficulté dont il n'ait triomphé ou du moins dont il n'ait cru avoir triomphé. Ni le séjour de Paris, ni la vie des camps ne peuvent le distraire. Jeune et gentilhomme, il s'arrache à tous les plaisirs, à toutes les sociétés, pour travailler les mathématiques, et au sein de Paris même, il se cache dans une retraite où ses amis ne parviennent à le découvrir qu'au bout de deux ans. Si, suivant l'usage des hommes de sa condition, il se fait soldat et s'engage comme volontaire dans les armées de différents princes, ce n'est pas qu'il prenne beaucoup d'intérêt à leurs querelles, et dans leurs sanglants démêlés, il est toujours plutôt spectateur qu'acteur. L'étude du cœur humain et des passions que la vie des camps et la guerre mettent si bien en évidence, la construction des machines de guerre qui battent les remparts, les forces qui les font mouvoir et les lois de la mécanique auxquelles ces forces sont assujéties, voilà ce qui l'absorbe tout entier même au milieu des combats. Dans Prague prise d'assaut, il ne s'occupe que de retrouver les traces de Ticho-Brahé. Puis, après avoir connu de la vie des camps et des scènes de la guerre tout ce qu'il pouvait en connaître, il retourne à Paris ; mais bientôt il s'aperçoit qu'à cause de sa célébrité toujours croissante, il lui est impossible de s'y créer une nouvelle solitude. Pour se soustraire à ces relations sociales, à ces visites importunes qui enlèvent à la science un temps précieux, il va se cacher dans la Hollande où il ne connaît personne. Pendant un séjour de 23 ans dans ce pays, il change presque continuellement de résidence, de peur que le secret de sa retraite ne venant à transpirer, il ne demeure exposé aux lettres et aux visiteurs. Cependant, dans cette solitude profonde qu'il sait se créer même au milieu des grandes villes, il ne reste étranger à rien de ce qui se passe dans le monde scientifique. Il entretient une vaste et intéressante correspondance avec un ami fidèle, le père Mersenne, qu'il a initié au secret de ses diverses retraites. Cet ami lui propose les problèmes qui agitent et divisent les savants, et Descartes répond en renvoyant sa solution. Le père Mersenne est le véritable intermédiaire entre Descartes et les philosophes, les physiciens, les mathématiciens, les savants de toute nature. C'est par le père Mersenne qu'arrivent à Descartes toutes les objections, toutes les critiques dirigées contre ses doctrines ; c'est au père Mersenne que Descartes adresse toutes ses réponses.—Mais, dans son sincère et naïf amour pour la vérité, Mersenne ne se borne pas à recueillir des objections contre les opinions de son illustre ami, lui-même il les provoque, il soulève des rivalités, il met aux prises les amours-propres, il engage de vrais cartels scientifiques, dans l'espérance que du choc des opinions, il jaillira quelqu'étincelle d'une vérité nouvelle. Enfin, si Descartes se décide sur la fin de sa vie à quitter la Hollande pour aller sur une terre triste et lointaine donner des leçons de philosophie à une reine; il n'est entraîné ni par l'ambition, ni par l'orgueil, mais par le désir de propager sa doctrine et aussi par l'espoir d'observer quelques nouveaux météores sous un ciel nouveau.

Dans cet amour pour la science, dans ce zèle pour la propagation de ses doctrines, Descartes porte certains caractères qui sont inhérents à la nature de sa mission. En effet, Descartes, en philosophie, est un révolutionnaire. Sa mission n'est pas de continuer le passé, c'est-à-dire la philosophie scholastique; mais de rompre avec elle et de lui substituer une philosophie nouvelle. Il est un révolutionnaire et il a ce mépris du passé, cette confiance en lui même qui caractérisent tous les révolutionnaires de tous les temps et de tous les lieux.

Comment en pourrait-il être autrement? celui qui vient rompre avec le passé, ne saurait l'avoir en grande estime, celui qui fait la guerre à une institution, à un système, à une idée quelconque est surtout frappé de ce qu'il y a de mauvais dans cette institution, dans cette idée; et, par conséquent, ne se trouve pas en disposition convenable pour lui rendre une exacte et impartiale justice. Il ne faut pas trop déclamer contre cette tendance générale de tous les révolutionnaires, car, sans elle, je ne sais comment la révolution pourrait avoir lieu et un progrès s'accomplir. Si au milieu même de la lutte, on venait à se préoccuper un peu trop des quelques bonnes qualités de l'ennemi que l'on combat, le bras ne serait plus aussi ferme, ni les coups aussi assurés. C'est seulement lorsque la lutte est terminée, lorsque l'ennemi vaincu est étendu à terre, qu'on commence à faire la part de ce qu'il y avait en lui de bon et de mauvais, et à le juger avec impartialité. Nous ne nous étonnerons donc pas si Descartes, impitoyable adversaire de la philosophie scholastique, à laquelle il doit porter le dernier coup, ne rend pas justice à cette philosophie ni aux auteurs anciens dont elle invoquait l'autorité. Non seulement il ne leur rend pas justice, mais encore, en toute occasion, il professe pour eux un mépris qu'une ignorance profonde peut seule expliquer. En effet, l'ignorance est encore un autre caractère des révolutionnaires, et ce second caractère résulte du premier. On méprise le passé, par conséquent on ne l'étudie pas. Descartes va même jusqu'à se faire honneur de cette ignorance, comme dans sa réponse à Voët :

« Qu'il fût vrai, comme vous vous engagez à le prouver, que je ne comprends pas les termes de la philosophie péripatéticienne, peu m'importerait assurément, car ce serait plutôt une honte à mes yeux d'avoir donné à cette étude trop de soins et d'attention. » *(Ed. Cousin.* t. xi, p. ii.)

Il dit encore dans les *Recherches de la vérité, par les lumières naturelles* (id. 341) : « Il n'est pas plus du devoir d'un honnête homme de savoir le grec et le latin que le langage suisse ou bas-breton, ni l'histoire de l'empire germano-romanique que celle du plus petit état qui se trouve en Europe. »

Enfin, Sorbière rapporte que Descartes se trouvant près de la reine Christine, pendant qu'Isaac Vossius lui donnait une leçon de grec, avait pris la liberté de lui dire qu'il s'étonnait que S. M. s'amusât à ces bagatelles (1) que, pour lui, il en avait appris tout son soûl dans le collège étant petit garçon, mais qu'il se savait bon gré d'avoir tout oublié lorsqu'il était parvenu à l'âge de raisonnement.

Un tel mépris du passé explique cette ignorance profonde de l'histoire de la philosophie, dont on trouve les

---

(1) *Vie de Descartes* par Baillet, 2ᵉ partie, p. 396.

traces dans presque tous les ouvrages de Descartes. Ce mépris de l'histoire a passé du maître aux disciples ; si l'on ne savait combien toutes les réactions sont injustes, on ne pourrait comprendre ce dédain avec lequel Descartes, Malebranche, les auteurs de la logique de Port-Royal, traitent tous les philosophes anciens et en particulier Aristote. La philosophie du XVIIIe siècle a hérité de cet esprit du cartésianisme. Elle a laissé de côté l'histoire, ou quand elle a voulu en faire, elle l'a étrangement défigurée. L'étude du passé en général, et de la philosophie en particulier, n'a été remise en honneur qu'au XIXe siècle, et l'on a seulement compris de nos jours, comme autrefois l'avait si bien compris Aristote, qu'il existe un rapport intime entre l'histoire de la philosophie et la philosophie elle-même.

Cependant il ne faudrait pas trop s'exagérer l'ignorance de Descartes, il n'a pas été et il ne pouvait être complètement étranger à tout le passé philosophique. Elève des jésuites au collége de la Flèche, il dut y apprendre tout ce qu'alors on y enseignait de philosophie scholastique. Il connaissait et avait étudié les ouvrages de St-Thomas, si nous nous en rapportons au témoignage de Baillet, qui nous apprend qu'il n'avait embrassé ni débité d'autre philosophie morale que celle de St-Thomas, qui était son auteur favori, et presque l'unique théologien qu'il eut jamais voulu étudier. Quant aux philosophes qui l'avaient immédiatement précédé, on ne trouve dans les ouvrages de Descartes que les noms de Campanella et de Bacon. Il porte un jugement très sévère sur Campanella, dont la conclusion est que ceux qui s'égarent en affectant de suivre des chemins extraordinaires, lui paraissent beaucoup moins excusables que ceux qui ne s'égarent qu'en compagnie et en suivant les traces de beaucoup d'autres. Enfin, il cite deux ou trois fois Bacon dans ses lettres, sous le nom de Vérulamius, et se borne à en dire qu'il juge sa méthode utile pour diriger et régler les expériences.

Descartes ne possède pas à un moindre degré cette confiance en lui-même, je dirais presque cette haute présomption, si je pouvais ennoblir le mot, qui est encore un caractère non moins général de tous les grands révolutionnaires, car pour mener à fin une révolution, non seulement il faut une certaine partialité à l'aide de laquelle nous voyions dans le passé le mal un peu à l'exclusion du bien, mais encore il faut avoir foi en sa propre raison et en l'idée nouvelle qu'on vient présenter à la place de l'idée ancienne. Quiconque n'a pas cette foi en lui-même et en ses propres doctrines, apportera nécessairement dans la lutte ces hésitations et ces incertitudes qui retardent le triomphe des meilleures causes. Cette confiance et cette foi n'ont pas manqué à Descartes ; on ne saurait lire les premières pages du discours de la méthode sans être confondu par la hardiesse et l'énergie de la pensée. Descartes commence par condamner tous les systèmes antérieurs, et par déclarer que rien avant lui n'a été fait en philosophie, que tout reste à faire, puis il entreprend de faire à lui seul ce que tant de siècles, ce que tant d'hommes de génie n'ont pu faire. Il se dépouille de toutes les opinions reçues, il fait de son intelligence une table rase, il entreprend d'élever l'édifice tout entier de la philosophie depuis les fondements jusqu'au faîte. De telles prétentions ne sont assurément pas petites, mais lorsqu'elles viennent d'un homme de génie, elles ne sauraient être ridicules. Non seulement elles ne sont pas ridicules, mais elles sont nécessaires, car c'est avec de grandes prétentions qu'on fait les grandes choses.

Cependant, cette excessive confiance de Descartes en

son génie a été pour lui, il faut le dire, la cause de plus d'une erreur et de plus d'une injustice. Il a une foi inébranlable en ses principes, en ses plus hardies hypothèses, et il s'efforce d'y tout ramener ; il ne saurait rien souffrir qui les contredise ou qui s'en écarte. De là, ses jugements passionnés contre ses contemporains ; de là, cette mauvaise humeur contre des objections trop pressantes : de là encore cette répugnance à accorder l'éloge, et cette répugnance marquée à avouer ce qu'il avait emprunté soit à ses prédécesseurs soit à ses contemporains. De toutes les grandes découvertes scientifiques qui marquèrent la fin du XVe siècle et le XVIe tout entier, il n'en est pas une seule, à l'exception, peut être, de la circulation du sang, encore prétend-il avoir corrigé Harvey, dont il ait reconnu dans ses ouvrages l'importance et la grandeur, et dont il ait loué convenablement les auteurs immortels. Il n'a pas rendu justice au génie du plus illustre de ses contemporains, Galilée ; il en parle dans quelques-unes de ses lettres, et tout ce qu'il lui accorde, c'est de philosopher un peu mieux que le vulgaire, mais il méconnaît l'importance et la valeur de ses découvertes ; il les repousse ou du moins ne leur concède qu'un médiocre mérite. Cependant Galilée était incontestablement le premier physicien du siècle, comme Descartes en était le premier mathématicien.

Mais la mission de Descartes n'était pas seulement de détruire, elle était surtout de fonder. Il n'est pas seulement un révolutionnaire, il est un chef d'école. Appelé à faire triompher l'œuvre qu'avaient préparée et commencée tous ces martyrs héroïques de l'indépendance de l'esprit humain, dont l'histoire du moyen-âge, à partir de David de Dinan, jusqu'au XVIIe siècle, nous offre la liste non interrompue, il ne compromet pas, par une seule imprudence, le triomphe de la grande et sainte cause dont il est devenu le glorieux représentant. Vous ne trouverez pas en lui cette héroïque témérité, ces généreuses imprudences qui livraient aux mains de l'inquisition, qui conduisaient au bûcher ses infortunés prédécesseurs. Lorsqu'une révolution commence, elle a tout à gagner par la témérité de ceux qui l'entreprennent, lorsqu'au contraire, elle est à la veille de triompher, la témérité ne peut plus qu'en retarder et compromettre le succès ; on peut dire même que Descartes a poussé cet esprit de conduite jusqu'à une prudence excessive. D'abord pour assurer le succès de la réforme philosophique, il la sépare avec soin de la réforme religieuse et de la réforme politique, afin qu'il n'ait contre lui ni l'église ni l'état dans sa lutte contre la vieille philosophie scholastique. Il rejette bien loin de lui la prétention de vouloir en rien régenter l'Etat ; il s'en tient constamment à cette distinction sévère des vérités de la raison et des vérités de la foi qu'il place en tête du discours de la méthode. Il s'efforce de se concilier la Sorbonne et lui dédie ses Méditations ; il retient sa démonstration du mouvement de la terre, en apprenant la condamnation de Galilée. On retrouve la même modération et la même prudence dans les conseils qu'il adresse à son disciple Regius, qu'emporte quelquefois un zèle trop ardent. Mais rien n'égale ses ménagements, ses flatteries même, pour l'ordre puissant des jésuites. Dans quel trouble et dans quel embarras ne le jettent pas les objections du père Bourdin ! avec quelle inquiétude ne s'informe-t-il pas si ce père a entrepris cette polémique seulement en son nom ou au nom de l'ordre tout entier ! Toutefois, un intérêt, autre que celui de sa tranquillité personnelle, l'engage à tant de flatteries et de ménagements envers l'ordre des jésuites, c'est l'intérêt de la propagation de sa philosophie, car les jésuites sont les maîtres de l'enseignement, et il espère, par eux, faire pénétrer ses doctrines dans les écoles et les substituer à la philosophie scholastique. Descartes, pour atteindre ce but, songea sur la fin de sa vie à mettre sous une forme populaire ses idées en physique et en métaphysique. L'historien de sa vie, Baillet, nous raconte « qu'il voulait faire un abrégé de toute sa philosophie, et en faire imprimer le cours par ordre, avec un abrégé de la philosophie de l'école et des remarques de sa façon sur les défauts de cette philosophie. Il espérait de faire en sorte par la méthode qu'il y garderait, qu'en voyant les parallèles de l'une et de l'autre, ceux qui n'auraient pas encore appris la philosophie de l'école l'apprendraient beaucoup plus facilement de son livre que de leurs maîtres, et qu'en même temps ils apprendraient à la mépriser, et que les moins habiles d'entre les maîtres seraient capables d'enseigner la science par ce seul livre. » (Baillet, 2e partie, p. 86).

Le commencement du dialogue entre Epistemon, Polyandre et Eudoxe, où Descartes s'efforce de mettre sous forme populaire les idées contenues dans les premières pages du discours de la méthode, se rattache probablement à l'exécution de cette pensée. Malheureusement ce dialogue, trouvé après sa mort dans ses papiers, n'est pas achevé. C'est sans doute en vue du même but qu'il a écrit ou fait traduire en langue vulgaire tous ses ouvrages de science et de philosophie, tandis qu'avant lui, au moins en France, tous les ouvrages scientifiques avaient été écrits en latin. Il ne s'était pas dissimulé à lui-même l'importance de cette innovation, comme l'attestent ces quelques lignes qui terminent le discours de la méthode :

« Et si j'écris en français, qui est la langue de mon pays, plutôt qu'en latin, qui est celle de mes précepteurs, c'est à cause que j'espère que ceux qui ne se servent que de leur raison naturelle toute pure, jugeront mieux de mes opinions que ceux qui ne croient qu'aux livres anciens et pour ceux qui joignent le bon sens avec l'étude ; lesquels seuls je souhaite, pour mes juges, ils ne seront pas je m'assure, si partiaux pour le latin qu'ils refusent d'entendre mes raisons parce que je les écris en langue vulgaire. »

Ainsi Descartes s'adressait à une classe nouvelle d'auditeurs, il agrandissait le cercle des discussions scientifiques en y faisant entrer ceux qu'en avait écartés jusqu'à ce jour, l'usage d'une langue qu'ils ne pouvaient comprendre. Il a, en quelque sorte, déchiré le voile qui fermait au vulgaire l'entrée du sanctuaire de la science. Dans cette seule innovation il y avait déjà presque une révolution toute entière.

Par cette prudence, cet esprit de conduite d'une part, de l'autre, par ce zèle ardent pour la propagation de sa philosophie, Descartes atteignit le but qu'il s'était proposé. Il fit triompher sa doctrine et ne fut pas persécuté pendant sa vie, car on ne peut appeler persécutions les luttes qu'il eut à soutenir contre quelques universités de Hollande qui, d'ailleurs, s'attaquèrent plutôt à ses disciples qu'à lui-même. Descartes ne fut persécuté qu'après sa mort. Alors seulement ses ouvrages furent mis à l'index par la cour de Rome, avec la formule adoucie du *donec corrigantur*, alors seulement, les jésuites et la Sorbonne s'efforcèrent, mais inutilement, de proscrire de l'enseignement public la philosophie cartésienne qui déjà avait partout pénétré.

En effet, à peine Descartes était-il mort, que sa philosophie régnait ou luttait dans les écoles, inspirait les littérateurs, pénétrait dans les salons et chez les gens du monde, et déjà donnait naissance à des systèmes pleins de force et d'originalité. La fortune de sa physique n'était pas moins grande et partout, dans les esprits, et dans l'enseignement public, elle se substituait à la vieille physique péripatéticienne. Avec le système de Descartes triomphait en même temps la cause du libre examen et de la souveraineté de la raison, qui est le principe fondamental de sa méthode.

Mais avant de rechercher quelle a été l'influence de la philosophie cartésienne sur les systèmes qui l'ont suivie ou même qui en sont dérivés, il faut exposer cette philosophie elle-même dans toutes ses parties. Cette exposition devra comprendre les principes mêmes de la physique et de la physiologie de Descartes à cause du rapport intime qui les unit avec les principes de la métaphysique dans un système qui est remarquable par son unité.

EXPOSITION COMPLÈTE

DE

LA PHILOSOPHIE DE DESCARTES.

MÉTAPHYSIQUE
DE DESCARTES.

DE L'OBJET ET DU BUT DE LA PHILOSOPHIE.

La philosophie de Descartes est contenue toute entière dans le discours de la méthode. Descartes, dans son premier ouvrage, a exprimé d'un seul jet, avec une audace et une vigueur qui étonnent, toute sa pensée philosophique. Tous ses autres ouvrages ne sont que des développements, des éclaircissements, des commentaires du discours de la méthode. Ils ne renferment aucun principe essentiel qui déjà ne s'y trouve contenu au moins en germe. C'est donc le discours de la méthode qu'il faut prendre pour base d'une exposition complète de la philosophie cartésienne. L'ordre des parties dont il se compose sera l'ordre que nous nous efforcerons de suivre, afin de reproduire le mouvement et le développement naturels de la pensée du philosophe. Mais si le discours de la méthode doit être la base et le plan d'une exposition des doctrines de Descartes, il n'en sera ni la mesure ni la limite. Nous aurons continuellement recours aux autres ouvrages de Descartes, aux méditations, aux principes, aux lettres et surtout aux réponses qu'il a faites aux objections de ses contemporains pour motiver et développer ses principes, pour rechercher les diverses modifications qu'il a pu leur faire subir à différentes périodes de sa vie philosophique.

Descartes, à l'exemple des philosophes anciens et de la plupart des philosophes du moyen-âge, considère la philosophie comme la science de toutes choses. Il définit la philosophie, la science de la sagesse. Or, par étude de la sagesse, il n'entend pas seulement la prudence dans les affaires, mais une parfaite connaissance de toutes les choses que l'homme peut savoir, tant pour la conduite de sa vie que pour la conservation de sa santé, et l'invention de tous les arts, et afin que cette connaissance soit parfaite, il est nécessaire qu'elle soit déduite des premières causes. Le but de la philosophie est la recherche de ces causes ou principes qui doivent être clairs et évidents et dont toutes les autres choses doivent se déduire de telle sorte qu'elles ne puissent être connues sans eux, tandis qu'ils peuvent être connus sans elles.

La philosophie se divise en deux grandes parties, la métaphysique et la physique.

La métaphysique comprend les principes de la connaissance entre lesquels est l'explication des principaux attributs de Dieu, de l'immatérialité de nos âmes et de toutes les notions claires et simples qui sont en nous.

Dans la physique, après avoir trouvé les vrais principes des choses matérielles, on examine en général comment tout l'univers est composé.

La philosophie, pour nous servir de la comparaison de Descartes, est un arbre dont la métaphysique est la racine, la physique le tronc. De ce tronc s'échappent toutes les sciences qui peuvent se ramener à trois principales, la mécanique, la médecine et la morale. La morale vient après toutes les autres, parce qu'étant le dernier degré de la sagesse, elle présuppose la connaissance de toutes les autres sciences.

Tel est, selon Descartes, l'objet de la philosophie. Quel doit en être le but ? Descartes a été frappé et indigné de la stérilité et du vide de la philosophie enseignée dans les écoles. La philosophie doit avoir un but pratique, elle doit servir à améliorer les conditions d'existence de l'espèce humaine. Si l'opinion s'est répandue que la philosophie est de sa nature, une science oiseuse ne pouvant influer en rien sur l'amélioration et le bien-être de l'homme, c'est que l'utilité principale de la philosophie dépend des parties qu'on ne peut étudier que les dernières. Pour arriver à ces parties, il faut avoir passé par les solutions des problèmes de la métaphysique ; et, comme le plus souvent on s'arrête découragé devant les difficultés et l'apparente stérilité des premiers principes, on se persuade l'inutilité d'une science qu'on n'a pas suivie jusqu'à ses applications. Descartes insiste dans la 6e partie du discours de la méthode, sur cette tendance pratique que doit avoir la philosophie. Il y a une singulière analogie entre ses idées et les idées de Bacon sur cette question du but de la philosophie.

« Au lieu de cette philosophie spéculative qu'on enseigne dans les écoles, on peut en trouver une pratique par laquelle, connaissant la force et les actions de l'air, des astres, des cieux et de tous les autres corps qui nous environnent, aussi bien que les métiers de nos artisans, nous les pourrions employer en même façon à tous les usages auxquels ils sont propres, et nous en rendre comme maîtres et possesseurs. »

L'objet de la philosophie, tel que Descartes le conçoit, est immense, et cependant il l'a embrassé presque tout entier. Quelle partie de la métaphysique ou de la physique son vaste génie n'a-t-il pas explorée ? Quel problème du monde matériel ou du monde moral n'a-t-il pas tenté de résoudre ? Mais parmi toutes ces questions agitées et résolues par Descartes, il faut distinguer celles sur lesquelles il a épuisé son génie, et celles qu'il n'a traitées, pour ainsi dire, qu'en passant et sans y attacher beaucoup d'importance ; sans cette distinction nous serions exposés à nous exagérer la portée de quelques-unes de ses opinions, et notre critique pourrait se perdre dans des détails infinis. Ainsi, dans la métaphysique ce sont les grandes questions du criterium de la certitude, de la distinction de l'ame et du corps, des preuves de l'existence de Dieu, de la nature des substances créées et de leurs rapports avec Dieu, qui, plus que toutes les autres, semblent avoir absorbé les méditations de Descartes, et qui, par conséquent, doivent être le principal objet de notre exposition et de notre critique.

CRITERIUM DE LA CERTITUDE. — DISTINCTION DE L'AME ET DU CORPS.

Fidèle au programme de l'Académie, je commence par une exposition pure et simple des doctrines de Descartes et de ses disciples. La critique ne viendra qu'après cette exposition.

La philosophie de Descartes peut se diviser en deux grandes parties : la métaphysique et la physique. Je suivrai cet ordre et cette division. Avant de jeter les fondements d'une philosophie nouvelle, Descartes se trace à lui-même les règles qui devront le guider dans cette grande et audacieuse tentative. Ces règles sont simples en même temps que fécondes. Elles se réduisent aux quatre préceptes suivants :

1° Ne jamais rien recevoir pour vrai qui ne soit connu évidemment pour être tel;

2° Diviser autant que possible chacune des difficultés que l'on examine;

3° Conduire par ordre ses pensées en commençant par les objets les plus simples et les plus aisés à connaître, pour monter peu à peu, comme par degrés, jusque à la connaissance des plus composés;

4° Le dernier précepte est de faire partout des dénombrements si entiers et des revues si générales que l'on soit assuré de ne rien omettre.

Ce sont ces règles qui ont guidé Descartes non seulement dans la métaphysique, mais dans la physique et dans les mathématiques, et c'est par elles qu'il est arrivé à y découvrir une méthode nouvelle d'analyse inconnue aux anciens.

Pour élever le magnifique édifice dont il a conçu la pensée, Descartes cherche d'abord quelque fondement solide et inébranlable, mais il ne le trouve nulle part. En vain il le cherche, dans les sciences, dans les livres, dans les diverses opinions de son esprit. Toutes les sciences lui apparaissent comme frappées d'incertitude. En philosophie, malgré tous les travaux de tant d'hommes de génie, il ne trouve aucune chose dont on ne dispute et par conséquent aucune chose qui ne soit douteuse : il en est de même de toutes les autres sciences, car toutes elles empruntent leurs principes à la philosophie, et rien de solide ne peut être bâti sur des fondements aussi peu fermes.

Où donc trouver ce point ferme et inébranlable qui doit supporter toute la science?

Ce ne sera pas non plus assurément dans les opinions

de notre esprit, car il est quantité d'opinions que d'abord nous avions jugées vraies, et que par après nous avons jugées fausses, parce que nous les avons toutes admises légèrement en notre créance sans un contrôle suffisant de la raison. Si donc nous voulons trouver ce point inébranlable, il faut commencer par nous débarrasser de toutes nos opinions, sans en excepter aucune, pour ne plus admettre ensuite dans notre intelligence que celles dont la vérité aura été suffisamment éprouvée. D'ailleurs, indépendamment de cette circonstance que nous avons reçu toutes nos opinions sans examen et sans critique, il y a des raisons qui doivent nous engager à douter de la vérité de toutes nos connaissances. Ces raisons sont celles que les sceptiques de tous les temps ont reproduites contre l'autorité et la valeur de nos connaissances. Les sens nous trompent, la mémoire nous trompe, nous n'avons aucun caractère fixe et certain auquel nous puissions distinguer la veille du sommeil. Comment donc pourrions-nous être assurés de la certitude d'aucune de nos connaissances? Cependant quoique ces doutes suffisent pour ébranler la plupart de nos connaissances, il est certaines vérités qui se tiennent si fermes dans notre intelligence, qu'elles ne sauraient en être ébranlées, telles sont les vérités mathématiques. Mais contre l'évidence de ces vérités, Descartes imagine un objection nouvelle. Peut-être en dehors de nous existe-t-il un esprit puissant et malin qui, prenant plaisir à nous tromper, se plaît à revêtir à nos yeux l'erreur des apparences de la vérité et de l'évidence. A cette dernière objection, rien ne résiste, et par cette machine puissante de scepticisme, la connaissance humaine tout entière est ruinée. Voilà donc notre esprit plongé dans un doute absolu. Mais ce doute est essentiellement provisoire, il n'est pas un but pour Descartes, il n'est qu'un moyen énergique pour arriver à la certitude. Il ne faut donc pas confondre Descartes avec ces sceptiques qui ne doutent que pour douter.

« Car, au contraire, dit-il dans le discours de la méthode, tout mon dessein ne tendait qu'à m'assurer, et à rejeter la terre mouvante et le sable pour trouver le roc et l'argile. » Bientôt il rencontre ce roc et cette argile.

Car une vérité se présente à lui de telle nature que non seulement les vieilles objections du scepticisme, mais encore cette formidable hypothèse d'un être puissant et malin qui se plaît à nous tromper, viennent échouer contre elle. Cette vérité est celle de notre propre existence.

En effet, quand il serait vrai que toutes nos facultés fussent trompeuses et qu'un être puissant prît plaisir à nous tromper, ce démon, avec toute sa puissance, ne pourrait faire que l'être même qu'il trompe n'existât pas. Moi qui sais que je suis trompé, je ne puis, par-là même, douter de mon existence; moi qui doute de toute chose, je ne puis douter que je suis un être qui doute, un être qui pense. Je pense, donc je suis. Telle est la forme sous laquelle Descartes énonce cette vérité première qui doit servir de fondement à toutes les autres vérités.

Il ne faut pas trop se préoccuper de la forme extérieure de cette proposition, et y voir, comme quelques-uns des contemporains de Descartes, un syllogisme dont la majeure aurait été omise. Un pareil syllogisme, en effet, ne serait qu'une grossière pétition de principes, et la majeure affirmerait précisément ce qu'il s'agit de démontrer, à savoir que ce qui pense existe. Telle n'a pas été la pensée de Descartes; il n'a pas prétendu déduire son existence d'un fait antérieur; il n'a pas fait une démonstration, il a posé un axiome. Dans la réponse aux secondes objections recueillies par le père Mersenne, Descartes s'explique sur ce point de manière à ne laisser aucun doute.

« Lorsque quelqu'un dit : je pense, donc je suis, il ne conclut pas son existence de sa pensée, comme par la force de quelque syllogisme, mais comme une chose connue de soi ; il la voit comme une simple inspection de l'esprit, comme il paraît de ce que s'il la déduisait d'un syllogisme, il aurait dû connaître auparavant cette majeure, tout ce qui pense est ou existe, mais au contraire, elle lui est enseignée de ce qu'il sent en lui-même, qu'il ne se peut faire qu'il pense s'il n'existe. »

Mais il ne suffit pas d'avoir trouvé une première vérité, il faut, ou se résigner à ne jamais aller au-delà, ou s'efforcer de découvrir en elle un caractère à l'aide duquel on puisse reconnaître d'autres vérités. Descartes recherche donc à quels caractères cette première vérité lui a apparu comme une vérité, à quels titres son esprit l'a reçue sans contestation, et enfin quelles raisons l'ont décidé à y donner un assentiment immédiat et spontané. Après cet examen, il ne retrouve pas d'autres titres, d'autres raisons qui lui aient fait admettre cette vérité que l'évidence dont elle lui a paru entourée.

C'est donc l'évidence qui est le signe et le critérium de la vérité. Rien n'est vrai que ce qui est évident et tout ce qui est évident est vrai, voilà la grande règle que l'esprit doit suivre dans la recherche de la vérité. Mais c'est la raison seule qui juge de l'évidence des choses, c'est donc la raison qui doit décider en dernier ressort de ce qui est la vérité comme de ce qui est l'erreur. En établissant cette règle de l'évidence, Descartes proclame l'indépendance et la souveraineté de la raison humaine. Nous sommes donc maintenant en possession d'une vérité première et d'une règle pour en découvrir d'autres. Je suis une chose qui pense, voilà cette première vérité, l'évidence, voilà cette règle. Je suis une chose qui pense, qui se souvient, qui imagine, qui souffre, qui jouit, etc. C'est là jusqu'à présent tout ce que je sais de moi-même, je n'en sais rien de plus. Je sais tout cela sans savoir si j'ai un corps, s'il y a des êtres autres que moi ; de là ce fameux axiome de la philosophie cartésienne : la connaissance de l'ame est plus claire et plus facile que celle du corps.

Cependant Descartes cherche, si à l'aide de cette règle de l'évidence il ne pourra sortir de lui-même pour saisir d'autres réalités. Il examine d'abord certaines idées qu'il a du ciel, des astres, de la terre. L'existence de ces idées en tant qu'elles sont dans son intelligence, lui paraît évidente et il la constate. Mais il n'en est pas de même de la correspondance de ces idées à des objets extérieurs réellement existants, dont elles seraient l'exacte représentation. Son erreur était de croire, d'après ces idées, à des êtres extérieurs qu'il s'imaginait à tort, et seulement par habitude, clairement connaître. Car ce n'était pas la raison naturelle, mais seulement une inclination qui le portait à croire à leur existence.

La réalité du monde extérieur demeure donc un problème après comme avant la découverte du criterium de l'évidence

De ces idées, Descartes passe aux propositions géométriques et arithmétiques. Il se souvient qu'au milieu même de ce doute qu'il étendait à toutes choses, elles avaient par leur certitude opposé à son scepticisme un obstacle invincible. Il se souvient que pour détruire leur autorité, il avait été obligé de recourir à l'hypothèse d'un être puissant et malin, prenant plaisir à nous tromper. Mais il n'a pas encore été démontré qu'un être de cette nature ne peut exister, l'hypothèse subsiste donc encore, et elle tient en échec toute certitude, toute vérité autre que celle de notre propre existence.

Nous ne sommes donc encore assurés que d'une seule vérité, celle de notre propre existence. Tant qu'il n'aura pas été démontré que ce dieu malin, ce démon trompeur n'existe pas, le criterium de l'évidence ne vaudra que pour la certitude de notre propre existence. On ne peut passer au-delà, ni avancer, avec quelque sûreté, dans la connaissance humaine, sans avoir préalablement démontré qu'il existe un Dieu souverainement parfait, souverainement bon, et qui, par conséquent, ne peut vouloir ni nous tromper, ni permettre qu'on nous trompe. La raison de douter qui dépend de cette opinion, paraîtra peut-être bien légère, et, pour ainsi dire, métaphysique, selon l'expression de Descartes ; cependant, afin de la pouvoir ôter tout-à-fait, il faut examiner s'il y a un Dieu, et dans le cas où son existence sera démontrée, il faudra aussi examiner si ce Dieu peut être trompeur; car tant que nous demeurerons dans le doute sur ces deux questions, nous ne pourrons jamais être assurés parfaitement que de notre existence.

Hâtons-nous donc de donner au principe de la certitude une dernière et suprême garantie, et allons avec Descartes chercher au sein de Dieu cette garantie que rien sur la terre ne saurait nous donner, car le philosophe, dans sa marche hardie, tantôt nous fait entrer au-dedans de nous-mêmes, tantôt nous élève jusqu'à Dieu, et de Dieu nous force à redescendre avec lui sur la terre, semblable au poëte qui place la scène tantôt dans l'Olympe, tantôt sous es murs de Troie.

PREUVES DE L'EXISTENCE D'UN DIEU SOUVERAINEMENT BON QUI NE PEUT VOULOIR NOUS TROMPER.

Par quelle méthode Descartes sortira-t-il de la conscience pour s'élever jusqu'à Dieu, en vertu de quel principe démontrera-t-il l'existence de Dieu, à quel caractère s'assurera-t-il qu'il est en possession d'une vérité nouvelle ? Sans doute il admettra pour vraie la démonstration de l'existence de Dieu, lorsque cette démonstration lui paraîtra évidente ; c'est donc par l'évidence que sera démontrée la légitimité de la croyance à l'existence de Dieu, et par la croyance à l'existence de Dieu, que sera démontrée la légitimité du criterium de l'évidence. Une telle méthode renferme un cercle vicieux qui ne pouvait échapper à la perspicacité des adversaires de Descartes. Voici comment il répond à cette objection, en faisant subir toutefois à sa première opinion une modification assez notable pour que nous devions en tenir compte.

« Où j'ai dit que nous ne pouvons rien savoir parfaitement si nous ne connaissons premièrement que Dieu existe, j'ai dit, en termes exprès, que je ne parlais que de la science de ces conclusions dont la mémoire nous peut revenir en l'esprit, lorsque nous ne pensons plus aux raisons d'où nous les avons tirées. (*Réponse aux objections recueillies par le P. Mers*).

Il répète encore dans sa réponse à Arnaud : « Qu'il n'est point tombé dans cette faute qu'on appelle cercle, en disant que nous ne sommes assurés que les choses que nous concevons fort clairement et fort distinctement, sont toutes vraies qu'à cause que Dieu existe et que nous sommes assurés que Dieu existe, qu'à cause que nous concevons cela fort clairement, en faisant distinction des choses que nous concevons en effet, d'avec celles que nous nous ressouvenons d'avoir autrefois clairement conçues; car nous nous assurons que Dieu existe, en prêtant une attention actuelle aux raisons qui nous prouvent son existence. »

Par suite de cette modification que Descartes, dans sa polémique, a fait subir à sa première opinion, le criterium de l'évidence se trouve presque complètement affranchi de la démonstration de l'existence d'un être souverainement bon. Pour que l'évidence ait une valeur propre, même lorsqu'il s'agit d'autres vérités que celle de notre propre existence, pour qu'elle nous donne la certitude de par sa propre autorité, il suffit que nous ayons présent à l'esprit l'enchaînement des raisons sur lesquelles s'appuie une proposition que nous concevons comme évidente. Que si nous nous rappelons la proposition elle-même sans les preuves qui en établissent l'évidence, cette évidence, pour ne pas être trompeuse, a besoin de s'étayer sur la croyance à l'existence d'un Dieu souverainement bon qui ne peut vouloir nous tromper. Ainsi Descartes est tombé plutôt en apparence qu'en réalité, dans ce cercle vicieux qu'on lui a tant reproché.

C'est donc en partant de la connaissance que nous avons de nous-mêmes en tant qu'êtres pensants et en nous servant du criterium de l'évidence, qu'il faut nous élever jusqu'à la notion de Dieu et de ses attributs. Mais avant d'entrer dans la démonstration de l'existence de Dieu, Descartes établit d'abord les axiomes sur lesquels doit s'appuyer cette démonstration. Ces axiomes sont au nombre de deux.

1° Les idées diffèrent en tant qu'images, et celles qui représentent des substances ont plus de réalité objective que les autres, c'est-à-dire, participent par représentations, à plus de degrés d'être ou de perfection, que celles qui représentent seulement des modes ou des accidents.

2° Il doit, pour le moins, y avoir autant de réalité dans la cause efficiente qu'il y en a dans l'effet. Et, de là, il suit non seulement que le néant ne saurait produire aucune chose, mais aussi que ce qui est plus parfait, c'est-à-dire, ce qui contient en soi plus de réalité, ne peut être une suite et une dépendance du moins parfait.

Il faut prendre garde au sens que Descartes donne au mot objectif, car ce sens diffère profondément de celui dans lequel on le prend aujourd'hui en philosophie. Objectif, dans la langue de Descartes, signifie représenté, réfléchi. Une réalité objective est une réalité qui n'appartient pas en propre à l'être qui la possède, mais qui ne fait que se réfléchir en lui, et à laquelle il ne participe que par un certain rapport avec l'être en qui elle se trouve formellement. Formel est donc le terme opposé à celui d'objectif. Une réalité formelle est une réalité qui appartient en propre à l'être qui la possède, la réalité objective n'est qu'une image, la réalité formelle est l'original.

Le second axiome n'est autre chose que le principe de causalité lui-même. Car, supposons qu'il puisse y avoir plus de réalité dans l'effet que dans la cause, il y aurait une partie de cette réalité qui, dépassant celle de la cause, se trouverait n'avoir point de cause ; il y aurait un effet sans cause, ce qui est absurde. Il faut donc que la cause contienne formellement autant de réalité qu'il y en a objectivement dans l'effet. Cependant il se pourrait que cette réalité fût seulement objective dans la cause immédiate qui ne ferait que réfléchir et renvoyer une représentation, semblable à une glace qui renvoie à une autre glace l'image qu'elle-même a reçue. Mais l'esprit ne peut reculer à l'infini l'original de cette réalité objective, et il faut bien nécessairement remonter jusqu'à un être qui contienne en lui formellement toute cette réalité. =

Suivons maintenant Descartes dans l'application de ces deux principes, et dans les conséquences fécondes qu'il va en tirer.

Toutes les fois qu'il rencontrera une idée dont la perfection semble ne pas dépasser les forces et les proportions de la nature humaine, il pourra conclure que la cause en est formellement et éminemment en lui-même. Mais si, au contraire, il rencontre une idée dont la perfection soit telle, qu'il voie clairement qu'il ne peut en être la cause, alors il faudra nécessairement, en vertu du second principe, reconnaître hors de lui l'existence d'un être en qui réside formellement toute cette perfection qui n'existe qu'objectivement dans l'idée. Il passe donc de nouveau en revue les idées diverses de son intelligence, il interroge tour-à-tour les idées qu'il a des choses corporelles et animées, les idées des autres hommes, des anges mêmes, et il n'y trouve rien qui soit tellement parfait, tellement supérieur à sa nature, qu'il ne puisse concevoir qu'il en est l'auteur. Mais il n'en est pas de même d'une idée qui existe non moins réellement dans notre esprit, de l'idée d'une substance infinie, éternelle, immuable, indépendante, toute connaissante, toute puissante, et par laquelle lui-même et toutes les autres choses ont été créées. Car nous ne sentons rien en nous qui soit capable de produire de pareils effets : nous avons bien en nous l'idée d'une substance puisque nous-mêmes nous sommes des substances, mais, êtres finis que nous sommes, nous ne pouvons produire l'idée de la substance infinie, il faut donc qu'elle nous vienne d'un être qui possède formellement en lui-même toutes ces perfections ; or, cet être éternel, infini, immuable, indépendant, tout connaissant, tout puissant, ne peut être que Dieu, donc Dieu existe.

Et qu'on ne dise pas que l'homme va se perfectionnant de telle sorte qu'un jour il pourrait bien avoir acquis une perfection assez grande pour la production de cette idée, car cette perfection ne serait encore qu'en puissance, et la perfection que nous connaissons dans l'idée de Dieu est une perfection actuelle. D'ailleurs, ce progrès continuel ne serait-il pas lui-même une preuve que jamais notre connaissance n'arrivera à être infinie, puisque jamais elle n'arrive à un point de perfection au delà duquel il n'y ait rien. En entassant le fini sur le fini, on peut arriver à l'indéfini, mais jamais à l'infini.

Mais Gassendi objecte à Descartes que la connaissance claire de l'infini nous étant refusée, nous ne pouvons être assurés de l'existence d'une substance infinie? Descartes répond : Il n'est pas vrai que nous n'ayons qu'une connaissance obscure et mystérieuse de l'infini. On dit que notre intelligence finie ne peut comprendre l'infini ; veut-on dire par là qu'elle ne peut l'embrasser, qu'elle ne peut lui assigner de limites ? Mais ce qui constitue l'infini, c'est précisément l'absence de toutes limites ; lui en trouver une, ce serait le détruire. Or, qui, s'il vient à y penser, ne comprendra clairement l'impossibilité de marquer une limite à l'espace, une limite à la puissance du créateur de toutes choses, c'est-à-dire, qui ne comprendra clairement qu'il existe de l'infini ?

Mais Descartes, quelque claire et évidente qu'il pense devoir être cette démonstration à quiconque voudra sérieusement y appliquer son esprit, conçoit encore des inquiétudes sur la difficulté qu'auront à la comprendre et à la retenir, ceux qui ont l'âme obscurcie par des nuages sensibles. Ceux-là, en effet, ne se ressouviendront pas facilement de la raison pour laquelle il suit de ce que j'ai en moi l'idée d'un être parfait, que cet être parfait existe nécessairement. Il cherche une autre preuve plus simple, plus évidente au premier abord, plus facile à saisir pour le vulgaire, et au lieu, comme il le faisait tout-à-l'heure, de conclure l'existence de Dieu d'une idée de notre intelligence, il veut la conclure directement du fait de notre propre existence.

Descartes examine donc si, de ce que lui-même existe, ayant cette idée de Dieu, il ne suit pas que Dieu existe, et il raisonne ainsi pour le prouver : si ce n'est pas Dieu qui m'a créé, il ne peut se présenter que trois hypothèses pour expliquer le fait de mon existence. S'il est démontré que ces trois hypothèses sont fausses, il sera démontré que notre existence suffit pour prouver celle de Dieu. Voici quelles sont ces trois hypothèses : 1° ou je tiens l'existence de moi-même ; 2° ou je la tiens de mes parents ; 3° ou je la tiens de quelques autres causes moins parfaites que Dieu.

Et d'abord puis-je tenir l'existence de moi-même ?

Mais d'un côté je me connais comme un être incomplet et imparfait ; de l'autre, j'ai en moi l'idée de toutes les perfections : comment n'aurais-je pas réalisé toutes ces idées en mon être, s'il avait été en ma puissance de me le donner à moi-même ? Donc ce n'est pas de moi que je puis tenir mon existence.

Mais, peut-être, si je ne me suis pas fait moi-même, ai-je toujours été ce que je suis ? Cette seconde supposition est aussi fausse que la première ; car divisez le temps par la pensée en un nombre infini de parties, et vous reconnaîtrez qu'aucune d'elles ne dépend d'une autre, qu'il n'y a aucun rapport de dépendance entre celle qui précède et celle qui suit. De ce que je vis maintenant, il ne s'en suit donc pas que je doive vivre l'instant d'après, ma conservation n'est qu'une création continuelle, conservation et création sont des termes identiques, car aucun être ne peut continuer à exister sans la continuation du pouvoir et de l'action qui l'ont créé.

Il faut remarquer ce raisonnement de Descartes : ici pour la première fois nous voyons apparaître l'opinion de l'identité de la conservation et de la création continue des êtres. Elle se rattache, ainsi que nous le démontrerons, à une fausse notion de la substance qui doit jouer un si grand rôle dans la métaphysique de Descartes et dans les développements du cartésianisme. Dans la déduction des attributs de Dieu, cette même opinion reparaîtra avec plus de rigueur et de précision. Descartes arrive donc ainsi à cette conclusion, ni je ne me suis fait moi-même, ni je n'ai été toujours tel que je suis. Mais ne pourrais-je pas plutôt tenir l'existence de mes parents ou de quelques autres causes moins parfaites que Dieu ?

Cette nouvelle hypothèse serait en contradiction avec le principe qu'il doit y avoir au moins autant de réalité efficiente dans la cause que dans l'effet ? J'ai en moi l'idée de toutes les perfections, il faut que ces perfections se retrouvent dans la cause qui m'a produit ; si cette cause les possède formellement, elle est Dieu ; si elle ne les possède qu'objectivement, elle n'est qu'une cause intermédiaire, elle n'est pas la première et la vraie cause : la difficulté n'est donc que reculée sans être résolue, et il faudra bien toujours remonter à un être qui les possède en soi formellement, c'est-à-dire, qui soit Dieu. D'ailleurs, quel rapport y a-t-il entre l'acte de la génération par lequel mes parents m'ont donné le jour et la pensée qui, jusqu'à présent, est la seule chose que je reconnaisse en moi ? Quand il serait vrai qu'ils m'eussent donné le jour, il faudrait néanmoins convenir que ce ne sont pas eux qui me conservent.

Enfin, par une dernière hypothèse, serais-je l'œuvre de plusieurs causes réunies qui, chacune en particulier, inférieure à l'idée des perfections que j'ai en moi, formeraient, par leur ensemble, un tout qui les égalerait ? Mais alors même que ces causes réunies pourraient me donner l'idée de toutes les autres perfections de Dieu ; il est une de ses perfections que bien certainement elles ne sauraient me donner, c'est l'idée de cette unité, de cette simplicité qui m'apparaît en Dieu et que je conçois comme une de ses principales perfections.

Si donc je n'ai pas été fait par moi-même, si je n'ai pas été toujours tel que je suis, si je ne suis pas l'œuvre de mes parents, ni de quelques autres causes moins parfaites que Dieu, il faut nécessairement conclure que de cela seul que j'existe, et que l'idée d'un être souverainement parfait, c'est-à-dire de Dieu, est en moi ; l'existence de Dieu est évidemment démontrée.

Cependant à ces deux démonstrations, Descartes en ajoute encore une troisième, tant il a à cœur de mettre à la portée de toutes les intelligences et à l'abri de tous les doutes la vérité de l'existence de Dieu, et par suite, la certitude de la science qui en dépend. Alors même que ces deux démonstrations paraîtraient encore insuffisantes ou même fausses aux yeux de certains esprits, il veut encore leur prouver qu'il y aurait autant de certitude dans cette proposition, Dieu existe, qu'il y en a dans une proposition géométrique quelconque.

En effet, si nous nous observons nous-mêmes, nous trouvons dans notre esprit une infinité d'idées de certaines choses qui, quoique peut-être n'existant pas hors de nous, ne sont pas néant puisqu'elles sont claires; qui, d'un autre côté, ne sont pas de notre invention puisqu'elles ont leurs vraies et immuables natures. Telles sont les propriétés du triangle qui n'existe peut-être pas hors de ma pensée, et que je n'ai pas inventé, puisque ses propriétés existent en dépit de moi. On ne peut dire que cette idée de triangle me vient par les sens, car je connais une infinité d'autres figures qu'on ne pourra pas faire certainement dériver de cette source, et dont je conçois cependant aussi clairement les propriétés. Ainsi, si je puis tirer de ma pensée l'idée de quelque chose, il suit que tout ce que je reconnais clairement appartenir à cette chose, lui appartient en effet. Cette propriété de l'égalité des trois angles à deux angles droits que je reconnais clairement exister dans un triangle, n'est pas moins certaine que l'existence de l'idée même de triangle. Or, j'ai en moi l'idée de Dieu, toutes les propriétés que je reconnaîtrai clairement lui appartenir, ne seront donc pas moins vraies de Dieu que l'égalité des trois angles à deux droits n'est vraie du triangle lui-même. Mais dans les perfections que je conçois clairement appartenir à Dieu, l'existence se trouve comprise ; donc, je puis dire, au même titre, que Dieu existe, et que les trois angles d'un triangle sont égaux à deux droits. Il n'y a pas moins de certitude dans la seconde proposition que dans la première.

L'existence de Dieu demeure établie de telle sorte par cette triple démonstration, qu'aucun esprit ne saurait, désormais, la mettre en doute. Mais il ne suffit pas d'avoir démontré son existence, il faut encore rechercher quels sont ses attributs ; car, pour l'humanité et en particulier pour le problème de la certitude qu'il s'agit de résoudre, la question des attributs de Dieu est d'une importance égale à celle de son existence.

DES ATTRIBUTS DE DIEU.

Ces attributs sont tous compris dans l'idée de Dieu que nous avons en nous, et on peut dire qu'ils découlent tous d'un seul principe, celui de la souveraine perfection avec laquelle nous concevons la cause première. Tout ce qui est conforme à cette idée de la souveraine perfection, doit se trouver en Dieu, et tout ce qui témoigne de quelque imperfection, ne peut s'y rencontrer. Et d'abord, comme toute dépendance témoigne de l'imperfection, Dieu est souverainement libre. Il n'agit en vertu d'aucune loi qui enchaîne la volonté. Il n'est soumis à aucune loi, puisque c'est lui qui les fait toutes. Il n'est pas même soumis à la loi du bien, puisque le bien c'est ce qu'il veut, c'est ce qu'il fait. Il a créé le monde parce qu'il l'a voulu, et quand il le voudra, le monde cessera d'exister.

Il est infini dans sa nature et dans tous ses attributs, infini en puissance, infini en intelligence, infini en bonté, infini en durée.

Le spectacle du monde révèle l'infinité de sa puissance et de son intelligence, puisque c'est Dieu qui a tout conçu, tout exécuté, puisque c'est lui qui maintient et gouverne le monde par les lois auxquelles, dès l'origine, il l'a assujéti.

L'univers ne témoigne pas moins de sa souveraine bonté, et pour en juger, il ne faut pas se placer au point de vue de tel ou tel être, de tel ou tel individu, mais il faut jeter sur la création une vue d'ensemble. Car celui dont le regard embrasse et compare toutes choses, comprend que ce mélange de bien et de mal qui nous choque et nous attriste, est nécessaire à l'harmonie générale de l'univers. Cette différence qui existe entre les diverses parties de l'univers, dont les unes sont exemptes de défaut, tandis que les autres ne le sont point, ne vaut-elle pas mieux pour la perfection de l'ensemble que si toutes étaient semblables?

Mais Dieu serait-il souverainement parfait si un seul coin de l'univers pouvait un seul instant échapper à sa surveillance? il est donc présent partout. Cependant, de cette présence simultanée dans tous les lieux, il ne faut pas conclure que Dieu soit étendu, ni le ranger ainsi sous la catégorie de la matière dont l'attribut fondamental est l'étendue. L'étendue de Dieu est une étendue de puissance, et non de substance; c'est par sa puissance que Dieu est partout, car relativement à son essence, il n'est nulle part. Dans tous les cas, si l'essence de Dieu est partout présente, elle ne l'est pas à la manière des choses étendues; Descartes témoigne sur ce point une hésitation qui a, sans doute, pour cause la crainte de choquer l'orthodoxie susceptible des théologiens, touchant le dogme de la présence réelle dans l'Eucharistie.

Il n'hésite pas à accorder à Dieu une prescience infinie, ainsi qu'une puissance infinie.

« Avant qu'il nous ait envoyés en ce monde, Dieu a su exactement quelles seraient toutes les inclinations de notre volonté; c'est lui-même qui les a mises en nous, c'est lui aussi qui a disposé toutes les autres choses qui sont hors de nous, pour faire que tels ou tels objets se présentassent à nos sens à tel ou tel temps, à l'occasion desquels il a su que notre libre arbitre nous déterminerait à telle ou telle chose, et il l'a ainsi voulu, mais il n'a pas voulu pour cela l'y contraindre. « (8e *lettre à la pr. Eliz*).

Descartes n'en essaie pas moins de concilier la préscience divine ainsi entendue, avec la liberté humaine. A l'exemple de certains théologiens, il distingue en Dieu deux sortes de volontés : l'une indépendante et absolue, par laquelle il veut que toutes choses se fassent ainsi qu'elles se font, l'autre relative, qui se rapporte au mérite et au démérite des hommes, par laquelle il veut qu'on obéisse à ses lois. Mais laissons de côté cet impuissant essai de conciliation pour passer à d'autres points importants de la théodicée de Descartes.

Dieu est créateur et conservateur. Il est créateur, c'est-à-dire, qu'il n'a pas seulement créé le mouvement et la forme, mais encore la matière, et il n'est pas, comme le Dieu de Plotin, créateur avec sa propre substance, il n'a pas tiré le monde de son sein. Mais il a voulu que le monde fut, et le monde a été ; il ne l'a pas extrait de sa substance, un seul acte de sa volonté l'a fait naître, là où existait auparavant le néant. Le monde n'a pas eu d'enfance ; il n'est pas né d'abord imparfait et informe de cet acte tout puissant de la volonté divine ; il ne s'est pas formé ni développé dans la suite des temps par l'action lente et continue des lois qui lui auraient été imprimées dès le commencement. Avant d'exposer son hypothèse des tourbillons, Descartes nous avertit qu'il n'a adopté l'hypothèse d'une formation successive que pour mieux expliquer l'état actuel du monde, car il ne pense pas qu'il soit de la dignité de Dieu d'avoir petit à petit créé l'univers, comme s'il eut eu besoin de proportionner à ses forces la grande tâche qu'il s'était imposée ; Dieu n'a eu qu'à vouloir, et d'un seul jet l'univers a été créé.

A côté de l'attribut du créateur se place celui de conservateur : Dieu conserve ce qu'il a créé, et il le conserve en continuant de créer.

Car, ni l'homme, ni le monde ne sont semblables à des

machines qui, une fois montées, se meuvent seules quelque temps quoiqu'abandonnées de l'ouvrier. Ni le monde, ni aucun être dans le monde, ne continuent d'exister en vertu de l'action d'une loi posée dès le principe. Dieu, après l'avoir créée, n'a pas abandonné son œuvre, et elle ne subsisterait pas un seul instant sans lui. Déjà il a été établi à propos des diverses hypothèses dans lesquelles l'homme pourrait se considérer comme tenant l'existence de lui-même, qu'il n'y avait aucun être qui, à aucun instant, eut en soi la raison de son existence, puisqu'il n'existe aucune dépendance entre tous les moments de la durée ; puisque l'existence, dans le moment d'avant, ne peut nous donner aucun droit, aucun titre à l'existence dans le moment d'après. Tout ce qui existe ne continue donc à exister que par la continuation de l'action même qui l'a tiré du néant, si cette action venait à cesser, tout à l'instant même y serait replongé. Ainsi donc dans la théodicée de Descartes l'attribut de conservateur vient se confondre avec celui de créateur. Ce n'est pas ici le lieu de faire ressortir par rapport aux substances créées en général et par rapport à l'homme en particulier, les conséquences de cette confusion.

Tels sont les principaux attributs sous lesquels Descartes conçoit la divinité. Nous savons donc maintenant qu'il y a un Dieu, et nous savons aussi quelle est la nature, quels sont les attributs de ce Dieu. Or, ce Dieu est précisément tel qu'il ne peut ni vouloir nous tromper, ni permettre qu'on nous trompe. Et, par là-même que nous nous sommes assurés de l'existence d'un Dieu souverainement bon, nous nous sommes assurés aussi de l'infaillibilité du criterium de l'évidence. En présence des perfections divines, les doutes qui pouvaient planer encore sur la légitimité de cette grande règle de l'évidence, se sont dissipés comme de légers nuages en présence du soleil.

Nous pouvons donc maintenant redescendre du ciel sur la terre, pour jeter de nouveau nos regards sur l'homme, animés de l'espoir de reconnaître toujours la vérité au signe infaillible qui nous est donné, puisque nous emportons avec nous le principe de la science, dont l'existence de Dieu même est désormais la magnifique et sublime garantie.

C'est à l'esprit humain que nous allons d'abord appliquer cette règle, en suivant fidèlement les traces de Descartes.

DE L'ORIGINE, DE LA NATURE ET DES CARACTÈRES DES IDÉES INNÉES.

Les différents actes par lesquels se manifeste l'être pensant, peuvent se ranger en trois classes : les jugements, les volontés, les affections.

Nous allons traiter successivement de chacune de ces grandes divisions.

Nous examinerons d'abord les jugements ou les idées.

Les idées se divisent à leur tour en trois classes :

1° Les idées qui semblent être nées avec nous (*ideæ innatæ*);

2° Les idées qui semblent être étrangères et venir du dehors (*ideæ adventitiæ*);

3° Les idées qui semblent être faites et inventées par moi-même (*a me ipso factæ*).

Quoique Descartes n'ait pas assez approfondi la théorie de ces idées innées, de ces premiers principes sur lesquels repose toute science et toute morale, cette partie de sa doctrine offre cependant un haut intérêt et a soulevé une longue polémique.

Hobbes et Locke ont pris à la lettre l'épithète *d'innée* par laquelle Descartes avait cherché à caractériser ces idées qui semblent nées avec nous. Ils ont attribué au cartésianisme cette opinion, que certaines idées coexistaient, en quelque sorte, à l'intelligence, étaient toujours actuelles dans l'esprit, qui, toujours en avait conscience. Delà, cette objection de Hobbes : pendant un profond sommeil, notre ame ne pense point; elle n'a donc alors aucune idée, et par conséquent, il n'y a point d'idée qui soit née avec nous, qui réside toujours en nous, qui soit toujours présente à notre pensée.

Mais ces objections de Hobbes et de Locke portent à faux, car l'opinion qu'ils attribuent à Descartes n'est pas la sienne ; quand il dit qu'une idée est née avec nous, il veut seulement dire que nous sommes nés avec la faculté de concevoir cette idée, avec le pouvoir de la produire.

Telle est la réponse qu'il fait à la dixième objection de Hobbes :

« Lorsque je dis que quelque idée est née avec nous ou qu'elle est naturellement empreinte en nos ames, je n'entends pas qu'elle se présente toujours à notre pensée, car ainsi il n'y en aurait aucune, mais j'entends seulement que nous avons en nous-mêmes la faculté de la produire. »

Enfin, dans une réponse au placard de son fougueux et infidèle disciple Pierre Leroy, Descartes explique la même opinion avec autant de force et de précision. Pierre Leroy avait pensé innover dans la doctrine de son maître, en soutenant qu'il n'y a point d'idées, ni d'axiomes imprimés dans l'ame, mais seulement une faculté naturelle de les produire. Descartes lui montre que, tout en croyant s'écarter de sa doctrine, il ne s'en est pas réellement écarté.

« Car, dit-il, je n'ai jamais jugé ni écrit que l'esprit ait besoin d'idées naturelles qui soient quelque chose de différent de la faculté qu'il a de penser; mais bien est-il vrai que reconnaissant qu'il y avait certaines pensées qui ne procédaient ni des objets du dehors, ni de la détermination de ma volonté, mais seulement de la volonté que j'ai de penser, pour établir quelque différence entre les idées ou les notions qui sont les formes de ces pensées, et les distinguer des autres qu'on peut appeler étrangères ou faites à plaisir, je les ai nommées naturelles, mais je l'ai dit au même sens que nous disions que la générosité ou quelque maladie est naturelle à certaines familles. »

Descartes a donc constaté dans l'intelligence humaine l'existence d'idées naturelles qui ne viennent pas de la sensation, ni qui ne sont pas le produit de l'activité intellectuelle, et il a soutenu cette opinion avec force et bonheur contre les objections subtiles de Hobbes et de Gassendi.

Après avoir établi l'origine de ces idées, il faut en déterminer les caractères. Puisque ces idées sont naturelles, Dieu seul qui nous a créés, les a mises en nous; elles sont la marque que lui-même a imprimée sur son ouvrage. Il les a mises en nous, et s'il lui plaisait, il pourrait les ôter, les changer, les détruire; car il est tout-puissant, et nulle loi, même celle du bien, ne saurait limiter sa toute-puissance, puisqu'il fait toutes les lois. Dire que les vérités métaphysiques établies par Dieu en sont indépendantes, c'est parler de Dieu comme d'un Jupiter ou d'un Saturne, c'est l'assujétir aux destinées. Dieu a établi ces lois en la nature ainsi qu'un roi dans son royaume, et comme un roi, il peut aussi les changer.

Les idées naturelles ne sont donc ni indépendantes, puisque Dieu les a faites, ni immuables, puisqu'il peut les changer, ni nécessaires, puisqu'il peut les détruire.

Une telle opinion prise dans toute sa rigueur, suivie dans toutes ses conséquences, constituerait une des erreurs les plus graves dans lesquelles serait tombé Descartes. Mais c'est là une de ces questions auxquelles il n'a pas appliqué son génie, une de ces questions qu'il n'a traitées, pour ainsi dire, qu'en passant, et nous aurons à dire quelles considérations étrangères à la philosophie ont pu peut-être l'engager à lui donner une solution dont il n'a certainement pas vu toute la gravité.

C'est en vain que l'on chercherait dans Descartes un essai d'énumération, de réduction de ces idées qui ne viennent ni du monde extérieur ni de notre activité. Il en a çà et là indiqué quelques-unes, comme au hasard, sans règle, ni suite. De là l'incohérence et les singularités que présenterait un tableau dans lequel auraient été réunies toutes les idées auxquelles Descartes, en différents endroits de ses ouvrages, accorde la qualification d'idées naturelles ou d'idées innées. L'idée de l'infini est peut-être la seule dont il ait bien déterminé l'importance et les caractères, parce qu'il en a fait le fondement de ses preuves de l'existence de Dieu, et parce qu'il a été obligé d'en défendre l'existence, la nature et l'origine contre les attaques sensualistes de ses deux plus redoutables adversaires, Hobbes et Gassendi. Pour toutes les autres, il s'est renfermé dans un vague qui prouve combien peu il avait médité sur cette face si importante de l'intelligence humaine.

DES IDÉES ADVENTICES ET DE L'EXISTENCE DU MONDE EXTÉRIEUR.

Outre les idées naturelles, il y a dans l'intelligence des idées qui nous semblent venir du dehors, qui ne sont pas nées avec nous, dont nous ne sommes pas les maîtres, qui surviennent en nous sans le concours de la volonté et quelquefois malgré la volonté : ce sont les idées adventices. Nous voilà avec Descartes, de nouveau placés en face du monde extérieur; une première fois il a vainement essayé de le saisir; mais alors il ne connaissait pas encore le principe de toute certitude, il marchait à l'aventure. Désormais en possession d'une règle par laquelle il peut sûrement distinguer la vérité d'avec l'erreur, il va une seconde fois essayer de ressaisir la réalité extérieure avec moins de témérité, plus de confiance et aussi plus de chances de succès.

Avant d'entrer dans l'examen de la nature et de l'origine des idées adventices, Descartes s'arrête à détruire un doute qu'autrefois lui-même a soulevé. Peut-être toutes ces idées qui nous viennent du dehors, et sur lesquelles nous fondons notre croyance au monde extérieur, semblables à celles du rêve, ne correspondent à aucune réalité. Quel moyen avons-nous donc de les distinguer les unes des autres? Avant la démonstration de l'existence de Dieu, la question était insoluble ; il était impossible de poser une règle par laquelle nous puissions distinguer entre les idées de la veille et les idées du rêve; par conséquent, il a fallu ajourner notre croyance au monde extérieur. Mais maintenant la question se trouve changée, puisque nous sommes assurés de l'existence d'un Dieu souverainement bon qui ne peut nous tromper. Nous devons donc renoncer à tous nos doutes hyperboliques et ridicules, car il est facile de donner une règle de distinction entre la veille et le sommeil. Dans le sommeil, les idées manquent de suite; elles ne se rattachent pas les unes aux autres, elles ne se rattachent pas aux évènements qui ont précédé. Dans la veille, au contraire, toutes les choses qui nous apparaissent, nous savons où elles sont, d'où elles viennent; tout se lie, tout s'enchaîne. Tel est, selon Descartes, le critérium entre les idées de la veille et les idées du rêve. Puisqu'il ne saurait y avoir confusion entre l'état de veille et l'état de sommeil, nous devons croire à l'existence d'une réalité extérieure, de quelque chose hors de nous. Mais ce quelque chose que nous sentons venir d'ailleurs que de notre pensée, ce quelque chose qui ne dépend pas de nous, ne devons-nous pas nous enquérir d'abord, si ce n'est pas Dieu lui-même? Pourquoi les idées d'étendue, de mouvement, d'odeur, de couleur ne seraient elles pas causées directement en nous par Dieu même? C'est Descartes lui-même qui soulève cette redoutable objection, et l'argument par lequel il croit l'avoir résolue, nous ne pouvons nous empêcher de le dire à l'avance, est dans son système sans force et sans valeur. Voici quel est cet argument : la réalité extérieure que nous sentons ne peut être Dieu lui-même, d'après ce principe que Dieu ne peut nous tromper ; comme il a mis en nous une forte tendance à croire que l'idée d'étendue est causée dans notre ame par quelque chose qui est étendu, s'il n'en était pas ainsi, il nous tromperait. Or, Dieu étant souverainement bon, ne peut, en aucune manière vouloir nous tromper : donc, il existe une réalité extérieure correspondant à notre pensée. Ainsi, Descartes fonde la croyance à l'existence du monde extérieur sur la véracité divine. Pour se retenir sur cette pente glissante de l'idéalisme où la logique l'entraîne, il n'a plus d'autre ressource que d'invoquer la véracité divine, à laquelle, par sa théorie sur les perceptions des sens, il va immédiatement donner un démenti. En effet, voici comment il résout la question de la valeur du témoignage des sens.

Une théorie sur la perception, qui remonte à la plus haute antiquité, s'était propagée à travers les écoles du moyen-âge jusqu'au temps de Descartes. Dans cette théorie, on supposait que des surfaces légères, des images, sans cesse se détachant des objets et rayonnant autour d'eux dans tous les sens, venaient frapper nos organes, s'y introduisaient, glissaient ensuite le long des nerfs jusqu'au cerveau, où, en s'imprimant, elles produisaient la perception. Descartes rejette cette théorie malgré la longue autorité dont elle a joui dans la science. Quand je vois un bâton, dit-il, il ne faut pas s'imaginer qu'il sorte de lui de petites images voltigeantes par l'air, appelées vulgairement des espèces intentionnelles qui passent jusqu'à mon œil. Mais si Descartes rejette cet intermédiaire des images entre notre esprit et les objets extérieurs, ce n'est pas pour supprimer tout intermédiaire entre l'esprit et l'objet, et pour mettre, enfin, l'esprit face à face avec les objets du monde extérieur, ce n'est que pour lui substituer un intermédiaire d'une autre nature, moins grossier il est vrai, moins indigne d'un physicien, mais non moins fatal à la connaissance du monde extérieur. Ce n'est pas, selon Descartes, l'image du bâton qui vient frapper notre organe, mais les rayons de la lumière réfléchis de ce bâton excitent quelque mouvement dans le nerf optique, et par son moyen, dans le cerveau même qui lui est intimement uni. Nous rapportons alors tellement la passion éprouvée par l'ame aux sujets que nous supposons être leurs causes, que nous croyons voir ce bâton même, ou bien entendre la cloche même, tandis qu'en réalité, nous ne sentons que des mouvements qui viennent d'eux.

« Si le sens de l'ouïe rapportait à notre pensée la vraie image de son objet, il faudrait qu'au lieu de nous faire concevoir le son, il nous fît concevoir le mouvement des parties de l'air qui tremble pour lors contre nos oreilles. » (*Trait. sur le monde*, IV. 217, éd. Garnier).

Les sens ne nous apprennent donc des choses que les mouvements corporels qu'elles excitent dans nos organes. Là s'arrête leur témoignage; ce ne sont donc pas les sens qui nous donnent la connaissance du monde extérieur; ils ne sont, à vrai dire, que l'occasion à propos de laquelle nous le concevons. Tous les jugements que nous portons sur les objets extérieurs, quoiqu'on ait accoutumé de les rapporter au sentiment, appartiennent cependant à l'entendement seul. C'est à l'occasion de ces mouvements organiques qui ne nous sont pas même transmis par les sens tels qu'ils existent, que s'éveillent en notre esprit, parce qu'elles sont naturelles, les idées de figure, de distance, de couleur, de son, de chaleur, de plaisir, de douleur, etc.; car, selon Descartes, toutes ces idées sont naturelles; elles ne viennent pas du dehors, elles sont en puissance dans notre esprit, jusqu'à ce que ces mouvements organiques qui n'ont aucune ressemblance avec elles, viennent les y réveiller. J'insiste sur ces principes du système de Descartes, et je cite un passage textuel extrait de la réponse de Descartes à Pierre Leroy, afin de montrer que je n'ai rien ajouté à la pensée du maître.

« Quiconque a bien compris jusqu'où s'étendent nos sens et ce que peut être précisément ce qui est porté par eux jusqu'à la faculté que nous avons de penser, doit avouer qu'aucunes idées ne nous sont présentées par eux, telles que nous les formons par la pensée, en sorte qu'il n'y a rien dans nos idées qui ne soit naturel à l'esprit ou à la faculté qu'il a de penser, si seulement on excepte certaines circonstances qui n'appartiennent qu'à l'expérience; par exemple, c'est la seule expérience qui fait que nous jugeons que telles ou telles idées que nous avons maintenant présentes à la pensée, se rapportent à des choses qui sont hors de nous; non pas, à la vérité, que ces choses les aient transmises dans notre esprit par les organes des sens, telles que nous les sentons, mais à cause qu'elles ont transmis quelque chose qui a donné occasion à notre esprit par la faculté qu'il en a de les former en ce temps plutôt qu'en un autre. »

Ainsi donc, nos sens ne nous représentent pas le monde extérieur tel qu'il est, et leur témoignage est un témoignage infidèle et trompeur. Mais si Dieu nous a trompés en mettant en nous une disposition naturelle à croire des sens qui nous trompent, n'aurait-il pas pu nous tromper aussi en agissant directement sur nos organes, et en nous faisant prendre son action pour celle du monde extérieur qui n'est qu'une chimère de notre imagination?

Descartes, en désespoir de cause, semble abandonner la véracité divine, et se borne à invoquer, pour ressource suprême, non plus la véracité, mais la bonté de Dieu. Il avoue que les sens ne nous montrent pas les choses telles qu'elles sont en elles-mêmes, mais Dieu étant infiniment bon, il nous fait voir clairement les choses telles qu'elles sont dans leurs rapports avec nous; c'est-à-dire, que la nature nous enseigne de manière à ne pas nous y tromper, à connaître les choses nuisibles et les choses utiles, à distinguer parmi ce qui nous entoure ce qui peut être pour nous une cause d'un mal ou d'un bien. C'est pourquoi il établit une distinction entre l'autorité des sens, lorsqu'il s'agit de la conduite de la vie ; et leur autorité, lorsqu'il s'agit de la recherche de la vérité.

Après les idées adventices vient cette autre classe d'idées à laquelle Descartes a donné le nom d'idées factices (*ideæ a me ipso factæ*). Ces idées sont celles qui sont le produit de notre imagination, de notre activité intellectuelle, qui n'ont pas une nature immuable, auxquelles notre esprit peut retrancher ou ajouter à volonté. Elles sont composées des matériaux fournis par des idées adventices et les idées naturelles.

DE LA VOLONTÉ ET DE L'ORIGINE DE NOS ERREURS.

Telles sont les vues les plus remarquables de Descartes sur les idées, sur leur nature, leurs caractères et leur valeur. De l'intelligence à la volonté, la transition nous sera d'autant plus facile que Descartes n'est pas éloigné de les confondre l'une avec l'autre.

Qu'est-ce que la volonté selon Descartes ? La volonté est le pouvoir qu'a l'ame de se déterminer. Jusqu'ici il n'y a rien dans cette définition qui mérite d'être remarqué ; mais la volonté n'est pas seulement pour Descartes le pouvoir de se déterminer, c'est le pouvoir d'affirmer et de nier, et dans sa philosophie cette seconde définition tend à l'emporter sur la première. Descartes, préoccupé d'autres phénomènes, semble n'avoir pas eu le sentiment de l'activité volontaire et libre de l'ame ; s'il n'en a pas nié l'existence, du moins l'a-t-il laissée dans l'ombre. De là, cette confusion d'un fait volontaire et libre, avec un fait intellectuel et fatal comme le jugement. La confusion n'est pas encore entière dans Descartes, tantôt la volonté est pour lui le pouvoir d'affirmer ou de nier, tantôt elle est le pouvoir de se déterminer, de commencer ou de suspendre une action, mais cette confusion commencée par le maître s'achèvera bientôt par les disciples ; et dans Malebranche, dans Spinosa nous ne trouverons plus que le nom de la volonté.

De cette tendance de Descartes à identifier la volonté avec le jugement, résulte une autre tendance, dangereuse pour la liberté et la moralité humaine, à identifier la vertu avec la science. Cette théorie, si spécieuse, si belle et si noble en apparence, que la grande ame de Socrate avait conçue, se retrouve au moins en germe dans Descartes. Dans la troisième partie du discours de la méthode, il dit que :

« Notre volonté ne se portant à suivre ni à fuir aucune chose que, selon que notre entendement la lui représente bonne ou mauvaise, il suffit de bien juger pour bien faire, et de juger le mieux qu'on puisse pour faire aussi tout de son mieux, c'est-à-dire, pour acquérir toutes les vertus. »

Dans un passage de ses lettres (*Lett.* 48, éd. Garnier). il exprime la même opinion avec plus de précision encore.

« Je ne crois point que, pour mal faire, il soit besoin de voir clairement que ce que nous faisons est mauvais ; il suffit de le voir confusément ou seulement de se souvenir qu'on a jugé autrefois que cela était sans le voir en aucune façon ; c'est-à-dire sans avoir attention aux raisons qui le prouvent, car si nous le voyions clairement, « *il nous serait impossible de pécher pendant le temps que nous le verrons en cette sorte, c'est pourquoi on dit : omnis peccans est ignorans.* »

Ces divers points de vue, qui ne sont qu'indiqués dans

Descartes, empruntent surtout leur intérêt et leur importance aux développements que ses disciples y ont ajoutés et aux diverses conséquences qu'ils en ont tirées. Après la définition qu'il a donnée de la volonté, on ne s'étonnera pas si Descartes place en elle l'origine de toutes nos erreurs. Ce n'est pas la volonté en elle-même, mais la volonté dans son rapport avec les autres facultés qu'il considère comme la cause de nos erreurs. Car tandis que toutes nos autres facultés, la faculté de concevoir, la mémoire, l'imagination sont bornées, la volonté seule est, pour ainsi dire, sans bornes et sans limites. La volonté seule ou la liberté du franc arbitre que nous expérimentons en nous est si grande que nous ne concevons pas l'idée d'une autre faculté plus grande et plus étendue, en sorte, que c'est elle principalement qui nous fait connaître que nous portons l'image et la ressemblance de Dieu. Si la volonté est si étendue, si elle est si parfaite et si ample, elle ne saurait être la cause de nos erreurs. D'un autre côté, cette cause ne peut se trouver non plus dans nos autres facultés, car quelques limitées qu'elles soient, si dans leur étroite sphère elles venaient à nous tromper, il faudrait admettre que Dieu est trompeur. L'unique cause de nos erreurs est dans la disproportion qui existe entre la volonté et les autres facultés de notre entendement. La volonté plus étendue que l'entendement le devance et le dépasse, pour ainsi dire. Elle n'attend pas pour se décider, pour se porter dans telle ou telle direction, que l'entendement lui ait fourni des lumières suffisantes, et, alors, marchant à l'aventure, n'ayant plus rien qui la guide, elle s'égare, elle choisit le faux pour le vrai, et le mal pour le bien.

DES PASSIONS.

En outre des idées et des volontés, il y a dans l'ame des passions, Descartes a consacré à l'étude de cette troisième classe de phénomènes un traité tout entier écrit en français et composé dans les dernières années de sa vie. Qu'est-ce que les passions, quelles en sont les causes physiologiques et morales? Quel est le nombre des passions primitives, les passions considérées en elles-mêmes sont-elles bonnes ou mauvaises, quels sont les moyens de les combattre, voilà les questions que Descartes s'est proposé de résoudre dans le traité des passions.

La physiologie y tient autant de place que la psychologie. C'est avec l'hypothèse des esprits animaux que l'auteur s'efforce d'expliquer la nature, l'origine, les effets des passions en général et de chaque passion en particulier. L'exposition de cette hypothèse, ne doit trouver sa place que lorsqu'il sera question des principes de la physiologie cartésienne; je laisserai donc maintenant de côté toutes les explications physiologiques plus ou moins arbitraires dont le traité des passions est rempli et je rapporterai seulement les considérations morales et psychologiques qui y sont contenues.

Descartes définit les passions des perceptions, des sentiments de l'ame qui se rapportent particulièrement à elle et qui sont causées, entretenues et fortifiées par quelque mouvement des esprits animaux.

Les causes premières et véritables des passions sont au nombre de trois : 1° l'ame elle-même; 2° les divers états du corps; 3° les objets extérieurs.

L'ame elle-même est cause de la passion lorsque se

déterminant à concevoir tels ou tels objets, elle imprime un mouvement aux esprits animaux.

Quelquefois la passion est causée par le seul tempérament du corps et par les impressions du corps qui se rencontrent fortuitement dans le cerveau, comme, par exemple, lorsqu'on se sent triste ou joyeux, sans savoir pourquoi, sans pouvoir en donner aucune raison.

Mais la cause la plus ordinaire, la plus générale de toutes nos passions est dans les objets qui meuvent nos sens. C'est donc en examinant ces objets et les diverses impressions qu'ils peuvent faire sur nous, qu'on arrivera à la classification la plus complète des passions de l'ame. Le nombre de ces passions est bien loin d'être en raison de la diversité des objets avec lesquels nous sommes en rapport. Ces objets quoiqu'innombrables, ne peuvent cependant nous affecter qu'en un certain nombre de façons selon lesquelles ils peuvent nous nuire ou nous profiter. Car l'usage et le but principal de nos passions, est de nous porter à éviter ce qui est nuisible et à rechercher ce qui doit nous être utile.

Telle est la règle d'après laquelle on doit distinguer les différentes sortes de passions. Autant il y a de façons importantes en lesquelles nos sens puissent être mus par les objets, autant on doit admettre de passions principales.

Ces passions si diverses, si variées qui agitent la vie humaine, semblent au premier abord presque innombrables. Cependant il n'en est qu'en petit nombre qui soient simples et primitives. Il n'y en a que six, selon Descartes; toutes les autres sont composées de quelques unes de ces six passions primitives, ou bien en sont des espèces. Ces six passions, simples et primitives, sont : 1° l'admiration, 2° l'amour, 3° la haine, 4° le desir, 5° la joie, 6° la tristesse.

Il faut encore établir une distinction parmi ces six passions primitives.

L'admiration forme une classe à part tandis que les cinq autres forment une même classe. En effet, le désir, la joie, la tristesse découlent de la haine et de l'amour, et toutes ces cinq passions forment une même classe, parce qu'elles ne peuvent être excitées en nous sans que leur objet nous paraisse bon ou mauvais.

L'admiration, au contraire, n'est pas excitée, parce que les objets nous paraissent avoir de bon ou de mauvais, mais plutôt parce qu'ils nous paraissent avoir d'étrange et de nouveau. L'admiration se distingue encore de toutes les autres passions, en ce que seule, elle n'est accompagnée d'aucun mouvement dans le cœur ni dans le sang. Descartes passe successivement en revue chacune de ces six passions ; il analyse les différentes causes qui les produisent, il décrit leurs caractères et leurs effets ; des passions primitives il passe ensuite aux passions secondaires qui naissent de leurs combinaisons. Dans toutes ces analyses, il y a sans doute beaucoup de remarques ingénieuses et vraies, mais néanmoins elles ne sauraient racheter ce qu'il y a d'arbitraire dans cette liste et cette classification des passions primitives. J'omets les détails de cette analyse particulière de chacune de nos passions pour arriver immédiatement aux considérations générales sur l'influence, l'utilité des passions et les moyens de les combattre, par lesquelles se termine le traité des passions.

Souvent il arrive que l'ame ait à lutter contre les passions. Pour rendre compte de cette lutte des passions et de ces combats intérieurs, dont l'ame est le théâtre ; les moralistes ont imaginé des combats entre la partie supérieure ou raisonnable de l'ame, et la partie inférieure ou ensitive ; comme si l'ame était double, comme si ce n'était pas la même ame qui est à la fois sensitive et raisonnable. Ces combats, selon Descartes, ne sont autre chose que la lutte de l'esprit et du corps. Car cette petite glande qui est au milieu du cerveau et en laquelle l'ame réside, pouvant être poussée d'un côté par l'ame, de l'autre par les esprits animaux, qui ne sont que des corps, il arrive souvent que ces deux impulsions sont contraires, et que la plus forte empêche l'effet de l'autre. Il peut y avoir encore quelque combat lorsque la même cause qui excite dans l'ame quelque passion, excite aussi certains mouvements dans le corps, auxquels l'ame ne contribue point et qu'elle tâche d'arrêter aussitôt qu'elle les aperçoit.

Quelle est donc l'utilité de ces passions qui semblent, au premier abord, n'avoir d'autre effet que de contrebalancer le pouvoir de l'ame? Si on examine attentivement leurs effets, on reconnaîtra que, loin de comprimer l'activité de l'ame, elles ont pour effet et pour principale utilité de l'exciter à l'action, de la pousser à vouloir les choses auxquelles, en même temps, elles préparent et disposent le corps. Qu'on suppose un homme dépourvu de toutes passions, et cet homme se rapprochera de l'état d'immobilité complète ; car, n'éprouvant ni souffrance, ni jouissance, n'ayant pas à fuir le mal ni à rechercher le bien, quel motif aurait-il d'agir ? Mais rendez à cet homme les sentiments et les passions, et vous lui rendrez en même temps la volonté et le mouvement. C'est ainsi que le sentiment de la peur l'incitera à vouloir fuir, celui de la hardiesse à vouloir combattre, et il en sera de même de toutes les autres passions.

Si les passions agissent sur la volonté, la volonté, à son tour, peut agir sur les passions avec cette différence cependant que, tandis que les volontés de l'ame dépendent entièrement d'elle-même et ne peuvent qu'indirectement être changées par le corps, les passions dépendent absolument des actions qui les produisent, et ne peuvent qu'indirectement être changées par l'ame. Aussi, pour agir sur les passions, la volonté est-elle obligée d'avoir recours à une certaine industrie. La plus énergique des volontés ne peut, par son action directe, nous délivrer de la peur et nous donner du courage ; mais si nos passions ne peuvent être excitées ou détruites par l'action directe de notre volonté, elles peuvent l'être indirectement par la représentation des motifs qui doivent exciter en nous une passion contraire à celle que nous voulons combattre. Ainsi, pour chasser la peur et exciter en soi la hardiesse, il faudra nous représenter qu'il est plus sûr ou plus honorable de combattre que de fuir, il faudra nous représenter la joie et la gloire d'avoir vaincu, le regret et la honte d'avoir fui. Cet exemple de l'action que l'ame peut exercer sur une passion, s'applique à toutes les autres. C'est donc une règle générale qu'il faut lutter contre telle ou telle passion par la représentation des choses qui ont coutume d'être jointes avec les passions que nous voulons avoir et contraires à celles que nous voulons rejeter.

Une autre manière de lutter avec plus d'avantage encore contre les passions du corps, c'est de leur opposer les émotions intérieures, les passions de l'ame. Car ce n'est pas tant de nos passions que de ces émotions intérieures qui sont excitées dans l'ame par l'ame elle-même, que dépendent le bonheur ou le malheur de la vie. Ces émotions diffèrent des passions en ce qu'elles ne s'engendrent pas comme elles de quelque mouvement des esprits, et quoique souvent elles se trouvent jointes avec les passions corporelles qui leur correspondent, il arrive aussi qu'elles se rencontrent avec celles qui leur sont contraires. Ainsi, celui qui souffre pour l'amour de la vérité, ainsi la mère en mal d'enfant, éprouvent de la joie au milieu des plus vives douleurs. N'arrive-t-il pas aussi que l'ame, au milieu des plaisirs les plus étourdissants, si ces plaisirs sont criminels, éprouve de la tristesse ?

L'ame peut donc, par ses dispositions intérieures, lutter contre les passions extérieures qui l'assiègent, et, comme ces émotions intimes nous touchent de plus près, et ont plus de pouvoir sur nous que nos passions, si notre ame était toujours contente et satisfaite dans son intérieur, elle aurait de quoi braver toutes les influences, tous les troubles du dehors.

Mais quel est celui dont l'ame est contente et satisfaite, si non celui dont la conscience, toujours pure, ne lui reproche rien ? Pour être à l'abri de l'influence des passions, il suffit donc d'être vertueux, car nous recevons de la vertu une satisfaction si puissante pour être heureux, que les plus violents efforts des passions n'auront jamais assez de pouvoir pour la troubler.

Enfin, Descartes termine son traité des passions par cette conclusion générale : Toutes les passions sont bonnes de leur nature, il n'y a que leur excès qui soit mauvais, et on peut l'éviter par l'industrie et la préméditation, mais surtout par la vertu.

Nous venons de passer successivement en revue toutes les classes de phénomènes par lesquels l'ame se manifeste, toutes ses passions, tous ses modes d'agir; il faut maintenant, avec Descartes, nous enquérir de la nature de cet être, le distinguer de tout ce qui n'est pas lui, lui assigner son siége dans les organes, et rechercher quelle est son essence ou sa substance. Distinction de l'ame et du corps, siége de l'ame dans les organes, substance de l'ame, telle est la nouvelle série d'importantes questions dont nous nous avons encore à demander la solution à la philosophie de Descartes.

DISTINCTION DE L'AME ET DU CORPS.

Aucun philosophe, avant Descartes, n'avait tracé d'une main aussi ferme la ligne de démarcation entre l'esprit et la matière. Cette confusion entre les phénomènes de l'ame et les phénomènes du corps, cette distinction de deux ames, l'une sensitive et matérielle, l'autre intellectuelle et immatérielle que l'on rencontre dans les systèmes de la plupart de ses prédécesseurs, ne se retrouve pas dans Descartes. A ce titre, dit Maine de Biran, Descartes a mérité d'être considéré comme le créateur et le père de la véritable métaphysique. C'est en indiquant l'unique méthode appropriée aux faits de la pensée, que Descartes est arrivé à cette distinction si nette de deux ordres de phénomènes, les uns relatifs à l'esprit et les autres relatifs à la matière. Cette méthode qu'il a décrite et appliquée avec tant de profondeur est celle de la conscience ou de la réflexion intérieure. Cela seul appartient à l'ame et au moi dont l'existence nous est attestée par la conscience; tout ce dont l'existence nous est attestée par les sens, appartient, au contraire, à la matière ; tout ce qui n'est pas la pensée, toutes les fonctions vitales et organiques appartiennent au corps; voilà le principe fondamental de cette méthode.

Descartes établit ainsi une séparation profonde entre les attributs ou les modes propres de l'âme, la pensée, la réminiscence, le jugement et la réflexion, tels que la conscience nous les manifeste intérieurement, et les attributs du corps, l'étendue, la figure, le mouvement tels qu'ils nous sont représentés au dehors par les sens. C'est de l'incompatibilité des attributs par lesquels se manifestent à nous l'âme et le corps, que résulte la distinction entre leurs substances, car cette incompatibilité est telle qu'elle exclut toute comparaison et toute analogie.

En effet, nous ne connaissons pas la substance en elle-même, mais seulement parce qu'elle est le sujet de plusieurs phénomènes. Or, rien de plus naturel que de donner aux sujets différents, lorsqu'ils se manifestent à nous par des phénomènes différents, des noms différents. Il y a certains phénomènes qu'on appelle corporels, comme la grandeur, la figure, le mouvement et toutes les autres choses qui ne peuvent être conçues sans l'extension locale; la substance que ces faits nous révèlent, nous l'appelons matière. Tous les phénomènes par lesquels cette substance se manifeste, ayant cela de commun qu'ils supposent tous l'étendue, il est naturel que nous les rapportions à une substance unique et non à plusieurs substances différentes, comme serait une substance de l'étendue, une substance du mouvement, de la forme, etc.

D'un autre côté, il y a des faits que nous appelons intellectuels, tels que vouloir, imaginer, sentir, etc., qui ont tous ce caractère commun d'être des pensées. Ces faits nous paraissent se rattacher à un sujet unique auquel on a donné le nom d'esprit, comme on aurait pu lui donner tout autre nom, car ce qu'il importe de remarquer, c'est que le sujet des faits intellectuels et le sujet des faits corporels doivent être non seulement d'une nature différente, mais encore d'une nature opposée, puisqu'il y a incompatibilité entre les phénomènes par lesquels l'un et l'autre se manifestent.

DE LA NATURE DE LA SUBSTANCE DE L'AME EN PARTICULIER ET DES SUBSTANCES CRÉÉES EN GÉNÉRAL.

Comment Descartes a-t-il conçu la nature de ces êtres distincts, de ces sujets de phénomènes opposés? Quelle est la substance que leurs attributs nous révèlent? C'est là, comme déjà je l'ai fait entrevoir, le point fondamental de la métaphysique cartésienne, c'est là le principe de toutes les grandes erreurs dans lesquelles Descartes et son école sont tombés?

Où puisons-nous le type de la notion de substance? Nulle part ailleurs que dans la conscience. C'est à l'image de notre propre substance que nous concevons toutes les autres substances. Or, Descartes a méconnu l'activité essentielle de l'ame, l'ame est pour lui une chose qui pense, c'est-à-dire une chose qui reçoit passivement certaines modifications et non pas une cause, une force sans cesse agissante, de là cette séparation malheureuse de l'idée de cause et de l'idée de substance qui caractérise la philosophie cartésienne, de là cette définition de la substance par l'existence, définition d'où Spinosa a fait sortir le panthéisme avec une incontestable rigueur de logique. Mais dans cette exposition pure et simple d'une grande doctrine, je ne veux pas anticiper davantage sur l'examen critique qui doit suivre, et je me borne à reproduire exactement la pensée du maître.

Comment donc la substance doit-elle être conçue et définie? Voici la réponse de Descartes à cette grande question.

Lorsque nous concevons la substance, nous concevons

seulement une chose qui existe, en telle façon qu'elle n'a besoin que de soi-même pour exister. Mais à cette condition il n'y aurait d'autre substance que Dieu, car lui seul tient l'existence de lui-même, et il n'y a rien dans le monde qui puisse subsister un seul instant sans son concours. Aussi Descartes, apercevant cette conséquence, se hâte-t-il de modifier sa définition en déclarant que le nom de substance n'est pas univoque au regard de Dieu et de ses créatures. Quand il s'agit des choses créées, il faut entendre par substance, celles qui, n'ayant besoin pour subsister que de ce concours ordinaire de Dieu nécessaire à l'existence de tous les êtres, se soutiennent d'ailleurs par elles-mêmes, et n'ont besoin pour exister d'aucun autre concours de choses créées. Celles, au contraire, qui sont de telle nature qu'indépendamment du concours de Dieu, elles ne peuvent exister sans celui de quelques autres choses créées, celles-là se distinguent des premières et prennent le nom d'attributs.

Mais qu'est-ce que ce concours de Dieu dont tous les êtres créés ont besoin ? Dans le système de Descartes, ce concours n'est rien moins qu'une création continue.

Toutes les substances créées et finies sont donc passives, puisqu'elles ne peuvent continuer d'être, ni par conséquent agir sans l'action continue de ce même pouvoir qui les a créées. Si à chaque instant les êtres n'étaient créés, ils rentreraient tous dans le néant. Aucun ne peut donc ni durer, ni se mouvoir, ni agir un seul instant en aucune façon de lui-même et par lui-même.

Ainsi, lorsqu'il s'agit des êtres créés, Descartes entend par substance non pas ce qui subsiste par soi, mais ce qui, subsistant seulement par le simple et ordinaire concours de Dieu, c'est-à-dire par la continuité de l'acte de la création, n'a besoin d'ailleurs pour exister, du concours d'aucun autre être créé. Il ne faut donc pas se méprendre au sens que Descartes attache à ce mot de substance. Les êtres créés ne sont des substances qu'au regard des autres êtres créés, lorsque pour exister, ils peuvent se passer de leur concours, mais ils n'en sont pas, ils n'en peuvent être au regard de Dieu, puisqu'ils n'existent qu'à la condition d'être continuellement créés par lui.

Toutes les substances créées sont passives. Il n'y a dans la réalité qu'une seule vraie substance, une seule cause efficiente vraiment active, Dieu, force suprême, infinie, qui, ayant créé les êtres, peut seul les modifier, les changer ou les conserver dans le même état. Tel est le principe fondamental de la métaphysique cartésienne.

Descartes n'en a pas vu, ou n'en a pas déduit toutes les conséquences. Il est réservé à ses disciples, à Spinosa et à Malebranche de les produire au grand jour de l'histoire.

Mais nous ne connaissons pas la substance en elle-même, elle ne tombe pas sous nos sens. Il nous est impossible non seulement d'imaginer, mais encore de concevoir la substance dépouillée complètement de tout attribut. Chaque substance a un attribut fondamental sans lequel nous ne pouvons la concevoir. On appelle attribut fondamental d'une substance, celui qui constitue sa nature et son essence et duquel tous les autres dépendent. L'attribut fondamental de la matière est l'étendue, et l'attribut fondamental de l'esprit est la pensée. Parcourez toutes les propriétés, tous les phénomènes de la matière, et vous n'en trouverez pas un qui ne suppose l'étendue, qui ne soit l'étendue elle-même diversement modifiée. Il nous est impossible de concevoir le corps sans l'étendue. Hors de l'étendue, la matière n'est plus rien pour nous. L'étendue est donc l'essence même de la matière.

De même que l'étendue est l'essence du corps, la pensée est l'essence même de l'esprit. Il n'y a pas un phénomène de l'esprit qui ne suppose la pensée, et qui ne soit la pensée elle-même diversement modifiée. Tout ce qui a l'esprit pour théâtre est un mode de la pensée, l'esprit ne saurait être conçu sans la pensée, il serait anéanti en même temps que la pensée. Notre existence finit avec la pensée et commence avec elle. Jamais nous ne sommes sans penser. Et comment en serait-il autrement, puisque l'âme est une substance pensante?

Cependant, ne sommes-nous pas privés de toute pensée, dans ces sommeils profonds, sans rêves, sans images, dont nous nous éveillons sans garder le souvenir, même le plus obscur et le plus confus? Ne semble-t-il pas non plus évident que l'esprit existe sans la pensée dans la léthargie, et lorsque nous sommes encore dans le sein de notre mère? Toutes ces objections ont été faites par Gassendi à Descartes, et il a répondu :

« Rien ne prouve que nous n'ayons pas pensé dans le ventre de notre mère ou pendant une léthargie, mais seulement nous ne nous en souvenons pas. »

Comment, en effet, peut-on juger du témoignage d'une faculté par le témoignage d'une autre faculté? Comment, parce que la mémoire nous fait défaut, peut-on affirmer aussi que la perception nous a fait défaut?

Au premier abord, il pourra paraître que cette opinion de la continuité non interrompue de la pensée est en contradiction avec l'opinion de la passivité de la substance de l'âme, que nous avons attribuée à Descartes, mais qu'on y songe, la pensée considérée en elle-même est une modification fatale et passive, car il ne dépend pas de nous de voir ou de ne pas voir, de comprendre ou de ne pas comprendre, de nous souvenir ou de ne pas nous souvenir, de sentir ou de ne pas sentir. La pensée de même que l'étendue ne suppose donc aucune force essentielle dans le sujet auquel elle appartient, et la continuité de la pensée dans un être continuellement créé n'altère en rien sa passiveté.

Après les questions de la distinction de l'ame et du corps, de la nature de l'ame et de ses rapports avec la cause première, vient la question de son immortalité. Descartes n'en a dit que quelques mots. Que l'ame puisse survivre au corps, il n'y a aucun doute, car comment la dissolution du corps entraînerait-elle nécessairement l'anéantissement d'une substance qui en est entièrement distincte. Mais de ce qu'il y a possibilité que l'ame survive au corps, on ne peut conclure qu'il y en ait une certitude absolue. Comment, en effet, la philosophie pourrait-elle affirmer que cette même puissance qui a créé l'ame humaine et qui la conserve, ne pourra jamais la détruire? Aussi Descartes se renferme-t-il dans une prudente réserve sur la question de l'immortalité de l'ame, et il la range dans le domaine des choses de la foi.

DU SIÉGE DE L'AME DANS LES ORGANES.

Je termine cette exposition de la métaphysique par quelques considérations de Descartes sur le siége de l'ame dans les organes, et sur les rapports avec le corps.

L'ame, selon Descartes, n'est pas seulement unie avec le corps, elle est mêlée, confondue avec lui. On ne peut pas dire qu'elle soit en quelqu'une de ses parties à l'exclusion des autres, parce que le corps, quoique composé de parties, forme un tout, une harmonie indivisibles, les rapports des organes étant tels qu'un seul ne peut être lésé sans que le corps tout entier en soit indisposé. Comment, d'ailleurs, l'ame, qui n'a aucun rapport avec l'étendue et les autres propriétés de la matière, pourrait-elle se morceler en chacun des organes? Que le corps grandisse ou diminue, elle reste ce qu'elle est, et ne se sépare du corps que lorsque l'assemblage des organes est détruit. Cependant quoiqu'il soit vrai de dire que l'ame est jointe à toutes les parties du corps, on peut lui assigner un point où elle réside plus particulièrement, un centre d'où son action rayonne dans toutes les parties. Ce centre n'est pas le cœur, ainsi que quelques-uns l'ont prétendu, trompés par l'opinion commune qui place dans le cœur le siége de toutes les passions. La partie du corps où l'ame exerce immédiatement ses fonctions est le cerveau, non pas le cerveau tout entier, car le cerveau étant composé de deux hémisphères semblables et présentant un double appareil d'organes, s'il était le siége de l'ame, chacune de nos perceptions serait double. Aussi l'ame ne réside-t-elle que dans une des parties du cerveau. Cette partie est la plus intérieure de toutes, c'est une petite glande située au milieu de la substance, comme un point central entre les deux hémisphères. Elle est tellement placée au-dessus du conduit par lequel les esprits animaux de ses cavités antérieures ont communication avec ceux de la postérieure, que ses moindres mouvements peuvent changer leur cours, et réciproquement, que les moindres changements qui arrivent au cours des esprits, peuvent beaucoup changer le mouvement de cette glande. Descartes donne à cette glande le nom de glande pinéale.

La nature même du lien qui rattache l'ame au corps,

peut être modifiée par certaines qualités du cerveau qui permettent à l'ame de s'affranchir plus ou moins des impressions des sens. Ainsi, l'ame ne s'en peut dégager lorsqu'elle est jointe à un cerveau trop humide ou trop mou, comme cela a lieu dans l'enfant. Elle ne peut s'en dégager non plus lorsqu'elle est jointe à un cerveau mal affecté, tel qu'il est dans les léthargiques, dans les apoplectiques et dans les phrénétiques, tel qu'il est encore lorsque nous sommes ensevelis dans un profond sommeil, car toutes les fois que nous songeons quelque chose dont nous ne nous ressouvenons pas après, nous n'avons fait que sommeiller.

HYPOTHÈSE DE L'ANIMAL MACHINE.

Nous avons terminé l'exposition des principes les plus remarquables dont se compose la métaphysique de Descartes. Cependant avant de passer à la physique nous devons encore rendre compte d'une des plus célèbres hypothèses du cartésianisme, de l'hypothèse des animaux machines.

Entre la pensée et la matière, il n'existe pas, selon Descartes, d'êtres intermédiaires. Tout ce qui n'est pas de la pensée est de la matière, et tout ce qui n'est pas de la matière est de la pensée. Il n'y a dans le monde que deux sortes de lois, celles qui régissent l'esprit ou la pensée, et celles qui régissent la matière inerte. Hors de l'esprit de l'homme, il n'est rien qui nous révèle l'existence de la pensée, il n'est donc rien qui ne rentre sous l'empire des lois générales de la mécanique qui gouverne la matière. Le corps de l'homme, et tout ce qui s'y rapporte, c'est-à-dire, tout ce qui n'est pas la pensée, se range dans la classe des substances étendues qui ne pensent pas. Ainsi toutes les sensations, toutes les impressions produites sur le cerveau, toutes les passions ne sont et ne peuvent être qu'un pur mécanisme résultant des divers mouvements de fibres, de fluides, des esprits animaux qui découlent du cerveau dans les nerfs, dans le cœur, dans les muscles, ou bien remontent du cœur dans le cerveau.

Or, comme dans les animaux, il n'y a rien de plus que ce qu'il y a dans le corps séparé de la pensée, puisque toutes leurs fonctions, tous leurs mouvements organiques, tous leurs appétits, peuvent s'expliquer de la même manière dans les animaux que dans le corps humain, il faut qu'il n'y ait aussi en eux que de l'étendue et du mouvement, et ils ne peuvent être que de simples machines soumises, comme celles qui sortent de la main de l'homme, aux lois générales de la mécanique. Donc ce qui distingue les animaux des hommes, c'est que les animaux sont de véritables machines. Dans les animaux il n'y a point de spontanéité, point d'initiative. Si à la vue de tel ou tel objet un animal accomplit un certain acte, c'est que cet objet a produit sur lui une certaine impression en vertu de laquelle les esprits animaux l'ont poussé à un certain mouvement. L'animal est semblable à une horloge, qui est composée de roues et de ressorts plus ou moins compliqués qui ne marche que lorsqu'elle a été montée, qui ne produit tel ou tel mouvement qu'autant que tel ou tel ressort a été poussé. S'il existait un ouvrier assez habile pour construire une machine parfaitement semblable à toutes les parties d'un animal, cette machine fonctionnerait exactement comme l'animal lui-même, et l'on aurait aucun moyen de la distinguer de l'animal véritable.

« Et je m'étais ici particulièrement arrêté à faire voir que s'il y avait de telles machines qui eussent les organes et la figure extérieure d'un singe ou de quelqu'autre animal sans raison, nous n'aurions aucun moyen pour reconnaître qu'elle ne serait pas en tout de même nature que ces animaux. » *(Disc. sur la Méth.* 5e part.*)*.

De toutes parts s'élevèrent des objections contre cette théorie de Descartes ; on lui opposait ces merveilleuses industries de certaines classes d'animaux, et ces actes remarquables si nombreux, si répétés, qui attestent dans certains animaux un commencement d'intelligence et de réflexion. A ces diverses objections, Descartes fait cette réponse :

« Plus sont merveilleux les actes accomplis par certaines classes d'animaux, plus ils surpassent l'industrie humaine, et plus il demeure évident qu'ils ne peuvent être le produit de la libre activité, de la réflexion d'êtres aussi inférieurs à l'homme ; plus il demeure évident que ces actes ne sont que le produit d'une action mécanique dont il faut renvoyer toute la responsabilité et toute la gloire à l'auteur même de la machine et de ses divers ressorts.

Quant aux divers traits que l'on cite de l'intelligence des animaux, en admettant même que leur réalité soit incontestable, il n'en est pas un qui suppose nécessairement l'existence de la pensée. En effet, cherchons quel est le signe caractéristique de la pensée ; il n'y a aucune de nos actions extérieures qui puisse assurer celui qui les examine, que notre corps n'est pas seulement une machine qui se remue, mais qu'il y a aussi en lui une ame et des pensées : les paroles ou les signes d'une autre nature, faits à propos des sujets qui se présentent sans se rapporter à aucune passion, peuvent seuls nous en assurer. Mais la parole, ainsi définie, ne convient qu'à l'homme seul, car, bien que Montaigne et Charron aient dit qu'il y a plus de différence d'homme à homme que d'homme à bête, il ne s'est trouvé aucune bête si parfaite qu'elle ait usé de quelques signes pour faire entendre à d'autres animaux quelque chose qui n'eut point rapport à ses passions. (*V. 9. p. 425. C.*).

Telle est cette fameuse hypothèse de l'animal machine. Elle est parfaitement d'accord d'une part avec la métaphysique, de l'autre avec la physiologie de Descartes. Tous les faits que les animaux accomplissent, comme toutes les fonctions organiques des corps animés, rentrent sous l'empire des lois générales de la mécanique qui régissent le monde matériel. Nous n'avons donc plus qu'à nous occuper de l'étude de ces lois générales. Nous passons de la métaphysique à la physique en suivant l'ordre indiqué par Descartes.

PRINCIPES GÉNÉRAUX

DE LA

PHYSIQUE DE DESCARTES.

PROSCRIPTION DES CAUSES FINALES ET DES FORMES SUBSTANTIELLES.

Avant de commencer l'étude du monde matériel et de ses lois, Descartes recommande certaines dispositions d'esprit dont il faut se pénétrer sous peine de graves erreurs. Nous ne devons pas, dans le cours de cette étude, abandonner un seul instant l'idée de la toute puissance divine, afin que cette idée nous fasse connaître que nous ne devons point craindre de faillir en imaginant ses ouvrages trop grands, trop beaux ou trop parfaits, mais que nous pouvons bien manquer, au contraire, si nous supposons en eux quelques bornes et quelques limites, dont nous n'ayons aucune connaissance certaine. Nous ne devons pas oublier aussi que notre esprit est fini, et que prétendre assigner des bornes au monde, ce serait prendre les limites de notre intelligence pour les limites du monde lui-même ; ce serait vouloir mesurer sur notre pensée et sur notre puissance, la pensée et la puissance de Dieu. Il ne serait pas moins faux et présomptueux de nous représenter la création tout entière comme faite à notre usage que de vouloir imposer une borne à l'univers. N'ayons point la prétention de connaître la fin de l'univers, car cette fin échappe à notre intelligence bornée. Sans doute, c'est une pensée pieuse et bonne de croire que Dieu a fait toutes choses pour nous, parce qu'elle nous excite à l'amour et à la reconnaissance, mais il n'est pas vraisemblable que Dieu n'ait eu d'autre fin que nous-mêmes, en créant le monde. Que de choses qui sont maintenant dans le monde ou qui y ont été autrefois et ont déjà entièrement cessé d'être, sans qu'aucun homme les ait jamais vues ou connues, et sans qu'elles aient jamais servi à aucun usage ! On ne peut appuyer des raisonnements de physique sur cette opinion. Descartes va encore plus loin, et bannit entièrement de la science du monde la recherche des causes finales comme téméraire et présomptueuse, comme aspirant à sonder les conseils cachés de la sagesse divine. Cette opinion de Descartes est grave, elle lui a été sévèrement reprochée par Leibnitz, nous aurons à expliquer comment il a pu s'y laisser entraîner.

Il ne proscrit pas avec moins de rigueur ces causes occultes, ces formes substantielles, ces pouvoirs mystérieux dont la physique du temps faisait si grand usage pour pallier son ignorance et jeter une obscurité plus grande encore sur les phénomènes qu'elle avait la prétention d'expliquer. Il veut, à la différence de ses prédécesseurs, ne pas employer dans la physique un seul principe qui ne soit clair et évident, qui ne soit intelligible à tous. Pour expliquer tous les phénomènes du monde, il lui suffira d'avoir recours à la considération de la figure, du mouvement et de la grandeur dans les corps.

« Cette philosophie n'est point nouvelle, mais la plus ancienne et la plus vulgaire qui puisse être, car je n'ai rien du tout considéré que la figure, le mouvement et la grandeur de chaque corps, ni examiné aucune autre chose que ce que les lois de la mécanique, dont la vérité peut être prouvée par une infinité d'expériences, enseignent devoir suivre de ce que des corps qui ont diverses grandeurs, ou figures ou mouvements se rencontrent ensemble. » (*Princip.* 4e part. n° 200).

La nature de la matière, la cause et les lois du mouvement étant donnés, on peut, par l'action de ces lois sur l'étendue matérielle, expliquer la formation du monde et la génération des êtres qui le composent.

DE LA MATIÈRE, DE L'ESPACE, DE LA DIVISIBILITÉ A L'INFINI, DU VIDE, DES TROIS ÉLÉMENTS.

La substance matérielle, comme toutes les substances créées, est passive et inerte. Elle a pour attribut fondamental l'étendue. Il nous est impossible de la concevoir sans l'étendue. La matière consiste dans la seule extension. De cette définition de la matière assimilée à l'étendue, sortent trois conséquences destinées à jouer un grand rôle dans la physique cartésienne. 1° L'identité de l'espace avec l'étendue matérielle ; 2° l'infinité du monde ; 3° l'absence du vide dans l'univers, au sens où les philosophes prennent ce mot.

En effet, l'espace ne peut être distinct de l'extension matérielle. L'étendue et l'espace se confondent, et l'étendue n'est autre chose que la matière. « Les mots de lieu et d'espace ne signifient rien qui diffère véritablement du corps que nous disons être en quelque lieu, et nous marquent seulement sa grandeur, sa figure et comment il est situé dans les autres corps. » *(Princip.* 2ᵉ part.).

Mais l'étendue ne saurait avoir de limites. Il nous est impossible d'assigner un terme à cette matière étendue qui compose le monde. Nous ne pouvons imaginer un point au delà duquel elle cesse de s'étendre. La matière qui constitue le monde et le monde lui-même sont donc indéfinis. Descartes se sert à dessein du mot d'indéfini, il réserve celui d'infini, pour la nature divine, et il essaie d'établir entre le sens de l'un et de l'autre une certaine différence. Il appelle indéfini ce à quoi l'esprit ne saurait trouver de limites sans concevoir, toutefois, que d'une manière absolue, il ne saurait y en avoir ; l'infini, au contraire, est ce qui exclut absolument l'idée d'une limite quelconque.

La matière étendue est divisible à l'infini. Il n'y a point d'atomes, point de particules matérielles indivisibles, irréductibles, quelque petite, en effet, qu'on suppose une partie; néanmoins, parce qu'il faut qu'elle soit étendue, nous concevons qu'il n'y en a pas une d'entre elles qui ne puisse encore être divisée en deux ou en un plus grand nombre de parties. Alors même que, par la pensée, nous arriverions à imaginer une de ces parties tellement petite, qu'elle ne saurait plus être divisée en d'autres parties plus petites encore, nous ne devrions pas conclure que de ce qu'elle est indivisible pour nous, elle l'est aussi pour Dieu. Car, quand Dieu aurait rendu cette partie si petite qu'il ne serait au pouvoir d'aucune créature de la diviser, il n'a pu diminuer sa toute puissance en se refusant à lui-même le pouvoir de le faire. Le physicien peut donc légitimement supposer dans la matière une ténuité, une subtilité aussi grande qu'il est nécessaire pour expliquer les phénomènes.

Il n'y a point de vide dans l'univers, au sens où les philosophes l'entendent, c'est-à-dire, qu'il n'existe pas d'espace où il n'y ait point de substance ; car la substance matérielle n'étant autre chose que l'extension ou l'étendue, pour que le vide existât réellement quelque part, il faudrait qu'il pût exister un lieu sans étendue. Mais comme notre esprit ne peut, en aucune sorte, se prêter à une conception aussi absurde et contradictoire, il faut bien reconnaître que cette hypothèse du vide est inadmissible. Cette croyance, à l'existence du vide, vient d'une fausse association que nous avons établie entre certains espaces et certaines substances qui les occupent ordinairement, de telle sorte, que lorsque ces substances, que nous sommes accoutumés d'y voir, n'y sont plus, nous jugeons que ces espaces sont vides. C'est ainsi que nous disons qu'un vase est vide. Mais, afin de corriger cette fausse opinion. il faut remarquer que s'il n'y a pas une liaison nécessaire entre le vase et le corps qui le remplit, il en existe une si absolument nécessaire entre la figure concave de ce vase et l'étendue qui doit être comprise en cette concavité, qu'il n'y a pas plus de répugnance à concevoir une montagne sans vallée que cette concavité sans l'extension qu'elle contient. Car l'extension ne peut exister sans quelque chose d'étendu, le néant n'ayant pas d'attribut, et tout attribut supposant une substance, si Dieu, par sa toute puissance, enlevait tout ce qui est dans ce vase, les parois se toucheraient à l'instant. Il faut donc nécessairement admettre que le vide n'existe pas, et que tout est plein dans l'univers.

Quoiqu'il n'y ait et quoiqu'il ne puisse y avoir qu'une

matière unique de laquelle toutes choses sont faites, cependant on peut distinguer dans cette matière trois éléments d'après les trois formes principales, affectées par elle. La différence, entre ces éléments, ne consiste qu'en la diversité de la grandeur des parties de la matière. Ces trois éléments sont le feu, l'air, la terre.

Le premier élément, qu'on peut appeler l'élément du feu, est une liqueur subtile, pénétrante, dont les parties se meuvent avec une excessive rapidité.

Le second élément est celui de l'air. Ses parties sont rondes et sont jointes ensemble comme des grains de sable et de poussière, entre ces parties, quelques unes du premier élément doivent nécessairement se glisser. Les particules de l'air sont animées d'une vitesse inférieure à celle des particules du premier élément.

Enfin, le troisième élément est celui de la terre. Il se compose de grosses masses informes dont les parties n'ont fort peu ou point du tout de mouvement. Ce sont ces éléments avec leurs degrés divers de mouvement, c'est leur mélange en diverses proportions qui constituent la variété des êtres dont le monde se compose.

Après avoir défini la matière il faut définir le mouvement.

DU MOUVEMENT ET DE SES LOIS.

Le mouvement est le transport d'une partie de la matière ou d'un corps du voisinage de ceux qui le touchent immédiatement, et que nous considérons comme en repos, dans le voisinage de quelques autres. Le mouvement est une propriété du mobile et non une substance, de même que la figure est une propriété de la chose qui est figurée, et le repos une propriété de la chose qui est en repos.

Mais cette propriété des mouvements n'est pas inhérente à la matière ; il faut donc qu'elle reçoive le mouvement d'ailleurs, or elle ne peut le recevoir d'une autre matière, car ce serait une contradiction, il faut qu'elle le tienne d'une cause extérieure, d'une cause immatérielle. Cependant il faut distinguer deux causes de mouvement, l'une première qui produit généralement tous les mouvements qui sont au monde, et d'autres que l'on peut appeler causes secondes, en vertu desquelles ce mouvement général répandu dans le monde, peut être diversement réparti, de telle sorte que chaque partie de la matière acquiert du mouvement qu'elle n'avait pas auparavant.

La cause première et immatérielle du mouvement c'est Dieu ; « c'est lui qui, par sa toute puissance, a créé la matière avec le mouvement et le repos de ses parties. »

Les causes secondes du mouvement sont tous les êtres qui, doués d'une certaine force, peuvent, par leur action, imprimer de certaines directions à cette quantité de mouvement répandu dans l'univers. Le pouvoir des créatures se borne à diriger le mouvement, aucune d'elles ne pourrait ajouter ou retrancher à sa quantité, car Dieu qui a créé l'univers y conserve, par son concours ordinaire, autant de mouvement et de repos qu'il en a mis en le créant. Puisqu'en mouvant toutes les parties de la nature il les maintient toutes dans les mêmes rapports avec les mêmes lois qu'il leur a imposées dès la création, il faut bien qu'il conserve incessamment dans cette matière la même quantité de mouvement. Admettre que tantôt il y a plus, tantôt il y a moins de mouvement dans l'univers, c'est se représenter Dieu comme un ouvrier mal habile, oblig de retoucher à son ouvrage, c'est attribuer à Dieu une inconstance qui est contraire à la perfection infinie que nous reconnaissons devoir être nécessairement en lui. Malgré l'invariabilité de la quantité du mouvement, il est facile de s'expliquer les divers changements qui ont eu lieu dans l'univers ou qui nous ont été révélés par Dieu, si l'on songe que la même quantité de mouvement, se répartissant sur des masses inégales, produit des effets différents.

Voici quelles sont les trois grandes lois du mouvement :

1° Chaque chose persévère dans son état jusqu'à ce qu'une cause nouvelle survienne qui le détruise.

2° Chaque partie de la matière ne tend jamais à continuer de se mouvoir suivant des lignes courbes, mais suivant des lignes droites.

3° Un corps en mouvement qui en rencontre un autre, perd sa direction mais non son mouvement.

L'expérience de tous les jours confirme la vérité de la première loi. Nous voyons tous les jours que lorsque une partie de la matière a une certaine forme, elle garde cette forme s'il n'arrive rien d'ailleurs qui change sa figure.

Lorsqu'elle est en repos, elle ne commence pas à se mouvoir d'elle-même ; mais lorsqu'elle a été mise en mouvement nous avons raison de penser qu'elle ne devrait jamais s'arrêter, si elle ne rencontrait pas d'obstacle.

Pour prouver la seconde loi, c'est-à-dire, que tout corps qui se meut, abandonné à lui-même, se meut en ligne droite, il suffit de considérer ce qui a lieu pour une pierre qui tourne dans une fronde. Si la pierre s'échappe ou si la fronde se rompt, au lieu de continuer son mouvement circulaire, la pierre s'échappe en ligne droite ; d'où l'on peut conclure que tout corps qui est mu en rond tend sans cesse à s'éloigner du cercle qu'il décrit pour se mouvoir en ligne droite.

Enfin, la troisième loi peut se vérifier par cette observation. Lorsqu'un corps dur est poussé par un autre plus grand, qui est dur et ferme, il rejaillit vers le côté d'où il est venu, il perd sa direction, mais ne perd rien de son mouvement; si, au contraire, le corps qu'il rencontre est mou, il s'arrête incontinent, parce qu'il lui transfère tout son mouvement. En cette règle sont comprises toutes les causes particulières des changements qui arrivent aux corps.

De la matière et du mouvement, voilà tout ce qu'il faut à Descartes pour construire le monde. Que le mouvement s'applique à la matière, et de l'action du mouvement et de ses lois sur l'étendue inerte, sortiront tous les mondes, tous les êtres tels qu'ils existent aujourd'hui. Pour construire cette physique grandiose, qui embrasse à la fois l'explication de l'origine et de l'état actuel de tout ce qui existe, Descartes s'est servi d'un instrument puissant dont la création ou le perfectionnement est une de ses plus grandes gloires. Cet instrument est l'analyse mathématique. On ne s'étonnera pas du rôle que jouent les mathématiques dans la physique et même dans la physiologie de Descartes, si l'on songe qu'il n'y a pour lui, hors de la pensée, qu'une matière inerte soumise aux lois générales de la mécanique. Tout problème de physique et de physiologie se résout pour lui en un problème de mécanique ou de géométrie. Il déclare lui-même, dans une de ses lettres, que sa physique n'est autre chose que de la géométrie. Il a ramené la physique à la géométrie, et la géométrie à l'algèbre. Cette application de l'algèbre à la géométrie est une des plus belles et des plus fécondes découvertes qui jamais aient été faites dans les mathématiques. C'est à l'aide de cette méthode puissante qui ramène tout aux mathématiques, que Descartes s'efforce d'expliquer tous les phénomènes du monde physique. Il commence par les questions les plus générales, pour en déduire ensuite la solution des questions particulières.

HYPOTHÈSE DES TOURBILLONS.

Il considère d'abord le monde tout entier et l'embrasse, pour ainsi dire, d'un seul regard. Il recherche quelles causes ont, dans l'origine, présidé à la formation des mondes et aux diverses révolutions qu'ils accomplissent au sein de l'étendue infinie. Il conçoit le premier cette grande et immortelle pensée, que les causes de la formation et des mouvements des mondes doivent se ramener à un principe unique, et il essaie de le démontrer par cette vaste et puissante hypothèse si connue dans l'histoire de la science, sous le nom d'hypothèse des tourbillons. Voici les principes sur lesquels elle repose.

Avant que Dieu ait inspiré le mouvement à la matière, elle demeure dans un repos absolu, car elle est inerte de sa nature. Or voici comment il faut imaginer cette matière avant que Dieu ait commencé à la mouvoir. On doit se la représenter comme le corps le plus dur et le plus solide qui soit au monde. Dieu a placé une sorte d'inégalité entre les parties de cette matière. Il y en a de toutes sortes de figures et de grandeurs; il y en a qui sont disposées à se mouvoir et à ne se mouvoir pas en toutes façons et en tous sens. Comme à cause de l'impossibilité du vide, il n'existe entre ces diverses parties aucun intervalle, il y a entre elles une continuité absolue, et on ne peut en mouvoir une seule sans que son mouvement se communique à toutes les autres. Il faut donc penser que le mouvement qui aura été mis d'abord en quelques-unes de ses parties, s'est répandu et distribué également en toutes les autres au même instant. Alors, au sein de cette masse infinie a commencé une prodigieuse agitation. Toutes les parties de la matière, en vertu de cette grande loi du mouvement que nous avons rapportée, ont fait effort pour se mouvoir en ligne droite. Mais étant mues en des sens différents et se rencontrant les unes les autres, elles n'ont pu suivre cette direction, et comme il n'y a pas entre elles grande diversité de grosseur ; comme elles peuvent aussi facilement être détournées les unes que les autres, elles ont dû s'accorder toutes ensemble à quelques mouvements circulaires.

Cependant elles ne sont pas toutes accordées en un seul mouvement circulaire, de sorte qu'elles aient formé un seul et immense tourbillon. A cause de la diversité du mouvement dont elles ont été primitivement animées, elles n'ont pas dû tourner autour d'un seul centre, mais autour de plusieurs, diversement situés à l'égard les uns des autres.

Ainsi la première conséquence de l'immission du mouvement dans la masse inerte de la matière, c'est la formation de plusieurs tourbillons tournant autour de plusieurs centres. Considérons maintenant quelle doit être l'action de ces tourbillons les uns sur les autres, et sur la matière qu'ils entraînent dans leur rapide mouvement, et nous allons assister à la naissance des mondes.

Les parties diverses de matière entraînées dans ces tourbillons, doivent devenir, en peu de temps, à peu près toutes de même grosseur et de même figure. Cela doit principalement avoir lieu pour celles qui tournent à même distance d'un même centre. Car elles ne peuvent suivre la même route et tourner dans la même région, qu'à la condition que les plus agitées communiquent leur mouvement à celles qui en ont moins, et que les plus grosses se rompent et se brisent pour passer par les mêmes lieux que celles qui les précèdent. Ainsi, en peu de temps elles se sont arrangées toutes par ordre, et chacune s'est trouvée plus ou moins éloignée du centre, selon qu'elle était plus ou moins grosse et agitée, et comme ce sont les parties les plus éloignées du centre qui ont besoin d'avoir le plus de mouvement, parce qu'elles sont obligées de décrire le plus grand cercle, on doit penser que les parties les plus éloignées de chaque centre, sont les plus petites, parce que la grosseur répugne toujours à la vitesse.

La même chose a dû avoir lieu pour les figures. Quoique d'abord elles aient été très diverses et très irrégulières, elles ont dû bientôt, dans leur rude frottement les unes contre les autres, briser leurs angles, rompre leurs aspérités et devenir toutes rondes comme les cailloux roulés par les eaux d'un fleuve. Toutes finissent donc par avoir la même forme, et ne diffèrent plus les unes des autres, qu'en ce qu'elles sont plus ou moins agitées, et en continuant de s'amoindrir les unes les autres par ce frottement non interrompu, elles finissent par constituer la matière du second élément.

Mais que devient la matière de ces angles, de ces aspérités brisées par le choc des parties qui se rencontrent? Cette matière remplit l'intervalle qui existe entre les parties rondes, et, sans cesse brisée de nouveau, sans cesse moulue, pour ainsi dire, entre ces corps qui la pressent de tous côtés, elle est bientôt réduite à l'état d'une poussière dont la subtilité dépasse tout ce que l'imagination peut concevoir. Cette poussière constitue la matière du premier élément; elle est cette matière subtile qui joue un si grand rôle dans toute la physique cartésienne, et qui va devenir l'unique dispensatrice du mouvement, de la lumière et de la pesanteur.

Cette matière, en raison de sa petitesse, est douée d'un mouvement supérieur à celui de toutes les autres parties. Quand il s'en trouve plus qu'il n'est nécessaire pour remplir les petits intervalles entre les parties rondes, elle se retire vers les centres, autour desquels elle tourne, et cette quantité de matière subtile qui afflue vers le centre, augmente toujours; elle forme des corps ronds parfaitement liquides et subtils qui, tournant sans cesse beaucoup plus vite, et en même sens que les parties du second élément qui les environnent, augmentent l'agitation des parties qui sont les plus proches, et même les poussent de tous côtés en allant du centre à la circonférence.

Ces immenses globes liquides et subtils qui se forment au centre des tourbillons, ne sont autre chose que le soleil et les étoiles fixes, tandis que la matière du second élément qui tourne autour d'eux, constitue les cieux. Autant il s'est formé de tourbillons de la manière dont nous venons de le décrire, autant il y a aujourd'hui d'étoiles dans l'univers.

Si maintenant nous considérons un de ces tourbillons dans son ensemble, et sous le point de vue des divers degrés de vitesse qui unissent les parties qu'il entraîne dans son cours, nous devons le diviser en deux grandes zones. Dans la première, la vitesse de la matière diminue à partir du centre, jusqu'à un certain endroit; dans la seconde, au contraire, on la voit augmenter depuis cet endroit jusqu'à la circonférence.

Après avoir expliqué la formation des étoiles fixes, il faut rendre compte de celle des planètes et des comètes.

Quoique la plupart des parties de la matière aient dû, en se frottant, prendre la forme du premier ou du second élément, il a dû aussi cependant s'en rencontrer quelques-unes qui, à cause de leur figure et de leur grosseur, se sont jointes les unes aux autres plutôt que de se rompre, et les plus gros, les plus massifs de ces agrégats, au lieu d'être brisés, ont eux-mêmes rompu et froissé les autres parties de la matière. D'immenses agrégats ayant été formés de la sorte par la raison que nous venons de dire, recherchons quelle doit être leur destinée au sein de ces tourbillons. Quel qu'ait été d'abord le degré d'agitation de ces masses, bientôt ralenties ou hâtées dans leur course, elles devront se mettre au niveau de la vitesse du tourbillon au milieu duquel elles sont placées. Ces masses sont les planètes. Les planètes, pressées par la matière subtile qui les environne, tendent sans cesse vers le centre de leurs cieux, mais jamais elles ne peuvent y parvenir, parce que ce centre est occupé par le soleil ou les étoiles fixes, qui sont aussi des soleils, centres d'un système semblable au nôtre. On doit remarquer que les plus petites planètes sont celles qui s'approcheront le plus du centre vers lequel elles tendent, tandis que les plus grosses et les plus massives ayant plus de tendance à continuer leur mouvement en ligne droite et plus de force pour résister à la matière subtile qui les presse, demeureront toujours les plus éloignées du centre.

Mais quoique les planètes suivent le cours de la matière du ciel sans résistance, et se meuvent du même branle avec elle, elles ne se meuvent pas aussi vite à raison de leur masse, et cette différence de vitesse est en proportion de la supériorité de leur volume sur les parties qui les entraînent. Cette infériorité, plus ou moins grande de la vitesse des planètes sur la matière qui les emporte avec elle, va nous donner l'explication de quelques grands phénomènes.

En effet, nous y trouvons la cause des révolutions que les planètes accomplissent sur elles-mêmes en même temps qu'elles accomplissent autour de leur soleil leur grande révolution. La matière du ciel, en faisant tourner les planètes autour du soleil, les fait aussi tourner sur leur propre centre.

La planète tournant ainsi sur elle-même, imprime ce mouvement à une partie de la matière qui l'entoure, et forme ainsi autour d'elle un petit tourbillon qui se meut dans le même sens que le grand tourbillon dont il fait partie. Chaque planète a donc autour d'elle un tourbillon particulier qui est plus ou moins étendu, selon qu'elle-même est plus ou moins massive. Tout ce qui est à portée de ce tourbillon, doit être entraîné par lui. Si donc deux planètes se rencontrent également massives quoique d'inégal volume, et par conséquent étant disposées, d'après ce qui a été déjà démontré, à prendre leur cours à égale distance du soleil, la plus petite devra se joindre au petit ciel ou au petit tourbillon qui sera autour de la plus grosse, et tournoyer avec elle. C'est ainsi que les planètes qui se meuvent autour d'un grand centre, deviennent elles-mêmes des centres par rapport auxquels se meuvent des astres plus petits qu'elles entraînent avec elles dans leur tourbillon.

L'origine des comètes est la même que celle des planètes. Ce sont des masses composées de l'agrégation de parties cannelées. Jusqu'à Descartes on n'avait eu que des idées très fausses sur les comètes. Les anciens les avaient considérées comme des exhalaisons, des feux follets, placés fort au dessous de la lune. Tycho Brahé fut le premier des modernes qui osa dire que les comètes n'étaient point au dessous de la lune, et qu'elles allaient jusqu'à l'apogée de Vénus.

Descartes les considère, comme des astres voyageurs passant de cieux en cieux, de tourbillons en tourbillons et s'élevant bien au dessus de Saturne. Les comètes ne diffèrent des planètes que par leur grosseur. C'est à cause de cette grosseur qu'elles peuvent passer d'un tourbillon dans un autre, tandis que les planètes moins massives demeurent toujours dans le même, car un corps plus massif a plus de facilité à passer d'un courant dans un autre, qu'un corps dont la masse est moins grande. Pour s'en convaincre, on n'a qu'à observer, selon Descartes, ce qui a lieu au point où deux rivières se rencontrent : un gros bateau passe sans difficulté d'un courant dans un autre, tandis que des corps légers, comme l'écume demeurent dans le même.

Ainsi le monde est semblable à une seule et immense machine dont tous les ressorts ont été disposés par Dieu de la manière la plus simple. Cette machine se compose de roues tournant sur elles-mêmes. Notre système planétaire n'est qu'une des roues de cette machine, et le soleil en est le centre. Les étoiles fixes sont autant de centres de roues dont la circonférence est peut-être plus vaste encore. Ces roues ou ces tourbillons communiquent encore à d'autres, car, en raison de l'étendue indéfinie de l'univers, notre imagination ne peut en concevoir un qui ne soit pas borné par un autre. Tous ces tourbillons sont tellement disposés les uns par rapport aux autres, qu'ils se servent mutuellement de contre-poids et produisent l'ordre et l'équilibre des mondes.

Mais cessons de contempler ce sublime spectacle pour concentrer notre attention sur celui de ces mondes où la providence nous a placés,

DE LA TERRE, DU MOUVEMENT DE LA TERRE, DE LA PESANTEUR, DU FLUX ET DU REFLUX, DE LA LUMIÈRE, DE LA CHALEUR.

Dans cette partie de la physique, une question délicate, celle du mouvement de la terre, se présentait à résoudre. Au moment où Descartes achevait ce grand ouvrage du monde dont il a donné le plan dans la cinquième partie du discours de la méthode, il apprit avec étonnement et douleur la condamnation de Galilée, prononcée le 22 août 1633 par le Saint-Office, pour avoir soutenu l'opinion du mouvement de la terre. A cette nouvelle, un grand découragement s'empara de Descartes, car l'opinion condamnée était un des principes développés dans son livre. Comme il n'était nullement disposé à braver une persécution théologique, il retira son ouvrage des mains des imprimeurs, et jamais ne le fit reparaître depuis sous la forme qu'il lui avait d'abord donnée. Une telle conduite semblait lui être dictée soit par l'intérêt de sa tranquillité personnelle, soit par celui de sa philosophie dont il ne voulait pas compromettre le succès. Descartes se soumit donc, mais il faut avouer qu'il y a peu de bonne grâce et peu d'apparence de sincérité dans sa soumission, elle est plutôt forcée que volontaire. On peut en juger par ce passage d'une lettre écrite à un de ses amis.

« Et j'avoue que si ce sentiment du mouvement de la terre est faux, tous les fondements de ma philosophie le sont aussi, parce qu'il se démontre par eux évidemment. Il est tellement lié avec toutes les parties de mon traité, que je ne l'en saurais détacher sans rendre tout le reste défectueux. »

Mais s'il ne fit pas paraître plus tard son ouvrage du monde sous la forme première qu'il lui avait donnée, il est à croire, en comparant le plan de cet ouvrage avec ceux qu'il a ultérieurement publiés, que toutes les idées qui y étaient renfermées, ont été reportées soit dans les principaux, soit dans le *Traité du Monde*, soit dans le *Traité de l'Homme et de la Formation du Fœtus*. Plus tard, encouragé par l'exemple d'une foule de philosophes et de mathématiciens catholiques qui, moins timides que lui, n'avaient pas été retenus par la crainte d'une condamnation du Saint-Office, il transporta en 1644 cette opinion du mouvement de la terre dans son livre *Des Principes*. Toutefois, il y exprime encore cette opinion avec réserve, et il se ménage un abri contre les attaques des théologiens à l'aide d'une étrange subtilité. D'abord il annonce qu'il ne se propose pas d'expliquer les choses telles qu'elles sont, mais de faire une hypothèse pour connaître les phénomènes et rechercher les causes naturelles. L'hypothèse de Copernic lui semble quelque peu plus simple et plus claire que celle de Tycho. Il se propose d'adopter celle de Copernic, en ayant soin toutefois de ne pas attribuer du mouvement à la terre. Or, voici comment il entreprend de résoudre cette grande difficulté. La terre n'est pas soutenue par des colonnes, ni suspendue en l'air par des câbles, mais elle est entourée de tous côtés d'un ciel très liquide. Nous pouvons donc croire qu'elle est en repos et qu'elle n'a point de propension au mouvement, puisque d'ailleurs nous n'en remarquons point en elle. Mais de ce qu'elle n'a pas de mouvement propre, il ne résulte pas que nous ne puissions croire qu'elle soit emportée par le cours du ciel, et qu'elle suive son mouvement sans pourtant se mouvoir « de même qu'un vaisseau qui n'est emporté ni par le vent ni par des rames et qui n'est point aussi retenu par des ancres, demeure en repos au milieu de la mer, quoique peut-être, le flux ou le reflux de cette grande masse d'eau l'emporte insensiblement avec soi. » (*Princip*. 3ᵉ part. nº 26).

Ainsi donc, tout en admettant l'opinion de Copernic et de Galilée sur le mouvement de la terre, Descartes cherche prudemment à en distinguer la sienne par une différence qui n'est qu'apparente; selon lui, la terre elle-même est immobile, elle n'a point de mouvement propre, mais elle est emportée par un tourbillon de matière. On peut dire qu'il en est de même de toutes les planètes, elles demeurent en repos comme la terre en la partie du ciel où elles se trouvent, et les changements qu'on observe dans leur situation proviennent seulement de ce qu'elles obéissent au mouvement de la matière du ciel qui les contient et qui les entraîne avec elle.

Nous ne pouvons suivre Descartes déduisant de ces principes l'explication de tous les phénomènes dont la terre est le théâtre, nous devons nous borner à parler des phénomènes les plus généraux, tels que la pesanteur, la lumière, la chaleur dont l'explication se trouve d'ailleurs en un rapport plus direct avec l'hypothèse de tourbillons. La pesanteur, la lumière, la chaleur sont, suivant Descartes, les trois principales actions par lesquelles tous les corps ont été produits.

La pesanteur n'est pas une propriété inhérente à la matière, elle est le résultat de la force centrifuge des tourbillons. Car c'est une loi de la nature que tout corps qui se meut en ligne courbe tend à s'éloigner du centre de son mouvement par une ligne droite qui toucherait la courbe en un point. Telle est la fronde qui s'échappe de la main. La force de la pesanteur ne consiste qu'en ce que les parties du petit ciel qui environnent la terre tournant beaucoup plus vite que les siennes autour de son centre, tendent auss avec plus de force à s'en éloigner et, par conséquent, repoussent vers le centre les parties de la terre. Car cette force supérieure dont la matière du ciel tend à s'éloigner du centre de la terre, ne peut avoir son effet à cause de l'impossibilité du vide, qu'autant que ces parties montent à la place de quelques parties terrestres qui descendent en même temps en la leur. Il doit donc arriver que lorsque des parties terrestres se trouvent plus éloignées du centre de la terre que des parties de la matière du ciel, ces dernières parties monteront à leur place et les contraindront à descendre.

La pesanteur d'un corps consiste donc dans l'effort que font les parties de la matière du ciel pour occuper sa place et le contraindre à descendre, et la diversité de la pesanteur des corps a sa cause dans la diversité des éléments dont il est composé. Un corps, par exemple, dans lequel entrera une certaine quantité du premier élément dont les parties sont animées de la plus grande vitesse aura moins de pesanteur qu'un autre corps dans les pores du quel il n'y aurait pas une aussi grande quantité de matière subtile, parce que, en vertu du mouvement de ces parties, il tiendra plus à s'éloigner du centre de la terre.

Enfin, si tous ces corps pesants tendent également vers le centre de la terre, c'est que la terre, par sa dureté, répugne également de tous les côtés au mouvement des parties du ciel qui l'environne, toutes ces parties tendent également, suivant des lignes droites tirées de son centre, à s'éloigner de son voisinage, à moins que quelques causes particulières ne viennent troubler cette direction uniforme.

L'explication toute naturelle du flux et du reflux de l'océan, qui semblait résulter de la théorie des tourbillons, contribua beaucoup à son succès. Si les eaux s'enfoncent sous les tropiques, quand elles s'élèvent vers les pôles, c'est que la matière subtile du ciel les presse davantage sous les tropiques. La matière subtile les y presse davantage, parce qu'elle y est elle-même plus pressée, puisqu'elle y trouve son chemin retréci par son passage entre la lune et la terre. De là vient que les marées ne sont jamais plus hautes qu'à la pleine et à la nouvelle lune.

La lumière, comme la pesanteur, est une conséquence directe de la matière subtile et des tourbillons. Elle ne vient point à nos yeux du soleil, elle est le résultat de l'action de cette matière subtile que le soleil pousse et qui presse nos yeux. C'est dans la force centrifuge qu'il faut chercher l'exposition de la lumière comme celle de la pesanteur. Toute la matière du ciel fait effort pour s'éloigner de *son centre et se pousse vers la circonférence*, c'est en cet effort seul que consiste la nature de la lumière. Car cette action fort prompte et fort vive, passe en un instant vers nos yeux par l'entremise de l'air et des autres corps transparents, de la même façon que le mouvement ou la résistance des corps qu'un aveugle rencontre, passe vers sa main par l'entremise de son bâton ; or, cette action occasionne dans notre organe un mouvement particulier qui produit en notre âme la sensation de la lumière. En effet, toutes les parties de la lumière subtile que touche le côté du soleil qui nous regarde, tendent en ligne droite vers nos yeux au même instant qu'ils sont ouverts, sans s'empêcher les unes les autres, et même sans être empêchés par les parties grossières des corps transparents qui sont entre deux.

Les couleurs n'existent pas, à vrai dire, dans les corps; elles ont pour cause les diverses façons dont les corps reçoivent et renvoient la lumière contre nos yeux. Ces diverses façons produisent divers mouvements dans l'organe de la vue auxquels correspondent dans notre ame les sensations des diverses couleurs.

Selon la nature des différents corps que rencontre la lumière, ses rayons sont réfléchis, réfractés ou dispersés.

Une des grandes découvertes, ordinairement attribuées à Descartes, est celle des lois de la réfraction. Lui-même se l'attribue et discute longuement dans plusieurs de ses lettres, la méthode par laquelle il y est arrivé. D'après son témoignage il serait parvenu à la découverte de cette vérité plutôt par une méthode *a priori* que par l'observation de l'analyse. Car il aurait pris pour point de départ ce principe emprunté à la raison : que la nature, pour arriver à ses fins, prend toujours les voies les plus simples : « *Naturam per vias breviores semper operari.* » Néanmoins, sur cette question, la véracité de Descartes a été mise en doute, et nous sommes obligés de rapporter cette accusation d'Huygens.

« Il est vrai que ces lois de la réfraction ne sont pas de Descartes, selon toute apparence, car il est certain qu'il a vu le livre manuscrit de Snellius. » (*Fragm. philosop. de M. Cousin.* 2ᵉ vol. 3ᵉ éd.).

Selon Huygens, Descartes n'aurait fait que se servir des sinus au lieu des sécantes, comme l'avait fait Snellius Villebrod, ce qui est précisément la même proportion, le même théorème sous d'autres noms. Remarquons cependant que si Huygens est certain de l'antériorité de la découverte par Snellius, il n'est pas certain que Descartes l'ait copié, il n'ose l'affirmer et se borne à dire que, selon toute apparence, il en est ainsi. Or, que l'on songe combien Descartes était peu porté à la lecture des ouvrages d'autrui, que l'on se rappelle que, sur la fin de sa vie, à peine il avait jeté les yeux sur quelques ouvrages de Galilée, et l'on pourra bien supposer, avec quelque vraisemblance, qu'il n'est pas impossible que Descartes ait eu entre les mains le manuscrit de Snellius sans y avoir jeté les yeux, et que de son côté, il ait aussi découvert ce qu'un autre avait découvert avant lui.

La chaleur est un effet de la lumière : elle est produite par l'agitation des petites parties des corps, qui est excitée par l'action et l'effet de la matière subtile. Lorsque cette agitation des parties terrestres devient plus grande que de coutume, elle agite les nerfs et produit en notre ame la sensation de chaleur. Comme cette agitation des parties demeure jusqu'à ce quelqu'autre cause vienne l'ôter, il ne faut pas s'étonner que la chaleur persiste en l'absence de la lumière.

Telles sont les trois principales actions qui résultent directement de l'influence des tourbillons sur notre globe. Ces actions, se combinant avec la diversité des éléments, produisent tous les corps, tous les phénomènes particuliers dont l'ensemble constitue la terre. Nous sommes obligés de nous en tenir à ces principes généraux, il nous est impossible de suivre Descartes dans tous les détails de cette vaste création, dans l'explication de l'origine des métaux, des sels, des bitumes, des tremblements de terre, de la foudre, des propriétés de l'aimant. Cependant, avant de terminer, remarquons que dans cet ouvrage des principes, où il se propose de rendre compte de toutes les choses matérielles, il a omis toutes les questions relatives à l'origine des êtres organisés; des animaux et des plantes. Lui-même prévoit, dans une de ses lettres, que cette omission lui sera reprochée. « Ils y trouveront peut-être à redire sur ce que je n'y parle pas des animaux et des plantes, et que j'y traite seulement des corps inanimés, mais ils pourront remarquer que ce que j'ai omis n'est, en aucune façon, nécessaire à l'intelligence de ce que j'ai écrit. » (*T.* 9 *p.* 178. *C.*)

Descartes ne s'est pas trompé, et c'est Huygens qui, dans

une de ses lettres à Leibnitz, lui reproche cette omission, qu'il attribue à l'impuissance où était Descartes d'en rendre compte à l'aide des particules et du mouvement. Cependant, Descartes, dans sa physiologie, au moins en ce qui regarde l'homme, a entrepris de réparer cette omission et de rendre compte des phénomènes du corps humain à l'aide des particules et du mouvement.

PRINCIPES

DE LA

PHYSIOLOGIE DE DESCARTES.

Descartes a développé, dans le *Traité de l'Homme* et dans le *Traité de la Formation du Fœtus*, les principes physiologiques qu'il a indiqués dans les dernières parties du discours de la méthode.

Descartes était, pour son siècle, un grand anatomiste : il avait fait de nombreuses expériences. Baillet nous apprend qu'il avait passé onze années à étudier et à disséquer des cadavres d'animaux.

La physiologie de Descartes est dans un rapport intime avec tout le reste de son système. Elle dérive du même principe que l'hypothèse de l'animal machine, de ce principe qu'il n'y a dans le monde que les phénomènes de la pensée, soumis aux lois de la pensée et de l'esprit, et les phénomènes de la matière inerte, soumis aux lois générales de la mécanique. Descartes, n'admettant pas une classe intermédiaire des phénomènes de la vie, fait rentrer dans cette seconde classe tous les phénomènes du corps humain, et toutes les actions qui, n'étant pas de la pensée, se rapportent au corps. Toutes ces actions doivent, selon Descartes, s'expliquer par les lois de la chimie et de la physiologie, c'est-à-dire, par les mêmes lois qui régissent les corps bruts.

Expliquer les phénomènes de la vie sans admettre d'autres causes que celles qui agissent sur les êtres inanimés, tel est le grand problème de la physiologie cartésienne.

Dans son *Traité de l'Homme*, Descartes suppose que le corps n'est qu'une statue, qu'une machine de terre que Dieu forme exprès pour la rendre aussi semblable à nous qu'il est possible. Il y met toutes les parties nécessaires pour l'accomplissement de toutes les fonctions organiques. Ces parties, devant être absolument semblables à celles de notre corps qui ont les mêmes noms, il est inutile de les décrire, il ne s'agit que d'expliquer les divers mouvements qui en dépendent.

Le phénomène de la digestion a lieu par l'intervention de certaines liqueurs qui se glissent entre les parties des aliments déposés dans l'estomac. Ces liqueurs agissent sur elles comme l'eau commune sur la chaux vive, ou comme l'eau forte sur les métaux. On peut encore supposer qu'il se produit dans l'estomac une fermentation semblable à celle qui a lieu dans du foin entassé.

Mais le plus remarquable mouvement qui doive s'opérer en cette machine, est celui du cœur. Il a pour cause la chaleur du cœur. La chair du cœur est si chaude, si ardente, qu'à mesure que le sang y arrive des veines, il s'y vaporise et s'exhale ensuite dans le poumon où il s'épaissit, rafraîchi par l'air. La condensation et la dilalation successives du sang dans le cœur, est la cause du battement du cœur. La chaleur du cœur est en effet comme le grand principe et le ressort de tous les mouvements qui sont en cette machine.

C'est cette action qui engendre les esprits animaux, lesquels, à leur tour, meuvent tous les muscles du corps.

HYPOTHÈSE DES ESPRITS ANIMAUX.

Les esprits animaux sont ce qu'il y a de plus subtil et de plus délicat dans la matière. Ils naissent d'une certaine action physique qui se passe dans les organes de l'homme, et que nous allons entreprendre de décrire.

D'après la grande découverte d'Harvey, tout le sang vient passer dans le cœur. Mais le cœur étant un foyer de chaleur, à mesure que le sang y arrive des veines, il s'y dilate, il s'y vaporise et s'exhale dans le poumon où, rafraîchi par l'air, il s'épaissit de nouveau. Mais ce que dans ce phénomène il importe de remarquer, c'est que les plus vites, les plus subtiles, les plus fortes parties de ce sang vaporisé, au lieu de s'arrêter au poumon, montent jusqu'au cerveau, et elles y montent en beaucoup plus grande quantité qu'il est nécessaire pour la nourriture de sa substance. Ces petites parties sont les esprits animaux. Ces esprits sont donc de petits corps qui ont pour propriété une mobilité excessive, semblable à celle des parties de la flamme d'un flambeau. Ils produisent dans le cerveau comme un vent très subtil, comme une flamme très vive ; ils se logent en quantités innombrables dans les pores innombrables du cerveau, et là, ils ne demeurent pas immobiles et emprisonnés, mais, à chaque instant, ils entrent, ils sortent, surtout lorsque notre âme détermine quelque mouvement dans le cerveau.

Du cerveau ils peuvent passer dans les nerfs où ils ont la force de changer la figure des muscles, semblables à l'eau qui, s'échappant de sa source ou de certains tuyaux, a une force suffisante pour mettre en mouvement divers machines convenablement disposées. Et l'ame, résidant dans le cerveau, est semblable, pour continuer l'ingénieuse comparaison de Descartes, au fontainier qui, fermant et ouvrant à son gré ces divers tuyaux, fait mouvoir ou arrêter ces machines.

Mais comment les esprits animaux peuvent-ils mouvoir un membre en s'échappant du cerveau par les nerfs ? Pour l'expliquer, il faut entrer dans quelques détails sur la nature des nerfs. Les nerfs sont semblables à un ensemble de petits tuyaux unis entre eux par une même peau. En entrant dans le muscle qu'il est destiné à mouvoir, le nerf se divise en plusieurs branches composées d'une peau lâche et élastique. Les esprits animaux qui s'échappent du cerveau s'écoulent par ces tuyaux des nerfs, pénètrent jusqu'à leurs dernières ramifications dans le membre qu'ils doivent mettre en mouvement. Les fibres ou les rameaux de ces nerfs sont tellement disposés que tout le corps du muscle s'enfle, se raccourcit ou s'alonge lorsqu'eux-mêmes s'enflent, se raccourcissent ou s'alongent, selon la quantité des esprits animaux qui y entrent ou en sortent. S'agit-il, par exemple, du muscle de l'œil, si, par un acte de la volonté, les esprits animaux viennent à y affluer, les nerfs qui s'y rendent seront enflés et accourcis, et l'œil se trouvera, par suite de cette contraction, tiré en un certain sens. Le contraire arrivera lorsque les esprits animaux en ressortiront ; le muscle désenflé se ralongera et l'œil reprendra sa disposition primitive.

Ainsi, selon Descartes, tout dans le système du corps humain, comme dans le système du monde, doit s'expliquer par les lois générales du mouvement ; et la physiologie, de même que l'astronomie, n'est qu'un problème de mécanique. Descartes avoue hautement cette opinion dans le passage remarquable par lequel il termine et résume son *Traité de l'Homme.*

« Je désire que vous considériez après cela que toutes les fonctions que j'ai attribuées à cette machine, comme la digestion des viandes, le battement du cœur et des artères, la nourriture et la croissance des membres, la respiration, la veille et le sommeil, la perception de la lumière, des sens, des odeurs, des goûts, de la chaleur et de telles autres qualités, dans les organes des sens extérieurs, l'impression des idées dans l'organe du sens commun et de l'imagination, la rétention ou l'empreinte de ces idées dans la mémoire, sont de telle nature qu'ils imitent le plus parfaitement qu'il est possible, ceux d'un vrai homme. Je désire, dis-je, que vous considériez que ces fonctions suivent tout naturellement en cette machine de la seule disposition de ses organes, ne plus ne moins que font les mouvements d'une horloge ou autre automate de celle de ses contre-poids et de ses roues, de sorte qu'il ne faut point, à leur occasion, concevoir en elle aucune autre ame végétative ou sensitive, ni aucun autre principe de mouvement et de vie que son sang et ses esprits agités par la chaleur du feu qui brûle continuellement dans son cœur, et qui n'est point d'autre nature que tous les feux qui sont dans les corps animés. »

Tout se passe dans les corps vivants comme dans les corps bruts. Il n'y a pas dans les corps vivants de principe de vie, il n'y a point d'ame végétative ni sensitive, tout s'accomplit en eux, et s'explique par les lois générales du mouvement : tel est le grand principe de la physiologie de Descartes. Pour Descartes et ses disciples, la physiologie n'est pas une science particulière, elle est une branche de la mécanique et de la physique.

Nous voici parvenus au terme de l'exposition de la philosophie de Descartes. Nous ne pensons avoir omis aucune des parties importantes dont elle se compose. En les exposant, nous nous sommes appliqués à montrer l'enchaînement qui existe entre elles, nous avons mis en évidence celles qui sont destinées à recevoir le plus de développements, à exercer le plus d'influence dans l'histoire du cartésianisme. Nous connaissons maintenant les antécédents de la philosophie de Descartes. Nous savons d'où elle vient, nous savons aussi en quoi elle consiste, nous l'avons étudiée en elle-même, il nous reste à montrer où elle va, c'est-à-dire, à suivre ses développements, ses conséquences et ses traces dans l'histoire de la philosophie moderne. Mais, avant de passer de l'étude du système de Descartes à l'étude des systèmes qu'il a engendrés, rappelons en un court et rapide résumé, la suite et l'enchaînement des principes les plus importants dont cette grande philosophie se compose.

RÉSUMÉ GÉNÉRAL DE LA PHILOSOPHIE DE DESCARTES.

Descartes débute dans la recherche de la vérité par un doute universel. Il commence par rejeter de son intelligence toutes les opinions qu'il y a admises, afin de ne les plus admettre par après que lorsque leur vérité aura été suffisamment éprouvée. Il parvient à douter de toutes choses à l'exception de l'existence de son doute, de l'existence de sa pensée ; je pense, donc je suis, tel est le fondement ferme et assuré, sur lequel il se propose de construire toute sa philosophie. Mais il ne suffit pas de posséder une vérité première, il faut découvrir dans son sein un signe, un caractère auquel on puisse reconnaître d'autres vérités, si non, l'intelligence serait condamnée à ne jamais aller au delà de cette première vérité. Là marque de toute vérité c'est l'évidence. Rien n'est vrai que ce qui est évident, et tout ce qui est évident est vrai, tel est le principe fondamental de la méthode de Descartes. Toutefois, cette maxime ne saurait avoir de valeur qu'autant que nous ayons la certitude qu'il n'existe pas en dehors de nous quelque être puissant, prenant plaisir à nous tromper, et nous ne pouvons avoir cette certitude qu'autant que nous soyons assurés de l'existence d'un Dieu souverainement parfait. L'existence d'un être souverainement parfait se prouve par l'idée même que nous en avons dans notre intelligence. S'il existe un Dieu souverainement parfait, ce Dieu ne peut ni vouloir nous tromper, ni permettre qu'on nous trompe, donc l'évidence est le criterium légitime de la vérité. Or, l'évidence nous atteste qu'il y a dans l'ame humaine trois grandes classes de pensées : les jugements, les affections, les volitions. Les jugements ou idées se divisent en deux classes ; il en est qui ne nous viennent pas du dehors, qui ne sont pas le produit de notre activité intellectuelle, que nous apportons avec nous en naissant, ce sont les idées innées. Il en est d'autres qui nous viennent du dehors : il se pourrait que ces idées ne correspondissent à aucune réalité extérieure, et qu'elles vinssent directement de Dieu lui-même. Mais comme nous avons une tendance naturelle à croire que le monde extérieur existe, et comme Dieu ne peut vouloir nous tromper, nous devons croire, en effet, que le monde extérieur existe. Les volontés sont les mouvements divers qui portent l'ame à agir, à affirmer ou à nier.

Les affections ou les passions sont les différentes manières dont notre ame peut être affectée par les objets extérieurs. Elles se ramènent toutes à six passions primitives. Rien n'appartient à l'ame que ce que la conscience nous y révèle. Tout ce que les sens ou l'imagination nous révèlent appartient au corps. L'attribut fondamental de l'ame est la pensée. Toutes les substances sont passives, elles ne continuent d'exister qu'à la condition d'être continuellement créées. Il n'y a dans le monde que deux grandes classes d'êtres, les êtres étendus et les êtres pensants ; les animaux appartiennent à la première classe, ils ne pensent pas, ils ne sentent pas, ce sont des machines régies par les lois générales de la mécanique.

Nous avons exposé ensuite les principes généraux de la physique. L'étendue est l'attribut fondamental, l'essence même de la matière. La considération du mouvement, de la forme, de la grandeur des particules de la matière, suffit pour l'explication de tous les êtres et de tous les phénomènes matériels. Pour expliquer la formation de l'univers, Descartes ne demande que de la matière et du mouvement. Aussitôt que Dieu a appliqué le mouvement à la matière, il a dû se former en elle d'immenses tourbillons qui ont produit les étoiles fixes, le soleil, les comètes, les planètes, et la terre elle-même. Ce sont ces tourbillons qui entraînent les comètes et les planètes dans l'espace, qui entraînent la terre autour du soleil. La pesanteur est l'effet de la force centrifuge des tourbillons. La lumière est le résultat de l'action de la matière subtile qui, poussée du centre du tourbillon vers la circonférence, fait impression sur l'organe de la vue. Enfin, la formation de tous les êtres matériels dont la nature se compose, soit animés, soit inanimés, s'explique par les lois générales du mouvement et par l'influence des tourbillons. Toutes leurs actions s'expliquent aussi en vertu de ces mêmes lois.

Tel est le résumé exact des principes soit physiques soit méthaphysiques qui constituent le vaste et magnifique ensemble de la philosophie de Descartes. Descartes a accepté et réalisé dans presque toute son étendue, la définition que lui-même a donnée de la philosophie. Car il a embrassé toutes les connaissances humaines à l'exception toutefois de la morale et de la politique. Quelques-uns de ses disciples ont entrepris de combler cette lacune.

Terminons cette exposition de cette philosophie en énumérant, sans discuter leur valeur, ceux des principes qu'elle contient qui sont destinés à recevoir les développements les plus considérables et à exercer le plus d'influence sur les disciples et les successeurs de Descartes.

Le point de départ de toute certitude placé dans la conscience, le critérium de l'évidence, la distinction profonde de l'ame et du corps et la méthode psychologique qui en est la conséquence, la nécessité de démontrer l'existence du monde extérieur, les preuves de l'existence de Dieu, l'attribut de conservateur identifié à celui de créateur, la distinction des idées acquises et des idées innées, la confusion de la volonté et du jugement, la passiveté de toutes les substances créées, voilà les principes métaphysiques de Descartes qui ont donné lieu aux plus vives discussions et excercé le plus d'influence, soit en bien, soit en mal, sur les destinées ultérieures du cartésianisme.

Nous allons maintenant rechercher, dans l'histoire de la philosophie moderne, les traces de ces principes; nous allons en suivre les développements logiques chez les disciples avoués de Descartes et chez les grands hommes qui, sans être ses disciples, ont néanmoins subi, en une certaine mesure, l'influence de son génie et de ses doctrines. Nous ne voulons pas faire une exposition complète de leurs systèmes. Nous voulons seulement montrer dans quels rapports ils se trouvent avec la philosophie de Descartes. Nous n'entreprenons pas de faire une histoire de la philosophie moderne, mais seulement l'histoire du cartésianisme. Par quels liens Malebranche, Spinosa, Locke, Leibnitz se rattachent ils à Descartes, en quoi et de quelle manière ont-ils subi l'influence de ses principes? Voilà l'unique point de vue sous lequel nous exposerons et apprécierons leurs systèmes.

ÉCOLE DE DESCARTES.

DES DISCIPLES
IMMÉDIATS ET AVOUÉS
DE
DESCARTES.

CLERSELIER, ROHAULT, DE LA FORGE, SYLVAIN RÉGIS, GEULINCS, CLAUBERG.

Avant d'arriver à Spinosa et à Malebranche qui, par leur génie ont donné des développements inattendus aux principes de la métaphysique de Descartes, il serait injuste de ne rien dire de ces disciples immédiats et avoués de Descartes qui, par leur zèle et par leurs efforts ont le plus contribué à propager et à répandre la doctrine de leur maître.

Descartes avait eu, pendant sa vie, des disciples en Hollande et en France, il en eut un bien plus grand nombre après sa mort. Ces nouveaux disciples, pleins de zèle et d'ardeur, par leurs écrits et par leurs discours dans les écoles et dans les salons, répandaient la philosophie nouvelle et accablaient de leurs mépris et de leurs sarcasmes la vieille philosophie scholastique. Descartes eut de nombreux commentateurs, comme autrefois Aristote, il eut des confesseurs en France et en Hollande. Mais ce zèle enthousiaste pour la philosophie de Descartes, dégénéra bientôt en un véritable esprit de secte, et les nouveaux cartésiens non moins intolérants et non moins exclusifs que ces péripatéticiens auxquels ils faisaient la guerre, en vinrent bientôt à n'estimer rien que la philosophie de Descartes, et à juger qu'il était impossible d'aller au de-là.

Quelques-uns ont mérité les conseils et les reproches sévères que Leibnitz leur adresse dans une lettre à l'abbé Nicaise (Cousin. *Fragm. philos.* 2ᵉ vol.). Il leur conseille de se défaire de l'esprit de secte, toujours contraire à l'avancement des sciences, de joindre à la lecture des excellents ouvrages de Descartes, celle de quelques autres grands hommes anciens et modernes, de ne pas mépriser l'antiquité, de s'attacher aux expériences et démonstrations au lieu de ces raisonnements généraux qui ne servent qu'à couvrir la fainéantise et à parler des choses qu'on ne sait pas, de tâcher de faire quelques pas en avant et de ne pas se contenter d'être de simples paraphrastes de leur maître, de ne pas négliger ou mépriser l'anatomie, l'astronomie, l'histoire, les langues, la critique, faute d'en savoir l'importance et le prix, de ne pas s'imaginer qu'on sait tout ce qu'il faut, ni tout ce qu'on peut espérer, afin d'être modestes et studieux pour ne pas s'attirer ce beau mot: *ignorantia inflat.* Je ne sais comment et par quelle étoile, ajoute Leibnitz, dont l'influence est ennemie à toute sorte de secte, les cartésiens n'ont presque rien fait de nouveau. Presque toutes les découvertes ont été faites par des gens qui ne le sont point. « Il semble que ceux qui s'attachent à un seul maître, abaissent leur esprit par cette manière d'esclavage, et ne conçoivent que d'après lui. »

Toutefois, il serait injuste d'appliquer ces reproches sans distinction à tous ceux qui ont adopté et professé le cartésianisme. Il en est qui méritent une place dans cette histoire, à cause de leurs travaux importants sur la philosophie de Descartes, et aussi parcequ'ils ont commencé à entrevoir certaines conséquences des principes de sa métaphysique. Parmi les plus recommandables et les plus célèbres de ces disciples de Descartes, il faut nommer Claude Clerselier, Jacques Rohault, Louis de la Forge, Sylvain Régis, Geulincs et Clauberg. Nous allons dire quels services ils ont rendu à la cause du cartésianisme, et quels développements nouveaux ils ont commencé à lui donner.

Claude Clerselier (1) avait été l'ami intime de Descartes, après la mort du père Mersenne. Il fut le correspondant de Descartes, comme l'avait été le père Mersenne, et comme lui aussi, il devint l'intermédiaire par lequel Descartes, dans les dernières années de sa vie, communiquait avec le monde savant. Il a droit à la reconnaissance de tous les amis de la philosophie par le zèle et le soin avec lesquels il recueillit et publia des ouvrages posthumes de Descartes qui sont d'une haute importance. C'est Clerselier qui a réuni et publié en un recueil de trois volumes, les lettres de Descartes, qui sont d'un si haut intérêt philosophique. C'est encore Clerselier qui fit imprimer le *Traité de l'Homme, le Traité de la Conformation du Fœtus, le Traité de la Lumière* et *le Traité du Monde*. Il fut aidé dans ces diverses publications des secours de Jacques Rohault et de Louis de la Forge. Il contribua beaucoup à répandre le cartésianisme dans Paris, à cause de la force et de la sincérité de ses convictions philosophiques et à cause de l'estime

---

(1) Mort en 1686.

générale dont il était environné. Un fait rapporté par Baillet, l'historien de la vie de Descartes, prouve à quel point son zèle était grand pour la propagation de la philosophie nouvelle. Avocat au parlement de Paris, et d'une famille riche et distinguée, il maria néanmoins sa fille à Jacques Rohault qui était pauvre et d'une famille bien inférieure à la sienne, et il voulut absolument ce mariage dans l'intérêt, et par la considération seule de la philosophie de Descartes, dont il prévoyait que son gendre devait être un jour un puissant appui.

En effet, Jacques Rohault (1), par son zèle, par son talent, par ses ouvrages, fut un de ceux qui contribuèren t le plus puissamment à répandre les dogmes de la philosophie cartésienne. Leibnitz le distingue entre tous les disciples de Descartes auxquels il reproche leur stérilité en même temps que leur attachement servile à la doctrine du maître. Jacques Rohault, versé dans l'étude des sciences physiques et mathématiques, s'appliqua surtout à faire triompher les grands principes de la physique cartésienne.

Ses deux principaux ouvrages sont les *Entretiens de Philosophie* et les *Institutions de Physique*. En général, il n'y a rien de remarquable et rien d'original dans ces deux ouvrages. Les entretiens de philosophie ont pour objet d'éclaircir et de développer certains points de la métaphysique de Descartes. Cet ouvrage se divise en deux parties. Dans la première, Rohault s'efforce d'établir la similitude des principes de Descartes avec ceux d'Aristote, et surtout de les concilier avec le dogme de la transubstantiation. Ainsi, telle était encore à cette époque, et après la mort de Descartes, l'autorité d'Aristote, que, pour faire adopter les principes de la philosophie nouvelle, il fallait à force

(1) Mort en 1675.

de subtilités et de fausses interprétations, prouver que ces principes n'étaient pas contraires à ceux d'Aristote. Malgré le contre sens presque perpétuel que Rohault est obligé de faire subir à Aristote, pour démontrer cette prétendue identité, il est facile d'apercevoir qu'il a une con-connaissance plus approfondie d'Aristote que Descartes et la plupart des cartésiens de cette époque.

Dans la seconde partie de cet ouvrage, Rohault s'attache spécialement à développer et à justifier l'hypothèse de Descartes sur la nature des animaux. En effet, cette hypothèse, d'après laquelle les animaux ne sont que des machines, était une de celles qui, dans la philosophie de Descartes, soulevait contre elle le plus d'objections et de répugnances.

Les *Institutions de Physique* contiennent une exposition claire et méthodique de toutes les parties de la physique de Descartes. En général, Rohault ne s'y écarte en rien des idées de Descartes. Il explique tous les phénomènes par la matière subtile et par les tourbillons. Le grand mérite de cet ouvrage est dans une méthode et une clarté qui, sans nul doute, contribuèrent beaucoup à populariser la physique cartésienne. Il fut écrit en français par Rohault et traduit ensuite en latin; il jouit d'une certaine célébrité soit en France, soit en Angleterre. D'ailleurs, Rohault ne nous semble avoir donné aucun développement nouveau aux principes du cartésianisme.

Il n'en est pas de même de Louis de la Forge qui, à ce titre, mérite dans l'histoire du cartésianisme une étude plus attentive. Il était docteur en médecine à Saumur, il fut l'ami de Descartes et fut considéré comme un des plus habiles cartésiens de son siècle pour la physique. Il composa en français un ouvrage d'après les principes de Descartes sur l'esprit de l'homme, dont le titre est celui-ci : *Traité de l'ame humaine, de ses facultés, de ses fonctions et de son union avec le corps, d'après les principes de Descartes.* Cet ouvrage fut traduit en latin.

L'historien de la vie de Descartes, Baillet, porte ce jugement sur l'ouvrage de Louis de la Forge: « M. de la Forge a réuni dans cet ouvrage tout ce que M. Descartes avait dit de plus beau et de meilleur dans plusieurs endroits de ses écrits, il est même allé plus loin, il a expliqué en détail plusieurs choses que M. Descartes n'a touchées qu'en passant. »

Nous allons dire en quoi de la Forge est allé plus loin que Descartes, c'est-à-dire, quel développement nouveau il a le premier entrevu à certains principes du cartésianisme.

En traçant une ligne de démarcation si nette et si profonde entre l'esprit et le corps, en démontrant l'incompatibilité absolue des attributs de l'un et de l'autre, en niant leur communication directe, en admettant leur passiveté absolue, Descartes avait soulevé au sein de la philosophie moderne un redoutable problème. Comment deux substances d'une nature si opposée peuvent-elles être unies ensemble et correspondre l'une avec l'autre ? Telle est la question que durent se faire les successeurs de Descartes, telle est la question que Louis de la Forge se posa le premier. C'est un fait incontestable que le corps et l'ame sont dans une dépendance réciproque, et, par conséquent, sont unis entre eux. En effet, entre les mouvements du corps et les pensées de l'ame il existe une continuelle relation. D'un autre côté, certaines idées de l'ame excitent dans le corps certains mouvements. Cette dépendance n'est pas fortuite, accidentelle, elle est constante; car le même mouvement du corps produit toujours le même sentiment ou la même idée, tandis que la même détermination de la volonté produit dans le corps le même mouvement.

Louis de la Forge recherche les causes de cette association entre l'ame et le corps. Ces causes, selon lui, sont au nombre de deux, d'abord une cause générale qui est la volonté divine, ensuite une cause particulière qui est la volonté humaine.

C'est Dieu qui est la cause générale de l'alliance de l'ame avec le corps. Car il n'y a rien dans le corps qui puisse être la cause de cette union, de cette alliance. C'est donc Dieu qu'il faut considérer comme la cause de cette association qu'on rencontre chez tous les hommes entre certaines idées et certains mouvements corporels. Cette association constante des mouvements du corps et des sentiments, des idées de l'esprit a été établie par Dieu dès le jour où, pour la première fois, tel mouvement a eu lieu dans le corps ou telle pensée a eu lieu dans l'esprit. Mais à côté de cette cause générale et prochaine de l'alliance de l'ame et du corps, il faut reconnaître l'existence d'une autre cause particulière de cette dépendance mutuelle de l'ame et du corps, cette cause particulière est la volonté de l'ame. Car, suivant de la Forge, Dieu n'est la cause efficiente et prochaine que de ces rapports de l'ame et du corps qui ne dépendent pas de l'ame, et tous les mouvements corporels qui sont le résultat d'actes volontaires de l'esprit ont pour cause directe et efficiente la volonté humaine. Ainsi tous les rapports, toutes les actions réciproques de l'ame et du corps ne dépendent pas directement de Dieu; mais seulement cette classe de rapports sur lesquels l'ame n'a aucun pouvoir, et qui s'opèrent sans elle et même malgré elle. Quant aux mouvements volontaires, il ne faut pas leur rechercher d'autre cause que la volonté elle-même.

Mais si Louis de la Forge ne rapporte pas à Dieu toutes les actions réciproques de l'ame sur le corps et du corps sur l'ame, il lui rapporte déjà directement toute une grande classe de ces actions. Il se trouve ainsi placé sur la voie qui conduit à Malebranche, et sa théorie de l'union de l'ame et du corps fait déjà pressentir la théorie des causes occasionnelles. C'est surtout à ce titre que l'ouvrage de Louis de la Forge mérite l'attention de celui qui veut suivre pas à pas tous les développements des principes du cartésianisme.

Dans cette même voie, Sylvain Régis est allé plus loin que Louis de la Forge (1). Il se distingua entre tous les cartésiens français par la force et par l'étendue de ses travaux sur le système de Descartes. C'est aux leçons de Jacques Rohault que Sylvain Régis prit le goût de la philosophie nouvelle et devint un zélé cartésien. Dès-lors il consacra toute sa vie à développer et à répandre le cartésianisme. Il l'enseigna successivement à Toulouse, à Montpellier, à Paris dans les cours publics. En même temps que par sa parole il travaillait à répandre la philosophie nouvelle, il la défendait par ses écrits, il en composait une exposition méthodique et complète. Il fit paraître sur la fin de ses jours cette exposition sous le titre de *Système de Philosophie*. Dans cet ouvrage, qui ne comprend pas moins de 4 volumes in-4°, sont développées avec méthode et clarté toutes les parties de la philosophie de Descartes. Régis ne s'est pas borné à une exposition complète de toutes les idées de Descartes, il a encore essayé de combler, par ses propres travaux, d'importantes lacunes. Non seulement le plan et l'exécution lui appartiennent, mais il a traité des parties entières de ce plan, d'après ses propres travaux, lorsque les secours de Descartes lui manquaient.

Voici les grandes divisions de son ouvrage et l'ordre dans lequel il dispose les diverses parties de la philosophie. Il commence par la logique, car l'homme a besoin de la logique, soit pour découvrir la vérité, soit pour l'enseigner aux autres. Il y traite de la perception, du raisonnement, du

---

(1) Il est né en 1632 et a vécu jusqu'en 1707.

jugement des catégories d'Aristote, de l'analyse par laquelle on découvre la vérité, et de la synthèse par laquelle on la transmet aux autres. Après la logique il place la métaphysique. La vérité fondamentale du cartésianisme : je pense, donc je suis, la nature de la pensée, la substance à laquelle elle se rapporte, l'union de l'ame et du corps, l'existence de l'étendue et du corps ; tels sont les principaux sujets que traite Régis dans la métaphysique. La question de l'existence du corps et de l'étendue forme la transition de la métaphysique à de la physique. La physique contient toutes les questions relatives à la nature du corps, à ses organes, à ses fonctions. Il ne m'a pas paru que pour la physique et la physiologie, Régis ait ajouté ou changé quelque chose aux idées de Descartes, il n'a fait que les systématiser et les éclaircir. Enfin, l'homme est doué de raison et de liberté, il peut faire un bon ou un mauvais usage de sa liberté, selon que ses actions tendent ou ne tendent pas à l'accomplissement de sa destination. Rechercher en quoi consiste cette destination, donner les règles qui doivent y conduire l'homme, tel est l'objet de la morale et telle est la dernière des grandes parties dont la philosophie se compose.

La logique, la métaphysique, la physique, la morale, telles sont donc les quatre grandes divisions du système de philosophie de Sylvain Régis. J'ai dit que Régis pouvait légitimement, au sein de ce vaste ensemble, revendiquer quelques parties comme lui appartenant en propre. C'est ainsi qu'il a complété et perfectionné la logique sur laquelle Descartes n'avait donné, dans ses ouvrages, que des règles éparses. Pour la morale, il peut la revendiquer tout entière; car Descartes, par crainte des théologiens et de messieurs les régents de philosophie, comme il le dit lui-même, avait complètement négligé la morale. Régis donne pour principe de la morale ces lois que Dieu a gravées dans l'ame de l'homme et qui constituent la raison. Il fait rentrer la politique dans la morale. La politique de Régis offre néanmoins de l'analogie avec la politique de Hobbes. Car, Régis, tout en reconnaissant une justice absolue, d'après laquelle le souverain doit agir, pense que, dans l'intérêt de la société, le souverain doit être absolu. Comme Hobbes, il l'affranchit de tout contrôle, il remet en ses mains le glaive de la justice et le glaive de la guerre, il va même jusqu'à lui attribuer le droit de régler la religion et le culte.

Quoique Régis, dans la métaphysique, reproduise fidèlement les idées de Descartes, il est cependant certains points auxquels il a donné quelques développements nouveaux ; j'insiste sur celui de tous, qui me paraît avoir le plus d'importance. Comme Louis de la Forge, il s'est préoccupé de la question de la communication de l'ame et du corps, et de la dépendance mutuelle où ils sont l'un de l'autre ; fidèle à l'esprit des principes cartésiens, il tend également à regarder Dieu comme la cause directe de l'harmonie et des rapports de ces deux substances entre elles, et en général, comme la seule cause véritable et réelle qui soit dans le monde.

On peut en juger par la citation suivante, extraite du *Système de Philosophie métaphysique* (Liv. I. 2ᵉ partie).

« Je sais, par expérience, que toutes les pensées de l'ame dépendent des mouvements du corps, donc les mouvements du corps produisent les pensées de l'ame; or, ils ne peuvent les produire en qualité de cause première, puisqu'ils n'ont pas en eux-mêmes leur raison d'agir, ils les produisent donc en qualité de causes secondes. Or, les causes secondes n'agissent que par la vertu de la cause première qui est Dieu, et Dieu n'agit que par sa volonté. Donc, les mouvements du corps n'agissent sur l'ame que par la volonté de Dieu, en tant qu'il a résolu de produire certaines pensées dans l'ame toutes les fois que les objets extérieurs produisent certains mouvements dans le corps.... Quand je considère encore que le corps et l'esprit n'agissent l'un sur l'autre que par l'action même de Dieu, je suis obligé de reconnaître que les causes secondes n'ont point de causalité propre, et que tout ce qu'elles peuvent contribuer à la production des effets, c'est d'être comme les instruments dont Dieu se sert pour modifier l'action par laquelle il produit ces effets. »

De la Forge considérait encore la volonté comme une cause réelle, et lui attribuait une partie des rapports de l'ame avec le corps : Régis est plus logicien, et s'avance plus avant dans les conséquences de la métaphysique cartésienne. Il nie que la volonté soit une cause véritable, et soutient qu'il faut rapporter à Dieu les actes que, par suite d'une illusion, nous avons coutume de rapporter à nous-mêmes. Il s'explique, à ce sujet, on ne peut plus clairement, dans le chapitre où il traite de la volonté.

« Je sais bien qu'on regarde communément l'ame comme une chose qui se détermine elle-même, mais cette action ou efficacité de l'ame n'est appuyée que sur les préjugés des sens qui font qu'on attribue à l'ame, et en général à toutes les causes secondes de véritables actions, bien qu'elles n'en puissent produire aucunes qui soient telles; car pour produire de véritables actions, il faut agir de soi-même et par soi-même, c'est-à-dire, par sa propre vertu, et il est certain qu'il n'y a que Dieu qui puisse agir de la sorte. D'où il s'en suit qu'il n'y a que Dieu qui soit une cause véritablement efficiente, et que toutes les autres causes ne sont que des instruments qui agissent par la vertu de Dieu. »

Sylvain Régis a donc dégagé du sein de la métaphysique de Descartes ce principe fondamental de la passiveté absolue des substances créées. L'activité, l'efficacité de l'ame et de tous les êtres créés ne sont pour lui qu'un préjugé, une illusion des sens. Les causes secondes ne sont pas des causes véritables, ce ne sont que des instruments qui agissent par la vertu de Dieu, car Dieu est la seule cause réelle, efficiente, et c'est en lui que réside toute causalité. Sylvain Régis ne s'est donc pas borné à répéter Descartes, et il a fait faire un pas aux principes posés par le maître.

Les divers cartésiens dont nous venons de parler, Clerselier, Rohault, Louis de la Forge, Régis appartiennent tous à la France. Mais le cartésianisme avait jeté dans la Hollande, patrie adoptive de Descartes, d'aussi fortes racines qu'en France. C'est dans les universités de Hollande que les principes de la philosophie nouvelle ont excité les plus vives discussions, c'est en Hollande qu'ils sont venus aboutir à leurs plus extraordinaires conséquences. Les théologiens, les professeurs, les médecins qui adoptent, défendent, commentent les principes de Descartes y sont presque innombrables, et j'ai bien moins encore la prétention de faire une histoire complète des cartésiens hollandais que des cartésiens français. Geulincs et Clauberg sont les seuls dont je veuille parler, je les choisis entre tous les autres parce qu'ils ont donné quelques développements originaux au cartésianisme, parce que leurs doctrines touchent de bien près à celles de Malebranche et de Spinosa.

En effet, dans cette voie fatale sur laquelle la logique entraînait le cartésianisme, Geulincs et Clauberg ont été encore plus loin que Louis de la Forge et Sylvain Régis. Geulincs touche à Malebranche et Clauberg à Spinosa.

Geulincs (1) est auteur de divers ouvrages de philoso-

---

(1) Né vers 1625 à Anvers, mort en 1669.

phie, d'une logique, d'une éthique, d'une métaphysique. Dans sa métaphysique, il suit méthodiquement la marche tracée par Descartes dans le discours de la méthode, les méditations et les principes. Il ne s'éloigne de Descartes, ou du moins il ne va plus loin que lui, qu'en ce qui concerne la formation de nos idées et les rapports de l'ame avec le corps. Selon Geulincs, nos idées ne viennent ni du corps, ni des sens, ni de notre ame, c'est Dieu qui les produit en nous, c'est Dieu qui, par une opération merveilleuse, produit, excite en nous certaines idées, certains sentiments, au moment même où il produit certains mouvements de nos organes.

Notre ame est aussi impuissante à mouvoir le corps, qu'impuissante à former des idées. Car si notre ame avait ce pouvoir, elle en aurait conscience, elle aurait le sentiment des procédés par lesquels elle mettrait le corps en mouvement, comme elle a conscience de toutes les actions qui lui sont propres. La part de l'ame se borne au désir de tel ou tel mouvement, et ce mouvement, par l'intervention de Dieu, suit le désir de l'ame sans que l'ame en soit la cause. Mais ce désir, cette volonté c'est Dieu lui-même qui nous la donne. « *Ille denique est qui voluntatem mihi dat, et sicuti me velle facit, ita sæpe quæ volo in corpore meo efficit. Ego autem nudus sum et inermis eorum spectator* (*Metaphysica*. p. 23).

Les analogies d'une telle doctrine avec celle de Malebranche sont trop évidentes pour qu'il soit besoin d'y insister. Il est encore un autre point par lequel Geulincs s'éloigne de Descartes et se rapproche de Malebranche. Il repousse l'opinion de Descartes sur la nature des vérités de la raison ; au lieu de les considérer comme un produit arbitraire de la toute puissance divine, qui pourrait les changer, les détruire, comme elle aurait pu les créer ou ne pas les créer ; il les considère comme éternelles et immuables. Dire que Dieu aurait pu nous donner une autre intelligence pour laquelle il n'eut pas été vrai que 2 et 2 fissent 4, c'est dire, selon Geulincs, que Dieu lui-même aurait pu faire en sorte qu'il n'existât pas, car la même nécessité se rencontre dans l'existence de Dieu et dans ces vérités.

De tous les disciples de Geulincs, aucun peut-être, pas même Sylvain Régis, n'a plus fait que Clauberg pour l'enseignement et la propagation du cartésianisme (1). Il a, dans divers ouvrages, exposé toutes les parties de la philosophie cartésienne, avec une clarté et une méthode qu'admirait Leibnitz. Il a écrit une paraphrase des méditations de Descartes, dans laquelle le texte est commenté avec une fidélité et une exactitude qui rappellent les anciennes gloses des philosophes scholastiques sur l'organon d'Aristote. Mais Clauberg ne se borne pas toujours au rôle de commentateur exact de la pensée du maître, et parmi ses ouvrages il en est dans lesquels, de même que Régis et Geulincs, il va plus loin que Descartes. Tels sont surtout les deux ouvrages qui ont pour titre : *De conjunctione animæ et corporis humani scriptum*, et *Exercitationes centum de cognitione Dei et nostri*.

Voici de quelle manière, dans le premier ouvrage, Clauberg résout la question de l'union de l'ame et du corps. Comment l'ame qui ne se meut pas pourrait-elle mouvoir le corps, comment le corps qui ne pense pas pourrait-il faire penser l'ame? L'ame n'est et ne peut être que la cause morale des mouvements du corps, c'est-à-dire, l'occasion à propos de laquelle Dieu meut le corps ; de son côté, le corps ne saurait agir directement sur l'ame, et ses

(1) Clauberg est né à Solingen dans le comté de la Marche, en 1622. Il est mort en 1665.

mouvements ne sont que les causes *procatarctiques* des idées qui s'éveillent dans l'ame, parcequ'elles y sont contenues.

Sur la question des rapports de Dieu avec les créatures, Clauberg est encore plus original que sur la question de l'union de l'ame avec le corps. Il pousse à l'extrême cette opinion de Descartes, que conserver et créer sont une seule et même chose. Comme nous-mêmes, et tous les autres êtres, nous n'existons qu'à la condition d'être continuellement créés; il en résulte, selon Clauberg, que nous et toutes les choses qui sont dans le monde, nous ne sommes que des actes, des opérations de Dieu; nous ne sommes, à l'égard de Dieu, que ce que sont nos pensées à l'égard de notre esprit; nous sommes moins encore, car souvent il arrive que notre esprit est impuissant à chasser certaines pensées importunes qui se présentent sans cesse à lui, malgré lui, tandis que Dieu est tellement le maître de ses créatures qu'aucune ne peut résister à sa volonté. Toutes sont à son égard dans une si étroite dépendance, qu'il suffit qu'un seul instant il détourne d'elles sa pensée, pour qu'au même instant elles rentrent dans le néant (1). Pour arriver au panthéisme, il n'a manqué à Clauberg qu'un peu plus de force de logique, il y touche, sans s'en douter, sans s'apercevoir même qu'il s'est écarté en rien des principes de son

---

(1) Tantum igitur abest ut magnifice sentiendi occasionem ullam habeamus, ut potius maximam habeamus e contrario judicandi nos erga Deum idem esse, quod cogitationes nostræ sunt erga mentem nostram, et adhuc aliquid minus, quoniam dantur non nulla quæ, nobis etiam invitis, menti se offerunt. Quæ causa fuit Themistocli ut artem potius oblivionis quam memoriæ sibi optaret. Sed Deus suarum creaturarum adeo dominus est, ut voluntati suæ resistere minime valeant, et ab eo tam stricte dependent ut, si semel ab eis cogitationem suam averteret, statim in nihilum redigerentur. (*De cognitione Dei et nostri*: Exercitatio 28).

maître, tant ces conséquences y étaient réellement renfermées !

Sylvain Régis, et surtout Geulincs et Clauberg, ont donc commencé à entrevoir quelques-unes des conséquences du principe de la passiveté de toutes les substances créées, ils sont les précurseurs de Malebranche et de Spinosa, auxquels ils nous préparent et nous conduisent par une transition toute naturelle et toute logique.

SPINOSA.

DE LA VIE, DES OUVRAGES ET DE LA MÉTHODE DE SPINOSA.

Spinosa est le plus grand et le plus original des disciples de Descartes. Il n'est pas de philosophe dont le nom ait été chargé de plus d'imprécations et d'anathêmes. Les théologiens juifs, protestants et catholiques se sont accordés à le maudire, et les philosophes, eux-mêmes, pendant longtemps, se sont réunis aux théologiens pour flétrir ses doctrines et sa mémoire. Il n'est pas jusqu'aux philosophes les plus hardis et les moins orthodoxes du XVIIIe siècle, qui ne distinguent soigneusement leur cause de la sienne. Mais enfin, avec le XIXe siècle, le jour de la justice est arrivé pour la mémoire de Spinosa. On a commencé à l'étudier, on a cessé de la maudire. On a reconnu que cet homme, tout couvert d'anathêmes, avait été cependant le meilleur et le plus pur des hommes; que cet athée par excellence n'avait eu d'autre tort que d'absorber toutes choses au sein de la divinité en même temps qu'il s'y absorbait lui-même. Spinosa s'est trompé en métaphysique, mais il s'est trompé avec bonne foi, avec originalité et grandeur, il s'est trompé comme se sont trompés Descartes, Leibnitz et Kant; qui donc pourrait lui faire un crime de son erreur?

Né à Amsterdam, de parents juifs, en 1632, Spinosa fut élevé dans la religion de ses pères. Il eut d'abord pour maître un célèbre Rabbin. Mais à l'étude de l'hébreu, il voulut joindre celle du latin, et il eut un nouveau maître qui, zélé cartésien, lui enseigna, avec le latin, les principes de la philosophie de Descartes, et fit luire à ses yeux une lumière nouvelle. Bientôt l'esprit du jeune Spinosa se dégagea des préjugés étroits et des superstitions du judaïsme, et il rompit tout commerce avec la synagogue. Les rabbins irrités l'excommunièrent. Spinosa cessa d'être juif, cependant il ne se fit ni catholique ni protestant, il n'eut d'autre religion que sa philosophie. De là, la haine de ses coreligionnaires, qui tentèrent de le faire assassiner; de là encore la haine non moins violente des théologiens protestants et catholiques.

Mais Spinosa put braver toutes ces haines dans un pays où la liberté philosophique était plus grande qu'en aucun autre pays du monde. Au milieu des agitations politiques et religieuses dont la Hollande, pendant presque toute sa vie, fut le théâtre, il vécut dans une retraite profonde, occupé à tailler des verres pour vivre, et à méditer sur la substance infinie. Dans sa vie, le corps et l'action ne tiennent point de place, l'ame et la pensée sont tout. Il était jeune encore lorsque la mort vint interrompre le cours de cette méditation (1).

Le point de départ de Spinosa fut la philosophie de Descartes. Ce sont les ouvrages de Descar-

(1) Il mourut en 1677, à la Haye.

tes qui l'initièrent à la métaphysique. Le premier ouvrage que lui-même fit paraître, fut une exposition des deux premières parties des *Principes de Descartes*, exposition dans laquelle il avait enchaîné et démontré toutes les propositions à la façon des géomètres. Cette méthode géométrique, dont Descartes avait donné un modèle dans ses réponses aux deuxièmes objections, est celle qu'affectionne particulièrement Spinosa. Il l'a employée dans son grand ouvrage *De l'Éthique*. Mais Descartes, tout en donnant un exemple de cette méthode géométrique, à la sollicitation de quelques amis, en avait signalé les inconvénients dans le domaine de la philosophie.

Autant cette méthode est convenable pour les sciences dont l'objet principal est de déduire les conséquences de principes et de définitions incontestables, autant elle est mauvaise pour les sciences dont les premières notions ne sont pas environnées d'une évidence immédiate, et où il s'agit plutôt encore de trouver et d'établir des principes clairs et évidents, que d'en déduire des conséquences. La méthode géométrique, transportée dans cet ordre de sciences, ne peut qu'embrouiller les idées, embarrasser l'exposition au lieu de l'éclaircir. L'*Éthique* de Spinosa, en est la preuve. L'obscurité de l'*Éthique* est plutôt encore dans la forme que dans le fond des idées.

Spinosa est donc un disciple de Descartes, et souvent il a déclaré qu'il tenait de lui tout ce qu'il avait de connaissance en philosophie. Il a hérité de l'esprit de Descartes ; il professe le même mépris pour l'histoire et pour l'antiquité tout entière :

« *Non multum apud me valet auctoritas Platonis, Aristotelis et Socratis.* » (*Lett.* 60, 2, 660, ed. Iena).

Telle est sa réponse à ceux qui lui opposent l'autorité des

anciens. Descartes faisait commencer la philosophie à lui-même, Spinosa la fait commencer à Descartes.

Spinosa, comme Descartes, n'admet d'autre signe de la vérité que l'évidence. Un de ses biographes nous apprend qu'il était surtout charmé de cette maxime de Descartes, qui établit qu'on ne doit jamais rien recevoir pour véritable qui n'ait été auparavant prouvé par de bonnes et solides raisons. Mais Spinosa a fait de cette maxime des applications plus hardies et plus étendues que Descartes. Il a touché à cette arche sainte dans laquelle Descartes avait enfermé les vérités religieuses, et il a osé les soumettre à la même règle que toutes les autres vérités. C'est à la solidité des démonstrations et à l'évidence qu'il reconnaît les vérités religieuses comme toutes les autres vérités, et c'est en vertu de cette règle qu'il a rejeté la religion des juifs et des rabbins. Il a appliqué cette même règle à l'interprétation des écritures hébraïques dans le *Tractatus theologico politicus*. Cet ouvrage remarquable par la hardiesse et la profondeur de la critique, malgré tous les progrès de l'érudition et de l'esprit de critique, n'a encore été dépassé par aucun autre. Spinosa s'efforce d'y donner un sens naturel à tous les récits de la Bible. Les prophètes sont des hommes de génie inspirés par les circonstances, qui parlent d'après leur imagination. Il n'y a point de miracles, tout ce qui arrive a lieu en vertu d'un enchaînement fatal de causes et d'effets, que Dieu ne saurait rompre sans changer le plan de l'univers. Toutes les religions sont le produit naturel de l'esprit humain et des circonstances au milieu desquelles l'humanité s'est trouvée à certaines époques, et toutes sont bonnes pourvu qu'elles conduisent l'homme à la vertu et au bonheur. Voilà les grandes conclusions du *Tractatus theologico politicus*.

Mais pour mettre en évidence le lien qui unit Spinosa à Descartes, il n'est pas besoin d'insister davantage sur les circonstances extérieures de sa vie et sur l'enseignement cartésien qu'il a reçu, il suffit d'étudier en elle-même la philosophie de Spinosa. Car, la métaphysique de Spinosa est une conséquence rigoureuse de certains principes de la métaphysique de Descartes.

Leibnitz a dit du spinosisme qu'il était un cartésianisme immodéré, *cartesianismus immoderatus*. L'exposition que nous allons faire de la philosophie de Spinosa, ne sera qu'une confirmation de ce remarquable jugement de Leibnitz.

DE LA SUBSTANCE UNE ET INDIVISIBLE ET DE SES ATTRIBUTS.

Au lieu de débuter par l'étude des phénomènes de l'entendement humain, Spinosa s'enfonce, tout d'abord, dans les questions les plus redoutables de l'ontologie. Qu'est-ce que la substance? Y a-t-il plusieurs substances ou bien une seule? Quel est le caractère essentiel de la substance? Quels en sont les attributs? Telles sont les questions que traite Spinosa au premier livre de l'*Éthique*.

Descartes admet l'existence d'êtres finis, mais ces êtres finis qui ne peuvent exister qu'à la condition d'être continuellement créés ne méritent pas le nom d'êtres et de substances.

Cela seul qui existe par soi, mérite le nom de substance, selon Spinosa.

« *Per substantiam intelligo in quod in se est et per se concipitur, hoc est cujus conceptus non indiget conceptus alterius rei a quo formari debeat.* »

Cette définition de la substance est la définition même qu'en a donnée Descartes. Suivant Descartes, la substance est aussi ce qui existe par soi, ce qui, pour exister, n'a besoin du concours d'aucun être. Mais Descartes, entrevoyant la conséquence de cette définition, s'est hâté d'ajouter qu'il ne fallait pas prendre le mot de substance au même sens, au regard des créatures qu'au regard de Dieu. Spinosa, au contraire, s'en tient rigoureusement aux termes de cette définition et repousse cette inconséquente modification.

Si la substance est ce qui existe par soi, les êtres qui existent par eux-mêmes sont seuls des substances. Or, il ne peut y avoir d'êtres existant par eux-mêmes que ceux qui ne dépendent d'aucune cause étrangère et qui portent en eux-mêmes la raison de leur existence. Les êtres qui sont des substances doivent donc avoir pour essence l'existence même, et, par conséquent, ils existent nécessairement.

Exister par soi et indépendamment de toute autre cause, exister nécessairement, tels sont les caractères de toute véritable substance.

Si telle est la nature de la substance, il est impossible de concevoir qu'il y en ait plusieurs dans le monde. En effet, c'est par ses attributs qu'on distingue une substance d'une autre, car la nature de la substance elle-même échappe à notre observation directe. Ce sont les attributs d'une substance qui nous signifient l'existence d'une substance. Si, donc deux substances ont une même essence, les attributs n'étant que l'expression de l'essence, les attributs seront identiques, et ces deux substances, que rien ne distinguera se confondront nécessairement en une seule et unique substance. De l'identité de l'essence, résulte l'identité des attributs, et de l'identité des attributs résulte l'impossibilité de les distinguer. Il ne peut donc y avoir plusieurs substances, il n'y en a qu'une seule qui est infinie parce qu'elle n'est limitée par aucune autre.

Cette substance infinie est le principe de toute chose,

elle est le Dieu de Spinosa. Elle est à la fois la cause et la matière du monde. On peut l'appeler avec Spinosa, suivant la formule la plus énergique qu'ait imaginée le panthéisme, *natura naturans*, tandis que le monde, résultat de son développement est une nature engendrée, *natura naturata*.

Approfondissons avec Spinosa la nature de cette substance, étudions ceux de ses attributs que notre faible intelligence peut connaître, et nous la considérerons ensuite dans ses développements divers, qui ne peuvent être que la conséquence de sa nature et de ses attributs.

Cette substance unique et suprême est indivisible, car, comment pourrait-elle être divisée? Quelle serait la nature de ses parties? On ne peut faire sur ces parties que cette double hypothèse : ou elles retiendraient la nature de la substance infinie, ou elles ne la retiendraient pas. Dans le premier cas, il y aurait plusieurs substances de même nature, ce qui a été démontré impossible ; dans le second, une substance infinie aurait cessé d'exister, ce qui n'est pas moins impossible, puisque nous avons défini la substance ce qui existe nécessairement.

Comme il n'existe qu'une seule substance indivisible, cette substance, à elle seule, avec ses attributs et ses modes, constitue l'univers tout entier. En effet, pour concevoir quelque chose qui pût exister en dehors de cette substance, c'est-à-dire en dehors de Dieu, il faudrait que l'esprit pût imaginer quelque chose qui ne fût ni mode, ni substance ou des modes qui ne se rapportassent à aucune substance, toutes suppositions également absurdes. Tous les êtres du monde ne sont donc que des attributs, des modes de la substance divine. Autant il y a de grandes classes d'êtres, autant l'esprit doit reconnaître en Dieu d'attributs dont ces êtres divers sont les développements. Spinosa, comme Descartes, divise en deux grandes classes tous les êtres dont le monde se compose, il rapporte les uns à la pensée, les autres à l'étendue. Il n'y a dans le monde que des êtres pensants et des êtres étendus. Tous sont des modes, ou de la pensée ou de l'étendue. Il faut donc admettre au sein de la substance divine, l'existence simultanée de ces deux attributs de l'étendue et de la pensée, sources primitives d'où découlent tous les phénomènes de l'univers physique et de l'univers moral. Ainsi Dieu est à la fois étendu et pensant et les deux grands attributs par lesquels il se manifeste à nous sont l'étendue et la pensée.

C'était une chose nouvelle et étrange que de réunir au sein de Dieu deux attributs en apparence aussi incompatibles que l'étendue et la pensée. Spinosa va lui-même au devant des objections que doit soulever une telle opinion. Contre l'existence de ces deux attributs au sein d'une même substance, on ne saurait rien conclure de leur incompatibilité, comme ils n'ont pas été engendrés les uns par les autres, comme ils n'ont entre eux aucun rapport de filiation et qu'ils ne sont unis qu'en raison de leur éternelle existence au sein de Dieu, il n'est pas besoin, pour concevoir leur union qu'ils aient entre eux la moindre analogie. On objecte encore que Dieu ne peut être matériel parce qu'il serait divisible, et parce qu'il répugne à l'idée que nous avons de la perfection de Dieu, de nous le représenter comme sujet à toutes les modifications que la matière peut subir. Mais cette objection a sa source dans une fausse idée que l'on se fait de la divisibilité de la substance étendue. On confond la divisibilité apparente des divers modes de la substance avec la divisibilité de la substance elle-même. Sans doute l'eau, en tant qu'elle est eau, est divisible, mais en tant qu'elle est substance, elle ne l'est pas, car il a été démontré que la substance ne pouvait être divisible.

Dieu a donc à la fois pour attribut l'étendue et la pensée. Ce sont les seuls attributs que notre esprit conçoive en lui, mais il doit, néanmoins, en posséder une infinité d'autres ; car un être a d'autant plus de propriétés qu'il a plus de réalité, et Dieu étant la réalité suprême, comment se pourrait-il qu'il n'eût pas en lui autant d'attributs qu'une intelligence infinie pourrait en concevoir ?

Puisque ce Dieu est la cause unique, première, efficiente, absolue de tout ce qui existe, puisqu'il n'y a rien en dehors de lui qui puisse gêner son action, ni lui imposer d'autres lois que celles de sa propre nature, il est souverainement libre, quoiqu'il se développe nécessairement suivant les lois fatales de sa nature. Il n'y a pas contradiction entre une liberté souveraine et un developpement fatal, car Spinosa définit ainsi la liberté au commencement de l'*Ethique*.

« *Ea res libera dicetur quæ ex sola suæ naturæ necessitate existit, et a se sola ad agendum determinatur.* »

La liberté, selon Spinosa, consiste seulement à agir d'après les lois de la nature. Plus un être est indépendant des causes extérieures, moins il est contrarié par elles dans le développement des lois de la nature, quoique ce développement soit fatal, et plus il est libre. Il importe de remarquer cette définition de la liberté donnée par Spinosa, reproduite par Leibnitz, sinon on tomberait dans une étrange confusion, et on imputerait à leurs systèmes des contradictions qu'ils ne renferment point. De cette définition il résulte immédiatement que Dieu étant le seul être qui tienne de lui-même sa nature, il est le seul qui soit doué d'une entière liberté.

La liberté de Dieu est donc bien différente de la liberté ou plutôt du libre arbitre dont nous nous imaginons que l'homme est doué. Avec quelle éloquente logique Spinosa ne fait-il pas justice de ce Dieu personnel et arbitraire, de ce Dieu qui se repent et se venge, qui s'apaise et qui s'irrite, de ce Dieu fait à l'image de l'homme qu'adorent la plupart des religions ! Le Dieu de Spinosa n'a rien d'arbitraire dans ses développements ; ce qu'il a fait, il n'a pas pu ne pas le faire. Tout découle nécessairement de Dieu, comme l'égalité des trois angles d'un triangle à deux droits, découle de la nature même du triangle, comme l'effet découle de sa cause. Les choses n'auraient pu être faites autrement qu'elles le sont, qu'à la condition de découler d'une autre nature divine. Dieu étant ce qu'il est, les choses ont dû être ce qu'elles sont. Pour changer la conséquence, il faut changer le principe. Tout ce qui arrive dans la nature est un terme nécessaire d'une série infinie et fatale de causes secondes. Il n'y a rien dans le monde de fortuit et d'accidentel. Ce que nous considérons comme accidentel, c'est ce dont nous ignorons la cause. L'accidentel n'existe pas d'une manière absolue, il n'existe que relativement à notre ignorance des causes secondes. Dieu a créé tout ce qu'il a pu créer, et il l'a créé comme il devait nécessairement le créer.

Quelques-uns pensent que ce système est contraire à l'idée de la perfection divine, tandis qu'il est le seul qui lui soit conforme. En considérant ainsi l'intelligence divine, on exclut ces deux phénomènes de la délibération et de l'indécision qui attestent la faiblesse de l'intelligence humaine. Se représenter Dieu comme doué d'une volonté mobile, capricieuse, indécise entre le oui et le non, n'est-ce pas, en effet, se le représenter à l'image de l'homme ? Il aurait fallu que Dieu fût doué d'une autre intelligence et d'une autre nature pour concevoir et pour former le monde autrement qu'il l'a formé et qu'il l'a conçu.

Mais, selon Spinosa, il est encore une opinion plus absurde, plus indigne de la majesté divine que celle qui attribue à Dieu une volonté changeante et capricieuse, cette opinion est celle de ceux qui pensent qu'il n'agit jamais qu'en vue d'un certain but, extérieur à lui-même, et qui est le bien. Car, dans cette hypothèse, toutes les actions de Dieu seraient déterminées nécessairement par une loi qui, de quelque nom qu'on la décore, n'en est pas moins une fatalité extérieure, à laquelle on soumet la nature divine. Dieu ne se propose pas plus d'atteindre un certain but, de conformer ses actions à un certain plan qu'il n'hésite et qu'il ne délibère. En toutes choses il se développe aveuglément et nécessairement, suivant les lois de sa nature.

Pourquoi les hommes se font-ils généralement d'autres idées sur la divinité? Quelle est la source des préjugés qui, sur cette question, égarent à un tel point le jugement des peuples? Tous ces préjugés se ramènent à cette croyance populaire, que Dieu agit toujours en vue d'une certaine fin, qu'il a tout créé pour l'homme, et qu'il a créé l'homme lui-même pour l'honorer. Cette croyance, elle-même, a une double origine, d'abord l'ignorance des causes que l'homme apporte avec lui en naissant, et ensuite l'habitude où nous sommes de rechercher en toutes choses ce qui peut nous être utile. En effet, c'est parce que les hommes ignorent les causes de leurs actions qu'ils se croient libres, et c'est parce qu'ils se croient libres qu'ils supposent Dieu doué d'une même liberté. Habitués d'ailleurs à agir en toutes choses en vue d'une fin qui est l'utile, ils sont disposés à chercher une cause finale de même nature à tout ce qui arrive. Là où ils ne saisissent pas cette cause finale, ils ne laissent pas d'en imaginer une analogue à celle qui guide leur propre nature. C'est pour cette raison qu'ils croient que le monde a été créé en vue de leur intérêt, et que Dieu lui-même avide d'honneurs et d'hommages, les a aussi créés en vue de son propre intérêt.

Telle est la véritable origine de l'idée d'un Dieu, doué

d'une liberté humaine, et ayant créé toutes choses pour l'avantage de l'homme afin de s'attirer ses hommages et sa reconnaissance. La force de ce préjugé est telle, que les hommes y persistent malgré les éclatants démentis qu'il reçoit chaque jour de l'expérience. Car comment concilier l'existence de tant de fléaux avec cette croyance que tout a été fait pour l'avantage de l'homme ? Qui pourra se satisfaire de cette réponse que le but des fléaux est de punir les méchants, lorsqu'une expérience de tous les jours nous prouvent qu'ils frappent indistinctement l'homme de bien et le méchant ?

Ici Spinosa marche sur les traces de son maître, car cette proscription de la recherche des causes finales est un des principes de la physique de Descartes. Descartes aussi s'élève contre cette orgueilleuse et ridicule prétention de l'homme en vertu de laquelle il s'imagine que tout, dans la création, a été fait pour lui. La théorie que Spinosa combat avec le plus d'acharnement et le plus d'éloquence, est cette théorie des causes finales. Après l'avoir attaquée dans ses conséquences, il l'attaque en elle-même et lui fait le double reproche de bouleverser l'ordre de la nature et de porter une grave atteinte à la perfection divine. La théorie des causes finales bouleverse l'ordre de la nature ; car, si l'on admet des causes finales, on doit considérer comme l'effet le plus parfait celui qui se rapproche le plus de la fin et qui, par conséquent, est le plus éloigné de la cause première dont il se trouve séparé par un plus grand nombre d'intermédiaires, tandis que dans la réalité, l'effet le plus parfait est celui qui procède le plus directement de la cause première, c'est-à-dire, de la source de toute perfection. Enfin, cette théorie est contraire à l'idée de la perfection divine, car si Dieu a agi en vue d'une fin, pour une fin, c'est qu'il lui a manqué quelque chose, c'est qu'il y a une fin à laquelle il aspire, et qu'il n'a pas encore pu atteindre.

Spinosa réfute encore cette dernière objection ; comment penser que tout découle nécessairement de la puissance divine en présence de tant d'imperfections qui existent dans l'univers ? De même qu'il n'y a rien de fortuit et d'accidentel, de même aussi, d'une manière absolue, il n'existe rien d'imparfait dans le monde ; car, c'est seulement à notre regard, que nous estimons la perfection ou l'imperfection des choses. Nous appelons bien, ce qui nous est utile ; mal, ce qui nous est nuisible ; nous appelons désordre, ce que nous ne comprenons pas. Mais tout jugement porté, d'après ce point de vue, n'a aucune valeur, puisque, comme il a été dit, l'homme n'est pas la fin en vue de laquelle les choses ont été créées.

Ce Dieu qui agit sans volonté, comme sans but, est exempt de toute passion. Il n'a point de haine, il n'a point d'amour. Non seulement il n'a point de passions, mais encore il ne peut en avoir, comme il sera facile de le comprendre, lorsque nous aurons exposé la théorie des passions de Spinosa.

Dieu est la substance unique, infinie, indivisible qui, par ses développements, constitue tous les êtres du monde. Il se développe aveuglément et nécessairement, suivant les lois fatales de sa nature. Tels sont les principaux attributs de la substance infinie, tel est le Dieu de Spinosa.

Après avoir considéré en elle-même la nature de cette substance divine, Spinosa l'étudie dans ses développements et entre dans l'explication des choses particulières qui en découlent. Il n'entreprend pas cependant d'expliquer toutes les choses particulières, mais celles-là seulement qui importent à la connaissance de l'ame et à sa béatitude éternelle. Nous passons de la première partie de l'*Éthique*, qui a pour titre : *De Deo*, à la seconde, qui a pour objet l'origine et la nature de l'esprit : *De natura et origine mentis.*

NOTION DE L'HOMME DÉDUITE DE LA NOTION DE DIEU.

Toutes les choses particulières découlent des attributs de la substance divine auquels elles se rapportent. Toutes les pensées particulières sont autant de modes qui se rapportent à l'attribut divin de la pensée ; tous les corps sont autant de modes qui se rapportent à l'attribut divin de l'étendue. La cause et le fondement de toutes les idées est Dieu, considéré en tant qu'être pensant ; la cause et le fondement de tous les corps est Dieu, considéré en tant qu'être étendu. Car les modes d'un attribut quelconque n'ont d'autres causes que Dieu lui-même, considéré d'après cet attribut et non d'après un autre. La cause des idées n'est donc pas, comme on a coutume de le croire, dans les objets perçus, mais dans Dieu considéré comme être pensant, de même que la cause des objets perçus est dans les attributs de Dieu, dont ils sont les modes.

La pensée et l'étendue étant les attributs d'une même substance, la substance pensante et la substance étendue sont une seule et même chose envisagée sous un point de vue différent. Or, comme les idées ainsi que les objets des idées viennent de Dieu, c'est dans cette source commune d'où ils découlent, qu'il faut chercher la raison de l'accord des idées avec les objets. Tous les attributs divins résidant au sein d'un même être, on n'a pas de peine à comprendre que ces attributs se développent parallèlement les uns aux autres. L'ordre et la connexion des idées réfléchissent l'ordre et la connexion même des choses; et réciproquement l'ordre des choses réfléchit l'ordre des idées. Les développements parallèles des modes de la substance étendue et de la substance pensante, se correspondent et se représentent mutuellement. Entre les idées et les objets, entre les modes de la pensée et de l'étendue, il n'y a pas comme le vulgaire le suppose, action et réaction, mais il y a une harmonie qui résulte de l'unité de l'être auquel appartiennent les attributs dont ils découlent.

Dans ce développement parallèle des attributs de l'étendue et de la pensée, il est impossible de ne pas remarquer une certaine analogie avec le système de l'harmonie préétablie. Mais il y a, entre l'harmonie préétablie de Leibnitz et l'harmonie préétablie de Spinosa, une différence essentielle. Tandis que la première est le résultat d'un plan conçu à l'avance par l'intelligence divine et exécuté par sa toute puissance, la seconde, au contraire n'est que le résultat fatal des lois qui président au développement de la substance divine.

Il s'agit maintenant de faire une application particulière de ces principes à la nature humaine. Qu'est-ce que l'homme ? Selon Spinosa, c'est un phénomène, un mode de Dieu. Son corps et tous les corps en général ne sont que des collections de modes de l'attribut divin de l'étendue; son esprit n'est qu'une succession de modes de l'attribut divin de la pensée. Pour bien comprendre d'abord quelle est la nature du corps humain, il faut considérer quelle est la nature des corps en général.

Comme il n'existe qu'une substance unique, les corps ne sont pas des substances, ils ne sont, comme nous l'avons déjà dit, que des modes divers de l'étendue qu'ils ont tous pour fond commun. Il y a dans la nature des corps simples et des corps composés. Tous les corps simples sont en mouvement ou en repos ; ils ne diffèrent que par la vitesse ou la lenteur de leur mouvement. Le mouvement ou le repos de chaque corps ont été déterminés par celui d'un autre corps particulier qui, lui-même, à son tour, l'avait reçu d'un autre, et ainsi de suite à l'infini.

Un corps composé est formé d'autres corps d'égale ou de diverses grandeurs, d'un mouvement égal ou inégal, mais tous tellement comprimés par d'autres, qu'ils sont réunis en un même tout, ou bien encore il est formé par des corps dont tous les mouvements se communiquent et sont en harmonie les uns avec les autres. Toutes les modifications dont un corps est susceptible, dépendent de la nature du corps qui affecte et de la nature du corps qui est affecté. Chaque partie d'un corps composé pouvant prendre un mouvement plus rapide ou plus lent sans que la nature du corps change, un corps composé peut être affecté d'une foule de modes différents, sans changer de nature. Chacune des modifications qu'un corps subit, a sa source dans un changement antérieur qui, lui-même, dépend d'un autre changement, de sorte que chaque modification d'un corps est, pour ainsi dire, un anneau d'une chaîne infinie, et que rien ne saurait rompre.

Le corps humain est un corps composé, il consiste dans un ensemble déterminé de certains modes de l'étendue. Le corps humain n'est donc autre chose qu'un mode complexe de l'étendue. Il peut être affecté par les autres corps, et il peut les affecter à son tour de différentes manières. Tous les changements qui s'opèrent dans le corps, s'appellent affections. Toute affection, soit qu'elle ait une cause intérieure, soit qu'elle ait été déterminée par quelque chose d'extérieur porte une certaine empreinte de son origine. Enfin, plus le corps est susceptible d'éprouver d'affections, et plus l'esprit est capable de percevoir. Car les modes de l'étendue et de la pensée se développent parallèlement, l'esprit ne fait que réfléchir le corps, et les idées de l'esprit n'ayant d'autre objet que les affections du corps, il est évident que plus le corps aura d'affections, et plus l'esprit aura d'idées.

Il en est de la nature de l'esprit, comme de la nature du corps. L'esprit n'est pas une substance, il est un mode de la pensée, il n'est pas un mode unique, mais un mode complexe, car les idées qui le constituent se succèdent et varient. Ce que nous appelons l'esprit est donc seulement une succession d'idées ou de modes de la pensée. De même que chaque affection du corps a pour cause une affection antérieure qui, elle-même, dépend d'une autre, de même chaque idée de l'esprit dépend d'une idée antérieure, qui dépend elle-même d'une autre idée qui l'a précédée, et ainsi de suite, jusqu'à ce que, d'idée en idée, on remonte à leur source commune, qui est l'attribut divin de la pensée.

Si l'on recherche quel rapport unit ces modes de la pensée et de l'étendue qui composent l'esprit et le corps avec la substance infinie d'où ils émanent, on verra en eux une portion du développement de cette substance infinie. Représentez-vous chacun des attributs de Dieu se développant en des séries infinies et parallèles de modes de l'étendue et de la pensée ; interceptez une portion de ce double développement, et vous aurez l'idée la plus exacte qu'il soit possible de se faire sur la nature humaine. L'homme est donc Dieu lui-même, considéré d'une manière relative, il est un certain point de son développement. Si l'homme connaît les objets, quoiqu'il n'y ait point de rapport direct entre les objets et ses idées, c'est que l'homme fait partie de la substance divine en laquelle se réunissent les attributs de la pensée et de l'étendue, et qui, par conséquent, a également conscience de l'un et de l'autre de ces attributs.

Ces diverses idées, soit sur la substance divine, soit sur la nature de l'ame et du corps, composent l'ontologie de Spinosa. De l'ontologie il passe à la psychologie qui n'est, comme déjà je l'ai dit, qu'une déduction rigoureuse de ses principes ontologiques.

THÉORIE DE LA CONNAISSANCE.

Comment connaissons-nous notre corps? Comment connaissons-nous les corps étrangers? Comment notre esprit se connaît-il lui-même? Qelle est la valeur de ces diverses connaissances? Telles sont les questions que Spinosa, dans cette nouvelle partie de l'*Ethique*, se propose de résoudre.

Dieu possède la connaissance absolue de toutes les causes, de tous les modes qui concourent à former le corps humain, puisqu'il a pour attributs la pensée et l'étendue. Mais cette partie du développement divin, qui constitue l'intelligence humaine, ne connaît la nature et l'existence du corps que par les idées qu'elle a de ses affections. Les idées des affections de notre corps sont les seules idées immédiates de notre esprit, mais ces idées sont tellement fécondes, que toute la connaissance humaine peut s'en déduire. Car toute affection résultant à la fois de la nature du corps qui affecte, et du corps qui est affecté, notre esprit ne peut avoir connaissance d'une affection, sans connaître en même temps, dans une certaine mesure, la nature du corps humain qui est affecté et celle du corps étranger par lequel il a été affecté. L'idée d'une affection quelconque renferme donc la connaissance du corps humain affecté et du corps étranger qui est cause de cette affection. L'esprit perçoit ainsi la nature d'une foule de corps étrangers en même temps qu'il perçoit celle de son propre corps. Mais comme ces affections sont surtout relatives à la constitution de notre corps, comme c'est de lui qu'elles portent la plus vive empreinte, nous connaissons par elles plus clairement notre corps que les corps étrangers. Un corps étranger demeure présent à notre pensée aussi longtemps que persévère dans notre corps l'affection causée par lui.

Nous ne connaissons donc notre corps que par ses affections, et les corps extérieurs par les affections de notre propre corps. Mais comment connaissons-nous l'ame elle-même? Nous ne la connaissons que par les idées de ces mêmes affections. En effet, non seulement l'esprit perçoit les affections du corps, mais il a conscience des idées de ces affections. La conscience d'une idée ou l'idée d'une idée, n'est autre chose que cette idée elle-même, considérée indépendamment de son objet.

L'esprit humain, objet de l'idée de l'esprit humain, est uni avec cette idée dans le même rapport que le corps qui, étant aussi l'objet de l'esprit humain, ne forme cependant avec lui qu'un seul et même individu. En d'autres termes, l'esprit humain est l'objet de l'idée de l'esprit humain, comme le corps lui-même est l'objet de l'esprit ou de la pensée, et de même que l'esprit ne sait du corps que ses affections, de même l'esprit ne sait de lui-même que les idées qu'il a des affections du corps.

Il importe de remarquer que cette connaissance que nous acquérons ainsi de notre corps, des corps étrangers et de notre ame suivant les lois de la nature, n'est qu'une connaissance inadéquate et confuse. Les affections par lesquelles nous connaissons notre corps, ne nous révèlent pas complètement sa nature; elles ne nous apprennent ni les fonctions diverses de toutes ses parties, ni toutes les affections dont il est susceptible, encore moins peuvent-elles nous apprendre celles des corps étrangers, dont elles ne nous annoncent qu'indirectement l'existence. Si les affections du corps n'expriment qu'imparfaitement les objets de la pensée, l'idée de ces affections ne peut nous donner aussi qu'une connaissance inadéquate et confuse de notre esprit.

La mémoire reproduit ces perceptions confuses de notre corps, des corps étrangers et de nous-mêmes. Le principe et le fondement de la mémoire est l'association des idées. Lorsque l'ame a été affectée par deux corps à la fois, elle ne peut se rappeler l'un sans se rappeler l'autre; car elle ne se le rappelle qu'à la condition de la répétition de l'affection. Or, cette affection étant double, il est évident qu'elle renferme la notion des deux corps qui l'ont produite. C'est pourquoi Spinosa donne cette belle et énergique définition de la mémoire :

« *Quædam concatenatio idearum naturam rerum, quæ extra corpus humanum sunt, involventium, quæ in mente fit secundum ordinem et concatenationem affectionum corporis humani.* » (*Eth. de ment.* pr. 18. Sch.).

Cet enchaînement des idées de la mémoire, suivant l'ordre des affections du corps, nous explique pourquoi l'esprit passe tout à coup d'une idée à une autre idée qui n'a aucun rapport avec elle, si ce n'est qu'il est arrivé à notre corps d'éprouver successivement ces deux affections.

Ainsi donc, au regard de l'esprit humain, mais non au regard de la substance divine dont elles émanent, toutes les idées particulières que nous avons de nous-mêmes, de notre corps et surtout des corps étrangers, sont des idées inadéquates et confuses. Toutefois, la fausseté qui est en elles n'est pas quelque chose de positif et de réel, elle ne consiste que dans la privation de connaissance qui en fait des idées inadéquates. Ainsi, pour me servir d'un exemple auquel Spinosa semble toujours revenir avec prédilection, c'est une erreur commune à la plupart des hommes de se croire libres : mais cette erreur consiste dans l'ignorance où nous sommes des causes qui nous déterminent à agir, c'est-à-dire, dans une privation de connaissance.

Cependant l'esprit humain peut s'élever au dessus de cette connaissance confuse et inadéquate, pour arriver à une connaissance claire et adéquate des choses, lorsqu'au lieu de se laisser aller au cours extérieur de la nature, et d'embrasser des choses concrètes et complexes, il se détermine lui-même intérieurement et s'applique à des choses simples et abstraites. Cette détermination intérieure de l'esprit est le pouvoir qu'il a d'abstraire et de généraliser les idées des affections du corps. Entre les divers êtres particuliers et complexes, avec lesquels la perception nous met en rapport, la mémoire, qui nécessairement les retient et les compare, remarque des qualités communes qui deviennent l'objet d'une connaissance adéquate. En effet, supposez une propriété commune à toutes les parties du corps, et qui se retrouve tout entière dans chacune d'elles, il suffira de l'idée d'une seule des affections de notre corps, pour que nous ayons une connaissance claire et complète de cette propriété, puisque, dans chacune de nos affections, elle est renfermée tout entière. Plus une idée est particulière, et plus elle est confuse et inadéquate, parce qu'elle ne peut comprendre et exprimer qu'un bien petit nombre des qualités contenues dans un être particulier. Plus, au contraire, une idée devient générale, et plus elle devient claire et adéquate, parce que son objet étant plus simple, elle peut l'embrasser tout entier. Non seulement elle est plus adéquate, mais elle est plus réelle. Cette conséquence résulte directement des principes ontologiques de Spinosa, car, dans son système, les individus n'étant rien, tandis que la substance suprême est tout, ce qu'il y a de moins réel, ce sont les individus et les idées qui les représentent. Plus, au contraire, on s'élève dans les généralités, plus on laisse de côté les individus pour ne considérer que ce qu'ils ont de commun, et plus on s'approche de la source de toute réalité, de la réalité suprême, c'est-à-dire, de la substance infinie qui constitue l'univers tout entier. En remontant ainsi d'idée générale en idée générale, on arrive nécessairement à l'idée la plus générale de toutes, qui est celle de la substance infinie. Cette idée est la plus générale de toutes, puisqu'il n'y a pas de chose particulière en laquelle ne se retrouve l'essence infinie, éternelle de Dieu, puisqu'il n'y a pas de chose qui existe indépendamment de cette essence et qui ne soit le développement de quelqu'un de ses attributs. Contempler en toutes choses l'essence infinie et éternelle de Dieu, tel est le plus haut point auquel l'intelligence humaine puisse parvenir.

Il y a donc dans l'intelligence deux modes de connaissances d'inégale valeur, les connaissances immédiates que nous acquérons par les affections du corps, et les connaissances médiates que nous formons à l'aide de la mémoire et de la généralisation. Les premières sont nécessairement inadéquates et confuses, parce qu'elles ont pour objet des êtres particuliers, dont elles ne peuvent embrasser que quelques propriétés. Parmi les secondes seulement, on rencontre des idées claires et générales, parce que plus l'objet d'une idée est simple et général, et plus l'idée de cet objet peut être exacte et complète.

Y a-t-il dans l'esprit humain, à côté de l'intelligence une autre faculté? La volonté au sens où l'ont entendu la plupart des philosophes, existe-t-elle?

Spinosa, conséquent avec les principes de son système, nie dans l'homme l'existence du pouvoir volontaire. L'intelligence n'étant qu'un certain mode déterminé de l'attribut divin de la pensée, ne peut être une cause libre. Par une erreur, dont déjà nous avons fait remarquer le germe dans Descartes, Spinosa confond la volonté avec le jugement. Il n'entend par volonté que la faculté d'affirmer ou de nier; il n'y a pas dans l'esprit de volition, c'est-à-dire d'affirmation ou de négation autre que celle qui est renfermée dans telle ou telle idée particulière. L'affirmation ou la négation ne sont pas distinctes de l'idée qui les renferme; par conséquent, il y a identité entre l'intelligence et la volonté.

A cette identité on objecte que la volonté dépasse l'entendement, et que nous avons le pouvoir de suspendre notre jugement. Spinosa répond à la première objection, qui est tirée de Descartes, que si l'on comprend seulement les idées claires sous le nom d'entendement, la volonté dépasse l'entendement, mais que si l'on comprend sous ce nom toutes les idées, elle ne le dépasse pas, elle lui est égale. On dit encore que la volonté peut s'appliquer à une foule d'actes autres que ceux qu'elle exécute, mais n'en est-il pas de même de la perception, ne peut-elle pas aussi embrasser une foule d'objets autres que ceux qu'elle embrasse?

Quant au pouvoir de suspendre le jugement, Spinosa nie l'existence de ce pouvoir dans l'homme. Ce qu'on appelle suspendre un jugement, c'est simplement percevoir qu'on ne connaît pas une chose d'une manière adéquate. Toute suspension de jugement n'est donc, à vrai dire, qu'une perception. La plupart des philosophes, par une étrange erreur, ont considéré l'homme comme formant un empire à part dans la nature. Ils ont fait, en sa faveur, une exception aux lois générales du monde; au sein de la nécessité universelle, ils lui ont assigné une petite sphère libre et indépendante; Spinosa repousse cette exception. Il n'y a pas deux mondes dans l'univers, celui de la nécessité et celui de la liberté ; tout dans l'homme, comme hors de lui, s'explique par des lois générales et nécessaires. L'homme n'agit que placé sous l'empire d'une passion irrésistible. La différence entre agir et pâtir, ne consiste que dans le plus ou le moins de clarté avec laquelle nous connaissons la cause de notre action.

DU PRINCIPE DES PASSIONS.

Quelles sont les passions principales sous l'empire desquelles notre nature est placée; quel est le principe de ces passions, quelle est la source du plaisir et de la douleur, du bien et du mal? Telles sont les questions que traite Spinosa dans la troisième partie de l'*Ethique*.

Le même sujet avait été traité par Descartes dans l'ouvrage sur les passions. Il est impossible de ne pas reconnaître que Spinosa l'a traité avec plus de profondeur. Il a ramené toutes les passions à un principe unique, il a laissé sur chacune d'elles des observations qui supposent une connaissance approfondie de la nature humaine.

Il y a dans chaque être, selon Spinosa, une tendance fondamentale, un desir essentiel, ce desir est celui de persévérer dans l'existence. L'effort de chaque être pour persévérer dans ce qui constitue son existence, est son essence même. Ce desir a sa source dans la nature même de Dieu, d'où tous les êtres émanent. Car l'essence de Dieu étant l'existence, il y a en lui un desir nécessaire de persévérer dans l'existence; et l'ame humaine, comme tous les autres êtres, participe à ce desir de la substance divine. Mais l'ame humaine n'étant autre chose qu'une collection d'idées, ce qui la constitue, ce sont les idées adéquates ou inadéquates qu'elle possède, c'est la connaissance. L'esprit fait donc un effort indéfini et un effort dont il a conscience pour persévérer dans la connaissance et pour l'augmenter. Tel est le désir fondamental, tel est le désir unique de l'ame. Mais ce désir tout intérieur est contrarié ou favorisé par les causes extérieures, selon qu'elles nous empêchent de connaître en rendant nos idées inadéquates et confuses, ou selon qu'elles amènent en nous le développement d'idées nouvelles. Voilà la cause unique du plaisir ou de la douleur, de la joie ou de la tristesse. L'ame s'attriste et souffre lorsqu'elle rencontre des obstacles au développement de sa tendance fondamentale; elle se réjouit, au contraire, lorsqu'elle passe d'une perfection moins grande à une perfection plus grande, c'est-à-dire, lorsqu'elle accroît son existence en même temps que sa connaissance.

Les deux passions fondamentales qu'engendre le désir sont la joie et la tristesse. De la joie et de la tristesse naissent, à leur tour, toutes les autres passions. Spinosa définit la joie, le passage d'une perfection moins grande à une perfection plus grande. La tristesse, au contraire, est le passage d'une perfection plus grande à une perfection moins grande. Il faut, pour comprendre ces définitions, remarquer qu'il y a identité entre existence, réalité et perfection. Car la fin d'un être et sa perfection sont identiques. Plus il approche de cette fin, et plus il est parfait ; l'ame devient donc plus parfaite à mesure qu'elle persévère dans ce qui constitue son existence, à mesure qu'elle augmente sa réalité, c'est-à-dire, la somme de ses idées.

Spinosa nous montre ensuite, par une remarquable analyse, comment toutes nos passions ne sont que des affections composées qui résultent de la combinaison de ces deux grandes passions primitives, la joie et la tristesse, avec différentes idées, avec différents points de vue, sous lesquels on peut envisager les choses. Il expose aussi quelques-unes des lois générales auxquelles nos passions sont soumises, entr'autres, celles de la sympathie. Dans les divers aperçus qu'il présente sur cette loi remarquable de la sensibilité, on peut retrouver un germe de la belle et savante analyse d'Adam Smith.

Mais il n'entre point dans notre plan de suivre Spinosa dans tous les détails de son système. Notre intention est seulement d'exposer les principes généraux qui président à chacune de ses principales parties. Nous terminerons donc cette partie de l'*Ethique* qui regarde les passions de la nature humaine, en rapportant le résumé général qu'en donne Spinosa :

« *Ommes affectus ad cupiditatem lætitiam vel tristitiam referuntur. At cupiditas est ipsa unius cujusque natura seu essentia. Lætitia deindè et tristitia passiones sunt quibus unius cujus que potentia seu conatus in suo esse perseverandi augetur, vel minuitur, juvatur vel coercetur. At per conatum in suo esse perseverandi appetitum et cupiditatem intelligimus. Ergo lætitia et tristitia est ipsa cupiditas vel appetitus quatenus a causis externis augetur vel minuitur, juvatur vel coercetur.* » (*Ethic.* Part. III. Prop. 57).

Supprimez cette tendance fondamentale de l'ame humaine, ce desir de persévérer dans l'existence, et il n'y aura plus pour elle ni joie, ni tristesse, ni plaisir, ni douleur, il n'y aura plus aucune passion. Le principe de toutes les passions est donc le desir de se conserver. Si le desir de se conserver est l'essence de l'ame, tout ce qui tend à cette fin, c'est-à-dire, tout ce qui tend à assurer sa conservation est, par là-même, bon et légitime.

DU PRINCIPE DE LA MORALE ET DE L'IMMORTALITÉ DE L'AME.

Ce dernier principe, que tout ce qui tend à assurer notre conservation est bon et légitime, c'est le principe même de la morale de Spinosa. Il semble, au premier abord, que ce principe soit le même que le principe de la morale de Hobbes. En effet, Hobbes a aussi posé le desir de la conservation, le motif de l'intérêt personnel comme le motif unique de toutes les actions humaines. Mais cette ressemblance n'est qu'apparente. Ce n'est pas au corps, à la santé, à la vie matérielle que Spinosa, comme Hobbes, applique ce desir de conservation, c'est seulement à la vie intellectuelle de l'ame. Le desir de se conserver est pour lui le desir de conserver et d'augmenter la somme des idées qui constituent la nature de l'ame. Cette interprétation du desir de la conservation, donne à la morale de Spinosa un certain caractère d'élévation, et même de mysticité, qu'on est bien loin de retrouver dans la morale de Hobbes.

Plus un homme travaille à se conserver, c'est-à-dire, à conserver et à augmenter en lui la vie intellectuelle, plus, suivant Spinosa, il est vertueux, plus il est puissant; plus, au contraire, il néglige le soin de sa conservation, et plus il est impuissant, car il ne la néglige que vaincu par l'action des choses extérieures; c'est, dans cet effort continuel de l'ame pour persévérer dans l'existence, que consiste la vertu suprême. Nulle vertu ne peut être conçue comme supérieure à cet effort. La raison nous prescrit d'agir en toutes choses conformément à la fin de notre nature, aussi tous les efforts de l'ame, guidés par la raison, tendent à connaître.

La raison, en effet, juge que rien ne peut nous être plus avantageux que de connaître.

Mais comment l'ame pourra-t-elle obéir à la voix de la raison, comment pourra-t-elle diriger tous ses efforts vers la conservation de son être? Pour arriver à ce but, l'ame doit combattre les passions qui obscurcissent l'intelligence; elle doit surtout travailler à convertir ses idées obscures et inadéquates en des idées claires et adéquates. Spinosa donne donc à l'ame des conseils et des préceptes pour s'élever du premier degré de la connaissance au second degré, des idées inadéquates aux idées adéquates. Mais ces règles, ces préceptes supposent que l'ame a le pouvoir de se diriger. Or, comment l'ame, qui n'est qu'un mode de Dieu, qui n'est qu'une collection d'idées, pourrait-elle exercer quelqu'empire sur les idées qui la constituent? Cette partie de la morale de Spinosa, qui attribue à l'ame le pouvoir de travailler sur ses idées, est donc en contradiction avec ses principes. Cette contradiction est flagrante, et je n'ai pas besoin d'y insister. C'est la première, c'est la seule peut-être, qui se rencontre dans un système dont toutes les parties sont si fortement unies par la logique.

Au delà du second degré de la connaissance il en est un troisième. L'ame, en s'élevant à des idées de plus en plus générales, arrive à l'idée la plus générale de toutes, à l'idée de la substance infinie dont elle contemple en toutes choses l'essence divine. L'ame humaine, parvenue à ce point, est arrivé au dernier terme de la connaissance et de la perfection.

L'homme qui marche dans cette voie, poursuit le vrai bien de l'ame humaine, et le vrai bien de toute ame humaine est le même; il arrive donc que cet homme vertueux, tout en poursuivant son propre bien, poursuit aussi celui des autres. Nul homme n'est plus utile à ses semblables que celui qui recherche avec le plus d'ardeur son propre bien. Tous les hommes qui obéissent à la raison, poursuivent un même but avec un merveilleux accord.

Mais la même voie qui conduit l'ame humaine à la perfection, la conduit aussi à l'immortalité. Car, selon Spinosa, il dépend de l'ame d'être ou de ne pas être immortelle. L'immortalité est la récompense de la vertu, l'anéantissement est la punition du vice.

En effet, ce sont les idées qui constituent l'ame ; l'ame n'est autre chose que la somme et la succession de ses propres idées. Or, une idée n'est autre chose que la représention d'un objet, et la représentation périt en même temps que périt l'objet représenté. Supposez une ame dont les idées ne représentent que des objets périssables, les affections du corps, par exemple, lorsque le corps viendra à périr, toutes les idées qui constituaient cette ame périront, parce que les objets qu'elles représentaient auront cessé d'exister. Cette ame sera donc mortelle, elle périra tout entière avec le corps. Il n'en sera pas de même d'une ame qui, s'étant élevée au second degré de la connaissance, aura en elle des idées claires et adéquates représentant des objet éternels et impérissables. Les idées de cette ame sont immortelles comme leur objet, et par conséquent, l'ame elle-même sera immortelle. Il dépend donc de nous d'être ou de ne pas être immortels. Détachons notre esprit des choses contingentes et périssables pour l'élever à la contemplation des choses éternelles, et nous serons assurés de l'immortalité. Mais celui-là seul échappera tout entier à la mort, qui se sera élevé à l'idée claire et adéquate de l'essence de Dieu, à la contemplation de la substance infinie, puisque celui-là aura donné un objet éternel à toutes ses pensées.

Cette magnifique hypothèse de Spinosa sur les destinées

de l'âme, découle de ses principes métaphysiques, sauf la grave inconséquence que nous venons de signaler. Elle achève et couronne toute sa morale. En comparant la vie de Spinosa à son système de morale, je trouve que sa vie tout entière a été la pratique continue de cette morale, et qu'il a donné l'exemple en même temps que le précepte. Pendant toute sa vie il a travaillé à étouffer en lui les passions qui obscurcissent l'intelligence, et à détacher sa pensée des choses périssables pour l'attacher aux choses impérissables. Nul doute qu'il ne soit lui-même parvenu à ce dernier degré de la connaissance humaine, qu'il décrit avec effusion et avec amour. Nul doute, qu'à sa dernière heure, il n'ait emporté avec lui la douce espérance de l'immortalité de la meilleure partie de lui-même.

La politique de Spinosa découle de sa morale, et, par elle, se rattache à sa métaphysique. Voici quels en sont les principes fondamentaux :

PRINCIPES DE LA POLITIQUE DE SPINOSA.

Si tous les hommes obéissaient à la voix de la raison et poursuivaient la véritable fin de leur nature, l'accord et l'harmonie régneraient entre eux ; ils n'auraient besoin ni de lois ni de gouvernements. Mais il n'en est pas ainsi ; les passions, les idées confuses et inadéquates agitent et aveuglent les hommes ; de là naissent entre eux les divisions et les guerres, et le droit naturel de chaque individu se trouve en lutte avec le droit naturel des autres individus.

Définissons ce que Spinosa entend par droit naturel. Suivant Spinosa, la puissance et le droit se confondent en Dieu. Dieu a droit sur toutes choses, parce qu'il constitue l'essence de chaque chose ; son droit s'étend aussi loin que sa puissance. De là cette conséquence, que chaque individu étant une portion du développement de Dieu, le droit se mesure en cet individu comme en Dieu, par la puissance. La limite du droit naturel de chacun, c'est sa puissance. Chacun a le droit de faire tout ce qu'il peut faire. Or, les passions, comme la raison, sont des motifs d'action qui font partie de la puissance d'un individu ; donc, tout individu, dans l'état de nature, agit tout aussi légitimement en vertu des passions qu'en vertu de la raison. Mais dans un tel état, il n'y a de repos et de sécurité pour personne. Chacun comprend le besoin de se réunir, d'établir un gouvernement qui assure le repos à chacun et la liberté de tendre vers la fin de sa nature. De là l'origine des gouvernements et des sociétés. Ce droit naturel qu'avait chaque individu de tout faire, passe au gouvernement, à l'état. L'état succède donc au droit de l'individu, c'est-à-dire, que son droit n'a d'autre limite que sa puissance. Il peut tyranniser, opprimer les citoyens comme il lui plaira ; c'est son droit, mais ce n'est pas son intérêt. Son intérêt est d'agir en toutes choses suivant les lois de la raison, et suivant l'intérêt général. Chaque citoyen doit se conformer, en toutes choses, aux décrets des gouvernements ; eux seuls décident de ce qui est juste et de ce qui est injuste.

De telles prémisses semblent devoir conduire au despotisme le plus absolu. Cependant Spinosa repousse cette forme de gouvernement, qu'il considère comme la plus dangereuse et la plus mauvaise de toutes. Le but de l'état, l'usage qu'il doit faire de sa puissance et de son droit, dans son propre intérêt, c'est d'assurer la liberté de tous les citoyens, c'est-à-dire, de les mettre à l'abri de toutes les inquiétudes, de toutes les vengeances, de toutes les haines, et de leur donner les moyens d'atteindre le but de leur nature. Les citoyens sont des sujets et non des esclaves. On ne peut leur ôter la liberté de penser, et, par suite, la liberté d'émettre leur opinion. Tout citoyen qui se soumet aux lois établies, a le droit de les critiquer et d'en proposer de meilleures. Nulle opinion ne doit être réputée séditieuse que celle qui prêche la révolte et attaque le pacte social. On est étonné de trouver dans Spinosa le plus beau et le plus sage plaidoyer en faveur de la liberté de la pensée et de la liberté de la presse. D'après ces principes, il a tracé dans le *Tractatus politicus*, le plan d'une monarchie et d'une aristocratie tempérées, où se trouvent des idées dont notre siècle pourrait profiter. On ne sait ce qu'il faut le plus y admirer, ou de la libéralité des idées ou de la profondeur et de la sagacité des observations. Bien avant Montesquieu, et sans copier la constitution anglaise, Spinosa a donné le plan et la théorie du gouvernement représentatif.

La politique de Spinosa diffère autant de la politique de Hobbes que sa morale. Spinosa a compris que même indépendamment de toute justice et seulement dans l'intérêt de la durée de l'état, il fallait faire une part à la liberté individuelle ; il a compris que nul gouvernement n'était moins stable que ce gouvernement despotique dont Hobbes a tracé l'idéal.

Tels sont les fondements de la politique de Spinosa ; tel est le lien qui la rattache à sa morale et à sa métaphysique. Je n'ai voulu que montrer l'enchaînement de ses principes moraux et politiques avec ses principes métaphysiques. Si nous avions eu à faire une exposition complète de la philosophie de Spinosa, nous aurions dû entrer dans de bien plus grands détails sur sa psychologie, sa morale et sa politique. Nous avons insisté davantage sur la métaphysique, parce que notre but principal était de mettre en évidence les rapports intimes qui l'unissent à la métaphysique de Descartes.

INFLUENCE DE LA MÉTAPHYSIQUE DE DESCARTES SUR LA MÉTAPHYSIQUE DE SPINOSA.

Par l'exposition de la doctrine de Spinosa, nous avons justifié le jugement que Leibnitz a porté sur elle, nous avons prouvé qu'elle n'était qu'un cartésianisme immodéré. La tendance fondamentale de la métaphysique de Descartes est d'ôter aux créatures toute action, toute force, toute causalité. Qu'est-ce que l'ame humaine, selon Descartes ? Ce n'est pas une force essentiellement active qui tend constamment à se développer, c'est une chose qui pense, c'est-à-dire, un sujet qui reçoit passivement, qui éprouve certaines modifications. Après avoir ainsi conçu l'ame humaine, Descartes conçoit à son image toutes les autres substances créées. Toutes sont également passives, toutes ne continuent d'exister qu'à la condition d'être continuellement créées, leur conservation n'est autre chose qu'une création continue. Enfin, c'est Descartes qui a donné cette définition de la substance, d'où Spinosa a logiquement déduit sa doctrine tout entière : la substance est ce qui existe par soi.

Il ne faudrait pas croire que cette définition fût un accident, une méprise dans le système de Descartes, sans aucune relation avec l'ensemble de sa métaphysique, car elle découle nécessairement du point de vue sous lequel Descartes a considéré les substances créées. Après avoir dépouillé les substances de toute activité et de toute causalité propre, il est impossible de les définir autrement que par l'existence. En effet, quel peut être le caractère essentiel d'une substance toute passive, sinon l'existence ?

Mais, Descartes retenu sans doute par sa prudence et son bon sens, n'avait pas poussé jusqu'à leurs conséquences extrêmes ces principes et ces tendances de sa métaphysique. Il admet l'existence d'êtres créés distincts de l'être infini, il accorde même à ces êtres le pouvoir d'agir les uns sur les autres, il reconnaît dans l'ame humaine un pouvoir de se déterminer, de se résoudre et par conséquent de se modifier elle-même ; il ne nie pas l'action de l'ame sur le corps ni du corps sur l'ame. Enfin, s'il refuse aux créatures le pouvoir de créer le mouvement et d'en altérer d'une manière quelconque la quantité invariable déposée par Dieu dans le sein de l'univers, il leur attribue encore le pouvoir de lui imprimer différentes directions.

Spinosa tout entier renfermé dans la sphère de la spéculation, libre de toute considération de prudence ou d'orthodoxie, ne tombe pas dans ces contradictions. Il suit dans toutes leurs conséquences, avec une force et une intrépidité de logique remarquables, les principes de Descartes. Il refuse le nom de substance à ces substances créées de Descartes, qui sont incapables d'agir par elles-mêmes et qui n'existent que par l'action continue de Dieu. Puisque ces substances ne sont rien par elles-mêmes, puisqu'elles n'existent et ne se meuvent que par l'action non interrompue de Dieu, comment concevoir qu'elles soient indépendantes ou même seulement distinctes de la divine substance? Quelle est leur utilité, quel est leur rôle dans l'univers? Pourquoi conserver sur la scène tous ces personnages inutiles et fictifs qui nous voilent le seul personnage réel, celui dont l'action fait tout exister, tout mouvoir, tout agir?

D'ailleurs, ainsi que l'a définie Descartes, la substance est ce qui existe par soi. Il est vrai que Descartes s'est hâté de restreindre cette définition au créateur, et l'a modifiée à l'égard des créatures. Mais cette restriction est une inconséquence que rien ne justifie, et Spinosa s'en tenant rigoureusement à la définition de Descartes, arrive à cette conclusion qu'il n'y a et ne peut y avoir qu'une seule et vraie substance. En effet, l'existence pure, l'existence dépouillée de toute espèce d'action et de causalité étant donnée comme l'essence de la substance ; toutes les substances, en raison de l'identité de leur essence, doivent nécessairement se confondre les unes avec les autres, car l'existence pure ne saurait, en aucune sorte, se distinguer de l'existence pure. A ce point de vue, les divers caractères avec lesquels les êtres nous apparaissent, cessent de représenter des diversités de substances pour ne plus signifier que des diversités d'attributs et de modes. Une fois donc l'existence pure admise comme la caractéristique essentielle de la substance ; l'esprit est comme entraîné vers un gouffre dévorant dans lequel viennent se confondre et se perdre toutes les existences individuelles. Descartes s'est retenu sur le bord de ce gouffre, Spinosa s'y est précipité.

Tels sont les germes contenus au sein de la philosophie de Descartes et développés par le génie de Spinosa. Telle est la voie qui de l'un conduit à l'autre, telle est aussi la voie qui, comme nous allons le démontrer, conduit de Descartes à Malebranche.

MALEBRANCHE.

DE LA VIE, DE L'ESPRIT ET DE LA MÉTHODE PHILOSOPHIQUE DE MALEBRANCHE.

Malebranche est un fils de Descartes et un frère de Spinosa. Il a vécu, comme Spinosa, loin du monde et dans la solitude, livré tout entier à l'étude, à la méditation et à la prière. Prêtre de l'Oratoire, membre de cette illustre congrégation qui avait épousé, contre les jésuites, la cause du cartésianisme, Malebranche a passé toute sa vie dans une cellule, continuellement occupé à méditer sur cette substance infinie, dont la contemplation avait absorbé tous les jours et toutes les heures de Spinosa. Mais Malebranche ne sait pas quel lien le rattache à Spinosa; l'analogie qui existe entre leurs doctrines, il l'ignore, ou du moins il ne se l'avoue pas à lui-même. Je n'ai trouvé qu'une seule fois le nom de Spinosa dans les ouvrages de Malebranche, et je l'y ai trouvé accompagné d'une épithète et de mépris et d'exécration.

« Le *misérable* Spinosa a jugé que la création était impossible, et par là dans quels égarements n'est-il pas tombé. Plus on raisonne juste et plus on s'égare lorsqu'on part de principes faux. » (9e *Médit. met. et ch.*).

Malebranche ne s'était d'abord occupé que de littérature, d'histoire et de travaux d'érudition, mais un jour, ayant rencontré le *Traité de l'Homme* de Descartes, il se mit à le lire, et fut tellement séduit par la nouveauté, la clarté des idées, la solidité des principes, que de violentes palpitations de cœur l'obligèrent plus d'une fois d'en interrompre la lecture. Dès lors, sa vocation philosophique lui fut révélée. Il abandonna toutes ses anciennes études pour se consacrer tout entier à l'étude de la philosophie de Descartes, dans laquelle il passa dix années de sa vie.

Pour Malebranche, comme pour Spinosa, la vraie philosophie n'a commencé qu'à Descartes. Il professe pour son maître une admiration et une vénération profonde. Il le défend tour à tour, contre les partisans de l'ancienne philosophie et contre les théologiens. Il interprète, il commente, il explique ses doctrines. Cependant il ne jure pas sur l'autorité du maître, et l'admiration n'exclut pas en lui l'esprit d'examen. Il n'adopte pas toutes les opinions de Descartes, il en est qu'il modifie, il en est même qu'il combat, et il en est d'autres dont il tire des conséquences inconnues à son maître, et qui, par leur ensemble, constituent un système non moins original que celui de Spinosa.

« Cet auteur, dit-il, en parlant de Descartes, n'est point infaillible, et je crois pouvoir démontrer qu'il s'est trompé en plusieurs endroits de ses ouvrages. Mais il est plus avantageux à ceux qui le lisent, de croire qu'il s'est trompé, que s'ils étaient persuadés que tout ce qu'il dit fut vrai. Si on le croyait infaillible on le lirait sans l'examiner, on croirait ce qu'il dit sans le savoir, on apprendrait ses sentiments comme on apprend des histoires, et l'on ne se formerait pas l'esprit. Il avertit lui-même qu'en lisant ses ouvrages on doit prendre garde s'il ne s'est point trompé et qu'on ne doit rien croire de ce qu'il dit que lorsqu'on y est forcé par l'évidence. Car il ne ressemble pas à ces faux savants qui, usurpant une domination injuste sur les esprits, veulent qu'on les croie sur parole. » (*Rech. de la Vérité*, livre VI, chapitre IV).

Dans une étude si longue et si approfondie de la philosophie de Descartes, de sa méthode et de ses principes, Malebranche s'est pénétré de l'esprit de son maître et il professe le même mépris que lui pour le passé et pour l'histoire tout entière : « Ceux qui liront, dit-il, dans la *Recherche de la Vérité*, les ouvrages de ce savant homme, sentiront une secrète joie d'être nés dans un siècle et dans un pays assez heureux pour nous délivrer de la peine d'aller chercher dans les siècles passés, parmi les païens et dans les extrémités de la terre, parmi les barbares et les étrangers, un docteur pour nous instruire de la vérité. » Ces docteurs payens et barbares, dont parle Malebranche, sont Platon et Aristote. Il fait une guerre perpétuelle à Aristote et, de même que les auteurs de la logique de Port-Royal, jamais il ne le cite que pour s'étonner de l'autorité dont il a joui, pour le donner comme exemple des erreurs grossières dans lesquelles l'esprit humain peut tomber, et pour tourner en ridicule sa physique ou sa métaphysique. Il ne semble pas faire plus d'estime des philosophes du moyen-âge, et de la philosophie scholastique, car il est persuadé que la vraie philosophie n'a commencé à apparaître dans le monde qu'avec Descartes.

Malebranche, comme son maître, bannit du domaine la philosophie le principe de l'autorité. Il proclame l'évidence comme l'infaillible caractère auquel toute vérité doit se reconnaître :

« Ne jamais donner un consentement entier aux propositions qui paraissent si évidemment vraies, qu'on ne puisse le leur refuser sans sentir une peine extérieure et des reproches secrets de la raison. »

Telle est la règle générale qu'il prescrit à l'entendement pour distinguer la vérité de l'erreur. Le criterium de la vérité est donc le même pour Malebranche que pour Descartes. Il ne faut pas, selon Malebranche, de même que selon Descartes et Spinosa, chercher la vérité dans les anciens ni dans les livres, mais interroger sa raison dans le silence des passions, et accéder à ses jugements lorsqu'il devient impossible de résister à leur évidence. Mais autant Malebranche repousse la tradition et l'autorité dans l'ordre des vérités philosophiques, autant il recommande de n'admettre ces vérités que sur leur évidence, autant il les distingue avec soin des vérités religieuses qui ne reposent au contraire que sur la tradition et sur l'autorité. L'autorité et la tradition sont précisément aux vérités religieuses ce que l'évidence est aux vérités philosophiques. Demander l'évidence pour les vérités religieuses, est une erreur plus redoutable encore que celle de s'en rapporter à l'autorité dans l'ordre des vérités philosophiques. Malebranche revient sans cesse sur cette distinction de deux ordres de vérités, et sur la différence des méthodes qui sont applicables à l'un et à l'autre.

Toutefois il faut remarquer que cette distinction est loin d'être aussi absolue dans Malebranche que dans Descartes. Descartes, après avoir renfermé, suivant son expression, dans une arche sainte les vérités de la foi, les laisse entièrement de côté et n'y revient que lorsqu'il y est forcé par les objections de quelques théologiens. Il n'en est pas de même de Malebranche. Il a un continuel souci de mettre en harmonie toutes les parties de son système avec les croyances chrétiennes et de les fortifier ainsi les unes par les autres. Aussi, peut-on lui reprocher d'avoir quelquefois confondu ces deux ordres de vérités qui, selon lui, doivent demeurer distinctes ; on peut lui reprocher d'avoir introduit au sein de sa philosophie, qu'il voulait fonder toute entière sur l'évidence, des vérités religieuses qu'il nous impose comme des principes sans en avoir démontré l'évidence. Tel est, par exemple, le dogme de la chûte de l'homme et du péché originel qui joue un si grand rôle dans la philosophie de Malebranche. C'est par le péché originel qu'il explique la dépendance où l'ame se trouve du corps. Avant le péché, il y avait union de l'ame avec le corps, mais cette union n'était point, comme elle est aujourd'hui, une dépendance et une subordination. L'homme résistait alors sans effort et sans douleur aux impressions sensibles, dont, après le péché, il ne peut s'affranchir qu'au prix d'une lutte continuelle. L'ame, par sa nature, se trouve placée entre Dieu qui est le lieu des esprits, comme l'espace est le lieu des corps, et la matière avec laquelle elle est unie. La vraie destination de l'ame c'est l'union avec Dieu. Plus l'ame se sépare de Dieu et se rapproche de la matière, plus elle s'éloigne de sa destination. Or, le résultat du péché a été d'éloigner l'ame de Dieu en resserrant davantage les liens qui l'unissaient à la matière.

Voilà quels sont les caractères généraux de la vie et de la méthode de Malebranche. Tout ce que Malebranche a appris de philosophie, il l'a appris comme Spinosa dans Descartes. Il est animé du même esprit que son maître, et il suit la même méthode dans la recherche de la vérité. Mais aux méditations de Descartes il ajoute ses propres méditations, et il va plus avant dans les conséquences de ses principes. Les conséquences originales qu'en a déduites Malebranche sont contenues dans la théorie de la vision en Dieu et dans la théorie des causes occasionnelles. Car il ne faudrait pas croire que ces deux théories fussent des rêves éclos tout entiers, en un jour, de l'imagination de Malebranche. Elles ont leurs antécédents dans l'histoire, elles ont leurs racines dans la philosophie de Descartes, elles sont, comme le panthéisme de Spinosa, des conséquences de principes antérieurement posés dans l'histoire de la philosophie, et il nous sera facile de démontrer que la philosophie de Malebranche n'est aussi qu'un cartésianisme immodéré, c'est-à-dire un cartésianisme poussé à ses dernières conséquences.

Je vais d'abord successivement exposer ces deux grandes théories, et je montrerai ensuite quel lien les rattache à la philosophie de Descartes.

THÉORIE DE LA VISION EN DIEU.

Il y a dans l'ame humaine, selon Malebranche, deux grandes facultés, l'entendement et la volonté.

L'entendement est la faculté ou capacité qu'a l'ame humaine de recevoir différentes idées et différentes modifications. C'est une faculté entièrement passive.

La volonté est l'impression ou le mouvement naturel qui nous porte vers un bien général et indéterminé.

La théorie de la vision en Dieu est une théorie de la connaissance ou de l'entendement. L'entendement, selon Malebranche, se divise en trois facultés : les sens, l'imagination et l'entendement pur. Par les sens et par l'imagination, nous n'acquérons point d'idées de l'existence et des rapports des choses, nous obtenons seulement des sentiments obscurs et confus qui n'ont de valeur que pour la conservation de notre vie. Car, selon Malebranche, comme selon Descartes, la mission des sens n'est pas de nous montrer la vérité ou la fausseté dans les choses, mais seulement de nous montrer ce qui, dans les choses, peut nous être nuisible ou avantageux. Les sens nous ont été donnés seulement pour la conservation de notre existence. Nous devons juger par eux non pas de ce que les choses sont en elles-mêmes, mais de ce qu'elles sont par rapport à nous, de la manière dont elles se comportent à notre égard. Avec l'entendement seul nous sortons de la sphère du sentiment pour entrer dans la sphère des idées et de la connaissance.

Comment donc par l'entendement arrivons-nous à la connaissance des êtres extérieurs dont les sens et l'imagination ne nous donnent que le sentiment? D'où nous viennent les idées que nous avons des objets du dehors? La théorie de la vision en Dieu est la réponse à cette question.

Afin de bien comprendre les raisonnements sur lesquels Malebranche appuie cette théorie, il faut prendre garde d'abord au sens particulier qu'il attache au mot d'idée. L'idée n'est pas pour lui un acte de l'esprit qui nous met en rapport avec les choses, c'est un être réel, distinct de l'esprit. Comment, d'après Malebranche les idées ne seraient elles pas des êtres réels, puisqu'elles ont un si grand nombre de propriétés, puisque le néant ne saurait avoir aucune propriété?

D'un autre côté, Malebranche considère, comme une chose hors de doute, que nous n'apercevons pas les objets par eux-mêmes. Nous voyons le soleil, les étoiles et une infinité d'objets hors de nous, et il n'est pas vraisemblable que l'ame sorte du corps et qu'elle aille se promener à travers les cieux pour contempler tous ces objets et s'y appliquer. Nous ne les connaissons que par les idées que nous en avons, par les idées qui nous les représentent. L'idée est l'objet immédiat de l'esprit quand il aperçoit quelque chose, et nous ne pouvons rien apercevoir dont nous n'ayons l'idée. Quelle est la source d'où ces idées découlent, ou quel est le pouvoir qui les produit, voilà ce qu'il importe de connaître.

Or, suivant Malebranche, toutes les hypothèses qu'on peut faire sur l'origine des idées, se ramènent aux hypothèses suivantes :

Ou les idées que nous avons des corps viennent de ces corps eux-mêmes, ou notre ame a la puissance de les produire, ou Dieu les a produites avec elle en les créant, ou il les produit successivement et à mesure qu'elle pense à quelqu'objet, ou l'ame a en elle-même toutes les perfections qu'elle voit dans ces corps, ou enfin, elle est unie avec un être tout parfait et qui renferme généralement toutes les perfections des êtres créés.

Il examine la valeur de ces différentes hypothèses, il les réfute les unes après les autres, et par leur élimination successive, il prouve que la dernière hypothèse est seule admissible.

Les idées ne peuvent venir des corps, elles ne sont pas, comme plusieurs philosophes le supposent, des images ou des espèces semblables aux corps qui les envoient, car ces images seraient matérielles, et, par conséquent, ne pouvant se pénétrer, elles se briseraient les unes les autres, avant d'atteindre l'organe de la vue. D'un autre côté, comment les corps pourraient-ils, sans diminuer d'une manière sensible, envoyer ainsi continuellement autour d'eux des images faites de leur substance? Une telle hypothèse ne mérite pas une plus longue discussion.

La seconde hypothèse, celle qui attribue à l'ame le pouvoir de produire les idées, est au premier abord, plus spécieuse, et cependant, elle n'a pas plus de fondement. Car c'est une de ces opinions qui élèvent l'homme, et dont il faut se défier. « Ce sont des pensées qui viennent de son fonds vain et superbe, et que le père des lumières ne nous a point données. » La première cause de cette opinion, est donc l'orgueil, qui est naturel à l'homme. La seconde cause est une erreur dans laquelle nous avons coutume de tomber, en raison de la précipitation de nos jugements. En effet, lorsque nous voyons deux phénomènes se succéder, nous manquons bien rarement de juger que le premier est la cause du second. De même, comme nos idées viennent, en général, à la suite de notre volonté et de notre desir, nous nous imaginons follement que notre volonté ou notre desir est cause de nos idées. Mais s'il en était ainsi, l'homme serait semblable à Dieu ; il aurait, comme Dieu, le pouvoir de créer. En effet, les idées sont des êtres réels, et l'on ne peut raisonnablement douter qu'elles ne soient des êtres spirituels. Si l'homme produisait ces idées, non seulement il créerait, mais il créerait des êtres spirituels, c'est-à-dire, des êtres supérieurs à tout l'univers sensible. C'est donc une grave erreur d'attribuer à l'ame la puissance de créer ses idées.

La troisième hypothèse est celle de ceux qui prétendent que toutes les idées ont été créées avec nous. Mais quand même l'esprit aurait un magasin de toutes les idées, il serait bien difficile d'expliquer comment il pourrait les choisir avec discernement, à mesure que certains objets sensibles feraient sur lui certaines impressions. D'ailleurs le nombre des idées est infini. Est-il vraisemblable que Dieu ait créé tant de choses avec l'esprit de l'homme ? Il est convenable à la nature de Dieu d'agir toujours par les voies les plus simples, or, Dieu, en agissant ainsi, n'aurait pas suivi les voies les plus simples, puisqu'il existe pour expliquer la connaissance des objets du dehors une solution plus facile et plus naturelle que cette création d'une infinité d'êtres pour chaque individu.

Malebranche examine ensuite s'il y a plus de vraisemblance dans cette autre opinion d'après laquelle l'esprit n'aurait besoin que de lui-même pour apercevoir les objets, parcequ'en considérant ses propres perfections, il pourrait y découvrir toutes les choses qui sont au dehors. C'est encore une opinion que Malebranche attribue à la vanité naturelle de l'homme, à l'amour de l'indépendance, au desir de ressembler à celui qui comprend en soi tous les êtres. L'ame voit bien en elle toutes ses modifications, toutes ses sensations, toutes ses passions, mais elle n'y voit pas les êtres du dehors. L'esprit humain peut connaître tous les êtres et des êtres infinis, comment donc étant très limité, pourrait-il les contenir en lui-même ? Il faut donc nécessairement qu'il voie les idées de ces êtres ailleurs qu'en lui, et où les verra-t-il si ce n'est en Dieu ?

Toutes ces hypothèses sur l'origine des idées étant convaincues de fausseté, la vérité de l'hypothèse de la vision en Dieu se trouve par la même démontrée. Voici en quoi consiste cette hypothèse. Dieu contient nécessairement en lui les idées de tous les êtres créés, car avant de créer le monde et les êtres dont le monde se compose, il a nécessairement conçu dans sa pensée le plan de ce monde et les idées de tous les êtres qu'il a créés. Ces idées ne sont point différentes de lui-même, et Dieu contient ainsi dans son essence, les créatures les plus matérielles et les plus terrestres d'une manière intelligible et toute spirituelle. Il les contemple en lui-même en contemplant ses propres perfections.

L'esprit humain peut donc voir en Dieu toutes les idées des êtres créés, puisqu'elles sont toutes renfermées dans son essence; il peut les voir, et tout nous porte à croire qu'il les y voit en effet. D'abord l'esprit humain est constamment uni avec Dieu, puisque constamment il aperçoit l'infini, puisqu'il a une idée très-distincte de Dieu, idée qu'il ne saurait avoir que par son union avec lui. L'esprit étant uni avec Dieu, c'est en Dieu qu'il découvre toutes ses idées des êtres extérieurs, sans toutefois découvrir l'essence divine. Malebranche ne nie pas que Dieu n'ait pas eu le pouvoir de créer une infinité d'idées avec chaque individu, mais la grandeur et la sagesse de Dieu consistent surtout à faire les choses par les voies les plus simples et les plus faciles; si donc Dieu peut faire voir aux esprits toutes choses en voulant tout simplement qu'ils voient ce qu'il y a en lui-même, il n'y a pas d'apparence qu'au lieu de choisir cette voie si simple, il s'en aille produire autant d'infinités de nombres infinis d'idées, qu'il y a d'esprits créés.

Il y a encore, en faveur de cette théorie, une autre raison qui séduit et entraîne Malebranche; c'est l'entière dépendance, à l'égard de Dieu, dans laquelle elle place les esprits créés. En effet, non seulement nous ne saurions rien voir que Dieu ne veuille que nous le voyons, mais encore nous ne saurions rien voir que Dieu lui-même ne nous le fasse voir en lui. En effet, anéantir la créature au sein du créateur, lui enlever toute indépendance et toute causalité, c'est l'idéal que poursuit Malebranche, d'après cette tendance que déjà nous avons signalée en lui. Enfin, une dernière preuve en faveur de cette théorie, c'est que Dieu ne peut avoir d'autre fin principale de ses actions que lui-même. Dieu fait toutes choses pour lui. Or Dieu aurait-il agi en vue de lui-même, en créant un esprit pour connaître ses ouvrages, si cet esprit, en les contemplant, ne devait pas en même temps le contempler lui-même? Malebranche a recours à des considérations et à des preuves de différente nature, pour établir la vérité de son hypothèse de la vision en Dieu, mais il est facile d'apercevoir qu'elle a dans son esprit, pour premier fondement, cette opinion de Descartes, que les créatures sont dépourvues de toute force et de toute causalité.

DES VÉRITÉS ÉTERNELLES, DE LA NATURE ET DES CARACTÈRES DE LA RAISON.

Si Malebranche, placé à ce point de vue, s'est trompé sur la nature et l'origine de ces idées, qui sont le produit de l'activité de l'ame humaine, en revanche, avec quelle profondeur n'a-t-il pas saisi et analysé cette autre face de l'ame humaine, recevant ou voyant en Dieu la lumière divine de la raison ! Il est faux que nous voyions en Dieu ces idées qui sont le produit de notre activité ; il est vrai, en un sens, qu'en raison de la participation de nos intelligences finies avec son intelligence infinie, c'est en lui que nous voyons le nécessaire, l'absolu, l'infini, et toutes ces vérités éternelles qui constituent la raison. Aussi nul philosophe n'a mieux compris que Malebranche la nature et les caractères de cette raison, nul n'en a parlé avec plus d'élévation et d'éloquence.

Combien, sous ce point de vue, le système de Malebranche n'est-il pas supérieur à celui de son maître Descartes ? Descartes nous représente les vérités métaphysiques, les lois de la raison comme des décrets arbitraires de la toute-puissance divine qu'elle pouvait également porter ou ne pas porter et qu'elle pourra révoquer quand il lui plaira. Supposer que Dieu est dans la dépendance d'une loi quelconque, c'est, suivant l'expression de Descartes, vouloir l'assujétir aux destins comme un Jupiter ou un Saturne. Malebranche se fait à la fois une idée plus haute de la nature divine et de la raison qui en émane.

La raison qui est en nous, ces lois et ces vérités éternelles, supérieures à toute discussion, sont l'expression de la sagesse de Dieu même, et sont immuables comme la sagesse divine. Dans son admirable traité de morale, et dans ses méditations métaphysiques plus encore que dans la recherche de la vérité, Malebranche insiste sur les caractères d'immutabilité et d'impersonnalité de la raison, et lorsqu'il parle de cette raison divine qui éclaire tous les hommes venant dans ce monde, il s'élève à une éloquence qui rappelle celle de Platon.

Dans le premier chapitre de son traité de morale, il s'exprime ainsi sur la nature de la raison : « La raison qui éclaire l'homme est le verbe ou la sagesse de Dieu même. Car toute créature est un être particulier, et la raison qui éclaire l'esprit de l'homme est universelle. Si mon esprit était ma raison ou ma lumière, mon esprit serait la raison de toutes les intelligences. Car je sais que ma raison ou ma lumière éclaire toutes les intelligences. »

De là, il est évident qu'il y a du vrai et du faux, du juste et de l'injuste, et cela à l'égard de toutes les intelligences, que ce qui est vrai au regard de l'homme, est vrai à l'égard de l'ange et à l'égard de Dieu même; que ce qui est injustice ou déréglement à l'égard de l'homme, est aussi tel à l'égard de Dieu même. Car tous les esprits contemplant la même substance intelligible y découvrent nécessairement les mêmes rapports de grandeur ou les mêmes vérités spéculatives. »

Non seulement cette raison est universelle et absolue, mais encore elle est obligatoire à l'égard de tous les êtres, et Dieu lui-même la suit. Ce qui règle la manière d'agir de Dieu, ce qui est sa loi inviolable, c'est le verbe, la sagesse éternelle qui nous rend raisonnable, et que nous pouvons en partie contempler suivant nos desirs. Car il y a une société spirituelle entre l'ame et Dieu, qui consiste, suivant les expressions de Malebranche, en une participation de la même substance intelligible du verbe de laquelle tous les esprits peuvent se nourrir (*Traité de Morale*, chap. I.). En contemplant la substance divine avec laquelle nous sommes en rapport, nous pouvons découvrir quelque chose de ce que Dieu pense, car Dieu voit toutes les vérités, et nous en pouvons voir quelques-unes. Nous pouvons découvrir aussi quelque chose de ce que Dieu veut, car Dieu ne veut que selon l'ordre, et l'ordre ne nous est pas entièrement inconnu.

Les vérités éternelles et l'ordre sont identiques, car les vérités, les lois éternelles ne sont autre chose que des rapports de perfection et de grandeur réels, immuables, nécessaires que renferme la substance du verbe divin. Celui qui voit ces rapports, voit ce que Dieu veut, celui qui règle son amour sur ces rapports, suit une loi que Dieu aime invinciblement. Notre vertu est donc d'aimer la raison, ou plutôt d'aimer l'ordre.

L'amour de l'ordre est le principe fondamental de la morale de Malebranche. C'est ce principe qu'il a développé et appliqué dans son *Traité de Morale*, ouvrage admirable par la profondeur et la hardiesse des vues qu'il renferme. Malebranche ne s'est pas contenté de constater l'existence, au sein de l'ame humaine, d'une notion obligatoire de justice et de devoir, il a poussé plus loin l'analyse, et il a établi que la justice consistait à se conformer à l'ordre immuable fixé par Dieu entre les choses, à ne jamais préférer ce qui est moins parfait à ce qui est plus parfait. Non seulement l'amour de cet ordre divin et immuable est la principale des vertus morales, mais, selon Malebranche, c'est l'unique vertu, la vertu-mère, fondamentale, universelle. Quiconque n'accomplit pas ses devoirs en vue de l'ordre, mais en vue de quelque bien particulier qui l'attire, ou de quelque passion qui l'invite, celui-là n'est point vertueux, parce que ce n'est point la raison, l'amour de l'ordre qui le conduit.

Malebranche est tellement pénétré de cette vérité, que toute justice, toute grandeur, toute perfection consistent dans l'amour de l'ordre divin et immuable des choses, qu'il ne peut concevoir que Dieu lui-même agisse contrairement à cet ordre. Tout ce que Dieu fait dans le monde, il le fait par des volontés constantes et générales, et non par des volontés particulières, comme se l'imagine le commun des hommes. La perfection, la sagesse, la puissance de Dieu brillent bien plus dans l'ordre du monde que dans les effets miraculeux. Enfin, Malebranche va presque jusqu'à nier les miracles, ou du moins il les détruit en voulant les ramener à des volontés générales de Dieu. Cette opinion hardie de Malebranche, qui est une conséquence rigoureuse de ses idées élevées sur la Divinité, se trouve développée dans la septième et dans la huitième des méditations métaphysiques et chrétiennes.

Telle est la fameuse théorie de la vision de Dieu. Pour en apprécier la valeur, il faut distinguer en elle deux parties, deux faces différentes, l'une qui regarde les idées qui ont leur origine, soit dans l'action du corps sur l'ame, soit dans l'activité de l'ame elle-même ; l'autre qui regarde ces vérités éternelles dont la lumière divine éclaire toutes les intelligences. Autant, sous le premier point de vue, la théorie de la vision en Dieu peut être fausse et bizarre, autant; sous le second, elle me paraît empreinte de grandeur et de vérité.

D'ailleurs, même en ce qui concerne les idées qui viennent de la sensation ou de la réflexion, il ne faut pas donner à la théorie de Malebranche plus d'extension qu'il ne lui en a donnée. Outre cette connaissance que nous avons des choses par leurs idées ou par les rapports des idées vus en Dieu, il existe encore, selon Malebranche, trois autres modes de connaissance. Il y a des choses que nous pouvons connaître par elles-mêmes, d'autres par conscience, d'autres par conjecture. On connaît les choses par elles-mêmes et sans idées, lorsqu'étant très intelligibles, elles peuvent pénétrer l'esprit ou se découvrir à lui. Dieu est le seul être de cette nature ; il est le seul que nous voyions d'une vue immédiate et directe. Comment, en effet, une idée qui est un être particulier et fini, pourrait-elle représenter l'être universel et infini ?

C'est par le sentiment intérieur, la conscience, que nous connaissons notre ame ; nous ne la connaissons point par l'idée que nous en avons, et parce que nous la voyons en Dieu, nous ne la connaissons pas non plus, comme Dieu, d'une vue directe et immédiate ; nous en avons seulement conscience, et voilà pourquoi nous n'avons de notre ame qu'une connaissance imparfaite. Il faut remarquer ici une différence entre Malebranche et Descartes. Selon Descartes, nous connaissons beaucoup mieux l'ame que le corps; selon Malebranche, au contraire, nous connaissons mieux le corps que l'ame, parce que nous voyons en Dieu l'idée de l'étendue, tandis que nous n'y voyons pas l'idée de notre ame.

Enfin, il est un dernier mode de connaissance. Il y a des choses que nous ne connaissons ni par une vue directe, ni par la conscience, ni par les idées que nous en avons, mais seulement par conjecture. C'est ainsi que nous connaissons les ames des autres hommes et les pures intelligences. Nous conjecturons que les ames des autres hommes sont de la même espèce que la nôtre. Nous pensons que ces ames ont les mêmes idées et les même sentiments, parce que nous voyons en Dieu certaines idées et certaines lois immuables selon lesquelles nous savons avec certitude que Dieu agit également dans tous les esprits.

Les êtres matériels sont donc les seuls que nous connaissions par les idées que nous en voyons en Dieu; car les lois et les vérités éternelles, ne sont pas des êtres mais des rapports entre les idées et les perfections de Dieu.

DE L'EXISTENCE D'UN MONDE EXTÉRIEUR.

Si nous ne sommes en rapport qu'avec les idées des êtres matériels, et si nous voyons ces idées dans l'intelligence divine qui les a conçues, ne se pourrait-il pas que les idées seulement de ces êtres matériels existassent en Dieu, tandis que les êtres qu'elles représentent n'auraient jamais existé que dans l'intelligence divine? Que ces êtres existent ou n'existent pas, les choses ne devront-elles pas se passer, à notre égard, de la même manière? Quelle obligation Dieu pourrait-il avoir de placer des corps en dehors de nous, lorsqu'il arrive à notre cerveau certains mouvements? Quelle nécessité y a-t-il qu'il y ait des corps au dehors afin qu'ils excitent des mouvements dans notre cerveau? Le sommeil, les passions, la folie, ne produisent-ils pas de ces mouvements, sans que les corps du dehors y contribuent? Les mouvements du cerveau eux-mêmes peuvent ne pas exister, car ils ne sont pas la cause de nos idées, ils ne sont que l'occasion à propos de laquelle nous voyons nos idées en Dieu. Si Dieu a voulu nous représenter les corps comme actuellement existants, quoique dans la réalité aucun corps n'existe, la chose assurément ne lui eut pas été difficile. Malebranche loue donc Descartes d'avoir produit la preuve la plus forte qu'on puisse apporter en faveur de l'existence des corps, en lui donnant pour fondement la véracité divine. Cependant, et malgré cet argument, auquel il reconnaît une grande valeur, il ne pense pas que tous les doutes soient levés sur l'existence des corps et il aboutit à cette conclusion :

« On peut dire que l'existence de la matière n'est point encore parfaitement démontrée. Car enfin, en matière de philosophie, nous ne devons croire quoique ce soit, que lorsque l'évidence nous y oblige. Nous devons faire usage de notre liberté autant que nous le pouvons. Nos jugements ne doivent pas avoir plus d'étendue que nos perceptions. Ainsi, lorsque nous voyons des corps, jugeons seulement que nous en voyons et que ces corps visibles ou intelligibles existent actuellement, mais pourquoi jugerions-nous positivement qu'il y a en dehors un monde matériel, semblable au monde intelligible que nous voyons..... Pour être pleinement convaincu qu'il y a des corps, il faut qu'on nous démontre non seulement qu'il y a un Dieu et que Dieu n'est point trompeur, mais encore que Dieu nous a assurés qu'il en a effectivement créés, ce que je ne trouve point prouvé dans les ouvrages de M. Descartes. » (*Eclaircissements sur le 10e chap. du 1er livre, Recherche de la Vérité*).

Toutefois Malebranche n'ose ouvertement nier l'existence du monde extérieur, et il invoque le secours de la foi contre cet idéalisme dans lequel la logique l'entraîne.

Si la philosophie ne peut prouver avec évidence l'existence des corps, la foi, suivant lui, nous oblige à croire que le monde matériel existe en dehors de nous. Car le principe de la foi suppose l'existence de ce monde. L'Ecriture-Sainte, les miracles, les prophètes, ne sont-ils pas du monde extérieur? On peut, il est vrai, objecter que ces écritures, ces miracles, ces prophètes, ne sont que des idées et des apparences. Malebranche se tire plus ingénieusement que sérieusement de cette objection, en disant que quoique on ne suppose que des apparences d'hommes, d'apôtres, de prophètes, d'Ecritures-Saintes, de miracles, ces apparences que Dieu seul a pu faire, prouvent d'une manière incontestable que Dieu a créé le ciel et la terre, et que par conséquent le monde extérieur est une réalité.

La théorie générale de Malebranche sur la connaissance peut donc ainsi se résumer. L'esprit n'a point d'idées qui ne lui viennent de Dieu, il pense en Dieu et par Dieu, c'est au sein de Dieu avec lequel il est intimement uni, qu'il aperçoit les idées dont il se croit l'auteur. S'il connaît Dieu sans idées, c'est à cause de son union avec Dieu. Quant au mode de connaissance par conjecture qu'indique Malebranche, et par lequel nous connaîtrions les ames de nos semblables, il nous paraît une assez grave contradiction à ce principe que toutes nos idées viennent de Dieu. Toutefois nous ne devons pas trop nous arrêter à cette contradiction, car Malebranche ne mentionne qu'une fois, et comme en passant, ce mode de connaissances, tandis que le fond et l'esprit même de sa doctrine consistent à rapporter à Dieu toutes les idées comme toutes les inclinations de l'ame. Passons maintenant de la théorie de l'entendement à la théorie de la volonté, où nous rencontrerons le même esprit et les mêmes principes.

DE LA NATURE ET DE L'ORIGINE DE LA VOLONTÉ.

Commençons par rappeler la définition que Malebranche a donnée de la volonté : « La volonté est l'impression ou le mouvement naturel qui nous porte vers le bien indéterminé, vers le bien en général. Il se sert d'une comparaison qui fait parfaitement comprendre ce qu'il entend par volonté, et quels sont les rapports de la volonté avec l'entendement. De même que la matière ou l'étendue renferme en elle deux propriétés, celle de recevoir des figures et celle d'être mue, de même l'esprit a deux facultés, celle de recevoir des idées, qui est l'entendement, et celle de recevoir plusieurs inclinations, qui est la volonté. Les inclinations de la volonté sont à l'esprit ce que les mouvements sont à l'étendue.

Ce n'est pas l'homme qui est l'auteur de ce mouvement naturel qui le porte vers le bien. Dieu est la cause universelle de toutes les inclinations naturelles qui se trouvent dans les esprits, comme il est la cause universelle de tous les mouvements qui se trouvent dans la matière. Si l'esprit ne recevait pas une impulsion divine, il demeurerait immobile sans inclination, sans amour, sans volonté. C'est toujours en vertu de cette impulsion divine vers le bien universel, que l'esprit désire, qu'il veut, qu'il hait et qu'il aime. Ce bien universel, ce bien infini, auquel sans cesse il aspire, n'est autre chose que Dieu lui-même qui, ne pouvant avoir dans la création d'autre fin principale que lui-même, a créé les esprits pour tendre sans cesse vers lui et pour l'aimer. Qu'ils le sachent ou qu'ils l'ignorent, tous les hommes tendent sans cesse vers Dieu, car en toutes leurs actions ils poursuivent le bien. Cette tendance existe même chez le méchant et le pécheur, car c'est aussi en vue du bien qu'ils commettent le péché, mais ils se trompent sur la nature du bien, ils prennent les faux biens pour les biens véritables.

En quoi peut donc consister la liberté de l'homme placé sous l'empire de cette fatale et irrésistible impulsion qui l'entraîne vers le bien? Si toutes les inclinations de sa volonté viennent de Dieu, comment peut-il être responsable de ces inclinations?

Malebranche définit la liberté, la force qu'a l'esprit de détourner vers les objets qui nous plaisent, cette impression vers un bien général et indéterminé, et de faire ainsi que nos inclinations naturelles soient terminées à quelque objet particulier, tandis qu'abandonnées à elles-mêmes, elles n'ont qu'une tendance vague et indéterminée vers le bien général.

Le pouvoir de l'esprit consiste à déterminer, à fixer les inclinations sur un certain bien plutôt que sur un certain autre. Malebranche s'efforce de faire la part exacte de l'action de Dieu et de l'action de l'homme dans le fait de la volonté. Voici d'abord la part de Dieu: il nous pousse sans cesse et par une impression invincible, vers le bien général, il nous représente l'idée d'un bien particulier, car lui seul nous éclaire, car lui seul peut nous donner l'idée d'un bien particulier; puisque toutes les idées viennent de lui. Enfin, il nous pousse vers ce bien particulier dont il nous a donné l'idée en conséquence de ce mouvement général par lequel il nous porte vers tout ce qui est bien. Telle est la part de Dieu dans nos actions volontaires. Cette part est grande. Examinons maintenant quelle sera la part de l'homme. L'homme voit ce bien particulier que Dieu lui présente, il se sent attiré vers lui, mais il est libre de s'y arrêter ou de ne pas s'y arrêter. Il peut s'y attacher et il peut aussi passer outre et aller au-delà. Car s'il considère ce bien particulier d'une vue claire et distincte, au lieu de s'y précipiter tout d'abord, il découvre qu'il n'est qu'un bien particulier; que, par conséquent, il ne renferme pas tous les biens; qu'il n'est pas le bien suprême; et alors il peut laisser de côté ce bien particulier, et se diriger sur un autre bien en raison de ce mouvement dont il est animé, et qui le porte vers le bien suprême. Quand donc un bien particulier se présente à nous, notre devoir est de ne pas nous laisser aller immédiatement à lui, de l'examiner et de ne nous y arrêter qu'autant qu'il nous paraîtrait conforme à l'ordre. Par la réflexion nous avons le pouvoir de découvrir de nouveaux biens vers lesquels nous sommes entraînés par le mouvement général qui nous porte vers le bien. Toute la difficulté revient donc à savoir si nous pouvons penser à d'autres biens qu'à celui dont nous jouissons. Or, c'est une loi de notre nature, que les idées des objets se présentent à notre esprit dès que nous voulons y penser, pourvu que notre ame ne soit pas remplie par les sentiments vifs et confus qu'elle reçoit à l'occasion de ce qui se passe dans le corps. Il est donc toujours au pouvoir de l'homme de découvrir d'autres biens particuliers que celui qui le sollicite actuellement, pourvu qu'il en ait le desir et la volonté. De là ce grand précepte de la morale de Malebranche :

« Il ne faut jamais aimer un bien absolument, si l'on peut sans remords ne le point aimer. »

Cette régle est dans une harmonie parfaite avec la grande régle de logique que nous avons rapportée en commençant.

« L'esprit ne doit jamais donner un consentement qu'aux propositions qui paraissent si évidemment vraies, qu'on ne puisse le leur refuser sans sentir une peine intérieure et des reproches secrets de la raison. »

On ne peut donc dire que Dieu est l'auteur du péché quoique Dieu fasse tout en nous. En effet, le pécheur ne pèche que parcequ'il ne fait pas usage de sa liberté, que parce qu'il ne veut pas considérer d'autre bien que celui dont il jouit. Il est vrai, qu'en un sens, Dieu porte le pécheur à aimer l'objet de son péché, puisque cet objet paraît un bien au pécheur. Mais le péché d'un homme ne consiste pas en ce qu'il aime un bien, puisque tout bien est aimable, il consiste en ce qu'il aime uniquement ce bien, ou en ce qu'il l'aime tant et plus qu'un autre bien plus grand. La responsabilité du péché demeure tout entière au pécheur qui est capable d'avoir particularisé, d'avoir localisé ce mouvement général par lequel Dieu l'entraînait vers le bien absolu.

Malebranche s'est donc efforcé de faire dans son système une petite place à la liberté. Il semblait qu'après avoir admis dans l'homme une tendance fatale vers le bien, tendance qui se détermine par des jugements nécessaires qui nous montrent tels ou tels objets particuliers comme des biens, il dût nier complètement la liberté. Mais, au nom de la raison et aussi au nom de la foi, il recule devant une solution aussi absolue. Il la modifie par une restriction légère qui est néanmoins en contradiction flagrante avec ses principes. Il accorde à l'homme le pouvoir d'examiner, de réfléchir, de suspendre son action, d'exciter en lui de nouvelles déterminations par la vue de nouveaux biens, et il oublie que cette vue elle-même d'un bien nouveau ne nous est donnée que par Dieu. Il semble même se repentir encore d'avoir fait cette légère concession à la liberté humaine, il a déjà peur d'avoir trop accordé à la créature et de l'avoir affranchie en quelque chose de la dépendance du créateur. Il atténue, autant qu'il est en lui, cette concession, en soutenant que le pouvoir d'examiner, le pouvoir de suspendre notre jugement, comme le pouvoir de suspendre notre action, n'est pas un pouvoir réel, n'est pas une modification que nous nous imprimons à nous-mêmes, puisque Dieu seul peut nous modifier. Il nous avertit de ne pas voir dans cette suspension un acte, un produit de l'homme, mais seulement quelque chose de négatif, quelque chose qui n'a rien de réel. S'il en était autrement, l'homme, selon lui, serait revêtu d'une partie de cette causalité qui n'appartient qu'à Dieu. Cette suspension n'a rien de réel, et voilà pourquoi Dieu, qui est l'auteur de toutes choses, n'en est pas l'auteur. Il en est de même du péché, quoique Dieu fasse tout, il ne le fait pas. Il ne le fait pas parce que le péché n'est rien, puisque le péché consiste seulement à arrêter sur un bien particulier l'impression que Dieu nous donne pour aimer le bien universel. Tout ce qu'il y a de réel et de positif, Dieu seul le fait et peut le faire. Cela seul peut appartenir à l'homme qui est dépourvu de toute réalité.

Dieu seul est la cause de toutes les modifications et de toutes les inclinations de notre ame, comme il est la cause de toutes les idées de notre entendement, telle est la conséquence suprême de cette théorie de la volonté.

THÉORIE DES CAUSES OCCASIONNELLES. RAPPORTS DE L'AME AVEC LE CORPS.

Après avoir considéré l'ame en elle-même, nous allons maintenant la considérer dans ses rapports avec le corps et avec la matière.

L'ame est unie au corps, mais elle ne saurait agir sur lui, elle ne saurait le mouvoir. La volonté de l'esprit n'est pas capable de mouvoir le plus petit corps. D'où vient donc cette croyance commune qui attribue à l'action de la volonté un certain nombre de mouvements du corps? Cette croyance découle d'une croyance analogue à celle par laquelle nous nous imaginons être cause de nos idées. Nous voulons lever notre bras, et notre bras se lève. Nous concluons uniquement en vertu de la succession de ces deux faits, que le premier est la cause du second, comme s'il y avait quelque rapport nécessaire entre notre volonté et le mouvement des parties de notre corps. C'est uniquement sur le sophisme connu dans l'école sous le nom de *post hoc, ergo propter hoc*, qu'est fondée cette croyance vulgaire à la communication de l'ame et du corps.

L'ame n'agit donc point sur le corps, et, à plus forte raison, le corps n'agit par sur l'ame. Nul changement n'arrive dans l'ame par l'action des corps extérieurs, puisque la matière ne peut exister ni se mouvoir par elle-même, puisqu'il ne saurait y avoir des forces, des puissances, des causes véritables dans le monde matériel et sensible. Croire que les corps peuvent être pour nous la cause de quelque plaisir ou de quelque douleur, c'est leur supposer une puissance qui n'appartient qu'à Dieu, c'est être sur la voie qui conduit au paganisme, c'est-à-dire, à l'adoration des objets extérieurs et matériels. Mais si les corps n'ont aucune puissance à l'égard de l'ame, ils n'en ont également aucune les uns sur les autres. Ils ne sont pas moins incapables d'agir les uns sur les autres, qu'ils ne sont incapables d'agir sur l'ame. Croire que lorsqu'un corps vient en choquer un autre, il lui communique son mouvement, c'est une erreur non moins grande que celle de croire que l'ame produit les idées ou bien les mouvements du corps. En un mot, toutes les substances étant passives, elles ne peuvent ni communiquer entre elles, ni agir les unes sur les autres d'une manière quelconque.

Il n'en est pas moins certain que toutes les choses se passent dans le monde comme s'il y avait une action réciproque entre les substances dont il se compose ; comment donc rendre compte de ces rapports permanents qui semblent exister entre les substances créées, comment expliquer l'harmonie qui règne entre toutes les parties de l'univers ?

C'est Dieu qui, par son intervention continuelle, établit un accord permanent entre les substances créées et une harmonie générale de l'univers. Si les substances créées ne peuvent, en aucun cas, être des causes véritables soit à l'égard d'elles-mêmes, soit à l'égard des autres substances, elles sont des causes occasionnelles. Malebranche appelle causes occasionnelles, les circonstances à l'occasion desquelles la cause véritable entre en exercice. Toutes les substances créées, dépourvues d'une véritable causalité, ne sont et ne peuvent être que des causes occasionnelles. Malebranche pose ce principe dans la cinquième de ses méditations métaphysiques :

« Dieu ne communique sa puissance aux créatures qu'en les établissant causes occasionnelles pour produire certains effets, en conséquence des lois qu'il se fait pour exécuter ses desseins d'une manière constante et uniforme par les voies les plus simples et les plus dignes de ses autres attributs. »

Ainsi, lorsqu'un corps vient en choquer un autre, ce corps n'est pas la cause véritable, mais seulement la cause occasionnelle du mouvement du corps choqué, c'est-à-dire, il est seulement l'occasion, à propos de laquelle la cause unique et suprême intervient, d'après une loi constante, pour mettre en mouvement le corps qui a été choqué. Il en est de même de toutes ces actions apparentes des corps les uns sur les autres. Ils ne sont jamais que l'occasion à propos de laquelle Dieu, intervenant d'une manière régulière, produit tel ou tel phénomène, tel ou tel mouvement.

Les rapports entre le corps et l'esprit sont de la même nature, et s'expliquent de la même manière. Le corps et l'esprit sont, à l'égard l'un de l'autre, causes occasionnelles des changements qui leur arrivent. Dieu a donné aux esprits, à l'occasion de ce qui se passe dans leurs corps, cette suite de sentiments qui est le sujet de leurs mérites et la matière de leur sacrifice. De même il a donné au corps, à l'occasion des desirs et des volontés de l'ame, cette suite de mouvements et de situation qui est nécessaire à la conservation de la vie. Si, en présence du feu, j'éprouve de la chaleur, ce n'est pas que le feu exerce sur moi une certaine action, c'est que Dieu, à l'occasion de la présence de ce feu, exerce sur notre ame une certaine impression que nous avons appelée chaleur. Si mon bras se remue lorsque je veux remuer mon bras, ce n'est pas que ma volonté le mette en mouvement, c'est qu'à l'occasion de ma volonté, Dieu, par suite d'une loi générale, remue cette partie de matière qui est mon bras. Si cette cause universelle venait à cesser d'agir, il n'y aurait plus de mouvements dans la matière et plus d'idées dans l'esprit. En vain notre esprit s'efforcerait-il de penser à telle ou telle chose, si toutefois on peut admettre, dans le système de Malebranche, que ce desir, que cet effort n'est pas déjà une modification dont Dieu seul est l'auteur, ce desir, cet effort demeureraient stériles, et l'idée que l'esprit chercherait ne se présenterait pas à lui ; il voudrait voir, mais il ne verrait pas, car il serait privé de sa lumière. En vain s'efforcerait-il d'agir sur le corps, le corps aurait cessé de lui obéir, le bras qu'il voudrait lever demeurerait immobile.

C'est en Dieu et par Dieu que l'esprit comprend, raisonne, veut et aime. Séparez l'esprit de Dieu, et l'esprit demeurera sans intelligence, sans raison, sans volonté et sans amour. C'est Dieu qui meut le corps ; enlevez l'action divine à la matière, et la matière demeurera sans mouvement. Tout vient de Dieu et rien de la créature, c'est la pensée en laquelle se complaît Malebranche par dessus toutes les autres, c'est la pensée qui est le fondement même de toute sa métaphysique.

RAPPORTS DE LA PHILOSOPHIE DE MALEBRANCHE AVEC LA PHILOSOPHIE DE DESCARTES ET DE SPINOSA.

Mais de quelle source découle cette pensée ? Elle découle de la même source que la doctrine de Spinosa. Toutes les substances créées sont passives, toute véritable causalité réside au sein de la substance divine, tel est le principe en même temps que la conclusion suprême de tout le système de Malebranche. Son système tout entier n'est qu'un développement de ce principe. C'est sous l'empire de ce principe que Malebranche juge de la valeur de toutes les opinions et de tous les systèmes, c'est de ce principe qu'il déduit toutes ses solutions métaphysiques. Tout ce qui s'écarte de ce grand principe, toute opinion qui tend à attribuer aux créatures et à l'homme lui-même, une activité et une causalité propre apparaît aux yeux de Malebranche, revêtue d'un caractère d'impiété. Il y voit une sorte de tentative de révolte de la créature contre Dieu. De telles opinions, selon lui, viennent du fond vain et superbe de l'homme ; elles ne lui sont point inspirées par le Père de lumières, mais par l'esprit des ténèbres.

A qui donc Malebranche a-t-il emprunté ce principe dont toute sa philosophie n'est qu'une conséquence si rigoureuse ? Il l'a emprunté, comme Spinosa, à son maître Descartes. La tendance de la métaphysique de Descartes était de dépouiller la créature de toute activité. Malebranche a développé cette tendance. Selon Descartes, les substances ne continuent d'exister qu'à la condition de continuer d'être créées, elles sont toutes passives à l'exception d'une seule qui est la substance suprême, la substance infinie, qui est Dieu. De ce principe, Malebranche tire logiquement cette conséquence qu'aucun être créé ne peut agir par lui-même, qu'aucun être créé ne peut se modifier lui-même, ni modifier par son action d'autres êtres créés. L'ame ne saurait donc avoir des idées par elle-même, elle ne saurait se modifier en aucune manière, elle ne saurait agir sur le corps, ni le corps agir sur l'ame, car ni le corps, ni l'ame ne sont des causes véritables ; puisque toute causalité appartient à Dieu. Le corps et l'ame ne peuvent être que les occasions à propos desquelles s'exerce la causalité divine, de là la théorie des causes occasionnelles et la théorie de la vision en Dieu, qui, en ce qui concerne la négation de l'activité de notre esprit dans la formation des idées, n'est qu'un cas particulier de la théorie plus générale des causes occasionnelles.

Tel est le lien qui rattache le système de Malebranche à celui de Descartes; ils sont unis l'un à l'autre, comme la conséquence est unie au principe, et nous pouvons appliquer au système de Malebranche le jugement de Leibnitz sur le système de Spinosa, nous pouvons affirmer qu'il n'est aussi qu'un cartésianisme immodéré.

Après avoir montré le rapport qui existe entre Malebranche et Descartes, il faut montrer l'étroite parenté qui unit les doctrines de Malebranche et les doctrines de Spinosa. Puisque toutes deux, comme nous venons de le démontrer, sont filles d'un même principe, cette parenté n'a rien qui doive nous étonner. La tendance de Malebranche, comme la tendance de Spinosa, est d'absorber l'homme dans le sein de la divinité. Tous deux ont à un tel point le sentiment de Dieu, qu'ils en perdent le sentiment de la personnalité humaine. L'homme de la métaphysique de Malebranche, qui ne peut aimer qu'en Dieu et par Dieu, qui ne peut être la cause d'aucune de ses modifications, d'aucune de ses pensées, d'aucun de ses actes, est-il un être plus indépendant et plus libre que l'homme de la métaphysique de Spinosa, qui n'est qu'un phénomène de la substance divine?

Il est vrai que Malebranche concède à l'ame une certaine liberté, un certain pouvoir de suspendre ses actes et ses jugements, mais il a bien soin de remarquer que ce pouvoir n'est pas quelque chose de positif et de réel, n'est pas une modification que l'ame s'imprime à elle-même; d'ailleurs, ce pouvoir, quelque petit, quelque négatif qu'il soit, est en contradiction directe avec le principe fondamental de la théorie des causes occasionnelles.

Il est vrai encore que Malebranche admet l'existence de substances créées et distinctes de Dieu, à la différence de Spinosa, mais ces substances créées ne peuvent se soutenir, ne peuvent continuer d'exister, ne peuvent agir que par l'action et par l'assistance continue de la substance divine. Comme elles n'ont aucune activité qui leur soit propre, comme elles ne sont rien par elles-mêmes, elles n'ont, à vrai dire, de substance que le nom, et dans la réalité, ces prétendues substances ne peuvent pas plus se suffire à elles-mêmes que des phénomènes. M. Cousin, en comparant les systèmes de Malebranche et de Spinosa, a donc raison de dire :

« Voir tout en Dieu et considérer Dieu comme la cause première de tous les mouvements, ou bien prendre Dieu pour le seul et unique être véritable, dont tous les autres ne sont que des accidents, n'est-ce pas, au fond, à peu près la même chose, et sinon la même doctrine, au moins le même esprit ? » (*Fr. ph.*, 2 vol.)

Avec un peu plus de logique, Malebranche, sans nul doute, serait arrivé au panthéisme comme Spinosa. Si Malebranche a été moins logicien que Spinosa, c'est qu'il a été retenu par sa double qualité de catholique et de prêtre ; il a reculé devant des conséquences qui eussent été ouvertement contraires à l'orthodoxie catholique. Quoi-qu'il en soit, la différence entre les doctrines de Spinosa et de Malebranche est, peut-être, plus apparente que réelle ; leurs principes sont les mêmes, et il n'y a que l'orthodoxie chrétienne qui retienne la logique de Malebranche et la distingue de Spinosa. Encore, dire que l'orthodoxie chrétienne sépare Malebranche de Spinosa, c'est trop dire, car sa philosophie y porte plus d'une atteinte profonde, ainsi que l'ont démontré Arnauld et Bossuet. Quelle est la devise philosophique de Malebranche ? Ce sont ces paroles des *Actes des Apôtres* :

In ipso vivimus, movemur et sumus.

Quelle est la devise philosophique de Spinosa ? C'est ce verset de saint Jean :

Per hoc cognoscimus quod in Deo manemus, et Deus manet in nobis et quod de spiritu suo dedit nobis.

Le sens de ces deux passages n'est-il pas le même ? Tous deux n'annoncent-ils pas un même esprit, sinon une même doctrine ?

INFLUENCE

DE LA

PHILOSOPHIE DE DESCARTES,

SUR

LA PHILOSOPHIE DE LOCKE.

Spinosa et Malebranche, le panthéisme et la théorie des causes occasionnelles, représentent dans l'histoire les grands développements logiques des principes métaphysiques de Descartes. Mais la philosophie de Descartes renferme encore d'autres tendances, d'autres points de vue, d'autres principes que ceux auxquels se sont attachés Spinosa et Malebranche, et divers philosophes ont subi, à des titres divers, l'influence du cartésianisme, suivant qu'ils l'ont plus ou moins spécialement envisagé sous telle ou telle de ses faces.

Locke est aussi un des philosophes qui ont ressenti l'influence du cartésianisme, mais il l'a ressentie d'une autre manière que Spinosa et Malebranche. Il nous faut maintenant descendre des hauteurs métaphysiques auxquelles nous nous sommes élevés avec ces deux grands philosophes, pour arriver à l'essai de l'entendement humain et y montrer la trace évidente du cartésianisme. A ne consulter que certains préjugés assez généralement reçus sur la philosophie de Locke, on s'étonnera, peut-être, que nous le placions au nombre des philosophes qui ont subi l'influence du mouvement philosophique dont Descartes est l'auteur. En effet, depuis long-temps on est accoutumé à ne le considérer en France, d'après le témoignage des encyclopédistes et de Condillac, que comme le disciple et le continuateur de Hobbes et de Gassendi. En Angleterre, dans la patrie même de Locke, la même erreur a été généralement répandue jusqu'à Dugald-Stewart, qui a enfin restitué à la philosophie de Locke son véritable caractère. Les philosophes sensualistes du dix-huitième siècle pensaient avoir tout dit sur Locke, lorsqu'ils lui avaient attribué l'honneur de cette prétendue découverte philosophique, que toutes nos idées viennent des sens. A en croire leur témoignage, la philosophie de Locke ne se distinguerait en rien du matérialisme avoué de Hobbes et du matérialisme timide du chanoine de Digne. Cependant, quoique dans le système de Locke on rencontre des traces assez nombreuses des opinions soit métaphysiques, soit morales de Hobbes et de Gassendi, la méthode qu'il a suivie dans l'étude de l'entendement humain, diffère profondément de la méthode suivie par Hobbes et par Gassendi.

Les historiens de la philosophie qui ont placé Locke en dehors du mouvement cartésien, se sont, en général, trop préoccupés de sa polémique contre la théorie des idées innées de Descartes, et n'ont pas assez remarqué que la méthode psychologique de l'essai sur l'entendement humain, est cette même méthode dont Descartes, dans les méditations, a donné à la fois le précepte et l'exemple.

Un examen plus approfondi de la méthode de Locke, nous a convaincu qu'il est beaucoup plus cartésien que généralement on ne le pense. Il n'est certainement pas un cartésien au même titre que Clerselier, Rohault, Louis de la Forge, Sylvain-Régis, Clauberg, car il n'est pas un disciple avoué de Descartes, et n'en professe pas toutes les doctrines. Il n'est pas non plus cartésien au même sens que Spinosa et Malebranche, car il n'a pas adopté la plupart des principes métaphysiques de Descartes, ou du moins il ne les a pas poussés jusqu'à leurs dernières conséquences, et nous ne pouvons pas dire de son système, qu'il est un cartésianisme immodéré.

En quel sens Locke est-il donc cartésien ? Il est cartésien par la méthode psychologique. En effet, cette méthode psychologique que Descartes décrit avec tant de profondeur et met lui-même en pratique dans son admirable ouvrage des *Méditations*, est la méthode même de l'essai sur l'entendement humain. C'est par là que Locke est un disciple de Descartes. Pour étudier les phénomènes de l'esprit humain, Locke ne se sert pas d'une autre méthode que de celle-là même qui a été découverte et suivie par Descartes, et qui lui a mérité le titre de père de la psychologie moderne. Rappelons d'abord en quoi consiste cette méthode psychologique de Descartes, afin d'en démontrer l'identité avec la méthode de Locke.

Nous avons dit, en exposant la doctrine de Descartes, que nul philosophe, avant lui, n'avait tracé une ligne de démarcation aussi nette et aussi profonde entre les phénomènes du corps et les phénomènes de la pensée. C'est dans la seconde de ses méditations qu'il trace cette ligne si importante de démarcation. Après s'être assuré, par le témoignage de la conscience, qu'il existe, et que cette vérité ne saurait être révoquée en doute, il se pose cette question:

qui suis-je ? Il y répond par une distinction sévère de tout ce qui appartient à l'ame et de tout ce qui appartient au corps.

« Je ne suis point cet assemblage de membres qu'on appelle le corps humain ; je ne suis point un air délié et pénétrant, répandu dans tous ses membres; je ne suis point un vent, un souffle, une vapeur, ni rien de tout ce que je puis feindre et m'imaginer, puisque j'ai supposé que tout cela n'était rien, et que, sans changer cette supposition, je trouve que je ne laisse pas d'être certain que je suis quelque chose. »

Dans cette même méditation, il répond encore de cette manière à la même question :

« Mais qu'est-ce donc que je suis ? Une chose qui pense. Qu'est-ce qu'une chose qui pense ? C'est une chose qui doute, qui entend, qui conçoit, qui affirme, qui nie, qui veut, qui ne veut pas, qui imagine aussi et qui sent. Certes, ce n'est pas peu, si toutes ces choses appartiennent à ma nature. Mais pourquoi n'y appartiendraient-elles pas ? Ne suis-je pas celui-là même qui, maintenant, doute presque de tout, qui, néanmoins, entend et conçoit certaines choses, qui assure et affirme celles-là seules être véritables, qui nie toutes les autres, qui nie et qui desire en connaître davantage, qui ne veut pas même être trompé, qui imagine beaucoup de choses, même en dépit que j'en aie, et qui en sent aussi beaucoup, comme par l'extrémité des organes du corps ? N'y a-t-il rien de tout cela qui ne soit aussi véritable qu'il est certain que je suis et que j'existe, quand même je dormirais toujours, et que celui qui m'a donné l'être se servirait de toute son industrie pour m'abuser ? Y a-t-il aussi quelqu'un de ces attributs qui puisse être distingué de ma pensée ou qu'on puisse dire être séparé de moi-même ? »

Descartes, dans ces quelques lignes, a décrit avec exactitude la véritable méthode psychologique. Ce n'est pas avec les yeux du corps, ce n'est pas avec les sens, ni avec l'imagination, qui emprunte toutes ses données aux objets extérieurs, qu'il faut étudier l'ame. Il ne faut pas chercher l'ame où elle n'est pas. C'est la conscience seule qui peut nous informer des phénomènes qui appartiennent à l'ame. Tout ce que nous atteste la conscience appartient à l'ame; tout ce qu'elle ne nous atteste pas ne saurait, en aucun cas, lui appartenir. C'est avec l'ame qu'il faut étudier l'ame, avec la pensée qu'il faut étudier la pensée. Tous les phénomènes, au contraire, que les yeux du corps nous montrent, que les sens nous révèlent, appartiennent à la matière et à l'étendue, non à l'ame et à la pensée. Enfin Descartes distingue tellement la pensée de la matière, fait tellement abstraction de tout ce qui est sensible, qu'il arrive à cette conclusion célèbre, que l'ame nous est plus clairement connue que le corps.

Or, cette méthode est la méthode même que Locke a suivi dans son grand ouvrage de l'*Essai sur l'Entendement humain*. Lui aussi ne s'adresse généralement qu'à la conscience pour étudier les phénomènes de l'esprit, et n'attribue à l'ame que ce dont l'existence lui est attestée par le témoignage de la conscience. Il n'emprunte ses renseignements sur la nature de l'ame et sur ses phénomènes, qu'à l'ame elle-même et au monde extérieur. Dans l'avant-propos de son *Essai sur l'entendement humain*, il indique nettement que cette méthode est la seule méthode qu'il se propose de suivre dans ses recherches psychologiques.

« Je ne m'engagerai point, dit-il, à considérer en physicien la nature de l'ame, à voir ce qui en constitue l'essence, quels mouvements doivent s'exciter dans les esprits animaux, ou quels changements doivent arriver dans notre corps pour produire, à la faveur de nos organes, certaines sensations ou certaines idées dans notre entendement, et si quelques-unes de ces idées dépendent toutes ensemble, dans leur principe, de la matière ou non. Quelque curieuses et instructives que soient ces spéculations, je les éviterai comme n'ayant aucun rapport avec le but de cet ouvrage. Il suffira, pour le dessein que j'ai en vue, pour le présent, d'examiner les différentes facultés de connaître qui sont dans l'homme. »

Ainsi Locke commence son *Essai sur l'Entendement humain* par distinguer avec soin tout ce qui est du domaine de la physiologie, de tout ce qui est du domaine de la psychologie. Il déclare qu'il laissera de côté tout ce qui est relatif aux organes, aux esprits animaux, aux diverses fonctions du corps. Il se propose d'étudier les facultés de l'ame en psychologue, et non en physicien. Il est impossible de ne pas reconnaître, dans cette sorte de profession de foi, la même pensée et la même méthode que Descartes a développée dans la seconde méditation. Locke, comme Descartes, s'enferme, pour étudier l'ame, au sein de la conscience, et pour cette sorte d'étude, ne s'en rapporte qu'au seul témoignage de la conscience. La distinction qu'il établit entre l'ame et le corps, n'est pas moins nette dans l'*Essai sur l'Entendement humain* que dans les *Méditations*; ou plutôt, chez l'un et l'autre philosophe, cette distinction est la même, comme il sera facile d'en juger par la citation suivante, qui est extraite du livre II, chap. 23 de l'*Essai sur l'Entendement*.

« Voici, en peu de mots, à quoi se réduit l'idée que nous avons de l'esprit comparée à celle que nous avons du corps. La substance de l'esprit nous est inconnue, et celle du corps nous l'est tout autant. Nous avons des idées claires et distinctes des deux premières qualités ou propriétés du corps, qui sont la cohésion des parties et l'impulsion, de même nous connaissons dans l'esprit deux premières qualités ou propriétés dont nous avons des idées claires et distinctes, savoir la pensée et la puissance d'agir, c'est-à-dire, de commencer ou d'arrêter différentes pensées ou divers mouvements. Nous avons des idées claires et distinctes de plusieurs qualités inhérentes à la matière, lesquelles ne sont autre chose que des modifications de l'étendue des parties solides. L'esprit nous fournit de même des idées de plusieurs modes de penser, comme croire, douter, être appliqué, craindre, espérer, etc. »

Plus loin, dans le même chapitre, Locke achève de compléter sa pensée, et reproduit en faveur de la distinction de l'ame et du corps, des arguments qui ne diffèrent que par la forme de ceux de Descartes.

« Nous avons autant de raison de nous contenter de l'idée d'un être immatériel que de celle que nous avons du corps, et d'être également convaincus de l'existence de tous les deux. Car il n'y a pas plus de contradiction que la pensée existe séparée et indépendante de la solidité, qu'il n'y en a que la solidité existe séparée et indépendante de la pensée, la solidité et la pensée n'étant que des idées simples et indépendantes l'une de l'autre ; et comme nous trouvons d'ailleurs en nous-même des idées aussi claires et aussi distinctes de la pensée que la solidité, je ne vois pas pourquoi nous ne pourrions pas admettre l'existence d'une chose qui pense sans être solide, c'est-à-dire, qui soit immatérielle, que l'existence d'une chose solide qui ne pense pas, c'est-à-dire, de la matière. »

Ces diverses citations suffisent pour nous prouver que Locke a suivi en ce point important les traces de Descartes, et qu'après lui il a posé les véritables fondements de la psychologie. Mais ces citations éparses ne sont-elles que quelques phrases perdues et égarées dans l'ouvrage de Locke, ou bien en expriment-elles fidèlement l'esprit général et la méthode ? Il suffirait au besoin de jeter les yeux sur la table des matières de l'*Essai sur l'Entendement humain*, pour se convaincre que ce principe de la distinction profonde de l'ame et du corps, et, par suite, de la différence des méthodes qu'il faut employer pour étudier l'un et pour étudier l'autre, a généralement guidé Locke dans toutes ses recherches sur l'entendement humain. Sans doute il y a été quelquefois infidèle, comme lorsqu'il émet le doute de savoir si Dieu n'aurait pas pu douer la matière de la faculté de penser, doute qui est vraiment inconcevable, quand on songe au point de départ que Locke a adopté, mais néanmoins il s'écarte assez rarement de la vraie méthode, et ne pêche d'ordinaire que dans ses applications.

Quoique, comme je l'ai dit en commençant, Locke n'ait pas, ainsi que Spinosa et Malebranche, suivi les conséquences du principe métaphysique de la passiveté absolue des substances, cependant dans son système et dans sa manière de concevoir l'ame humaine, on peut trouver quelques traces de ce grand principe cartésien. Suivant la remarque de Maine de Biran, le sage Locke, en parlant de la substance d'après Descartes, abonde, sans le vouloir, dans le sens de Spinosa. En effet, Locke semble affirmer que la substance est la même partout, d'où l'on pourrait conclure qu'il n'y a qu'une seule substance sous diverses modifications. Dans un passage important que j'ai déjà cité où Locke compare entre elles les substances de l'esprit et de la matière, il semble n'établir aucune différence essentielle entre la substance de l'ame et la substance du corps, « L'une et l'autre de ces deux substances nous est, dit-il, également inconnue ; nous ne les connaissons, nous ne les distinguons l'une et l'autre que par leurs attributs. L'attribut de la substance de l'esprit, c'est la pensée. On voit bien comment ces deux substances se distinguent l'une de l'autre par leurs modes, mais on ne comprend pas comment elles peuvent se distinguer par leur essence. Quelle autre essence que l'existence peuvent avoir ces deux substances mystérieuses et inconnues en elles-mêmes? Si Locke avait été aussi logicien que Spinosa et Malebranche, il serait peut-être arrivé à des conséquences analogues. On peut donc reprocher à Locke, comme à Descartes, comme à Spinosa, comme à Malebranche, de n'avoir pas conçu toutes les substances en général et l'ame humaine en particulier, comme une force essentiellement active. Locke n'a pas, sans doute, nié à l'ame le pouvoir d'agir, mais cependant, il l'a plutôt considérée comme un sujet qui éprouve des modifications que comme une force essentiellement agissante. A partir de Locke, cette erreur a été celle de la plupart des métaphysiciens français. Ils ont tous plus ou moins considéré, étudié les modifications de l'ame, abstraction faite du sujet qui les éprouve. Cette abstraction a même été poussée si loin par Condillac, qu'il est arrivé à cette conséquence que l'ame humaine n'est autre chose que la collection même des idées dont elle est le théâtre. L'ame humaine, considérée comme une simple collection de sensations et de pensées, voilà la conséquence de l'idée de Locke sur la nature de la substance de l'esprit. Déjà Spinosa, avant Condillac, l'avait établie avec plus de rigueur en la déduisant du même principe.

Le premier qui ait réagi contre cette fausse tendance des métaphysiciens français, qui avait sa source dans la philosophie de Descartes, est Maine de Biran. Maine de Biran, le premier, en France, s'inspirant des idées de Leibnitz, a réagi contre cette disposition à considérer les actes et les modifications de l'ame, abstraction faite du sujet en qui ils résident. En donnant à l'ame la volonté pour essence, Maine de Biran a cessé de la considérer comme une substance inerte et passive sur laquelle viennent s'imprimer certaines modifications, ou bien comme une collection de pensées et de sensations, et il l'a considérée avec raison comme une force essentiellement agissante, luttant avec les forces extérieures, tantôt victorieuse, tantôt vaincue, mais ne cessant jamais d'être active.

Ainsi Locke ne relève pas seulement de Descartes par la méthode psychologique, il en relève encore par le point de vue sous lequel il considère la substance. Mais comme il n'a pas tiré les conséquences de ce point de vue, qui n'est presque qu'indiqué dans l'essai de l'entendement humain, c'est surtout par la méthode psychologique, comme déjà nous l'avons dit, que Locke tient à Descartes.

Nous ne voulons pas suivre cette méthode psychologique dans les diverses applications plus ou moins heureuses que Locke en a faites, nous n'avons pas à exposer et à critiquer le système de Locke sur la connaissance humaine ; nous n'avons pas à examiner s'il a toujours appliqué cette méthode aux phénomènes de l'esprit humain avec assez d'impartialité et de profondeur. Les erreurs graves dans lesquelles Locke est tombé sur plusieurs questions psychologiques de la plus haute importance, ne détruisent en rien notre assertion. Il ne suffit pas pour arriver à la vérité d'être en possession d'une bonne méthode, il faut encore savoir se servir convenablement de cette méthode. Notre but n'est pas de mettre en évidence et de critiquer ces erreurs, mais de constater que Locke a suivi une méthode dont Descartes lui avait donné le précepte et l'exemple. Or, pour le constater, il suffit de remarquer que si Locke se trompe sur les facultés de l'ame et sur les différentes sources de nos idées, il ne lui arrive pas, comme à Hobbes, comme à Gassendi, de mêler l'ame avec le corps, de confondre les questions de psychologie avec les questions de physiologie. C'est par là que l'*Essai sur l'Entendement humain* dérive des *Méditations*. Nous ne voulons établir qu'un rapport de filiation et non pas un parallèle entre ces deux ouvrages. Car combien l'*Essai sur l'Entendement humain* n'est-il pas inférieur aux *Méditations*? Où trouver dans Locke cette force, cette concision, cette originalité, cette profondeur, cette unité qui recommandent à un aussi haut degré les *Méditations* de Descartes? La sagesse de la méthode, des observations justes et ingénieuses entremêlées de beaucoup d'erreurs, de la clarté, voilà le principal mérite de l'ouvrage de Locke. Encore faut-il ajouter que cette clarté résulte souvent de la diffusion et de l'absence de profondeur. Néanmoins malgré ses défauts et ses erreurs, l'*Essai sur l'Entendement humain*, en raison de la popularité dont il a joui, a, peut-être, après les *Méditations*, contribué plus que tout autre ouvrage à répandre l'esprit de la véritable méthode psychologique et à assurer les fondements de la science de l'esprit humain. Donnons en pour exemple le disciple le plus illustre de Locke, Condillac. Nul doute que Condillac n'ait profondément altéré la doctrine de son maître, puisque de deux sources d'idées que Locke avait admises, il n'en a conservé qu'une et a ramené la réflexion à la sensation, mais il ne lui a pas moins emprunté la vraie méthode psychologique, et on doit lui rendre cette justice que, généralement il y est demeuré fidèle. C'est avec la conscience que Condillac, comme Descartes, comme Locke, étudie les phénomènes de l'esprit humain. Condillac, quoique sensualiste, n'est pas moins spiritualiste que Locke et Descartes. Ainsi Condillac, qui, de toute l'histoire de la philosophie ancienne ou moderne, ne connaissait rien ou du moins n'estimait rien que la philosophie de Locke, et qui ne voyait dans Descartes que l'auteur d'une théorie chimérique des idées innées, se rattachait cependant lui-même à Descartes et au cartésianisme, par l'intermédiaire de Locke et par la méthode psychologique.

L'*Essai sur l'Entendement humain* porte donc aussi la forte empreinte du cartésianisme. Toutefois, cette empreinte diffère de celle que la philosophie de Descartes a imprimée sur les systèmes de Spinosa et Malebranche. Le cartésianisme est si vaste qu'il embrasse toutes les questions et tous les problèmes. Il n'est aucune partie de la science de Dieu, de l'homme et de la nature, dans laquelle il n'ait laissé quelque trace originale et féconde de ses investigations. Il devait être envisagé sous des faces différentes par des esprits d'une nature différente. Il devait plutôt agir sur certains esprits par telle ou telle de ses tendances, par tel ou tel de ses principes, et sur d'autres esprits il devait plutôt agir par telle ou telle autre de ses tendances, tel ou tel autre de ses principes. Il ne faut donc pas s'étonner si nous signalons les traces du cartésianisme dans des systèmes, qui ont entre eux les plus grandes dissemblances. La révolution cartésienne est si vaste et si puissante, qu'elle entraîne avec elle les systèmes et les hommes les plus divers, Locke avec Spinosa.

Malebranche et Spinosa se sont tous deux attachés à l'ontologie de Descartes. Ils ont adopté ses idées sur la nature de la substance et tous deux ont déduit du principe de la passiveté absolue des substances créées, de grandes et d'irrécusables conséquences. Locke, au contraire, a laissé de côté l'ontologie de Descartes, ou du moins s'il en a gardé quelque chose, en ce qui concerne la nature de la substance, il n'a pas creusé davantage cette notion, il n'en a déduit aucune conséquence. Il a laissé de côté les hypothèses métaphysiques ou physiques du cartésianisme, il ne s'en est occupé ni pour en tirer des conséquences nouvelles, ni même pour les combattre, car toute sa polémique contre Descartes porte sur une question de psychologie, sur la théorie des idées innées et sur l'origine de nos connaissances. C'est sous un autre point de vue que Locke s'est inspiré de la philosophie de Descartes, sous le point de vue de la méthode psychologique. En traçant la ligne de distinction entre les phénomènes de l'esprit et les phénomènes du corps, Descartes avait fait faire un immense progrès à la science de l'esprit humain. C'est de ce progrès que Locke a été frappé; c'est ce progrès qu'il s'est efforcé de continuer et de développer. La distinction des phénomènes de l'ame et du corps, la méthode psychologique, qui en est la conséquence rigoureuse, voilà par où l'auteur des *Méditations* a exercé sur le philosophe anglais une influence incontestable, dont il doit être tenu compte dans une histoire du cartésianisme.

ROLE DE LEIBNITZ

DANS LE

MOUVEMENT CARTÉSIEN.

Plus grand était le génie de Malebranche et de Spinosa, plus grand était le danger de leurs doctrines. Tous deux niaient également l'activité des substances créées en général et en particulier l'activité volontaire et libre de l'ame humaine, tous deux tendaient également à absorber au sein de Dieu la personnalité de l'homme. La philosophie ne pouvait s'en tenir à de si dangereuses conséquences, elle ne pouvait en demeurer à des conclusions si fortement en contradiction avec la conscience de l'humanité. Une réaction devait nécessairement avoir lieu contre un mouvement philosophique qui venait aboutir à de telles conséquences, les grandes vérités méconnues ou niées par Malebranche et par Spinosa appelaient un représentant et un défenseur dans la science. Ce défenseur ne leur fit pas défaut, il fut Leibnitz.

Leibnitz comprit le danger des doctrines de Malebranche et de Spinosa, et la nécessité de les combattre. Mais pour les combattre avec efficacité, il fallait en découvrir les fondements et les principes. Leibnitz rechercha donc d'abord quelles étaient les racines du panthéisme de Spinosa et de la théorie des causes occasionnelles de Malebranche, et il les trouva dans la métaphysique de Descartes, dans le principe de la passiveté absolue des substances créées. Leibnitz a parfaitement vu que les systèmes qu'il se proposait de combattre, n'étaient que des conséquences de ce principe, et, c'est pourquoi, ainsi que déjà nous l'avons dit, il appelle le spinosisme un cartésianisme immodéré, et répète en plusieurs endroits de ses ouvrages, que Malebranche et Spinosa n'ont fait que cultiver certaines semences de la philosophie de Descartes. C'est pourquoi il s'occupe aussi, avant tout, de réformer la notion cartésienne de la substance.

Ainsi donc, Leibnitz nous apparaît d'abord dans l'histoire de la philosophie, comme le grand adversaire du cartésianisme. Partout il le combat et lui oppose des principes contraires. La plupart de ses ouvrages ou plutôt de ses fragments philosophiques, ne sont qu'une polémique continuelle contre Descartes et les cartésiens. La polémique d'Aristote contre Platon, n'est pas plus vive ni plus continue que celles de Leibnitz contre Descartes.

Mais en même temps que Leibnitz combat le principe fondamental de la philosophie de Descartes, il subit, à son insu, l'influence de quelques autres principes du cartésianisme. Dans l'histoire de la philosophie moderne, il doit, sans doute, avant tout, être considéré comme l'adversaire de Descartes, mais il faut tenir compte aussi de l'influence que Descartes a exercée sur lui, pour déterminer son rôle au sein de ce grand mouvement philosophique dont nous faisons l'histoire. En quoi donc la philosophie de

Leibnitz est-elle en opposition avec la philosophie de Descartes, en quoi s'en rapproche-t-elle? Tel est le double point de vue sous lequel nous voulons seulement étudier cette grande et vaste philosophie de Leibnitz.

Nous rechercherons d'abord en quoi Leibnitz combat Descartes, puis nous rechercherons ensuite par quoi il tient à Descartes.

Quel est, suivant Leibnitz, le principe fondamental du cartésianisme, le principe générateur des doctrines de Spinosa et de Malebranche ? Ce principe est celui de la passiveté absolue de toutes les substances créées. Ce principe, qui repose sur une fausse notion de la substance, est l'erreur fondamentale du cartésianisme, elle est celle d'où découlent toutes les erreurs de Spinosa et de Malebranche. Leibnitz la signale en toute occasion comme conduisant au panthéisme.

« L'erreur de Spinosa ne vient, dit-il, que de ce qu'il a poussé les suites de la doctrine qui ôte la force et l'action aux créatures. » (Vol. 2, p. 91, éd. Dut.).

« Celui qui soutient, dit-il encore, que Dieu est le seul acteur, pourra aisément se laisser aller à dire avec un auteur moderne fort décrié, que Dieu est l'unique substance, et que les créatures ne sont que des modifications passagères, car, jusqu'ici, rien n'a mieux marqué la substance que la puissance d'agir. » (*Ibid*, p. 100).

Or, cette doctrine qui ôte la force et l'action aux créatures, est la doctrine de Descartes, puisque, selon cette doctrine, toutes les substances créées sont absolument passives et ont, en dehors d'elles, la raison de leurs manières d'être comme la raison de leur existence même, puisqu'elles ne peuvent continuer d'exister qu'à la condition d'être continuellement créées par celui qui les a créées une première fois. Selon les cartésiens, il ne peut y avoir qu'une seule substance qui soit cause efficiente et force active, la substance éternelle, infinie qui a créé tous les êtres et qui les conserve en continuant de les créer. C'est ce principe que Leibnitz entreprend de combattre. Pour réformer la métaphysique et pour la préserver des erreurs dans lesquelles les cartésiens l'avaient entraînée, il commence par réformer la notion cartésienne de la substance qui en est le fondement.

RÉFORME DE LA NOTION CARTÉSIENNE DE LA SUBSTANCE. THÉORIE DES MONADES.

Selon Descartes, toutes les substances sont essentiellement passives, selon Leibnitz, toutes les substances sont essentiellement actives.

Descartes et Malebranche pensent que le système de la création continue des êtres est le seul qui nous donne une idée convenable de la grandeur et de la puissance de Dieu, le seul qui montre la dépendance des créatures par rapport au créateur. Leibnitz combat victorieusement cette idée, dans un fragment remarquable de physique qui a pour titre : *De ipsa natura, sive de vi insita, actionibusque creaturarum*. Il y prouve que Dieu, en créant les êtres, a dû leur conférer une certaine activité et une certaine force inhérente à leur nature en vertu de laquelle ils persévèrent dans l'être. Le décret par lequel Dieu donne l'existence à un être, doit aussi lui conférer une certaine impression, un certain principe (*impressionem perdurantem aut legem insitam*, suivant les expressions de Leibnitz), d'où découlent toutes ses modifications et tous ses actes. Nier que

Dieu, par sa volonté, ait pu donner à un être une impulsion qui se continue au delà de l'instant où le décret de Dieu a été prononcé, c'est porter une grave atteinte à l'efficacité de la volonté divine, c'est affirmer que la volonté de Dieu ne peut étendre et prolonger son action au delà du moment présent. Dieu, dans cette hypothèse, serait incapable de produire aucun effet qui eût de la durée, de laisser aucune marque, aucun monument de l'exercice de sa puissance. Pour donner de la permanence à ses décrets, il serait obligé de les renouveller sans cesse. Aucune idée ne répugne davantage à la notion de la toute puissance et de la grandeur de Dieu. Il faut, pour y échapper, admettre que les décrets de Dieu laissent une trace imprimée sur les substances créées, et qu'ils les disposent à l'accomplissement de la volonté divine. Il doit donc y avoir dans les choses une certaine force, une certaine efficacité, principe des divers phénomènes qu'elles produisent.

Il ne faudrait pas croire que cette activité propre dont les créatures sont douées, ôte quelque chose à la dépendance où elles doivent se trouver à l'égard de leur créateur. Car cette activité, qui est le principe de tous leurs actes et de toutes leurs modifications, elles ne la tiennent pas d'elles-mêmes, elles la tiennent de la volonté divine qui les en a douées. Elles agissent, elles sont causes, elles accomplissent de véritables actes, mais elles n'en sont pas moins dépendantes du créateur, parce que la force en laquelle elles agissent, vient primitivement de lui. Les créatures ne sont pas essentiellement passives, elles ont une activité et une force propre. Elles continuent d'exister en vertu de cette activité et de cette force, et non en vertu d'une création continuelle. Non seulement, selon Leibnitz, les substances créées sont susceptibles de force et d'activité, mais encore elles sont essentiellement actives. Descartes avait complètement séparé l'idée de la substance de l'idée de la force; Leibnitz, au contraire, les unit et même les identifie. Toute force est une substance, et toute substance est une force. Ce qui n'agit pas ne mérite pas le nom de substance. « *Quod non agit, substantiæ nomen non meretur.* » (1. 2ᵉ part. p. 392).

Il faut, pour éclaircir l'idée de la substance, remonter à cette idée de force et de force active que nous puisons au dedans de nous-mêmes. Car la force active et agissante qui, suivant Leibnitz, constitue la substance, n'est point une force en puissance, une simple possibilité d'agir qui, pour passer à l'acte, aurait besoin d'une excitation étrangère. La véritable force active, la substance, renferme en elle-même l'action. Elle se porte d'elle-même à agir sans aucune provocation extérieure. Cette force agissante est inhérente à toute substance qui ne peut être ainsi un seul instant sans agir, et cela est vrai des substances dites corporelles comme des substances dites spirituelles. Là est l'erreur capitale de tous ceux qui ont placé l'essence de la matière dans l'impénétrabilité et l'étendue, s'imaginant que les corps sont dans un repos absolu.

Tel est le sens de ce fameux passage que Maine de Biran a cité, et dont il a si bien fait ressortir toute l'importance. Dans ces quelques lignes est renfermée tout entière la différence immense qui sépare le système de Leibnitz du système de Descartes. Je cite textuellement ce passage, qui est extrait d'un fragment intitulé : *De primæ philosophiæ emendatione et notione substantiæ*. (II. p. 18).

« Differt vis activa a potentia nuda vulgo scholis cognita quod potentia activa scholasticorum, seu facultas nihil est olim quam propiqua agendi possibilitas, quæ tamen aliena excitatione et stimulo indiget ut in actum transferatur. Sed vis activa actum quemdam sive ευτελεχειαν continet, atque inter facultatem agendi actionemque ipsam media est et conatum involvit. Atque ita per se ipsam in operationem fertur, nec auxiliis indiget, sed sola sublatione impedimenti, et hanc agendi virtutem omni substantiæ inesse aio, semperque aliquam ex ea actionem nasci, adeoque nec ipsam substantiam corpoream (non magis quam spiritualem) ab agendo cessare unquam quod illi non satis percepisse videntur qui essentiam ejus in sola extensione vel etiam impenetrabilitate collocaverunt. »

Cette notion de la substance, ainsi entendue, apparaît à Leibnitz avec une telle fécondité, qu'il entreprend d'en déduire toutes les vérités premières sur Dieu, sur les esprits et sur la nature du corps. En effet, c'est avec cette notion de la substance que Leibnitz a rendu compte de la nature des esprits et des corps, de la nature même de Dieu. Il semble n'avoir abandonné cette notion et n'en avoir méconnu la portée que lorsque, au lieu de considérer les substances en elles-mêmes, il les considère dans leurs rapports entre elles, car nous montrerons que l'hypothèse de l'harmonie préétablie est en contradiction avec ce principe fondamental du système de Leibnitz. Mais d'abord recherchons comment avec cette notion féconde de la substance, il a expliqué la nature de l'univers, de l'esprit et du corps.

Les principes élémentaires de toutes choses ne sont pas des atomes. Car au fond des atomes on trouve toujours la pluralité et la divisibilité de l'être. Un atome matériel, si petit qu'on le suppose, devant toujours avoir une certaine étendue, il est impossible de concevoir que cet atome ne puisse plus être divisé. Les principes de toutes choses sont des forces simples, irréductibles, ce sont, en quelque sorte, des atomes spirituels, pour me servir de l'expression de Leibnitz. En raison de leur unité et de leur simplicité, il leur donne le nom de *monades*. Toutes les monades peuvent s'appeler des entéléchies, parce que toutes elles ont en elle une certaine suffisance (*Sufficentia*, αυταρκεια) par laquelle elles sont à elles-mêmes la source de toutes leurs actions. Chaque monade possède en elle-même un principe de force et d'action d'où tous ses actes découlent. C'est par la variété des actes qui découlent de ce foyer de force et de vie qu'elles ont en elles, c'est par le plus ou moins de conscience qu'elles ont de ces actes, que les monades se distinguent les unes des autres.

Il existe une hiérarchie entre les monades considérées sous ce point de vue. Cette hiérarchie se compose de dégrés infinis depuis le minéral jusqu'à l'homme, depuis la simple force de cohésion jusqu'au plus haut développement de l'intelligence humaine.

Les monades étant simples et indivisibles, ne peuvent ni se former, ni se décomposer, ni naître, ni mourir. Pour qu'elles cessent d'exister, il faut un décret spécial de celui-là même qui les a créées. Dieu, au commencement, les a, pour ainsi dire, projetées de son sein, elles sont comme des étincelles qui ont jailli du foyer suprême d'où émane toute vie et toute force. « *Nascuntur per continuas divinitatis fulgurationes.* » suivant la belle expression de Leibnitz.

Ce sont ces monades qui, par leurs combinaisons, constituent toutes les substances composées, tous les êtres de l'univers. L'esprit de l'homme est une monade qui a conscience de ses perceptions. D'autres monades d'un ordre inférieur, groupées d'une certaine manière autour de cette monade centrale, constituent le corps et les organes. Il en est de même de tous les animaux : tous ont un esprit, une ame, c'est-à-dire que dans tous, il y a une monade centrale douée d'un degré de perception et de conscience supérieure à celui des monades qui l'environnent, et qui, par leur agrégation, constituent le corps de l'animal. Les monades étant les éléments de toutes choses, il en résulte que partout il y a dans l'univers de la force et de la vie. Tout, dans le monde, jusqu'au minéral, est animé, est vivant, est actif. Il n'est aucune place que les monades n'occupent et ne remplissent, car il serait indigne de la toute puissance divine d'avoir laissé du vide dans l'univers, et de n'avoir pas créé autant qu'elle pouvait créer. Dans le monde de Leibnitz, comme dans le monde de Descartes, il n'y a point de vide, point d'espace dépourvu de substances qui s'étende au-delà des substances. Mais tandis qu'une étendue matérielle et inerte remplit le monde de Descartes, des forces vivantes et animées remplissent le monde de Leibnitz. Tous deux, en raison de cette hypothèse, du plein de l'univers, se sont fait une idée analogue de la nature de l'espace. Pour l'un et pour l'autre, l'espace n'a point d'existence propre et indépendante, il n'est pas quelque chose de distinct des existences, il n'est pas le milieu nécessaire dans lequel elles sont placées. L'espace, suivant Descartes, n'est autre chose que l'étendue matérielle, suivant Leibnitz, il n'est autre chose que la coexistence des monades. Supprimez les monades ou bien l'étendue matérielle, et pour Leibnitz comme pour Descartes, il n'y aura plus d'espace. Je me borne à faire remarquer en passant cette opinion commune à Leibnitz et à Descartes.

Ainsi un seul ordre de substances constitue l'univers tout entier de Leibnitz : Descartes avait distingué deux classes d'êtres, deux classes de subtances ; les substances matérielles et les substances pensantes, l'ame et le corps, la pensée et l'étendue. Le monde de la matière et le monde de l'esprit sont, pour Descartes, deux mondes différents gouvernés par des lois différentes. Il n'y a point d'êtres intermédiaires, point de nuances qui les rapprochent, il existe entre eux un abîme profond, infranchissable. Hors de la pensée il n'y a que l'étendue, et hors de l'étendue il n'y a que la pensée. L'univers créé par Leibnitz ne présente pas le même dualisme. On n'y retrouve pas cette distinction de deux grandes classes de substances profondément séparées l'une de l'autre. Il n'y a pas d'un côté le corps et l'étendue, de l'autre, l'esprit et la pensée. Cet univers offre, au contraire, à nos regards, une admirable unité. Tous les éléments qui le composent sont de même nature, ce sont des monades, des forces actives. L'esprit est une monade, le corps est un certain agrégat de monades. Entre tous les êtres du monde, il y a des différences de degrés et non pas de nature. Aucun être n'est séparé d'un autre par un abîme, tous en vertu de la loi de continuité, se rapprochent par une foule d'intermédiaires les uns des autres. Tous les êtres de la nature, toutes les monades forment entre elles une chaîne continue dont le dernier anneau est Dieu, la monade suprême du sein de laquelle jaillissent toutes les autres monades. Toutes les substances créées ne forment qu'un seul royaume gouverné par un seul monarque. On peut remonter d'anneau en anneau par une suite non interrompue, depuis la première des monades jusqu'à la dernière, cette chaîne immense des êtres, car suivant l'axiome de Leibnitz, *non datur saltus in natura*, c'est-à-dire, rien ne se fait dans la nature par saut ni par saccade, tous les êtres du monde, se tiennent et se suivent et forment une immense progression dont chaque terme ne diffère de celui qui précède ou qui suit, que par une raison infiniment petite.

Les substances créées sont capables d'agir par elles-mêmes; non seulement elles sont capables d'agir par elles-mêmes, mais encore l'activité, l'action est leur essence. Les éléments de toutes choses sont des forces simples, indivisibles. L'esprit est une monade unique, le corps n'est qu'un certain composé d'autres monades coordonnées autour de cette monade unique. Il n'y a pas deux classes de substances, il n'y en a qu'une seule, il n'y a que des forces actives qui diffèrent les unes des autres, non pas par leur nature, mais par les différents actes qu'elles accomplissent, par les différents degrés de perception et de conscience dont elles sont douées.

Tels sont les principes en raison desquels Leibnitz nous a paru devoir être considéré dans l'histoire de la philosophie comme le grand adversaire du cartésianisme. Car ces principes sont en une opposition absolue avec les principes de Descartes, de Spinosa et de Malebranche. Nous avons montré que le grand principe du cartésianisme, le principe générateur des systèmes de Spinosa et de Malbranche, était la passiveté absolue de toutes les substances créées, et la concentration au sein de Dieu de toute activité et de toute véritable causalité. C'est ce principe que Leibnitz a attaqué. Il a reconnu que la notion de la substance était le fondement des systèmes de Descartes, de Spinosa et de Malebranche, c'est à réformer cette notion qu'il s'est avant tout appliqué. Il la réforme en lui substituant une notion toute opposée, en substituant la notion d'activité à celle de passiveté, la notion de force à celle d'inertie. Il nous est impossible d'imaginer une opposition plus complète, plus absolue que celle qui existe entre ces principes du cartésianisme et ces principes du système de

Leibnitz. La monadologie est, à nos yeux, une grande et vive réaction contre la doctrine de la passiveté absolue des substances créées et contre le cartésianisme immodéré de Spinosa et de Malebranche.

DE L'HYPOTHÈSE DE L'HARMONIE PRÉÉTABLIE ET DE SON ORIGINE CARTÉSIENNE.

Il semble que deux doctrines qui partent de principes aussi opposés, ne doivent jamais se rencontrer; elles se rencontrent cependant en un point important, celui de 'union de l'ame avec le corps, et de la communication des substances entre elles. Leibnitz, qui a attaqué avec tant de raison et tant de vigueur les fondements du cartésianisme, en a cependant évidemment subi l'influence sur cette grande question. Si la théorie des monades est en opposition directe avec les principes de Descartes, de Spinosa et de Malebranche, la théorie de l'harmonie préétablie, au contraire, est incontestablement la fille du cartésianisme. Tant les plus grands génies ont eux-mêmes de peine à se soustraire à ' empire des idées dominantes en philosophie!

Pour montrer comment l'hypothèse de l'harmonie préétablie découle du cartésianisme, il faut exposer en quelques mots quel avait été l'état de la question de la communication des substances entre elles depuis Descartes. Selon Descartes, la substance de l'ame ainsi que celle du corps est essentiellement passive, et l'incompatibilité qui existe entre es attributs de ces deux substances est une incompatibilité absolue. Ces deux substances étant considérées comme passives et d'une nature incompatibles, il devenait difficile, pour ne pas dire impossible, d'expliquer leurs rapports et leur action réciproque. Cependant Descartes n'a pas précisément nié la possibilité ou même l'existence de ces rapports, il s'est contenté d'ouvrir et de préparer la voie à ceux qui devaient la nier après lui. Il leur a préparé la voie en dépouillant de toute activité l'une et l'autre substance, en séparant par un abime la réalité interne de la réalité extérieure, et en niant à l'homme, en particulier, et, en général, à tous les êtres animés, le pouvoir de produire le mouvement pour ne leur accorder que celui de le diriger. Descartes avait donc érigé en problème la communication de l'ame et du corps, et, en général, de toutes les substances entre elles, sans toutefois nier cette communication d'une manière absolue, et sans essayer d'en donner une explication; il léguait la solution de ce problème à ses successeurs en philosophie.

Spinosa le résolut à sa manière, ou plutôt il le supprima, car pour lui, le problème de la communication des substances n'existait plus du moment où il n'admettait que l'existence d'une substance unique. Dans le système de Spinosa, la pensée et l'étendue sont deux attributs de la substance infinie, deux attributs qui se développent parallèlement, qui se correspondent en tout point, qui se représentent l'un l'autre en raison de la source commune d'où ils découlent. Il existe entre eux non pas une harmonie préétablie, mais une sorte d'harmonie fatale, résultat nécessaire des lois qui président aux développements de la substance divine.

Moins logicien que Spinosa, Malebranche conserve la pluralité des substances, et s'efforce de donner une autre solution au problème posé par Descartes. Il ne pense pas que les substances puissent, en aucune manière, agir les unes sur les autres, c'est dans une intervention continuelle de Dieu, et non dans leur action réciproque qu'il cherche la raison de leur harmonie et de leurs rapports. A chaque desir de l'ame, Dieu intervient pour produire dans le corps un mouvement analogue à ce désir. A chaque mouvement du corps, il intervient pour produire dans l'ame une impression analogue à ce mouvement. La théorie des causes occasionnelles de Malebranche qui a elle-même son origine dans les principes posés par Descartes, est le véritable antécédent dans la science de la théorie de l'harmonie préétablie de Leibnitz. Sans doute Leibnitz combat cette théorie des causes occasionnelles pour lui substituer sa propre théorie. Néanmoins l'hypothèse de l'harmonie préétablie doit son origine à la même direction d'idées qui a produit l'hypothèse des causes occasionnelles. Malebranche et Leibnitz ont été frappés tous deux de la difficulté d'apercevoir et d'expliquer le mode d'action de l'esprit sur le corps, et des substances en général les unes sur les autres, et tous deux ont nié cette action, tous deux ont affirmé que l'influence réciproque qu'elles semblent exercer les unes sur les autres, n'est nullement réelle, mais seulement apparente.

Au reste, Leibnitz n'ignore pas tout-à-fait les liens qui rattachent sa théorie aux principes du cartésianisme. Malebranche et Descartes lui semblent tous deux avoir été sur la voie qui conduit à l'harmonie préétablie, comme l'atteste ce passage curieux extrait d'un fragment intitulé : *De la nature et de la communication des substances*

« Après avoir établi ces choses (la nature et l'existence des monades), je croyais entrer dans le port, mais lorsque je me mis à méditer sur l'union de l'ame avec le corps, je fus comme rejeté en pleine mer, car je ne trouvais aucun moyen d'expliquer comment le corps fait passer quelque chose dans l'ame, ni comment une substance peut communiquer avec une autre substance. Descartes avait quitté la partie là dessus, autant qu'on peut le connaître par ses écrits, mais ses disciples voyant que l'opinion commune est inconcevable, jugèrent que nous sentons les qualités des corps parce que Dieu fait naître des pensées dans l'ame à l'occasion des mouvements de la matière, et lorsque notre ame veut remuer le corps, ils jugèrent que c'est Dieu qui le remue pour elle. Et comme la communication des mouvements leur paraissait inconcevable, ils ont cru que Dieu donne du mouvement à un corps à l'occasion du mouvement d'un autre corps. C'est ce qu'ils appellent le système des causes occasionnelles qui a été mis fort en vogue par les belles réflexions de l'auteur de la *Recherche de la Vérité*. » (II p. 54).

Ailleurs, et dans une foule de passages, Leibnitz montre d'une manière plus précise encore le rapport qui l'unit à Descartes. Descartes, selon Leibnitz, était sur la voie de l'harmonie préétablie, et peu s'en est fallu qu'il n'y soit arrivé. Il explique dans le passage suivant, à quoi il a tenu que Descartes n'ait pas découvert avant lui le système de l'harmonie préétablie :

« Descartes ayant bien reconnu qu'il y a une loi de la nature qui porte que la même quantité de force se conserve (quoiqu'il se soit trompé dans l'application, en confondant la quantité de la force avec la quantité du mouvement), a cru qu'il ne fallait pas accorder à l'ame le pouvoir d'augmenter ou de diminuer la force des corps, mais seulement celui d'en changer la direction en changeant le cours des esprits animaux. Et ceux d'entre les cartésiens qui ont mis en vogue la doctrine des causes occasionnelles, ont cru que l'ame ne pouvant avoir de l'influence sur le corps, il fallait que Dieu changeât le cours et la direction des esprits animaux, suivant les volontés de l'ame. Mais si l'on avait su, du temps de M. Descartes, cette nouvelle loi de la nature que j'ai démontrée, qui porte que non seulement la même quantité de force totale des corps qui ont commerce entre eux, mais encore leur direction totale se conserve ; il *serait venu probablement à mon système de l'harmonie préétablie*, car il aurait reconnu qu'il est aussi raisonnable de dire que l'ame ne change pas la quantité de la direction des corps, qu'il est raisonnable de refuser à l'ame de changer la quantité de leurs forces; l'un et l'autre étant également contraires à l'ordre des choses et aux lois de la nature, comme l'un et l'autre est également inexplicable. » (II p. 40).

Il est bien évident, en effet, que si à l'impossibilité de changer la quantité du mouvement, Descartes avait ajouté l'impossibilité d'en changer la direction, il eût par là même nié toute espèce d'action réciproque d'une substance sur l'autre, il eut été nécessairement conduit soit à la théorie des causes occasionnelles, soit à la théorie des accords préétablis.

Leibnitz, en admettant avec Malebranche que les substances créées ne sauraient agir en aucune manière les unes sur les autres, rejette cependant l'hypothèse à l'aide de laquelle Malebranche a prétendu rendre compte de leurs accords et de leur harmonie. La théorie des causes occasionnelles lui paraît inconciliable avec l'idée de la perfection divine. En effet, quel est le rôle de Dieu dans cette théorie ? Malebranche nous le représente comme intervenant sans cesse pour maintenir l'harmonie entre les substances qu'il a créées. Lorsque j'ai le desir de faire un mouvement, Dieu, à l'instant même, intervient pour opérer ce mouvement ; lorsqu'un certain changement survient dans nos organes, Dieu, à l'instant même, intervient pour causer dans notre ame une douleur ou un plaisir correspondants à cette modification organique. Représenter ainsi

Dieu comme ne pouvant conserver l'ordre et l'harmonie entre les substances créées, qu'à la condition d'une intervention continuelle, n'est-ce pas, suivant l'expression de Leibnitz, se le représenter semblable à un ouvrier mal habile, sans cesse obligé de retoucher à son ouvrage ? Il est impossible de croire que Dieu, pour mettre l'accord entre deux substances, ait sans cesse besoin d'aller de l'une à l'autre, il faut donc chercher une autre solution au problème. La solution de Leibnitz est cette hypothèse à laquelle il a donné tantôt le nom de théorie des accords et tantôt celui d'harmonie préétablie.

En quoi consiste cette hypothèse de l'harmonie préétablie, dont nous venons de mettre au grand jour l'origine cartésienne. Les monades sont douées d'une activité propre, elles ont en elles le principe, la source d'où toutes leurs actions découlent. Mais l'exercice de cette activité dont elles sont douées, est réglé à l'avance, et les actes qu'elles doivent produire sont tous déterminés, sont tous enchaînés les uns aux autres. Rien ne saurait changer le cours fatal des actes, des perceptions d'une monade, car aucune substance ne pouvant ni créer, ni même diriger le mouvement, aucune monade ne peut agir sur une autre monade, ni modifier en rien les actes qui s'accomplissent en elles. Qu'on ne conclue pas de cette impossibilité absolue où sont les monades d'agir les unes sur les autres, qu'elles n'ont point d'autonomie ou de liberté. Car il résulte seulement de cette impossibilité, que rien dans le monde ne peut rompre ou même déranger le cours et l'enchaînement fatal des actes qui découlent du principe d'activité mis en elles par celui qui les a créées. Ce sont, comme l'a dit Leibnitz lui-même, des automates formels ou spirituels. Les monades, suivant son expression pittoresque, n'ont point de fenêtres par lesquelles elles aient vue les unes sur les autres, par lesquelles elles puissent donner accès à quelqu'impression venant du dehors.

« Monades destituuntur fenestris per quas aliquid egredi aut ingredi valet. »

Chaque monade forme un petit monde à part, indépendant, se gouvernant d'après ses propres lois qui sont immuables. Chaque monade se comporte comme si elle était seule dans l'univers. Supposez que par un décret de la volonté divine, toutes les monades soient anéanties à l'exception d'une seule, cette monade unique ne se ressentirait en rien de l'anéantissement de toutes les autres monades, elle continuerait d'agir comme si aucun changement ne fut survenu autour d'elle, elle ne s'apercevrait pas, pour ainsi dire, qu'elle serait demeurée seule dans l'univers.

Ainsi Leibnitz a posé, avec plus de rigueur encore que Malebranche, ce principe que les substances ne peuvent en aucune manière, communiquer entre elles et agir les unes sur les autres. Mais toutes ces unités dont les êtres se composent, étant isolées et indépendantes les unes des autres, comment se fait-il qu'elles semblent toutes s'accorder entre elles, comme si elles exerçaient une action réciproque les unes sur les autres? D'où vient que les mouvements du corps s'harmonisent si bien avec les mouvements de la pensée; d'où vient enfin cette grande et magnifique harmonie de toutes les parties de l'univers?

Pour expliquer l'accord des substances entre elles, Leibnitz se sert de la comparaison ingénieuse de deux pendules qui marquent et sonnent, au même instant, les mêmes heures. Pour rendre compte de l'accord de ces pendules, on ne peut faire que trois hypothèses. Ou ils s'accordent parce qu'ils tiennent l'un à l'autre, parce qu'ils communiquent entre eux, ou ils s'accordent parce qu'un ouvrier intervenant sans cesse, rétablit et maintient leur accord, ou enfin ils s'accordent parce que tous deux ont été si habilement construits ; que, sans aucune influence réciproque, sans aucune intervention, ils se correspondent et s'accordent parfaitement. Il en est de même de l'accord de l'ame avec le corps, et on peut faire sur cet accord les mêmes hypothèses.

La voie de l'influence est inadmissible ; Leibnitz ne lui fait pas même l'honneur de la discuter. C'était alors comme un axiome reçu dans la philosophie, que les substances ne peuvent agir les unes sur les autres, comme plus tard ce fut un axiome que toutes nos idées viennent des sens. Quant à la seconde hypothèse, Leibnitz la rejette parce qu'elle lui paraît en contradiction avec la perfection infinie de Dieu.

La troisième hypothèse qui explique l'accord des substances par une harmonie préétablie entre elles, est la seule qui, en même temps qu'elle rend compte des faits, convienne avec la toute puissance et la perfection de Dieu. Si les substances nous paraissent s'accorder entre elles, c'est parce que toutes sont l'ouvrage d'un être souverainement puissant et intelligent qui, ayant prévu tous les rapports dans lesquels elles devaient se trouver les unes à l'égard des autres, les a, en les créant, conformées et disposées en conséquence de ces rapports prévus de toute éternité, par son intelligence infinie. Il a mis en chacune d'elles le principe d'une série d'actes qui devait correspondre aux actes de toutes les autres substances avec lesquelles cette substance se trouverait en rapport. Tous ces actes ont été coordonnés ensemble de manière à ce qu'ils parussent causés les uns par les autres, tant ils se correspondent avec rigueur les uns aux autres, tant est exact le parallélisme qui existe entre les développements des monades placées en présence les unes des autres ! Mais laissons de côté les rapports des autres substances entre elles, pour ne considérer que les rapports de l'ame avec le corps. Appliquons avec Leibnitz la loi de l'harmonie préétablie à ces rapports merveilleux.

L'ame n'agit pas sur le corps ni le corps sur l'ame, mais les choses ont été arrangées par Dieu à l'avance, de telle sorte qu'un parallélisme parfait existât entre les actes du corps et les actes de la pensée. Les lois qui lient les pensées de l'ame, produisent des images qui se rencontrent et s'accordent avec les impressions des corps sur nos organes, et les lois des mouvements dans les corps se rencontrent aussi et s'accordent tellement avec les pensées de l'ame, que le corps se trouve porté à agir dans le temps que l'ame le veut. Notre bras se remue au moment où notre ame veut le remuer, mais il n'y a pas là influence de l'ame sur le corps, il n'y a qu'un parallélisme, qu'une coincidence prévue de toute éternité entre la série fatale des pensées de l'ame, et la série fatale des mouvements du corps. « Tout ce que la passion ou l'ambition, suivant l'exemple de Leibnitz, fait faire à l'ame de César, est aussi représenté dans son corps, et tous les mouvements de ces passions viennent des impressions des objets joints aux mouvements internes, et le corps est fait en sorte que l'ame ne prend jamais de résolution que les mouvements du corps ne s'y accordent, les raisonnements même les plus abstraits, y trouvant leur jeu par le moyen des caractères qui les représentent à l'imagination. » (II, 83).

Mais si toutes nos pensées, si toutes nos actions, sont prévues et déterminées, si rien n'en peut rompre ni changer le cours, quelle place reste-t-il à la liberté humaine? N'est-elle pas sacrifiée tout entière dans le système de Leibnitz, comme dans celui de Malebranche et de Spinosa? Si, par impossible, une seule monade venait à accomplir un seul acte non prévu à l'avance, non déterminé de toute éternité, l'harmonie préétablie de l'univers tout entier serait anéantie. De l'hypothèse de l'harmonie préétablie découle une fatalité universelle qui s'étend à l'ame humaine comme à toutes les autres monades. Cette conséquence est irrécusable, elle est évidente. Cependant, par un aveuglement que l'esprit de système peut seul expliquer, Leibnitz a lutté toute sa vie contre l'évidence et la nécessité de cette conséquence. Il a soutenu non seulement que la liberté humaine pouvait se concilier avec l'hypothèse de l'harmonie préétablie, mais encore que nul système ne lui avait jamais fait une part plus grande et plus belle. Il est vrai qu'il entend la liberté au même sens que Spinosa. Il donne une certaine définition de la liberté, qui est fausse, et à l'aide de cette fausse définition, il parvient à concilier, au moins en apparence, l'existence du pouvoir volontaire avec l'harmonie préétablie.

Au commencement de l'*Ethique*, Spinosa définit ainsi la liberté : « *Ea res libera dicetur quæ ex sola suæ nature necessitate existit, et a se sola ad agendum determinatur.* »

Un être est libre, suivant Leibnitz, comme suivant Spinosa, lorsque les actions de cet être découlent de sa nature et ne sont modifiées par aucune cause étrangère. Dans ses essais de théodicée, il s'appuie sur une définition toute semblable à celle de Spinosa, pour prouver que nul système de philosophie n'est plus favorable que le sien à la liberté de l'ame humaine.

« Tantum vero abest ut hoc libertati præjudicet ut potius si, quid unquam, illi maxime faveat.... Præterea cum juxta hoc systema quidquid in anima confit ab ipsa sola pendeat, et status sequens, non nisi ab ipsa et statu ejus præterito oriatur, qua, quæso, ratione ipsi majorem tribuere independentiam potuerimus? (I-163-164).

Pour nous ce n'est pas dans l'indépendance absolue d'un

être créé à l'égard de tous les autres êtres créés, que consiste la liberté. Elle consiste dans le pouvoir de se déterminer, de commencer, de continuer, de suspendre une action, d'agir ou de ne pas réagir contre les causes étrangères qui nous environnent. En admettant même la vérité de la définition de Leibnitz, il serait faux d'en conclure la liberté des monades intelligentes. Les monades, il est vrai, sont dans une dépendance absolue à l'égard les unes des autres, leurs actes, leurs pensées découlent de leur nature propre et ne peuvent être modifiés en aucune sorte par le cours de la nature extérieure. Néanmoins ce principe, cette loi d'où découle toute la série de leurs actes et de leurs pensées, ne viennent pas d'elles-mêmes, elles les tiennent de celui qui les a créées. Toutes les monades, sans exception, sont dans une dépendance directe et absolue du créateur, non seulement quant au fait de leur existence, mais encore quant à chacun de leurs actes et à chacune de leurs pensées. Cette définition de la liberté ne peut convenir qu'à Dieu lui-même. La négation de la liberté humaine est donc un nouveau point de contact qu'il faut signaler entre la doctrine de Leibnitz et le cartésianisme.

Tels sont les fondements de cette fameuse hypothèse de l'harmonie préétablie à laquelle, dans l'histoire de la philosophie moderne, vient aboutir en passant à travers la théorie des causes occasionnelles, le doute jeté par Descartes sur l'existence du monde extérieur, et sur l'influence réciproque de l'ame sur le corps et du corps sur l'ame. En considérant l'ensemble du système de Leibnitz, cette hypothèse de l'harmonie préétablie, nous y apparaît comme une étrange inconséquence, car elle est en contradiction directe avec les principes mêmes de sa méthaphysique. En niant l'action réciproque des substances les unes sur les autres, Malebranche s'est montré conséquent au principe fondamental de son système, puisqu'il admettait la passiveté absolue de toutes les substances. En effet, si l'on dépouille la substance de toute force et de toute activité, il est évident qu'elle n'aura pas plus le pouvoir d'agir sur les autres substances, qu'elle n'a le pouvoir d'agir sur elle-même. Mais si, au contraire, de même que Leibnitz, on conçoit la substance comme étant essentiellement active, comme étant une force, il devient impossible de ne pas concevoir comment cette substance étant mise en rapport avec d'autres substances, n'exercera aucune action sur elles. L'hypothèse de l'harmonie préétablie, semble donc en contradiction avec les principes fondamentaux du système de Leibnitz, en même temps qu'elle est en contradiction avec l'expérience du sens intime qui nous atteste que l'ame est une force qui agit sur le corps. La théorie des monades semblait devoir logiquement aboutir à une solution tout autre que celle de l'harmonie préétablie sur la question de la communication des substances entre elles. Mais plus grande est la contradiction entre la théorie des monades et l'hypothèse de l'harmonie préétablie, et plus elle nous atteste combien grande a été l'influence des idées cartésiennes, puisque Leibnitz, lui-même, qui les a combattues avec tant de force, n'a pu entièrement s'y soustraire, quoiqu'il ait pris pour point de départ des principes opposés à ceux de Descartes. Ces considérations sur la théorie des monades et sur l'harmonie préétablie, envisagées dans leurs rapports avec la philosophie cartésienne, nous permettent de déterminer avec précision le rôle de Leibnitz au sein du mouvement philosophique dont nous faisons l'histoire.

Leibnitz, dans l'histoire de la philosophie moderne, doit être avant tout considéré comme le grand adversaire du cartésianisme. En effet, il a combattu le principe fondamental de la métaphysique de Descartes, de Spinosa et de Malebranche. Il a combattu le cartésianisme avec tant de force et tant de persévérance, que la plupart de ses ouvrages ne sont qu'une polémique continuelle contre Descartes et les cartésiens. Cette polémique n'est ni moins vive, ni moins soutenue que celle d'Aristote contre Platon. La polémique de Leibnitz contre Descartes, avec la polémique d'Aristote contre Platon, sont les deux polémiques les plus remarquables par la profondeur et la vivacité dont jamais l'histoire de la philosophie ait retenti. Mais en même temps que Leibnitz combat la philosophie de Descartes, il subit aussi son influence et paie son tribut à quelques-unes des erreurs que Descartes avait répandues et acclimatées, pour ainsi dire, au sein de la philosophie. La théorie des monades est bien, il est vrai, une grande et forte réaction contre le cartésianisme, mais la théorie de l'harmonie préétablie est fille de la théorie des causes occasionnelles qui, elle-même, a ses racines dans la philosophie de Descartes.

DU ROLE DE BAYLE,

DANS LE

MOUVEMENT CARTÉSIEN.

La période philosophique dont nous venons de faire l'histoire, a été féconde en grands dogmatismes. Dans le court espace de la moitié d'un siècle, les systèmes de Spinosa, de Malebranche, de Locke, de Leibnitz, se sont produits à la suite de la philosophie de Descartes. A la fin du XVIIe siècle et au commencement du XVIIIe, le panthéisme de Spinosa, l'hypothèse des causes occasionnelles de Malebranche, l'hypothèse de l'harmonie préétablie de Leibnitz, la théorie des idées innées de Descartes et l'essai de Locke sur l'entendement humain, se trouvaient en présence et luttaient ensemble. Pour compléter la liste des systèmes qui occupaient alors la scène de la philosophie, il faut ajouter le vieux péripatétisme scholastique qui, malgré les vives attaques du cartésianisme, régnait encore dans un grand nombre d'écoles et d'universités. Les cartésiens combattaient la philosophie d'Aristote ; Locke combattait Descartes. Théologiens et philosophes, tous combattaient Spinosa et le réfutaient à leur manière. Leibnitz combattait à la fois Descartes, Spinosa, Locke et Malebranche. Dans presque tous ces systèmes, on rencontrait des hypothèses étranges, en contradiction non seulement avec les opinions généralement reçues, mais encore avec le sens commun de l'humanité. Mettre en évidence les côtés faibles de chacun de ces systèmes, les ruiner les uns par les autres, tel devait être l'inévitable résultat de cette grande polémique philosophique engagée vers la fin du XVIIe siècle.

Or, lorsque la philosophie présente un pareil spectacle, lorsqu'elle se divise en un certain nombre de dogmatismes qui se contredisent et se combattent, il arrive, d'ordinaire, qu'une certaine disposition à rejeter toute espèce de dogmatisme absolu, une certaine tendance au scepticisme se glisse dans quelques esprits supérieurs. Les querelles religieuses devenues, à cette époque, plus vives et plus ardentes que jamais, pouvaient contribuer à fortifier encore cette tendance. Les persécutions que subissait en France la religion réformée, la révocation de l'édit de Nantes avaient ranimé les controverses entre les théologiens de la religion réformée et les théologiens de la religion catholique. La lutte n'était pas seulement entre le protestantisme et le catholicisme; au sein même du protestantisme les controverses n'étaient pas moins vives entre les sectes différentes. L'état de la religion, comme l'état de la philosophie, pouvait donc jeter dans quelques esprits une certaine tendance au scepticisme.

Telles furent les causes qui disposèrent quelques philosophes à mettre en doute la valeur absolue de tous les systèmes en philosophie et de toutes les sectes en religion. Cette disposition et cette tendance sont représentées dans l'Histoire de la Philosophie moderne, par un homme éminent, placé sur les confins du XVIIe et du XVIIIe siècle. Cet homme éminent est Pierre Bayle, qui mérite, à ce titre, de trouver une place dans l'histoire de la révolution cartésienne. Bayle était né dans le midi de la France. Il fut élevé par ses parents dans la religion protestante. Il avait vingt ans lorsque les jésuites de Toulouse le convertirent au catholicisme. Cette conversion ne fut pas de longue durée ; un an après, son esprit ayant été ébranlé par quelques objections contre la religion catholique, il retourna au protestantisme. A l'université de Toulouse, les Jésuites lui avaient enseigné le péripatétisme scholastique. Bayle fut d'abord un zélé partisan d'Aristote, mais il abandonna le péripatétisme aussitôt qu'il commença à connaître la philosophie de Descartes. Ainsi, jeune encore, Bayle avait déjà changé deux fois de religion, et après avoir été partisan enthousiaste de la philosophie d'Aristote, il était devenu partisan enthousiaste de la philosophie de Descartes. Il avait donc déjà séjourné dans des camps divers, soit en religion, soit en philosophie ; déjà il avait appris à connaître le pour et le contre des partis ennemis. Je ne doute pas que le souvenir de ces variations si rapides de sa jeunesse n'ait encore contribué à fortifier les tendances de Bayle au scepticisme.

Chassé de la France par la révocation de l'édit de Nantes, il se réfugia en Hollande, dans ce même pays où, au milieu des tracasseries des théologiens protestants, Descartes et Spinosa avaient pu cependant philosopher avec liberté. Nul pays du monde n'offrait encore un asile plus sûr aux libres penseurs, et Bayle, malgré les attaques violentes de quelques théologiens, put y professer et y publier les opinions les plus hardies. Au milieu de toutes ces luttes philosophiques et religieuses que nous venons d'énumérer, quel fut le rôle joué par Bayle ?

Bayle n'a pas professé le scepticisme comme Pyrrhon, comme Sextus Empiricus, ou encore comme un de ses contemporains, le fameux évêque d'Avranches. On ne trouve pas dans ses ouvrages le scepticisme à l'état de système ; il n'a jamais, que je sache, entrepris d'analyser l'intelligence humaine pour prouver que cette intelligence était incapable de saisir la vérité. Le scepticisme, dans les ouvrages de Bayle, est plutôt à l'état de tendance qu'à l'état de système avoué. Il n'accuse pas ouvertement la raison humaine d'impuissance ; mais, en toute occasion, il professe une haute défiance pour tout ce qui en émane. Il ne dit pas que, parmi les opinions et les croyances humaines, il n'en est pas une seule dont la vérité puisse être démontrée, mais il s'efforce de prouver qu'il n'en est pas une seule contre laquelle la critique ne puisse soulever de graves et d'insolubles objections. Il attaque indifféremment tous les systèmes ; si, parfois, il semble en adopter un, c'est seulement pour s'en servir comme d'une arme dans sa polémique contre les autres systèmes, et lorsqu'il a atteint son but, lorsqu'il est parvenu à faire de larges blessures aux doctrines qu'il combattait, il rejette dédaigneusement l'arme dont il s'était servi dans le combat. En religion, il joue un rôle analogue à celui qu'il joue en philosophie. Il s'attaque aux dogmes fondamentaux de la religion chrétienne sur la providence, sur l'origine du mal, sur la liberté, et en se retranchant derrière la révélation, il s'efforce de démontrer leur incompatibilité avec la raison humaine. Sous les coups de sa critique, les ruines s'entassent et s'amoncèlent autour de lui. C'est du haut de ces ruines qu'il prêche la tolérance à tous les partis, soit en philosophie, soit en religion. Bayle a été l'apôtre de la tolérance à la fin du XVIIe siècle, et c'est là le beau côté de son rôle. Mais il faut distinguer deux sortes de tolérances : il en est une qui naît du scepticisme et qui tend à se confondre avec l'indifférence. Lorsqu'on est venu à douter également de la vérité de toutes les opinions et de la légitimité de tous les partis ; lorsqu'il semble qu'aucune raison n'existe de s'attacher plutôt à l'un qu'à l'autre, on devient indifférent à l'égard de tous, et cette indifférence engendre une sorte de tolérance qui n'a ni grandeur, ni moralité. Mais il est une autre sorte de tolérance qui découle d'une source à la fois plus pure et plus élevée. Cette tolérance a son principe dans une intelligence approfondie de la nature humaine, des systèmes et des opinions qu'elle enfante. Celui qui se rend compte des principes de toutes les erreurs, de tous les faux systèmes, de toutes les fausses religions, celui qui reconnaît que la bonne foi préside à leur origine, et que ces erreurs recouvrent le plus souvent des parcelles précieuses de l'éternelle vérité, celui-là se sent disposé à une certaine indulgence pour ceux qui ne pensent pas comme lui, et tout en combattant l'erreur, il professe pour ceux qui se trompent une tolérance qui n'est pas de l'indifférence. Je craindrais que la tolérance philosophique de Bayle ne découlât plutôt de la première source que de la seconde. Je ne parle que de sa tolérance philosophique et non de ses préceptes de tolérance religieuse, car si je pense qu'il a été un peu indifférent à l'égard des opinions et des systèmes qui le combattaient, je ne pense pas qu'il l'ait jamais été à l'égard des souffrances de ses co-religionnaires persécutés.

Tel est le caractère général des ouvrages de Bayle, telle est la tendance de son esprit. Ce caractère se manifeste surtout dans le grand ouvrage qui a immortalisé son nom, dans le *Dictionnaire Critique* le plus beau monument qui, jusqu'à lui, ait été élevé à la critique historique et à la critique philosophique. C'est dans des articles et dans des commentaires épars au sein de cet immense dictionnaire, que j'ai recueilli les renseignements à l'aide desquels j'entreprends de préciser davantage le rôle philosophique de Bayle.

Après avoir été élevé dans la philosophie d'Aristote, Bayle avait embrassé la philosophie de Descartes. Il semble même, pendant quelque temps, avoir été un cartésien assez zélé, car il prit la plume pour défendre le cartésianisme. L'ennemi le plus acharné de cette philosophie, le Père Valois, venait d'écrire un ouvrage ayant pour titre : *Sentiments de M. Descartes touchant l'essence et les propriétés du corps, opposés à la doctrine de l'Eglise*. Bayle fit une réfutation de cet ouvrage, dans laquelle il établissait que l'étendue était bien l'essence de la matière, et que cette opinion n'avait rien de contraire aux doctrines de l'Eglise. Il semble même que, pendant toute sa vie, il soit demeuré cartésien; du moins il semble avoir plus incliné vers le cartésianisme que vers tout autre système de philosophie, mais il ne faut pas s'arrêter à cette apparence, et ranger Bayle parmi les disciples de Descartes. Le cartésianisme n'est pas un système qu'il adopte, c'est une arme dont il se sert quelquefois avec bonheur, pour attaquer les autres systèmes. Ce qu'il semble adopter surtout du cartésianisme, c'est la partie la plus hypothétique, ce sont les opinions les plus propres à ébranler certaines grandes vérités, les opinions les plus contestables dans leurs principes, les plus étranges dans leurs conséquences. C'est ainsi qu'il défend le principe de la création continue, la théorie des causes occasionnelles, l'hypothèse de l'animal machine. De ces hypothèses il tire des conséquences que n'en avaient tirées ni Descartes, ni Malebranche; il se sert de ces conséquences pour élever des objections nouvelles contre la liberté de l'homme, contre la providence ; il s'en sert pour combattre et les opinions vulgaires, et les opinions des philosophes.

Le principe de la création continue lui fournit d'invincibles objections contre la liberté humaine. En effet, si les substances créées n'existent qu'à la condition d'être continuellement créées, si elles ne peuvent subsister un seul instant par elles-mêmes, elles sont dans une dépendance absolue du créateur, elles ne peuvent avoir aucune indépendance, aucune liberté. Si Dieu nous crée à chaque instant de la durée, il doit nous créer avec chacune de nos pensées, avec chacun de nos actes. Nous ne pouvons donc être considérés, à aucun titre, comme les auteurs de nos actes et de nos pensées. Tous nos actes et toutes nos pensées viennent de Dieu, donc l'homme ne peut pas être libre et responsable, ou du moins il n'est pas donné à la raison humaine de concevoir sa liberté et sa responsabilité. Si l'homme n'est pas l'auteur de ses actes, il est également impossible à la raison humaine de concevoir comment il serait l'auteur du péché. Si Dieu crée tous nos actes en même temps qu'il nous crée lui-même, comment ne le pas considérer comme étant lui-même la cause du péché ? Bayle s'accommode donc merveilleusement d'une hypothèse qui augmente à tel point le nombre et la grandeur des difficultés et des problèmes qu'offrent à notre intelligence la nature divine et la nature humaine. Loin de s'en embarrasser, loin de chercher à les résoudre, il semble s'y complaire, il semble prendre plaisir à les multiplier et à les exagérer.

Bayle a chaudement soutenu cette hypothèse de Descartes contre le système des natures plastiques de Cudworth, qu'avait cherché à lui opposer Leclerc, l'auteur des Parrhasiana, le plus actif et le plus érudit de tous les adversaires de Bayle. Cudworth, pour échapper aux inconvénients et aux conséquences de la création continue de Descartes, pour concilier la liberté de la créature avec la dépendance dans laquelle elle doit demeurer par rapport au créateur, avait imaginé la théorie des médiateurs plastiques. Dieu, d'après Cudworth, ne crée pas directement les êtres, il les crée par des intermédiaires, par des agents auxquels Cudworth donne le nom de *natures plastiques.* Ce sont ces natures plastiques qui organisent les êtres et les font exister, ce sont elles qui les conservent. Mais dans l'œuvre de la création, de l'organisation et de la conservation des êtres, ces natures plastiques n'agissent que comme des instruments aveugles de la puissance et de l'intelligence souveraine de Dieu, sinon elles seraient elles-mêmes des Dieux. Elles créent, elles organisent, elles conservent les êtres sans savoir ni ce qu'elles font, ni dans quel but elles agissent. Ainsi, dans ce système, les êtres créés n'existent pas par eux-mêmes, et cependant ils ne dépendent pas directement du créateur.

Tels sont les principes du système que Leclerc entreprit de soutenir contre Bayle. Bayle n'eut pas de peine à démontrer que la théorie des natures plastiques n'atteignait nullement le but que son auteur s'était proposé. En effet, ou ces natures ne sont que des instruments que manie la main de Dieu, ou elles se suffisent à elles-mêmes. Dans le premier cas, Cudworth retombe dans l'hypothèse cartésienne qu'il veut éviter. Car, si ces natures plastiques ne sont que des instruments, Dieu, à l'aide de ces instruments n'en crée pas moins continuellement les êtres. Qu'il les crée avec un instrument ou sans instrument, les substances créées ne demeurent pas moins dans la même dépendance à son égard, et il est tout aussi difficile de concilier cette dépendance avec la liberté de l'homme.

Si, au lieu de considérer ces natures plastiques comme des instruments de Dieu, Cudworth suppose qu'elles sont douées d'une certaine indépendance, qu'elles se suffisent à elles-mêmes, il fournit à l'athéisme des armes redoutables.

En effet, s'il est possible qu'un être intelligent et libre soit créé par une force fatale et aveugle, pourquoi ne pas conclure que le monde tout entier pourrait bien être l'ouvrage d'une puissance fatale et aveugle agissant sans but et sans dessein? Il faut donc en revenir, suivant Bayle, à l'hypothèse cartésienne de la création continue et à toutes les objections contre la liberté humaine, qui découlent de cette hypothèse.

Bayle semble adopter et défendre l'hypothèse des causes occasionnelles contre l'harmonie préétablie de Leibnitz, de même qu'il a adopté et défendu le principe de la création continue contre les natures plastiques de Cudworth. La grande objection de Leibnitz contre l'hypothèse de Malebranche, c'est que cette hypothèse, exigeant l'intervention continue de Dieu, n'explique qu'à l'aide de miracles continuels la communication des substances entre elles. Bayle, dans l'article *Rorarius*, combat cette objection de Leibnitz. Un miracle est une dérogation aux lois générales de la nature; là où il n'y a pas suspension, interruption d'une loi de la nature, il n'y a pas de miracle. Or, dans le système des causes occasionnelles, c'est une loi générale de l'univers, que Dieu, à l'occasion de chaque mouvement, de chaque pensée, intervienne pour établir la communication et l'harmonie entre les substances créées; cette intervention, étant donc une loi générale de la nature, ne saurait être considérée comme un miracle. Le miracle consisterait à ce que cette intervention n'eut point lieu. Après avoir ainsi réfuté l'objection fondamentale de Leibnitz contre les causes occasionnelles, il attaque directement l'hypothèse de l'harmonie préétablie.

Il y a, selon son expression, dans l'hypothèse de Leibnitz, des choses qui font de la peine, quoiqu'elles marquent l'étendue de son génie. Bayle, s'attache à faire ressortir l'invraisemblance et l'impossibilité de cette harmonie préétablie qui existerait entre toutes les monades. Il ne saurait concevoir que, de toute éternité, une harmonie nécessaire ait été préétablie entre une pensée de l'esprit et un mouvement du corps, ou entre deux mouvements. Il ne lui paraît pas moins difficile d'admettre que toutes les substances se comportent comme si elles étaient seules dans le monde, et que si toutes les monades venaient à être anéanties à l'exception d'une seule, cette monade unique continuerait d'agir de la même manière. En général, il n'y a pas beaucoup de force et beaucoup d'originalité dans la polémique de Bayle contre l'harmonie préétablie de Leibnitz, et il faut reconnaître que du point de vue des causes occasionnelles, il n'était pas facile de réfuter Leibnitz. Une seule objection de Bayle a quelque chose de saillant, c'est l'objection suivante : Si l'ame pensait en vertu d'une impulsion primitive qui lui aurait été donnée par le créateur, et si rien ne pouvait changer ni arrêter cette impulsion, il arriverait que l'ame devrait toujours persévérer dans son premier sentiment, dans sa première pensée, de même qu'un atome mis en mouvement doit continuer toujours à se mouvoir en ligne droite, si rien ne l'arrête ou change sa direction. La cause totale d'un effet demeurant la même, l'effet ne peut changer. Or, l'ame, dans l'hypothèse de Leibnitz, continuant toujours à penser en vertu de la même impulsion, puisqu'au second moment de son existence, elle ne reçoit pas une nouvelle faculté de penser, elle ne doit pas passer d'une pensée à une autre, mais nécessairement persévérer toujours dans la même pensée. L'objection est plutôt ingénieuse que forte et il était facile à Leibnitz d'y répondre en comparant, comme il l'a fait, l'ame à un automate spirituel dans lequel tout a été organisé pour produire une certaine série d'actes qui se déroulent en quelque sorte les uns après les autres, comme en vertu d'un ressort.

Bayle se sert de l'hypothèse de l'animal machine, comme de la création continue, comme des causes occasionnelles, pour élever des difficultés nouvelles, des doutes nouveaux. De toutes les hypothèses sur la nature des animaux, il n'en est pas une seule, suivant lui, qui présente plus de vraisemblance, qui soulève moins de difficultés que l'hypothèse de Descartes. Car si l'on admet avec le vulgaire et avec la plupart des philosophes que les animaux souffrent, jouissent et pensent, il faut, en même temps, admettre en eux l'existence d'une ame. Cette ame devra être périssable ou immortelle. Si elle est matérielle et périssable, pourquoi l'ame de l'homme ne serait-elle pas aussi matérielle et périssable? Car, dans cette hypothèse, entre l'ame des animaux et l'ame des hommes, il n'y aurait qu'une différence de degré et non de nature. Que si, pour échapper à cet inconvénient, on accorde aux ames des animaux la spiritualité et l'immortalité, on tombe dans un autre; on égale les destinées de l'ame de l'animal aux destinées de l'ame de l'homme. Sous ce point de vue, l'hypothèse de Descartes triomphe des hypothèses de ses adversaires. Mais elle a aussi un point vulnérable qui, suivant l'expression de Bayle, est le *rabat-joie* des cartésiens, car on peut se servir des mêmes arguments dont Descartes se sert pour prouver que les hommes, comme les animaux, ne sont que des machines. C'est ainsi que Bayle se plaît à défendre une hypothèse contre toutes les autres, pour démontrer ensuite que cette hypothèse elle-même renferme d'insurmontables difficultés. Bayle a attaqué Spinosa, comme il a attaqué Cudworth et Leibnitz.

L'article consacré à ce philosophe dans le *Dictionnaire Critique*, ne saurait faire honneur à Bayle ni sous le rapport philosophique, ni sous le rapport moral. Sous le rapport philosophique on peut, à ce qu'il semble, l'accuser légitimement de n'avoir pas parfaitement compris la doctrine de Spinosa. Il repousse cette accusation qui lui fut faite par quelques disciples de Spinosa, néanmoins elle me paraît en général méritée. Pour n'en donner qu'une seule preuve, un des grands arguments de Bayle contre le Dieu de Spinosa, c'est que ce Dieu étant étendu pourrait se diviser et se corrompre. Cette objection prouve que Bayle n'a pas compris l'argument de Spinosa en faveur de la substance unique et infinie. Ce sont les modes de la substance elle-même qui sont sujets à tous ces accidents, à toutes ces divisions. L'eau peut bien se diviser en tant qu'eau, mais en tant que substance, elle est indivisible. Sous tous les modes divers par lesquels elle se manifeste à nous, la substance demeure toujours une, indivisible, immuable, incorruptible. Voilà la réponse que sans nul doute aurait faite Spinosa à cette objection. Bayle a, en général, plutôt attaqué certaines conséquences du panthéisme, que les principes mêmes de cette doctrine. De-là la faiblesse de sa polémique contre Spinosa.

Sous le rapport moral, je reprocherai à Bayle le ton de toute cette polémique. Il n'est pas moins violent et pas moins injuste à l'égard de Spinosa, que les théologiens eux-mêmes. Il lui prodigue les injures et les anathèmes. Spinosa est, selon lui, le plus audacieux des impies et des athées qui aient jamais paru. Ces reproches achèvent de nous prouver que Bayle n'a pas bien compris la philosophie de Spinosa ; car, comme nous l'avons remarqué, Spinosa est bien loin d'être un athée. Mais d'où vient donc l'emportement et l'indignation de Bayle contre Spinosa? L'orthodoxie de Bayle était-elle si pure? N'était-il pas en butte lui-même aux accusations d'athéisme et d'impiété? Je ne puis m'empêcher de croire que cette indignation de Bayle est inspirée par un motif peu noble, et qu'elle est plutôt affectée que sincère. Bayle, fortement soupçonné d'incrédulité, veut se remettre en odeur de sainteté auprès des théologiens, et prévenir peut-être quelque persécution contre lui, en unissant sa voix à la leur contre le philosophe qu'ils avaient le plus en horreur. Bayle a fait comme ces cartésiens que Spinosa appelle, dans une de ses lettres, *stolidi cartesiani*, qui, à l'époque de l'apparition du *tractatus theologico-politicus*, craignant qu'on enveloppât leurs doctrines dans la même réprobation, élevèrent contre lui la voix plus haut que les théologiens. Cette indignation de Bayle devait être nécessairement un peu factice, car tout nous porte à croire qu'il était sceptique à l'égard des dogmes religieux, comme il était sceptique à l'égard des dogmes philosophiques.

En effet, il usa, à l'égard des dogmes religieux, d'une tactique qui lui permit de les critiquer impunément. Il entasse les objections contre les dogmes chrétiens sur l'origine du mal, sur la providence, sur la grâce, sur la prédestination. Il démontre que ces dogmes sont contraires aux principes du sens commun, à la raison, et que rien ne peut résoudre les objections qu'ils soulèvent. Une démonstration de cette nature, inquiète, tourmente les théologiens, mais Bayle les déconcerte, tourne contre eux leurs propres armes, en se réfugiant dans le sein de la révélation. Sans doute, quelques dogmes du christianisme sont contraires à la raison; mais leur incompatibilité avec la raison humaine prouve leur origine divine en même temps que la faiblesse de notre raison. S'ils étaient conformes à la raison humaine, si la raison humaine, abandonnée à elle-même avait pu les découvrir, à quoi eût servi une révélation ? Au point de vue des théologiens et des partisans de la révélation, il ne peut rien y avoir à répondre à cet argument. Aussi, grâce à cette précaution, Bayle put impunément démontrer que la plupart des dogmes du christianisme sont contraires à la raison. C'est en se plaçant à ce point de vue, qu'il a développé les objections des Manichéens contre l'unité d'un principe souverainement puissant, souverainement parfait qui serait à la fois l'auteur du bien et l'auteur du mal dans le monde. Il a reproduit ces objections avec tant de force et tant d'insistance, qu'il a été accusé lui-même d'être manichéen. Voici comment il se défend contre les attaques qui furent dirigées contre lui à propos de ces discussions sur les dogmes du christianisme.

« Il entre dans l'essence des mystères de la religion révélée d'être exposés à des objections que la raison naturelle ne saurait faire disparaître. Mais les incrédules ne doivent nullement tirer avantage de ce que les principes de la philosophie ne donnent point la solution des difficultés qui s'élèvent contre les mystères de la révélation. Les objections des Manichéens relatives à l'origine du mal et à la prédestination ne doivent pas être considérées comme combattant cette révélation, mais il faut les prendre dans le sens particulier que l'origine du mal physique et du mal moral, et les résolutions de Dieu à son égard prennent place parmi les mystères les plus incompréhensibles du christianisme. Il doit suffire à tout bon chrétien que sa foi repose sur le témoignage de la parole de Dieu. » Il n'est pas étonnant que de telles assertions de la part d'un esprit aussi indépendant aient inquiété les théologiens. Comment croire, en effet, que celui qui soumettait toutes choses à la critique et qui, à l'aide de la raison, secouait tous les vieux préjugés historiques et philosophiques, pût soumettre son intelligence à ce qu'il jugeait si bien lui être contraire ?

Tels sont les principaux caractéres du rôle joué par Bayle à la fin du XVIIe siècle, tels sont ses rapports avec le mouvement philosophique dont nous venons de faire l'histoire. Bayle apparaît à une époque où plusieurs grands dogmatismes philosophiques sont en présence et se combattent, à une époque où la persécution a ranimé l'ardeur des controverses théologiques. Placé au milieu de ce grand conflit de tant d'opinions philosophiques et religieuses, il en a contracté une remarquable tendance vers le scepticisme. Non seulement il pense qu'aucune de ces opinions ne renferme la vérité absolue, mais encore, quoiqu'il ne l'affirme pas, il a bien l'air de croire qu'il n'est pas donné à l'intelligence humaine de saisir la vérité. Cependant Bayle est cartésien, du moins en apparence. Mais le cartésianisme n'est guères pour lui qu'une arme de combat. C'est au point de vue du cartésianisme que le plus souvent il se place pour attaquer les autres systèmes, parce que le cartésianisme lui fournit une multitude d'objections contre les vérités qui semblent le plus solidement établies dans le sens commun. Il s'empare des hypothèses cartésiennes les plus contestables, telles que le principe de la création continue, la théorie des causes occasionnelles, l'hypothèse de l'animal machine, et se sert de ces hypothèses non seulement pour en combattre d'autres qui ne sont pas moins arbitraires, mais surtout pour jeter des doutes nouveaux sur la liberté de l'homme, sur la providence, sur l'origine du mal. A l'aide de la théorie de la création continue et de la théorie des causes occasionnelles, il démontre que l'homme n'est pas libre, et que Dieu doit être considéré comme l'auteur du péché ; à l'aide de l'hypothèse de l'animal machine, il élève de nouvelles difficultés sur la question de l'immortalité de l'ame humaine; puis, lorsqu'il a combattu et vaincu en se plaçant au point de vue de ces hypothèses, content d'avoir démontré le peu de solidité des arguments et des systèmes de ses adversaires, il ne cache pas le peu d'estime qu'il fait des armes dont lui-même s'est servi, et témoigne peu de foi en la valeur des hypothèses avec lesquelles il a triomphé dans la discussion. Mais voici une pensée de Bayle qui révèle et résume parfaitement, à ce qu'il me paraît, la tendance de son esprit et la nature de son scepticisme.

« Il semble que Dieu qui est le distributeur des connaissances humaines, agisse en père commun de toutes les sectes, c'est-à-dire, qu'il ne veuille pas souffrir qu'une secte puisse pleinement triompher des autres et les abîmer sans ressource. Une secte terrassée, n'en pouvant plus, trouve toujours le moyen de se relever dès qu'elle abandonne le parti de la défense pour agir offensivement par diversion. » (*Dic. Crit.* — Art. *Rorarius.*)

INFLUENCE GÉNÉRALE
DU CARTÉSIANISME

SUR

LA LITTÉRATURE DU XVIIe SIÈCLE.

PROPAGATION RAPIDE ET TRIOMPHE COMPLET DE LA PHILOSOPHIE DE DESCARTES.

Nous avons suivi les destinées philosophiques des principes posés par Descartes dans les systèmes de Malebranche, de Spinosa, de Locke et de Leibnitz. Mais dans cette histoire nous n'avons tenu compte que des grands noms et des grands systèmes qui correspondent aux développements les plus remarquables des principes de la philosophie de Descartes. Nous avons passé de Spinosa à Malebranche, de Malebranche à Locke, de Locke à Leibnitz et à Bayle, nous avons fait l'histoire des principes sans considérer leur influence sur l'époque au milieu de laquelle ils se sont développés ; nous n'avons donc pas encore apprécié l'action générale que la révolution cartésienne a exercée sur la société du XVIIe siècle et sur les hommes de génie, sur les grands écrivains dont la philosophie n'a pas été la principale originalité et la principale gloire.

Jamais, peut-être, aucune philosophie n'eut une fortune plus grande et plus rapide que la philosophie de Descartes. Descartes a pu, en mourant, emporter avec lui une satisfaction qui n'a pas été donnée à tous ceux qui ont proclamé dans le monde des principes nouveaux, car il a pu mourir, assuré du développement et du triomphe de ses doctrinss. Déjà, pendant sa vie, les principes du *Discours de la Méthode* et des *Méditations*, sa physique, ainsi que sa métaphysique, avaient eu dans le monde philosophique un immense retentissement. On peut en juger par les discussions qui, de toutes parts, s'élevèrent sur la valeur des principes de la philosophie nouvelle et par la liste de savants et des philosophes qui prirent part au grand débat philosophique qui s'engagea sur les *Méditations*. En effet, parmi ceux qui adressèrent des objections à Descartes, on rencontre les philosophes et les théologiens les plus célèbres de l'époque, en Angleterre, en France et dans les Pays-Bas, tels que Hobbes, Gassendi, Arnauld, Cartésius, le Père Bourdin. Toutes les parties du grand édifice élevé par Descartes dans le *Discours de la Méthode* et dans les *Méditations*, sont attaquées, et toutes sont défendues. La curiosité philosophique qui s'attachait à tout ce qui sortait de la plume de Descartes, était devenue si grande que des hommes apostés faisaient passer, de Hollande en France, les feuilles de ses ouvrages, à mesure qu'elles étaient imprimées. Déjà, dans les universités de Hollande, quelques professeurs enseignaient sa philosophie ; il y comptait des adversaires violents et des disciples zélés. Chaque université était, pour ainsi dire, partagée en deux camps ; les uns tenaient pour Descartes, les autres pour le vieil Aristote. En France même, Descartes, avant sa mort, avait aussi de nombreux disciples, il en avait dans le parlement et dans la magistrature ; il en avait dans la congrégation enseignante de l'Oratoire et jusque dans la Sorbonne, et dans la société des Jésuites, ses anciens maîtres. Enfin, Descartes pouvait se vanter d'avoir encore pour disciple une reine sur le trône, et une princesse célèbre par la profondeur et par l'étendue de son esprit.

Du vivant même de son auteur, la philosophie cartésienne avait donc déjà fortement remué les intelligences ; elle avait pris un accroissement rapide, elle avait commencé à pénétrer dans les écoles, et elle y balançait la fortune d'Aristote.

Mais après la mort de Descartes, sa philosophie prit un accroissement encore plus rapide. Il était mort sur une terre étrangère, ses disciples se réunirent pour faire revenir de Stockolm à Paris les restes mortels de leur illustre maître. De magnifiques funérailles lui furent faites, et une foule d'hommes distinguées vinrent y attester par leur présence, les rapides progrès qu'avait faits, en peu d'années, la philosophie nouvelle. Quelques années après la mort de son auteur, la révolution philosophique était déjà consommée. Descartes, comme l'a dit M. Cousin, était dès lors, le philosophe de tout ce qui pensait en Europe et en France (1).

Une dizaine d'années après la mort de Descartes, la plupart des congrégations enseignantes avaient embrassé sa philosophie et la substituaient, dans les écoles, à la philosophie d'Aristote. La congrégation de l'Oratoire se faisait remarquer, entre toutes, par son zèle pour la philosophie nouvelle. Les Jésuites étaient encore indécis, il y avait

---

(1) Pour la plupart des détails contenus dans ce chapitre, j'ai consulté un mémoire de M. Cousin sur la persécution du cartésianisme en France.

dans leur compagnie des partisans et des adversaires de
Descartes. Mais lorsque d'audacieuses applications de la
méthode de Descartes eurent été faites à l'interprétation des
écritures sacrées; lorsque Spinosa, tout en se déclarant le
disciple de Descartes, eût attaqué la révélation et proclamé
le panthéisme, alors la société tout entière des Jésuites se
déclara contre la philosophie nouvelle, alors commença
contre le cartésianisme une véritable persécution.

PERSÉCUTION DU CARTÉSIANISME EN FRANCE.

Les ouvrages de Descartes furent mis à l'index par la
congrégation du St-Office. La Sorbonne, excitée par les
Jésuites, sollicita du parlement de Paris un arrêt contre la
philosophie nouvelle. Pendant quelque temps il fut question de remettre en vigueur ce fameux arrêt de 1624, qui
avait été aussitôt abrogé que publié, et par lequel il était défendu, à peine de vie, de soutenir aucune opinion contraire
aux auteurs anciens et approuvés. Mais l'avis des plus sages
et des plus modérés prévalut, le Parlement ne rendit pas
l'arrêt qui lui était demandé. Les Jésuites, battus auprès
du Parlement, s'adressent au conseil du Roi qui, à leur
requête, proscrivit en France l'enseignement de la philosophie cartésienne. Après quelques résistances individuelles
et honorables, la congrégation de l'Oratoire, si zélée pour
le cartésianisme, fut obligée de céder. Il n'y eut que le
P. Lamy, professeur de philosophie au collége d'Angers,
qui osa prolonger la résistance. Comme il s'obstinait à
enseigner la philosophie de Descartes, malgré l'ordonnance du Roi et malgré la soumission de son ordre, les
Pères supérieurs de l'Oratoire, exilèrent à Grenoble ce cou-

rageux professeur, avec défense d'enseigner et de prêcher. A ceux qui confessèrent en France la foi de Descartes, il faut ajouter encore le célèbre P. André, l'auteur d'un essai remarquable sur le beau. Cartésien égaré parmi les Jésuites, il subit différentes persécutions de la part de son ordre ; il fut chassé de collége en collége à cause de son attachement à la philosophie de Descartes et de Malebranche.

Tels sont les principaux incidents de cette persécution dont les Jésuites furent les promoteurs. Elle n'eut d'autre résultat que de bannir pour quelque temps des colléges l'enseignement des principes de la philosophie nouvelle ; mais, en dehors des écoles, le cartésianisme ne continua pas moins de se propager et de se répandre en toute liberté. Comment se fait-il que cette persécution contre le cartésianisme, engagée avec tant de zèle par les Jésuites et appuyée sur une ordonnance du roi, ait été poussée avec aussi peu de vigueur et si promptement abandonnée ? Il y a deux causes principales qui, à ce qu'il me semble, peuvent expliquer pourquoi cette persécution n'a pas été plus longue et plus vive. La première, c'est que le conseil du Roi, la Sorbonne, les Jésuites étaient déjà occupés d'une persécution religieuse tout autrement vive et animée, qui fit négliger un peu la persécution philosophique. Je ne doute pas que la persécution dont le Jansénisme et Port-Royal étaient alors l'objet, n'ait fait une diversion très favorable au cartésianisme, en détournant de lui l'attention et la vigilance des pouvoirs persécuteurs. La seconde cause c'est que le cartésianisme était déjà tellement enraciné dans les esprits et s'appuyait sur l'autorité d'hommes tellement recommandables par leur science, leur religion et leur vertu, que, peut-être, la persécution n'osa pas passer outre. Ainsi la persécution dirigée contre le cartésianisme prouve quelle était déjà son importance, en même temps que le peu de succès de cette persécution prouve quelle était déjà sa force.

Il en fut précisément de la condamnation de la philosophie de Descartes, comme il en avait été autrefois de la condamnation de la philosophie d'Aristote par les papes et les conciles. Cette condamnation ne fut pas respectée par ceux-mêmes qui par leur état et par leur caractère devaient une obéissance absolue aux décisions du St-Siège. De même qu'Albert-le-Grand et St-Thomas d'Aquin avaient commenté les ouvrages d'Aristote, avaient professé le péripatétisme malgré les anathêmes du concile de Sens et les défenses des papes, de même le P. Malebranche, Bossuet, Fénélon furent cartésiens et continuèrent d'être cartésiens malgré la censure prononcée par la cour de Rome contre le cartésianisme.

La fortune de la physique de Descartes n'avait été ni moins grande ni moins prompte que la fortune de sa métaphysique. Elle séduisait tous les esprits par sa simplicité et sa clarté, et partout elle se substituait à la physique d'Aristote. Par le petit nombre et par l'enchaînement des principes, par la rigueur des conséquences elle offrait de grandes facilités pour l'enseignement. Des expositions claires et méthodiques en avaient été faites par quelques disciples de Descartes, entre autres par Jacques Rohault, et l'avaient mise à la portée de tous. Non seulement la physique de Descartes était claire, mais encore la facilité avec laquelle elle rendait compte de certains phénomènes jusqu'alors inexpliqués, comme la pesanteur, le flux et le reflux, lui donnait une apparence de vérité. Il ne faut donc s'étonner ni de sa prompte popularité, ni de la longue durée de sa domination en France.

Ainsi, quelques années après la mort de Descartes, sa métaphysique et sa physique régnaient sur toutes les intelligences. Le critérium de l'évidence, les preuves métaphysiques de l'existence de Dieu, les idées innées, l'hypothèse des esprits animaux, l'hypothèse de l'animal machine, l'hypothèse des tourbillons étaient devenues populaires. La philosophie nouvelle avait subi une persécution, et elle en était sortie triomphante. Après avoir constaté le succès rapide des idées de Descartes, nous allons successivement examiner quelle fut en général leur influence sur la littérature du XVIIe siècle, et en particulier sur quelques-uns des grands écrivains de cette époque. Nous terminerons en énumérant les causes de la décadence du cartésianisme et du triomphe de la philosophie qui, pendant si longtemps, l'a remplacé en France.

DE L'INFLUENCE DE DESCARTES SUR LA LITTÉRATURE DU XVIIe SIÈCLE.

Comme écrivain et comme philosophe, Descartes a exercé une double influence sur la forme et l'esprit de la littérature du grand siècle. Quoique la plupart des historiens de la littérature française, peu versés dans la connaissance des monuments de notre philosophie, n'aient tenu nul compte de l'influence littéraire de Descartes, cette influence n'en est ni moins grande ni moins réelle. L'auteur du *Discours de la Méthode* n'est pas seulement le fondateur de la philosophie française, il est encore un des fondateurs de notre langue. Jusqu'à Descartes la langue française n'avait pas été la langue de la philosophie et de la science, et cependant la voilà qui, tout-à-coup, sous sa plume, s'élève à la hauteur de sa nouvelle mission. Quelle pureté, quelle admirable précision, quelle simplicité, et en même temps quelle majesté sévère dans cette belle langue du *Discours de la Méthode !* Déjà vous y trouverez tous les caractères qui doivent distinguer les plus grands écrivains du siècle, Pascal, Labruyère, Bossuet. Cependant, sous le rapport du style, de même que sous le rapport de la pensée, le *Discours de la Méthode*, qui parut en 1637, était une véritable création et n'avait pas d'antécédents. Entre la langue de Rabelais et de Montaigne, et la langue de Descartes, il n'y a point de rapports, point de parenté. C'est donc Descartes qui a donné le ton à la prose française, c'est lui qui l'a mise en garde contre le faux éclat, contre les prétentions et les recherches du bel esprit, c'est lui qui lui a inspiré la noble et mâle simplicité avec laquelle elle s'est constamment produite aux plus beaux jours de sa splendeur.

Mais l'influence de Descartes sur l'esprit des grands écrivains de cette époque a été plus sensible et plus grande encore. C'est dans l'esprit et dans les principes de la méthode cartésienne qu'on trouve l'origine et l'explication des traits les plus généraux qui caractérisent la littérature du siècle de Louis XIV. Voici quels sont, à ce qu'il me semble, ces traits les plus généraux. La littérature du XVIIe siècle demeure absolument étrangère aux questions sociales et politiques ; en ce qui concerne les vérités de la foi, elle est toujours pieuse et soumise ; en tout autre ordre d'idées elle est pleine d'indépendance et de bon sens ; enfin, elle porte un caractère de spiritualisme fortement prononcé. Or, tous ces caractères, toutes ces tendances se trouvent dans Descartes et lui viennent de Descartes.

Le premier caractère général que j'ai signalé dans la littérature du XVIIe siècle, c'est l'absence complète de toute préoccupation sociale et politique. Si l'on excepte

Fénelon, qui déjà appartient plutôt au commencement du XVIIIe siècle qu'au XVIIe, dans la plupart des grands écrivains de cette période, on ne trouve pas même la trace de quelques spéculations sur la société, sur le gouvernement, sur quelques uns de ces grands évènements que le XVIIe siècle a vu s'accomplir. En fait de politique et d'organisation sociale, ils s'en tiennent à l'admiration du génie et de la grandeur de Louis XIV. Quel plus grand évènement que celui de la découverte de l'Amérique! C'est surtout au XVIIe siècle que les conséquences de cet évènement commencent à se développer, c'est au XVIIe siècle que de nombreuses colonies partent des ports de l'Angleterre et de la France et vont jeter dans l'Amérique du nord les germes d'une société nouvelle. En même temps éclatent des guerres plus générales et plus terribles que jamais, les puissances de l'Europe s'allient en vertu de principes et d'intérêts nouveaux, en même temps encore sous le niveau d'une autorité absolue et d'une administration centrale et régulière, l'ordre et l'égalité commencent à apparaître dans la société française. Cependant les hautes intelligences du siècle semblent assister indifférentes et demeurer étrangères à de si grands évènements. Je sais bien que les défiances d'un pouvoir despotique et ombrageux peuvent, en une certaine mesure, expliquer le soin avec lequel les grands écrivains de ce siècle s'abstiennent de toute spéculation sur la société et sur la politique; mais quelque ombrageux que fût ce pouvoir, comment aurait-il pu s'alarmer de ce que des hommes tels que Pascal, Labruyère, Bossuet, se fussent préoccupés des destinées de l'Amérique ou des grands changements survenus en Europe et en France, pendant le XVIIe siècle? D'ailleurs, ces considérations sociales et politiques n'auraient-elles pas pu tourner légitimement à son honneur et à sa louange? Là n'est donc pas la raison du caractère général de toute cette littérature, mais plutôt dans l'esprit du cartésianisme dont elle était pénétrée. En effet, Descartes, pour ne pas compromettre le succès de la réforme philosophique, s'était constamment appliqué à la séparer de la politique, il déclare expressément dans les premières pages du *Discours de la Méthode*, qu'il n'a nulle prétention de régenter l'Etat. Il a tenu parole; car, non seulement on ne trouve, ni dans ses ouvrages, ni dans ses lettres, aucune espèce de jugements et de réflexions sur les évènements politiques dont il a été le témoin, mais encore, de toutes les branches des connaissances humaines, la politique avec la morale est peut-être la seule, comme déjà je l'ai remarqué, que son génie n'ait pas explorée. Ce caractère de Descartes et de sa philosophie est devenu le caractère commun des lettres et des sciences de toute cette période.

Mais si Descartes s'était appliqué à séparer la philosophie de la politique, il ne s'était pas moins appliqué à la séparer, à la distinguer de la religion. Je répète que cette distinction de vérités de l'ordre philosophique et de vérités de l'ordre religieux n'a pas de fondement dans la réalité des choses, elle ne peut porter que sur la forme et non sur la nature et l'origine de ces vérités; elle est plutôt artificielle et apparente que vraie et profonde; néanmoins, elle a été un fait dont il faut reconnaître et apprécier l'influence. D'ailleurs, si jamais cette distinction a été sincèrement acceptée par les théologiens d'une part et par les philosophes de l'autre, c'est au XVIIe siècle. Dans la première partie du moyen-âge, elle n'existe pas; tous les ordres de vérités sont également placés sous l'empire de la théologie. A l'époque de la Renaissance, elle est bien proclamée par quelques théologiens et par quelques philosophes, mais elle n'est franchement acceptée ni de part ni d'autre. Les théologiens font invasion dans la philosophie, et les philosophes de leur côté se mettent à l'abri derrière cette distinction pour attaquer les dogmes de la théologie. Enfin, au XVIIIe siècle, elle est encore bien moins respectée, et il est peu d'écrivains et de philosophes de cette période qui n'attaquent avec plus ou moins de hardiesse des vérités qu'une telle distinction ne peut plus protéger. Il n'en est pas de même de la littérature du XVIIe siècle ; elle n'a pas porté la main à cette arche sainte dans laquelle Descartes avait renfermé les vérités religieuses ; non seulement elle n'y a pas touché, mais elle leur a donné sa foi, et rien ne saurait mettre en nous la sincérité de la piété chrétienne de la plupart de ses plus illustres représentants.

Mais, autant en tout ce qui concerne les vérités de la foi, les grands écrivains du XVIIe siècle, à l'exemple de Descartes, soumettent leur intelligence, autant, hors du domaine des choses de la foi, ils témoignent d'esprit de critique et d'indépendance. Suivant la méthode de leur maître, ils n'acceptent rien dont l'évidence n'ait été démontrée à leur raison. Ils ont secoué tout respect superstitieux pour l'autorité des anciens ; ils étudient il est vrai, ils admirent, ils imitent les chefs d'œuvre littéraires que l'antiquité nous a légués, mais autant ils ont de respect et d'admiration pour son génie littéraire et politique, autant ils en ont peu pour l'autorité dont elle avait joui si longtemps dans la science et dans la philosophie. Le XVIIe siècle, dans sa réaction contre l'autorité des anciens, a parfaitement distingué la science antique de l'art antique, il s'est inspiré d'Homère, de Sophocle, de Virgile, mais il a rejeté la sagesse et la science de l'antiquité pour une science et pour une sagesse supérieures. Il n'y a pas jusqu'aux grands théologiens de cette époque, tels qu'Arnaud et Bossuet qui, partout où il n'est pas question de dogme, ne témoignent de cet esprit de libre examen, de bon sens et d'indépendance qu'ils ont puisé dans la philosophie cartésienne.—C'est donc de la distinction sévère établie par Descartes entre le domaine de la foi et le domaine de la science que résulte ce double caractère d'indépendance d'esprit et de piété chrétienne qui est commun à la plupart des hautes intelligences de ce siècle.

La littérature du XVIIe siècle doit encore à la philosophie de Descartes, cette tendance fortement spiritualiste que manifestent ses productions les plus diverses. C'est l'ame et non pas le corps qu'ont en vue les grands écrivains du siècle de Louis XIV. Nul ne s'adresse au corps, nul ne flatte les sens et les passions, nul ne finit à cette terre la destinée de l'homme ; tous, comme Descartes, distinguent profondément entre l'ame et le corps, tous placent dans l'ame et dans la pensée l'essence même de l'homme, tous lui affirment une destinée par de-là cette vie et par de-là ce monde. Cette tendance spiritualiste a même été par quelques-uns d'eux, et entre autres par Pascal, poussée jusqu'à l'excès ; et Molière, disciple de Gassendi, le seul grand écrivain de cette époque qui n'ait pas subi l'influence du cartésianisme, a combattu et tourné en ridicule cet excès dans quelques-unes de ses comédies. C'est de cette tendance spiritualiste exagérée qu'il se moque, lorsque dans *les Femmes savantes* il fait dire à Philaminte :

> Le corps, cette guenille, est-il d'une importance,
> D'un prix à mériter seulement qu'on y pense ?

Le bonhomme Chrysale répond :

> Oui, mon corps, c'est moi-même, et j'en veux prendre soin,
> Gueuille, s'il vous plaît, ma guenille m'est chère.

Ces vers ne sont-ils pas sous forme comique la continuation de la querelle entre Descartes et Gassendi? Ne nous semble-t-il pas entendre Gassendi appeler encore Descartes, *omens, ô esprit*? N'est-ce pas la même plaisanterie reproduite sur le théâtre? Mais les protestations et les plaisanteries de Gassendi et de Molière ne servent qu'à nous confirmer la réalité de cette tendance spiritualiste de la littérature du XVIIe siècle et à nous montrer son origine dans l'esprit même de la philosophie de Descartes.

Non seulement tous les grands écrivains de ce siècle sont pénétrés de l'esprit de la méthode et de la philosophie de Descartes, mais ils ne connaissent pas d'autre philosophie, et ils n'émettent pas une opinion philosophique qui ne soit marquée au coin du cartésianisme. Nous en aurons la preuve si nous examinons rapidement leurs ouvrages, en ne les considérant que sous le point de vue de la philosophie.

MADAME DE SÉVIGNÉ. LABRUYÈRE. BOILEAU. LAFONTAINE.

Madame de Sévigné n'est pas cartésienne, entre le cartésianisme et ses adversaires elle garde une certaine neutralité, sauf quelques plaisanteries que de temps en temps elle dirige contre les points les plus vulnérables de la philosophie de Descartes, mais ses lettres renferment des renseignements précieux sur l'histoire du cartésianisme. Elles nous attestent combien la philosophie nouvelle avait fait de progrès même parmi les gens du monde et combien elle préoccupait vivement les esprits, même dans les salons. Les lettres de Mme de Sévigné nous révèlent tout un monde cartésien. Nous y trouvons les noms d'une foule de cartésiens de toutes les classes et de toutes les conditions. Tantôt c'est l'abbé de la Mousse qui discute sur *les petites parties* avec l'évêque de Léon *qui est cartésien à brûler* (1). Tantôt c'est de Vardes et Corbinelli qui charment les ennuis de leur exil et de leur disgrâce, par l'étude de la philosophie de Descartes et deviennent zélés cartésiens (2). « La philosophie de Descartes paraît d'autant plus belle, écrit Corbinelli au comte de Bussy, qu'elle est facile et qu'elle n'admet dans le monde que des corps et des mouvements, ne pouvant souffrir tout ce dont on ne peut avoir une idée claire et nette, sa métaphysique me plaît aussi, ses principes sont aisés et ses inductions naturelles. Que ne l'étudiez-vous, elle vous divertirait avec mesdemoiselles de Bussy (3). » Mme de Sévigné nous fait encore assister à quelques-unes des discussions philosophiques dont souvent elle était témoin ; « M. de Montmoron, écrit-elle à sa fille, hait votre philosophie et la conteste sur tout, mon fils soutenait *votre père* (Descartes).... Le Père Damaie le soutenait aussi.... Montmoron disait que nous ne pouvons avoir d'idées que de ce qui nous a passé par les sens (4). »

L'interdiction de la philosophie de Descartes avait fait quelque sensation et avait jeté quelque alarme dans tout ce monde cartésien, et, à en croire Mme de Sévigné, il n'aurait pas été prudent de trop afficher des opinions cartésiennes. « Je n'ai pas voulu, écrit-elle à sa fille, que Corbinelli ait été à des assemblées de beaux esprits, parce que je sais qu'il y a des barbets qui rapportent à merveille ce que l'on dit en l'honneur de votre père Descartes (5). Quant à Mme

---

(1) *Lettres de Madame de Sevigné*, éd. Montm., 2 vol., p. 137,
(2) *Id.* 3, p. 98.
(3) *Id.* 3, p. 92.
(4) *Id.* 6, p. 460.
(5) *Id.* 6, p. 182.

de Grignan que sa mère plaisante sur son hétérodoxie et invite à abjurer, elle déclare résolument qu'elle ne veut pas encore abjurer. « Il arrive, dit-elle, des révolutions dans toutes les opinions comme dans les modes, et j'espère que les siennes triompheront un jour et couronneront ma persévérance (1). »

Mme de Grignan n'était pas seulement une spirituelle et charmante cartésienne, mais encore une fort habile cartésienne à en croire le témoignage de Corbinelli qui dit dans une de ses lettres : « qu'elle sait à miracle la philosophie de Descartes et en parle divinement (2). »

Si l'influence du cartésianisme s'est fait sentir jusque sur des hommes du monde et des femmes d'esprit, à plus forte raison a-t-elle dû se faire sentir sur des hommes doués d'un esprit observateur et profond, tel que Labruyère. L'admiration de Labruyère pour Descartes est grande, comme le témoigne cette exclamation qui se rencontre dans son chapitre, *Sur les biens de la fortune :* « Que deviendront les Fauconnet, iront-ils aussi loin dans la postérité que Descartes né français et mort en Suède? » Non seulement il admire Descartes, mais il est évidemment pénétré de ses doctrines, voyez plutôt les arguments dont il se sert contre les esprits forts :

« Je ne conçois point qu'une ame que Dieu a voulu remplir de l'idée de son être infini et souverainement parfait, puisse être anéantie.... Je pense et je suis certain que je pense, or, quelle proportion y a-t-il de tel ou tel arrangement de la matière avec ce qui pense? En un mot, je pense, donc Dieu existe, car ce qui pense en moi, je ne le dois pas à moi-même, parce qu'il n'a pas plus

---

(1) *Lettres de Madame de Sévigné*, éd. Montm. 5, p. 379.
(2) *Id.* 3, p. 92.

PASCAL. ARNAULD-NICOLE.

LOGIQUE DE PORT-ROYAL.

MM. de Port-Royal étaient cartésiens. L'indépendance, l'élévation, le spiritualisme de la philosophie de Descartes s'accommodaient bien à l'indépendance, à l'élévation de leur caractère et à leur spiritualisme religieux. Ils furent à la fois partisans de Jansénius et de Descartes, et les Jésuites, leurs ennemis et leurs persécuteurs, déclarèrent à la fois la guerre à l'un et à l'autre.

De tous ceux qui s'attachèrent à la cause de Port-Royal, le plus illustre est l'auteur des *Provinciales*. Pascal n'est pas un cartésien avoué; il lui arrive même d'attaquer la philosophie de Descartes avec aigreur et injustice, néanmoins ses pensées portent une trace évidente de cartésianisme. L'origine de cette mauvaise humeur de Pascal contre Descartes est sans doute dans la querelle qu'il eut avec lui au sujet de la fameuse expérience du Puy-de-Dôme. Descartes a prétendu avoir donné à Pascal l'idée de cette expérience et il lui a vivement reproché de s'en être

> Entre l'homme et l'esprit, comme entre l'huître et l'homme,
> Le tient tel de nos gens, franche bête de somme.

Puis, après avoir exposé la manière dont, suivant Descartes, les animaux agissent, il oppose la manière dont l'homme lui-même agit, et traduit en vers admirables les principes des *Méditations*.

> Nous agissons tout autrement,
> La volonté nous détermine,
> Non l'objet, ni l'instinct. Je parle, je chemine,
> Je sens en moi certain agent,
> Tout obéit dans ma machine
> A ce principe intelligent.
> Il est distinct du corps, se conçoit nettement,
> Se conçoit mieux que le corps même;
> De tous nos mouvements, c'est l'arbitre suprême.
> Mais comment le corps l'entend-il?
> C'est là le point. Je vois l'outil
> Obéir à la main, mais la main, qui la guide?
> Eh! qui guide les cieux dans leur course rapide?
> Quelque ange est attaché peut-être à ces grands corps...
> Un esprit vit en nous et meut tous nos ressorts.
> L'impression se fait : le moyen? je l'ignore
> Et, s'il faut en parler avec sincérité,
> Descartes l'ignorait encore....

Passons maintenant à des hommes dont l'esprit était plus tourné aux spéculations philosophiques et qui par conséquent ont pu être plus profondément cartésiens.

PASCAL. ARNAULD-NICOLE.

LOGIQUE DE PORT-ROYAL.

MM. de Port-Royal étaient cartésiens. L'indépendance, l'élévation, le spiritualisme de la philosophie de Descartes s'accommodaient bien à l'indépendance, à l'élévation de leur caractère et à leur spiritualisme religieux. Ils furent à la fois partisans de Jansénius et de Descartes, et les Jésuites, leurs ennemis et leurs persécuteurs, déclarèrent à la fois la guerre à l'un et à l'autre.

De tous ceux qui s'attachèrent à la cause de Port-Royal, le plus illustre est l'auteur des *Provinciales*. Pascal n'est pas un cartésien avoué; il lui arrive même d'attaquer la philosophie de Descartes avec aigreur et injustice, néanmoins ses pensées portent une trace évidente de cartésianisme. L'origine de cette mauvaise humeur de Pascal contre Descartes est sans doute dans la querelle qu'il eut avec lui au sujet de la fameuse expérience du Puy-de-Dôme. Descartes a prétendu avoir donné à Pascal l'idée de cette expérience et il lui a vivement reproché de s'en être attribué la gloire tout entière à lui-même, sans même mentionner le nom de celui qui lui en avait donné l'idée. De là une querelle où l'amour-propre de deux hommes de génie était fortement engagé, et de là cette aigreur et cette injustice avec laquelle Pascal, dans certaines pensées, traite la philosophie de Descartes. Ainsi il dirige contre la philosophie de Descartes une attaque qui ne tendrait à rien moins qu'à renverser les bases de toutes les sciences physiques, en discréditant toute recherche des causes secondes, c'est-à-dire, toute recherche scientifique. Voici en effet la leçon qu'il adresse à Descartes :

« Il faut dire en gros que cela se fait par figure et par mouvement, car cela est vrai. Mais de dire quelle figure et quel mouvement, et composer la machine, cela est ridicule, incertain et pénible. Et quand cela serait vrai, nous n'estimons pas que la philosophie vaille une heure de peine. » (*Pens. de Pasc.*, *part. 2e, art. 17.*)

Pascal adopte donc les principes de la physique cartésienne, puisqu'il regarde comme vrai que tout dans l'univers s'explique par la figure et le mouvement; mais il adresse à Descartes le singulier reproche d'avoir entrepris d'expliquer les choses particulières avec les principes de sa physique. Dans une autre de ses pensées, il lui adresse ce reproche plus singulier et plus injuste encore.

« Je ne puis pardonner à Descartes : il aurait bien voulu, dans toute sa philosophie, pouvoir se passer de Dieu, mais il n'a pu s'empêcher de lui faire donner une chiquenaude pour mettre le monde en mouvement ; après cela il n'a plus rien à faire de Dieu. (*Pensées de Pasc.*, 2e part., art. 18).

Accuser Descartes de n'avoir demandé à Dieu qu'une chiquenaude pour mettre le monde en mouvement et de l'avoir laissé ensuite de côté, c'est n'avoir rien compris au principe fondamental de la physique cartésienne. Nulle substance, suivant Descartes, ne peut un seul instant continuer d'exister, si Dieu ne continue de la créer ; conserver, c'est pour Dieu, selon son expression, produire derechef. C'est là le grand principe de la philosophie de Descartes, et c'est à cette philosophie que Pascal reproche de ne demander à Dieu qu'une chiquenaude pour mettre le monde en mouvement! Certes, s'il est un reproche qu'on puisse faire à Descartes, c'est bien plutôt d'être tombé dans l'excès contraire à celui dont Pascal l'accuse si injustement.

Cependant, malgré ces attaques injustes contre la philosophie de Descartes, les *Pensées de Pascal* portent l'empreinte profonde du cartésianisme. On y retrouve ce même mépris de l'antiquité que nous avons signalé dans Descartes. En toutes les choses qui ne sont pas du domaine de la foi, Pascal proteste, comme Descartes, contre le joug de l'autorité ; il en appelle à la raison et à l'évidence, comme à la règle souveraine qui distingue la vérité de l'erreur.

Mais c'est par le spiritualisme, c'est par la distinction profonde des phénomènes de l'ame et du corps, que les *Pensées de Pascal* me semblent le plus tenir de la philosophie de Descartes. Pascal, dans différentes de ses *Pensées*, distingue fort bien, comme Descartes, et par les mêmes raisons, ce qui appartient à l'ame. Comme Descartes, il fait consister l'homme, la personne, dans le moi, dans la pensée et non dans cet assemblage de membres qu'on appelle le corps. C'est ce qu'il exprime avec originalité et énergie dans la *Pensée* suivante :

« Je puis bien concevoir un homme sans mains, sans pieds, et je le concevrais même sans tête, si l'expérience ne m'apprenait pas que c'est par là qu'il pense. C'est donc la pensée qui fait l'être de l'homme, et sans quoi on ne peut le concevoir. Qu'est-ce qui sent du plaisir en nous? est-ce la main, est-ce le bras? est-ce la chair? est-ce le sang? On verra qu'il faut que ce soit quelque chose d'immatériel. » (1re part. art. 4).

Cette pensée qui domine dans tout ce que Pascal a écrit sur l'homme, est la pensée même de Descartes, c'est le résumé d'une de ses plus belles méditations. Parcourez attentivement toutes les pensées de Pascal, et vous reconnaîtrez que, pour tout ce qui touche à la philosophie, il n'y a que la forme qui soit de lui, le fond est de Descartes. Ce qui se trouve dans Pascal et ne se retrouve pas dans Descartes, c'est une tendance à abaisser la raison au profit de la foi, c'est une tendance sceptique qui est singulièrement en contradiction avec l'esprit et la méthode de Descartes. Néanmoins, lorsqu'il se place au point de vue de la raison, et pour tout ce qui est purement philosophique, Pascal est un cartésien.

Arnaud et Nicole, qui appartiennent aussi à cette fameuse société de Port-Royal, ont été encore plus cartésiens que Pascal.

Arnauld se montre déjà cartésien dans les objections qu'à la prière du P. Mersenne, il propose à Descartes contre le livre des *Méditations*. En effet, il y déclare qu'il adopte la plupart des principes de la philosophie nouvelle; lui-même en fortifie quelques-uns par l'autorité de saint Augustin. Ce sont moins des objections qu'il adresse à Descartes, que des observations bienveillantes sur quelques difficultés qui pourraient arrêter certaines personnes dans sa philosophie. Aussi Descartes, ravi de rencontrer un adversaire si bienveillant dans le plus illustre des théologiens de la Sorbonne, s'empresse de déclarer dans sa réponse qu'il donne les mains à toutes ses objections. Il montre à l'égard d'Arnauld une soumission et une condescendance qu'il n'a eue pour aucun autre de ses adversaires. Mais le cartésianisme d'Arnauld se manifeste encore bien mieux dans une œuvre remarquable à laquelle il a travaillé en commun avec son ami Nicole. Cette œuvre remarquable est la *Logique de Port-Royal*.

Je considère la *Logique de Port-Royal* comme un des plus beaux ouvrages qu'ait inspirés la philosophie de Descartes. Toutefois il faut remarquer que cet ouvrage avait des antécédents et que les auteurs se sont aidés sans nul doute, non seulement de l'*Organum* d'Aristote, mais aussi du *Novum organum* de Bacon et de la *Logique de Clauberg*. Les deux discours préliminaires qui sont en tête de cette logique sont un chef-d'œuvre, soit pour la vigueur et la justesse des pensées, soit pour la fermeté du style. Il suffirait de lire ces deux discours pour se convaincre de la puissante et heureuse influence exercée par la philosophie de Descartes sur les progrès de l'esprit humain. Ces deux discours sont, en quelque sorte, des manifestes de l'esprit moderne opposé au vieil esprit du moyen-âge. Ce qui doit surtout frapper dans ces discours, c'est la rigueur du bon sens et l'indépendance de l'esprit. Les causes des faux jugements et des faux préjugés qui sont répandus dans le monde et qui arrêtent les progrès de la philosophie, y sont analysées avec finesse, profondeur et indépendance. La logique du raisonnement qui non seulement constituait encore, à cette époque, la logique tout entière, mais encore était l'unique objet de tout l'enseignement philosophique, est remise à sa place. Le titre d'art de penser substitué à celui d'art de raisonner, par lequel on définissait ordinairement la logique, indique cette importante réforme. Tout en réduisant l'importance exagérée attribuée à l'art du raisonnement, les auteurs de cette logique n'en méconnaissent pas cependant, comme on l'a fait depuis, l'utilité et la véritable importance.

Les auteurs de la logique protestent dans ces discours, au nom de la raison, contre le joug de l'autorité. Ils se justifient de ne s'être pas asservis en toutes choses à l'autorité d'Aristote. On ne doit de déférence à un philosophe quelconque, que par deux raisons, ou par l'autorité de la vérité qu'il aurait suivie, ou en vue de l'opinion des hommes qui les approuvent. Nous devons les suivre lorsqu'ils ont raison, ne pas les suivre lorsqu'ils se trompent. Quant au consentement des hommes dans l'approbation d'un philosophe, il doit seulement nous engager à en faire une étude plus approfondie, avant de le condamner. Mais Aristote n'a pas même pour lui cette approbation générale, puisque le monde est partagé touchant les opinions de cet auteur, chacun peut donc déclarer librement ce qu'il approuve ou désapprouve dans sa philosophie.

Le monde ne peut demeurer longtemps dans la contrainte des opinions philosophiques, il se remet insensiblement, comme le dit l'auteur du second discours, en possession de la liberté naturelle et raisonnable qui consiste à approuver ce qu'on juge vrai et à rejetter ce qu'on juge faux. Il termine par cette conclusion qui est le principe même de la méthode de Descartes.

« La raison ne trouve pas étrange qu'on la soumette à l'autorité dans les sciences qui sont au dessus de la raison, mais il semble qu'elle soit bien fondée à ne pas souffrir que dans les sciences humaines qui font profession de ne s'appuyer que sur la raison, on l'asservisse à l'autorité contre la raison. »

Si la préface de la logique de Port-Royal est remarquable, l'ouvrage lui-même ne l'est pas moins. Tout ce qu'il y a de plus important dans la logique d'Aristote sur les propositions et sur les syllogismes, y est clairement exposé. Les règles de la méthode qui y sont indiquées, sont les règles mêmes données par Descartes dans le *Discours de la Méthode*. Mais ces règles sont accompagnées de développements et d'exemples qui en font vivement ressortir l'utilité et la justesse. Les auteurs de la *Logique de Port-Royal* ont pensé, ainsi que Descartes, que la philosophie devait avoir un but pratique. Ils se sont donc attachés à montrer l'application des règles de la méthode aux choses de la vie, aux raisonnements ordinaires, aux principes des sciences contemporaines, aux erreurs et aux préjugés qui étaient alors en vogue. Il y a dans la *Logique de Port-Royal* une tendance constante aux applications pratiques qui atteste le jugement et le bon sens de ses deux illustres auteurs.

Arnauld et Nicole ont attaché à leur logique une partie de la psychologie. La logique étant l'art de penser, la matière de la logique étant les idées, ils ont commencé à traiter de la nature et de l'origine des idées. Ils ont reproduit sur la question de l'origine des idées l'opinion de Descartes, en lui donnant peut-être plus de rigueur et en la confirmant par des preuves nouvelles. Les auteurs de la logique réfutent d'une manière admirable cette maxime de Gassendi, que toutes nos idées nous viennent des sens. Ils établissent que nous avons en nous, entr'autres idées, les idées de l'être et de la pensée. Or, par quel sens ces idées sont-elles entrées dans notre esprit? « Sont-elles lumineuses ou colorées pour être entrées par la vue? D'un son grave ou aigu, pour être entrées dans l'ouie? D'une bonne ou mauvaise odeur, pour être entrées dans l'odorat? De bon ou mauvais goût, pour être entrées par le goût? Froides ou chaudes, dures ou molles, pour être entrées par l'attouchement? Que si l'on dit qu'elles ont été formées d'autres images sensibles, qu'on nous dise quelles sont ces autres images sensibles dont on prétend que les idées de l'être et de la pensée ont été formées, et comment elles ont pu être formées ou par composition, ou par ampliation, ou par diminution, ou par proportion. Que si l'on ne peut rien répondre à tout cela qui ne soit déraisonnable, il faut avouer que les idées de l'être et de la pensée, ne tirent en aucune sorte leur origine des sens, mais que notre ame a la faculté de les former de soi-même, quoiqu'il arrive souvent qu'elle est excitée à le faire par quelque chose qui frappe les sens, comme un peintre peut être porté à faire un tableau par l'argent qu'on lui promet sans qu'on puisse dire pour cela que le tableau a tiré son origine de l'argent. »

Les auteurs de la logique réfutent aussi, comme déjà Descartes l'avait réfutée, cette opinion de Hobbes, que le raisonnement ne peut être qu'un assemblage de mots réunis par le mot *être*, d'où résulte cette conséquence, suivant Hobbes, que le raisonnement dépend des mots; les mots de l'imagination et l'imagination des organes corporels, et qu'ainsi l'ame n'est qu'un mouvement dans quelques parties du corps organique.

Le raisonnement n'est pas un assemblage de mots, mais un assemblage d'idées. Les mots ne sont que des conventions à l'aide desquelles l'homme exprime ses idées. Si le raisonnement consistait dans les mots, comme diverses nations ont donné différents noms aux mêmes choses et même aux plus claires et aux plus simples, les hommes de différentes langues ne devraient jamais pouvoir s'entendre sur aucune vérité. N'étant pas convenus de donner aux mêmes sons les mêmes significations, ils ne pourraient aussi convenir dans aucun de leurs jugements et dans aucun de leurs raisonnements.

Toute la partie psychologique de la *Logique de Port-Royal* est ainsi empruntée à Descartes, de même que la plupart des jugements qui s'y trouvent. Dans le premier discours qui précède la logique, Arnauld et Nicole avouent tout ce qu'ils doivent à Descartes dans la composition de leur ouvrage.

« On est obligé néanmoins de reconnaître que ces réflexions qu'on appelle nouvelles, parce qu'on ne les voit pas dans les logiques communes ne sont pas toutes de celui qui a travaillé à cet ouvrage, et qu'il en a emprunté quelques-unes des livres d'un célèbre philosophe de ce siècle, qui a autant de netteté d'esprit qu'on trouve de confusion dans les autres. »

La *Logique de Port-Royal* est donc tout entière cartésienne soit par les opinions, soit par l'esprit. Elle nous atteste que l'illustre société de Port-Royal avait embrassé avec ardeur la philosophie nouvelle. Enfin, elle est un des plus beaux monuments de l'émancipation intellectuelle produite par le cartésianisme. Nulle part, peut-être, je le répète, le progrès dont l'esprit humain, au XVIIe siècle est redevable à la philosophie de Descartes, n'est plus sensible et plus évident que dans la *Logique de Port-Royal*. Entre la *Logique de Port-Royal* et le moyen-âge, il semble qu'il y ait un abîme. Il y a, du moins, toute la différence qui sépare l'esprit du moyen-âge de l'esprit moderne. Quand on songe que les auteurs de cette logique sont des prêtres, des théologiens, on est plus frappé encore de l'influence de ce mouvement philosophique sur toutes les grandes intelligences du XVIIe siècle.

Mais si Arnauld est cartésien, il n'adopte en aucune

façon les conséquences que quelques cartésiens téméraires ont tirées de la philosophie de leur maître, et Malebranche rencontra en lui un rude adversaire. Dans ses réflexions philosophiques et morales sur le système de la nature et de la grâce, dans sa recherche sur les vraies et sur les fausses idées, il combat Malebranche à la fois en théologien et en philosophe. Toutes les fois qu'il ne l'attaque pas au nom de la théologie et de l'orthodoxie, Arnauld, dans cette polémique, se montre constamment un pur cartésien. Quand il ne réfute pas Malebranche avec lui-même, et avec les contradictions qu'il a cru remarquer dans ses idées, il le réfute avec Descartes. Ce sont les principes, les opinions de Descartes qu'Arnauld oppose le plus souvent à Malebranche, sans prendre garde que beaucoup d'opinions de Malebranche sont la conséquence des principes de Descartes.

Ainsi donc, Arnauld est cartésien, mais il rejette toutes les conséquences contraires au sens commun, ou à l'orthodoxie que Malebranche et d'autres ont tirées de la philosophie de Descartes, et il soutient qu'elles ont leur origine dans une interprétation fausse ou forcée des principes du maître. Telle fut aussi la ligne philosophique de Bossuet et de Fénélon.

DU CARTÉSIANISME DE BOSSUET ET DE FÉNÉLON.

Le cartésianisme peut encore se glorifier d'avoir conquis la grande intelligence de Bossuet. Bossuet est un disciple de Descartes, il en a l'esprit et la méthode. Il applique aux choses de la science et de la philosophie le principe de l'évidence avec autant de rigueur que le principe de l'autorité aux choses de la foi. Mais ce n'est pas seulement à cet esprit d'indépendance dans la science, que l'on peut reconnaître Bossuet comme un disciple de Descartes ; Bossuet n'a pas seulement adopté l'esprit et la méthode de Descartes, il a adopté aussi et professé la plupart de ses opinions philosophiques. On en retrouve les traces dans plusieurs de ses sermons. Bossuet ne dédaigne pas d'emprunter à la philosophie nouvelle des arguments soit pour prouver la distinction de l'ame et du corps et, par suite, son immortalité, soit pour prouver l'existence de Dieu. Mais nous n'avons pas besoin de rechercher et de rassembler les traces de cartésianisme éparses dans les divers ouvrages de Bossuet, car il a composé un ouvrage spécial de philosophie, intitulé : *La Connaissance de Dieu et de soi-même*, dont tous les principes sont empruntés à Descartes. Le titre même de *Connaissance de Dieu et de soi-même* est un titre tout à fait cartésien. Plusieurs disciples de Descartes, Clauberg, le P. Lamy, et d'autres encore, avaient chacun à leur manière, composé une *Connaissance de Dieu et de soi-même*. Tant l'exemple et l'imitation de Descartes, dont les méditations étaient une véritable *Connaissance de Dieu et de soi-même*, ont exercé d'influence sur ce siècle tout entier ! Bossuet laisse bien loin derrière lui tous ces imitateurs. Son ouvrage mériterait d'être plus étudié qu'il ne l'est aujourd'hui. Dans tout le cours du XVIIe et du XVIIIe siècle, il n'a certainement pas paru en France un traité plus remarquable de psychologie. Bossuet s'y montre, sans doute, le disciple de Descartes, mais il ne faudrait pas croire qu'il se soit borné à répéter Descartes. Il a donné à la psychologie des développements que Descartes ne lui avait pas donnés. Il traite avec ordre et avec suite toutes les questions psychologiques, ce que Descartes n'a pas fait. Beaucoup d'observations, remarquables par leur justesse et par leur profondeur, appartiennent en propre à Bossuet. Enfin, sur certains points, Bossuet s'éloigne de Descartes, pour suivre Malebranche. C'est ainsi qu'il admet, comme Malebranche, l'éternité et l'immutabilité des vérités perçues par l'entendement. De même que Malebranche, il considère aussi l'ame comme ne pouvant, en aucune manière, par sa nature, agir sur le corps, ni le corps sur l'ame, et il explique leur union et leur dépendance mutuelle par un miracle perpétuel de Dieu, sans toutefois déterminer en quoi consiste ce miracle.

Voici les principes les plus importants par lesquels Bossuet, dans cet ouvrage, se rattache directement à Descartes.

Il définit la philosophie de la même manière que Descartes, c'est-à-dire, l'amour de la sagesse, et il fait rentrer toutes les sciences dans son domaine.

Il trace entre les phénomènes de l'esprit et les phénomènes du corps, la même ligne de démarcation que Descartes. Il prend une à une chacune de nos sensations, il l'analyse et fait rigoureusement la part de ce qui, dans chacune d'elles, appartient soit à l'ame, soit au corps. Il distingue profondément les faits physiologiques des faits psychologiques. Ce qui appartient au corps dans la sensation de la vue, c'est le fluide qui agit sur l'organe de la vue, c'est l'impression faite par ce fluide sur le nerf optique. Ce qui appartient à l'ame, c'est la perception de la lumière, c'est le sentiment de plaisir ou de douleur qui peut en résulter. Bossuet fait subir la même analyse aux autres sensations et au fait volontaire. Bossuet appartient donc à l'école de Descartes par la méthode psychologique.

Il y appartient encore par son opinion sur l'origine des

idées, car il admet l'existence d'idées autres que de celles qui nous viennent par les sens ; il regarde l'entendement comme étant une source d'idées supérieures aux idées sensibles. Mais, de même que Malebranche, de même que Nicole, Arnauld et Fénelon, il diffère de Descartes, en ce qu'au lieu de considérer ces idées comme un produit arbitraire de la volonté de Dieu, il les considère comme immuables et éternelles.

Il prouve, comme Descartes, l'existence de Dieu par l'idée que nous en avons en nous.

Il adopte et défend l'hypothèse cartésienne sur la nature des animaux. Il donne, dans son ouvrage, de longs développements à la justification de cette hypothèse. Il s'efforce de prouver que tous les actes d'intelligence qu'on attribue vulgairement aux animaux, ne sont que le résultat d'un pur mécanisme. Il défend surtout cette hypothèse par des considérations empruntées à la piété et à la religion. Le grand motif pour lequel Bossuet nie que les animaux sont intelligents, c'est que s'ils étaient intelligents, il faudrait leur accorder une ame spirituelle et, par conséquent, une ame immortelle comme l'ame humaine. Le XVIIe siècle, presque tout entier, a adopté, avec Bossuet, cette singulière hypothèse, si contraire à l'expérience et au bon sens.

Mais si Bossuet est cartésien pour la métaphysique, il l'est peut-être plus encore pour la physique. Toute la partie physique et physiologique du traité de la *Connaissance de Dieu et de soi-même*, est empruntée à Descartes. Il explique, comme lui, tous les mouvements organiques, toutes les fonctions vitales du corps par l'action des esprits animaux qu'engendre la chaleur du cœur. Le cœur et le cerveau sont, suivant l'expression de Bossuet, les deux maîtresses parties du corps. Le cœur y renvoie partout le sang dont il est nourri, et le cerveau y distribue de tous les côtés les esprits par lesquels il est remué. Ces principes sont les principes mêmes de la physiologie de Descartes.

Je pense avoir suffisamment démontré à quel point Bossuet est cartésien soit pour la métaphysique, soit pour la physique. Cependant, quoique à lire ses ouvrages, il fût impossible de douter de son attachement à la philosophie et aux principes de Descartes, Bossuet ne voulait pas avouer cet attachement. Huet, qui était son ami, et qui faisait la guerre au cartésianisme, n'ignorait pas la prédilection de Bossuet pour cette philosophie. En lui envoyant ses ouvrages contre la doctrine de Descartes, il s'excusa de l'avoir attaquée, et le pria de ne pas permettre que leur dissidence d'opinions philosophiques refroidît leur amitié. Bossuet répondit à cette lettre avec chagrin et mécontentement. Il disait qu'il voyait avec peine son ami lui attribuer de l'attachement pour une philosophie qu'il jugeait contraire au christianisme. Huet, dans une nouvelle lettre, proteste qu'il est bien loin d'élever le moindre doute sur la foi dont il faisait preuve depuis si longtemps. En le supposant attaché au cartésianisme, il n'avait point eu l'intention de porter atteinte à son orthodoxie, pas plus qu'on attaque celle de saint Thomas ou des Pères de l'Eglise, en disant qu'ils étaient voués à la philosophie d'Aristote et de Platon.

Si Bossuet veut ainsi dissimuler son attachement à la philosophie de Descartes, c'est qu'il s'alarme des conséquences qu'il en voit sortir; il témoigne vivement de ses alarmes dans une lettre adressée à un disciple zélé de Malebranche (1).

« Je vois, dit-il, un grand combat se préparer contre

(1) OEuvres complètes de Bossuet, éd. du Panthéon. Tome XI, p. 110.

l'église sous le nom de la philosophie cartésienne. Je vois naître de son sein et de ses principes, *à mon avis mal entendus*, plus d'une hérésie, et je prévois que les conséquences que l'on en tire contre les dogmes que nos pères ont tenu la vont rendre odieuse, et feront perdre à l'église tout le fruit qu'elle en pouvait espérer pour établir dans l'esprit des philosophes la divinité et l'immortalité de l'ame. De ces mêmes principes mal entendus, un autre inconvénient terrible gagne sensiblement les esprits, car, sous prétexte qu'il ne faut admettre que ce qu'on entend très clairement (ce qui réduit à certaines bornes est très véritable), chacun se donne la liberté de dire, j'entend, ceci, j'entends cela. » Bossuet s'alarme donc, comme théologien, des conséquences que certains esprits font sortir de la philosophie de Descartes, néanmoins il lui conserve sa foi, parce que, selon lui, ce sont les principes de Descartes, mal entendus, qui conduisent à ces conséquences.

Quelle qu'ait été la différence du génie de Fénelon avec le génie de Bossuet, quelle qu'ait été la diversité de leurs tendances en religion et en politique, ils se sont cependant tous deux accordés en un même système de philosophie, tous deux ont été cartésiens.

Dans les divers ouvrages de Fénelon, on peut retrouver des traces nombreuses du cartésianisme. Mais nous n'aurons pas besoin d'aller çà et là les recueillir, puisque Fénelon, comme Bossuet, a consacré un ouvrage spécial à la philosophie, dans lequel il a développé et professé les principes du *Discours de la Méthode* et des *Méditations*. Cet ouvrage est le *Traité de l'Existence de Dieu*.

Le *Traité de l'Existence de Dieu* se divise en deux parties : dans la première partie, Fénelon développe avec force, avec élégance, avec grâce, les preuves physiques de l'existence de Dieu. En reproduisant ces preuves, en insistant sur elles, il s'écarte un peu de la philosophie de Descartes, car Descartes avait entièrement négligé cette sorte de preuves ; il avait même déclaré qu'elles n'avaient pas de valeur à ses yeux, puisque nous ne pouvons être bien assurés de l'existence du monde extérieur, qui en est le fondement. Fénelon a été plus sage en ne les dédaignant pas, et il a bien fait de les appeler au secours des preuves intellectuelles qui, seules, avaient été données par Descartes.

Mais si Fénelon semble, dans la première partie du *Traité de l'existence de Dieu*, s'éloigner de Descartes, il le suit pas à pas dans la seconde partie, consacrée au développement de preuves intellectuelles de l'existence de Dieu. Ces preuves intellectuelles de l'existence de Dieu que développe Fénelon, ne sont qu'un éloquent commentaire du *Discours de la Méthode* et des *Méditations*, auxquels Fénelon prête les charmes de sa belle imagination. Il débute par le doute universel de Descartes, il s'appuie sur les mêmes raisons de douter, et, comme épouvanté du vide que le scepticisme vient de faire autour de lui, il s'écrie : « O raison ! où me jetez-vous ? où suis-je ? que suis-je ? Tout m'échappe. Je ne puis me défendre de l'erreur qui m'entraîne, ni renoncer à la vérité qui me fuit. Jusques à quand serai-je dans ce doute qui est une espèce de tourment et qui est pourtant le seul usage que je puisse faire de ma raison ? O abîme de ténèbres qui m'épouvante, ne croirai-je jamais rien ? croirai-je sans être assuré ? Qui me tirera de ce trouble ? ».

Fénelon sort de ce scepticisme par la même voie que Descartes : « J'ai beau vouloir douter de chaque chose, il m'est impossible de pouvoir douter si je suis. Le néant ne saurait douter, et quand même je me tromperais, il s'en suivrait, par mon erreur même, que je suis quelque chose, puisque le néant ne peut se tromper. »

De cette première vérité il déduit le caractère de la clarté et de l'évidence, auquel il doit reconnaître toutes les autres vérités. Puis, suivant toujours la marche de Descartes, il passe à la démonstration de l'existence de Dieu. Les preuves intellectuelles de l'existence de Dieu, données par Fénelon, sont les preuves mêmes données par Descartes, accompagnées de quelques développements oratoires. Ainsi, Fénelon développe successivement les trois preuves tirées de l'idée de notre imperfection, de l'idée de la substance infinie et de l'idée d'un être souverainement parfait. Mais ce Dieu infini, tout parfait, que ces idées nous révèlent, ne serait-il pas l'univers lui-même? C'est l'objection faite par Spinosa, c'est la doctrine du panthéisme. Fénelon entreprend de la réfuter ; la réfutation qu'il en donne est faible, il ne faut pas s'en étonner, et nous ferons de nouveau, à propos de Fénelon, la remarque que déjà nous avons faite à propos de Bayle : c'est que l'on est mal placé au point de vue du cartésianisme pour réfuter le panthéisme, puisque le panthéisme est une conséquence de certains principes de cette philosophie.

De l'existence de Dieu, Fénelon passe à l'existence de sa nature et de ses attributs. L'unité, la simplicité, l'infinité, l'éternité, l'immensité, tels sont, suivant Fénelon, les principaux attributs de la nature divine. Il faut remarquer encore dans la philosophie de Fénelon un point important par lequel il se rapproche plutôt de Malebranche que de Descartes. On trouve dans Fénelon comme dans Malebranche, des choses admirables sur la divinité de la raison, sur le caractère absolu et immuable des vérités qui en émanent, sur l'universalité et l'inviolabilité de ses prescriptions. La raison, suivant Fénelon, est une lumière divine qui nous éclaire ou un maître intérieur à la voix duquel nous devons en toutes choses obéir.

Il est remarquable que l'école de Descartes presque tout entière, Malebranche à sa tête, ait abandonné, sur ce point important, les idées du maître. On se rappelle comment Descartes, égaré par une fausse idée de la toute-puissance divine, a méconnu la véritable nature des notions de la raison, et les a considérées comme des décrets arbitraires de la toute-puissance divine. Mais Malebranche, Bossuet, Fénelon et tous les disciples les plus illustres de Descartes ont restitué à la raison sa véritable nature, en la déclarant immuable, éternelle, absolue comme la sagesse de Dieu même, dont elle est la pure émanation.

Tels sont les grands hommes du siècle de Louis XIV, qui non seulement ont subi l'influence de la philosophie de Descartes, mais encore en ont professé les principes.

Quelle école eut jamais des destinées plus brillantes, quelle philosophie exerça jamais un plus puissant empire sur de plus hautes intelligences?

CAUSES DE LA DÉCADENCE DU CARTÉSIANISME ET DU TRIOMPHE DE LA PHILOSOPHIE SENSUALISTE.

A la fin du dix-septième siècle, le cartésianisme, en dépit de la Sorbonne et des Jésuites, était donc parvenu à son plus haut degré de splendeur. Placé entre la petite école de Gassendi qui s'était réfugiée dans quelques salons d'une moralité suspecte, et les débris de la philosophie scholastique qui achevait de mourir dans quelques écoles obscures, il régnait en France sans contradiction.

Cinquante ans plus tard tout était changé; le cartésianisme avait disparu, il avait fait place à une autre philosophie : on ne connaissait plus en France, à la fin du siècle de Louis XIV, d'autre physique et d'autre métaphysique, que la physique et la métaphysique de Descartes. Vers le milieu du dix-huitième siècle, déjà tous les esprits se sont ralliés à une philosophie nouvelle; à peine reste-t-il dans la science quelques traces du cartésianisme ; à peine en est-il question, si ce n'est pour le tourner en ridicule et le reléguer parmi les chimères du passé, à l'égal de la philosophie scholastique.

Comment, en un temps aussi court, une aussi grande révolution s'est-elle accomplie ? Quelles ont été les causes de cette décadence si rapide du cartésianisme ? Quels sont les titres de la philosophie nouvelle qui lui a succédé ?

A côté d'une part de vérité il y avait dans la cartésianisme une part considérable d'erreur que bientôt nous signalerons. Telle est sans doute la première cause de la ruine du cartésianisme, comme aussi de la ruine de toute espèce de système et de doctrine. Le cartésianisme, infidèle dès ses premiers pas à la méthode d'observation, avait une tendance manifeste à l'hypothèse, un certain mépris de l'expérience qui contribua à le faire rejeter à une époque où l'expérience était partout proclamée comme l'unique voie qui conduit à la vérité. Non-seulement le cartésianisme renfermait des erreurs, mais encore en raison de l'autorité presque absolue dont il jouissait, il tendait à les imposer despotiquement à tous les esprits. Le cartésianisme, à son origine, avait été avant tout une insurrection de l'esprit humain contre le joug de la philosophie scholastique et des anciens, contre le principe de l'autorité, cependant, chose étrange ! il menaçait de devenir à son tour un obstacle redoutable au libre développement de l'esprit humain. Les disciples de Descartes, comme ces péripatéticiens qu'ils avaient combattus, s'étaient mis à jurer sur la parole du maître. Il leur semblait qu'après Descartes nul progrès nouveau ne fût possible, soit en physique, soit en métaphysique. Descartes allait bientôt succéder à cette infaillibilité dont pendant si long-temps avait joui Aristote. Le cartésianisme en était donc venu au point de consacrer l'immobilité en physique, en métaphysique, l'immobilité en toutes choses. Dès lors il fut repoussé par tous ceux qui ne pensaient pas que le dernier mot de la science eût été dit par Descartes.

Mais ce sont surtout les grandes découvertes de Newton qui vinrent porter le coup mortel au cartésianisme. La fortune de la physique de Descartes n'avait été ni moins prompte ni moins éclatante que celle de sa métaphysique. Ses idées sur la constitution de l'univers physique, de même que ses idées sur la constitution de l'univers moral, avaient séduit tous les esprits par leur clarté, leur simplicité et leur grandeur. L'hypothèse des tourbillons semblait avoir à jamais résolu tous les problèmes physiques et astronomiques que présente l'étude du monde matériel. Les destinées de la physique et de la métaphysique cartésienne étaient donc étroitement liées entre elles. Or, au moment où cette grande hypothèse des tourbillons régnait en souveraine dans la science, voici que Newton découvre la loi de la gravitation universelle qui renverse les fondements de la physique de Descartes. Cependant les savants français, aveuglés par un amour-propre mal entendu, prennent d'abord parti pour Descartes, et défendent contre Newton l'hypothèse des tourbillons. Le secrétaire perpétuel de l'Académie des sciences, Fontenelle, soutint jusqu'à sa mort la cause de la physique de Descartes, et il développa l'hypothèse des tourbillons dans son spirituel ouvrage sur les mondes. Mais il fallut à la fin céder à l'évidence des faits ; il fallut reconnaître que Newton avait raison et que Descartes s'était trompé. Maupertuis, dans son ouvrage sur la figure des astres, a l'honneur d'introduire en France et d'adopter le premier, entre les savants français, la loi de la gravitation universelle. Après Maupertuis, c'est un adversaire plus habile, plus dangereux, c'est Voltaire qui entre en lice contre les cartésiens. Dans ses *Eléments de physique*, il attaque vivement l'hypothèse des tourbillons, il lui oppose des objections d'une valeur irrésistible, il démontre son impuissance à expliquer des faits dont l'explication simple et naturelle vient donner à la théorie de Newton une éclatante confirmation. L'ouvrage de Voltaire mettait à la portée de presque toutes les intelligences ce grand débat scientifique. Il était à la fois un modèle de clarté, de bon goût et de convenance. Désormais il était impossible de défendre la cause de la physique de Descartes. Aussi en bien peu de temps l'hypothèse des tourbillons ne compta plus en France un seul partisan. Non-seulement elle fut abandonnée, mais encore elle fut traitée avec un mépris qu'assurément elle ne méritait pas (1).

Mais la physique cartésienne ne tomba pas toute seule : elle entraîna la métaphysique dans sa chute. De la fausseté démontrée de la physique de Descartes, on conclut géné-

(1) Fontenelle mourut en 1757. Grimm, après avoir annoncé sa mort, ajoute : « Aujourd'hui que le newtonianisme a triomphé en France, comme dans le reste de l'Europe éclairée, il n'y a plus guères ici de partisans de Descartes que M. de Mairan qui nous a donné un traité de l'aurore boréale, et un autre sur la glace, et quelques autres vieux académiciens peu connus » (Paris, lettre datée du 1er février 1754).

Une correspondance fort intéressante de Mairan avec Malebranche vient d'être publiée. On y voit que Mairan avait une certaine tendance aux conséquences spinosistes de la philosophie de Descartes, Malebranche est fort embarrassé de répondre aux objections dont il le presse, et finit par couper court à une discussion dans laquelle il n'a pas la logique pour lui.

ralement à la fausseté de sa métaphysique. On ne fit point la part des vérités qu'elle renfermait, et elle fut, avec la physique, enveloppée tout entière dans une même réprobation. Pour tenir compte de toutes les causes qui peuvent expliquer la lutte passionnée des hommes du dix-huitième siècle contre le cartésianisme, il faut ajouter qu'au moment de sa splendeur, il avait paru s'associer à ce même pouvoir qui dans l'origine l'avait persécuté. Professé par la plupart des hommes de génie qui avaient illustré le siècle de Louis XIV, on pouvait le soupçonner d'avoir fait cause commune avec cette vieille monarchie que Louis XIV avait emportée avec lui dans la tombe. Il n'en fallut pas davantage pour que les réformateurs du dix-huitième siècle les confondissent dans une haine commune.

C'est ainsi que le cartésianisme a péri, non pas tant à cause des erreurs qu'il renfermait, que pour avoir entrepris d'arrêter le mouvement philosophique dont lui-même était sorti. Il apparut aux penseurs du dix-huitième siècle comme un obstacle au mouvement de la pensée et à toute espèce de réforme scientifique ou sociale. De là cette guerre si vive qu'ils lui ont déclarée.

L'attraction newtonienne avait remplacé l'hypothèse des tourbillons, mais quelle philosophie, quelle métaphysique nouvelle allait remplacer la métaphysique de Descartes ? L'école de Gassendi n'avait pas péri en France ; la tradition s'en était continuée à travers le siècle de Louis XIV, dans quelques sociétés de libres penseurs. Mais les disciples de Gassendi, aux mœurs un peu légères, étaient plutôt de joyeux et spirituels convives que d'ardents et de profonds philosophes ; ils auraient plutôt contribué à décrier qu'à propager la philosophie de leur maître, et ce n'était pas sous leur patronage qu'une philosophie nouvelle pouvait être imposée à la France. La philosophie de Gassendi, pour recueillir en France l'héritage du cartésianisme, avait besoin d'être renouvelée, sinon quant au fond, au moins quant à la forme, et surtout de se mettre à couvert derrière l'autorité de quelque grand nom. Or un compatriote, un contemporain de Newton, Locke venait de composer sur l'entendement humain un ouvrage remarquable par l'analyse, par la clarté et par la méthode, le plus complet, sinon le plus profond qui eût jamais été écrit sur pareille matière. Locke d'ailleurs, comme Gassendi, était un adversaire de Descartes. Il combattait par des arguments spécieux la théorie des idées innées ; il repoussait les hypothèses métaphysiques et théologiques du cartésianisme; il professait en apparence un profond respect pour l'observation et l'expérience. Il se rapprochait donc bien plus que Descartes de l'esprit du dix-huitième siècle. Pour opposer un grand nom à un grand nom, pour donner plus d'autorité à la philosophie de Locke, on la mit sous le patronage de la philosophie de Bacon, quoique le rapport qui existe entre l'*Essai sur l'entendement humain* et l'*Instauratio magna* soit un rapport fort indirect. Aux noms de Descartes et de Malebranche, on opposa ceux de Locke et de Bacon.

C'est donc la philosophie de Locke qui fut appelée à remplacer en France la philosophie de Descartes, et c'est encore Voltaire, le plus ardent promoteur de la réaction contre le cartésianisme, qui, le premier, l'introduisit en France et entonna ses louanges. Bientôt la philosophie de Locke prit une forme toute française entre les mains de Condillac, qui la simplifia, mais en l'altérant. Condillac a donné à la philosophie sensualiste la forme la plus systématique, la plus rigoureuse qu'elle eût encore reçue, et c'est sous la forme qu'il lui a donnée que cette philosophie a régné en France dans toute la dernière moitié du dix-huitième siècle et dans les premières années du dix-neuvième.

Mais comment expliquer cette longue domination de la philosophie sensualiste ? Comment, dans un tel siècle, une telle philosophie a-t-elle pu si longtemps régner ? Car quelle opposition plus absolue que celle qui existe entre les caractères de cette époque et les caractères de cette philosophie ?

La philosophie sensualiste est une philosophie sans vérité et sans grandeur. Elle est, sous tous les rapports, inférieure au cartésianisme qu'elle a détrôné. Elle a restreint le champ de la philosophie plus qu'aucune école ne l'avait fait avant elle. Elle en a retranché l'ontologie tout entière, elle en a retranché toutes ces grandes questions relatives à la nature de Dieu, à ses rapports avec les êtres créés, qu'avait agitées le cartésianisme et qui rentrent légitimement dans le domaine de la philosophie. Elle a renfermé la philosophie dans les bornes étroites d'une psychologie incomplète, sans profondeur et sans vérité. D'après cette philosophie, l'ame humaine n'est originairement qu'une table rase, vide de tous caractères; toutes ses idées, toutes ses connaissances sont le résultat de l'action du monde extérieur sur les organes du corps, et, en les analysant, on trouve qu'elles se rapportent toutes à des éléments sensibles, à des choses qui se sentent, qui se voient et qui se touchent. Ainsi, d'une part, le sensualisme méconnaît cette activité essentielle, cette activité volontaire et libre, inhérente à l'ame humaine, et constituant sa personnalité; de l'autre, il méconnaît cet ordre supérieur de connaissances marquées au coin de l'universalité et de la nécessité qui sont les fondements de la science et de la morale. De là les conséquences déplorables qui sortent du principe sensualiste. Je laiss de côté ses conséquences métaphysiques pour arriver immédiatement à ses conséquences morales et politiques qui ont été déduites par le plus grand et le plus intrépide logicien du sensualisme, par Thomas Hobbes. Hobbes, dans le *de Cive*, a tracé le code moral et politique de la philosophie sensualiste; dans ce code, il n'y a ni droits, ni devoirs; il n'y a d'autres lois que celles de l'intérêt ou de la force. L'intérêt et le plaisir sont les seuls mobiles des actions humaines. Dans l'état de nature, les hommes obéissant à ces mobiles, sont en guerre perpétuelle les uns avec les autres. Le but de tout gouvernement est de faire cesser ces luttes individuelles en les comprimant par une force supérieure. Le meilleur de tous les gouvernements est le gouvernement despotique, parce qu'il est le plus fort. Le souverain ne peut rien faire contre la justice, car la justice n'est autre chose que ce qui lui plaît. Les citoyens n'ont point de droits, et ils n'ont qu'un seul devoir, celui de l'obéissance absolue en toutes choses. Telles sont les conséquences morales et politiques qui sortent rigoureusement de la philosophie sensualiste.

Comparons maintenant avec cette philosophie et avec ses conséquences les caractères du siècle pendant lequel elle a régné presque sans contestation. Ce siècle porte-t-il l'empreinte profonde de la philosophie sensualiste? A-t-il adopté le *de Cive* pour son code moral et politique? Conséquent avec ses principes métaphysiques, le XVIIIe siècle n'a-t-il jamais songé qu'à l'intérêt et au plaisir, sans nul souci de la liberté et de la justice, des devoirs et des droits de l'homme? Non, tel n'a pas été assurément le XVIIIe siècle. Quel siècle avant lui avait été plus vivement épris de l'amour de la liberté et de la justice; quel siècle avait eu un sentiment aussi profond des droits et des devoirs de l'homme? Je suis loin de prétendre que la philosophie sensualiste n'ait pas exercé une certaine influence et une influence fâcheuse sur quelques hommes, quelques livres, quelques salons du XVIIIe siècle, mais je prétends que si l'on examine de haut et d'une manière générale cette grande époque, si l'on considère le mouvement social, moral et politique qui s'y est accompli, on trouvera entre ses principes métaphysiques et sa conduite, une contradiction qui l'honore. En effet, le XVIIIe siècle a été un ardent apôtre des idées de liberté, de justice, d'égalité, il a réclamé l'application des principes éternels de la justice à l'organisation sociale, il a invoqué l'humanité contre des distinctions et des coutumes barbares que le temps semblait avoir consacrées. Le premier, peut-être, il n'a pas limité ses sentiments et ses principes à telle ou telle race, à tel ou tel fleuve, à telle ou telle frontière, et il a embrassé le genre humain tout entier dans une légitime généralisation. Enfin, ce siècle, dont la philosophie emportait bien loin toute idée de justice, de droit et de devoir, a fini par une déclaration des droits de l'homme et par une révolution pour les conquérir. Où trouver la raison d'un tel contraste, et comment expliquer le triomphe d'une philosophie mesquine et égoïste à une époque animée de si généreux sentiments? C'est dans les circonstances qui ont préparé le triomphe de la philosophie sensualiste qu'il faut chercher cette explication. Ces circonstances ne sont que la contre partie des causes de la décadence de la philosophie de Descartes. Le cartésianisme avait succombé parce qu'il s'était associé à la cause du passé, parce qu'il tendait à consacrer l'immobilité en physique et en métaphysique ; le sensualisme au contraire triompha, parce qu'en opposition au cartésianisme, il semblait s'être associé à la cause du mouvement et du progrès en toutes choses. Tandis que le cartésianisme périssait tout entier avec l'hypothèse des tourbillons, le sensualisme se présentait en France sous les auspices de la physique de Newton et de la gravitation universelle. Tandis que le cartésianisme semblait lié à la cause de l'immobilité politique et sociale, à la cause de la vieille monarchie de Louis XIV, le sensualisme, sous les auspices de Locke qui avait été un champion intrépide des libertés de son pays, semblait s'allier au contraire à la cause de la réforme politique et sociale, tandis que le cartésianisme, affectant un certain dédain pour l'expérience, se perdait dans les hypothèses, le sensualisme, au contraire, affectait un respect profond pour l'expérience et l'observation.

C'est en raison de cet ensemble de circonstances, plutôt qu'en raison de sa valeur intrinsèque, que le sensualisme a triomphé et régné en France pendant le XVIIIe siècle. Le sensualisme avait habilement lié sa cause à la cause du mouvement et du progrès, il s'était produit avec un certain caractère d'indépendance, à l'égard des pouvoirs religieux et politiques; de là l'adhésion qui lui fut donnée par presque tous les esprits novateurs du XVIIIe siècle. Car, il ne faut pas s'y tromper, pour les ardents réformateurs de cette époque, le sensualisme fut plutôt une machine de guerre puissante dont ils se servirent pour ébranler sans distinction toutes les croyances sociales, politiques et religieuses du passé, qu'une doctrine en laquelle ils aient une foi vive et entière. Ainsi s'explique cette contradiction remarquable que j'ai signalée entre la métaphysique qui régnait alors et l'esprit général qui animait la société française de cette grande époque; ainsi s'explique la victoire remportée par la philosophie sensualiste sur la philosophie cartésienne qui lui était tellement supérieure par la vérité et par la grandeur.

CRITIQUE

DU

CARTÉSIANISME.

PART DE VÉRITÉ

CONTENUE

DANS LE CARTÉSIANISME.

DU PRINCIPE ET DU CRITÉRIUM DE LA CERTITUDE.

Nous avons suivi depuis son origine jusqu'à son terme ce mouvemeut philosophique dont Descartes est le chef. Notre tâche d'historien est achevée, nous n'avons plus rien à raconter, mais la tâche plus difficile de juger nous demeure tout entière.

Il nous a été impossible de revenir sur nos pas, armé de la critique, sans éprouver, au premier abord, un certain sentiment de découragement et de scepticisme, car la route que nous avons parcourue est toute couverte de ruines.

Tous les systèmes que nous avons successivement étudiés, ont passé dans la science; ils ont été remplacés par d'autres systèmes, ils ne jouent plus aucun rôle sur la scène philosophique du XIXe siècle. Ont-ils donc péri tout entiers; de toutes les opinions des plus grands génies dont la philosophie s'honore, ne reste-t-il que néant et poussière ? Cette grande révolution philosophique n'a-t-elle enrichi le monde d'aucune vérité nouvelle ?

Mais une aussi triste et aussi décourageante pensée n'a pas persévéré longtemps dans notre esprit, bientôt elle en a été bannie par une observation plus approfondie des véritables destinées du cartésianisme. Personne, plus que nous, n'a été frappé de la vérité de cette pensée contenue au sein de la formule invariable par laquelle l'Académie des sciences morales et politiques termine la série des grandes questions qu'elle propose sur l'histoire de la philosophie. Il y a quelque temps, elle demandait quelle part de vérité est contenue dans le péripatétisme, elle demande aujourd'hui quelle part de vérité est contenue dans la philosophie allemande et dans le cartésianisme. Oui, nulle grande opinion n'a séduit les hommes, nul mouvement philosophique n'a entraîné les intelligences sans contenir dans son sein une part de vérité que l'historien de la philosophie doit se proposer avant tout de dégager et de mettre en évidence. Je ne sais s'il sera jamais donné à une doctrine humaine de reproduire la vérité tout entière et sans aucun mélange d'erreurs; je ne sais s'il sera jamais donné à une doctrine de régner sans partage sur le monde entier, et de l'entraîner directement à sa suite, mais jusqu'à ce jour, il n'en a pas été ainsi : jusqu'à ce jour, nulle doctrine ne s'est produite pure de toute erreur ; nulle n'a régné sur le monde définitivement et sans partage, mais toutes ont plus ou moins influé sur ses destinées, et l'humanité tirée en des sens différents par des forces et des opinions diverses, s'avance suivant une majestueuse résultante.

Recherchons donc par quoi le cartésianisme a été utile au monde, montrons les vérités et en même temps les erreurs qu'il renferme en son sein. Ce n'est pas une critique de détail de toutes les parties du cartésianisme que nous voulons faire; nous nous arrêterons seulement aux points fondamentaux, nous ne signalerons que les grandes vérités et les grandes erreurs.

Faisons d'abord la part des vérités, nous ferons ensuite la part des erreurs.

Il faut d'abord reconnaître que l'influence du cartésianisme doit être plutôt attribuée à son esprit et à sa méthode qu'aux résultats qu'il a lui-même obtenus. C'est la manière de philosopher de Descartes, et non telle ou telle de ses hypothèses physiques ou métaphysiques qui, en définitive, a puissamment agi sur la philosophie moderne. Le grand mérite et la grande gloire du cartésianisme est d'avoir proclamé et consacré à jamais l'indépendance de la raison humaine. Toutes ces tentatives plus ou moins ouvertes, plus ou moins heureuses d'affranchissement de la pensée qui remplissent et agitent la philosophie du moyen-âge, viennent aboutir au cartésianisme et triompher avec lui. En effet, quelle est la marche que suit Descartes dans sa philosophie? Il commence par rompre solennellement avec le passé, il commence par rejeter toutes les opinions qu'il a reçues de ses maîtres et qu'il a acceptées sans un contrôle suffisant de la raison, et ce n'est pas dans un moment d'exaltation et de révolte, qu'il secoue ainsi le joug de l'autorité, mais en vertu d'une méthode bien arrêtée et avec la conscience pleine et entière de la portée de cette méthode. Un doute universel, tel est son point de départ : mais bientôt il sort de ce doute par la rencontre d'une vérité de telle nature, que tout effort de scepticisme vient échouer contre elle. Cette vérité est celle de sa propre existence. Il recherche ensuite au sein de cette première vérité, un caractère qui puisse lui servir à reconnaître d'autres vérités, et il n'en trouve pas d'autres que celui de l'évidence. L'évidence, suivant Descartes, est le signe unique et infaillible par lequel toute vérité se manifeste à nous. Rien n'est vrai que ce qui est évident, et tout ce qui est évident est vrai. Or, comme c'est notre raison qui reçoit et qui juge l'évidence, il en résulte que la raison est juge suprême de la vérité comme de l'erreur. C'est l'intelligence que Dieu nous a donnée qui décide en dernier ressort de ce qui est vrai et de ce qui est faux. Le critérium de la vérité n'est pas en dehors de nous, mais au dedans de nous.

Il semblera peut-être aujourd'hui à quelques-uns qu'un tel principe est bien simple et que Descartes n'a pas eu un grand mérite à le reconnaître et à le proclamer.—Mais pour en apprécier toute l'originalité et toute la portée, il faut se transporter au temps de Descartes et à l'époque qui l'avait précédé. Quel était, en effet, avant Descartes, le critérium généralement adopté en philosophie? quel était en quelque sorte le critérium officiel de la vérité? Ce critérium n'était pas l'évidence, c'était l'autorité. Ce qui était jugé vrai, c'était ce qu'Aristote et les anciens avaient jugé vrai; ce qui était jugé faux, c'était ce qu'Aristote et les anciens avaient jugé faux, ou du moins n'avaient pas dit. On discutait avec des textes et non avec des arguments. L'Eglise, la tradition, Aristote, les anciens, telles étaient les sources uniques de la vérité.

Ainsi donc Descartes, en proclamant le caractère de l'évidence comme le signe unique et infaillible de la vérité, faisait, ou plutôt comme nous l'avons dit, consommait une révolution immense dans la science, et ouvrait une ère nouvelle à la raison humaine, en lui restituant ses droits et son indépendance. Mais il ne suffit pas de montrer l'importance du principe proclamé par Descartes dans les premières pages du *Discours de la Méthode*, il faut encore en constater la légitimité.

Il semble que cette légitimité ne saurait être sérieusement révoquée en doute par aucun homme de bon sens. Cependant elle a été attaquée non seulement par les contemporains de Descartes, mais encore, de nos jours, au nom de systèmes qui, d'ailleurs, diffèrent profondément par leurs principes et leurs tendances. La principale objection qu'adressent à Descartes presque tous les adversaires de son temps, est celle-ci : L'évidence ne peut être le signe de la vérité; car dans combien de circonstances n'arrive-t-il pas de considérer comme évidentes des choses dont la fausseté nous est ensuite entièrement démontrée ? S'il est certain que quelquefois l'évidence peut nous tromper, on ne peut assigner l'évidence comme le critérium de la vérité. A cette objection, Descartes et Malebranche répondent que l'évidence qui nous trompe n'est jamais qu'une prétendue évidence, une vraisemblance dont notre raison se contente, aveuglée qu'elle est par quelque préjugé ou quelque passion. Les passions, les intérêts, les préjugés nous font prendre la vraisemblance pour l'évidence. De là, la source de tant d'erreurs et d'illusions qu'il ne faut pas attribuer à ce que l'évidence nous aurait trompés, mais à ce que, dans notre précipitation à juger, nous n'avons pas attendu que la vraisemblance se convertît en évidence aux yeux de notre raison. Car toutes les fois que, dans le silence absolu des passions et des intérêts, la raison sérieuse et attentive aperçoit l'évidence au sein d'une proposition, à tel point qu'il lui est impossible d'y refuser son assentiment, alors cette évidence est pour elle le signe infaillible de la vérité.

Descartes et Malebranche nous paraissent avoir victorieusement répondu à toutes les objections de cette nature qui leur ont été adressées sur ce principe fondamental de la méthode cartésienne.

Mais de nos jours, d'autres objections ont été soulevées contre le critérium de l'évidence. Les uns lui ont opposé le consentement général des peuples, les autres la révélation, les autres enfin le scepticisme.

Ceux qui placent dans le consentement universel le principe de la certitude, accusent Descartes d'avoir fait de la raison individuelle le juge suprême de la vérité et de l'erreur, ce qui revient, suivant eux, à reconnaître autant de critériums de la vérité qu'il y a d'individus, et par conséquent à proclamer l'anarchie la plus absolue dans le domaine de la philosophie et de la science.

Mais les philosophes qui ont adressé cette objection à Descartes et à tous ceux qui proclament la raison comme la source unique d'où toute vérité et toute certitude découlent, se sont gravement mépris sur la nature et les véritables caractères de la raison. Ils n'ont pas remarqué que dans tous les individus il y avait une même raison fonctionnant suivant les mêmes procédés et les mêmes lois, d'après certains axiomes et certaines notions fondamentales qui sont les mêmes dans toutes les intelligences, et constituent des ressemblances qui les rapprochent les unes des autres, ressemblances bien plus importantes, pour qui sait les comprendre, que les différences qui les séparent. C'est grâce à ces ressemblances fondamentales qu'il y a possibilité d'un accord entre des hommes de différents pays, de différentes mœurs et d'intérêts opposés. C'est en vertu de ce qu'il y a de commun entre toutes les intelligences qu'un bon raisonnement, une bonne démonstration peut avoir partout sa valeur, et un appel à la justice être partout entendu. Le nom général de raison humaine exprime avec force ces rapports communs entre toutes les intelligences individuelles. S'il n'y avait pas un fond commun entre toutes les raisons individuelles, il n'y aurait pas de raison humaine. Fonder la certitude sur l'évidence, ou proclamer la souveraineté de la raison, c'est reconnaître l'autorité suprême d'une raison universelle et par conséquent impersonnelle qui apparaît en nous, mais ne vient pas de nous. Si l'individu a le droit de juger de la vérité et de l'erreur, c'est parce que l'évidence qu'il aperçoit dans les choses, résulte de l'action des facultés, des procédés, des principes, des lois qui sont les mêmes dans toutes les intelligences humaines ; c'est parce que cette évidence est le signe non pas d'une vérité particulière et relative, mais d'une vérité universelle et absolue. Ce n'est donc pas une raison individuelle et variable, cette raison à laquelle nous accordons, avec Descartes, le droit de juger en dernier ressort, de ce qui est vrai et de ce qui est faux ; c'est une raison universelle, impersonnelle et absolue qui éclaire toutes les intelligences humaines.

Le consentement général des peuples n'a de valeur qu'autant qu'il est l'expression de cette raison universelle et absolue. Il ne mérite, *a priori*, d'arrêter notre attention que parce que nous avons lieu de présumer qu'un tel accord entre les hommes ne peut résulter que d'une décision de cette raison qui leur est commune à tous. Il est si vrai que le consentement général n'emprunte sa valeur qu'à la raison, dont il est quelquefois l'expression, que nous sentons qu'il est de notre devoir de le combattre lorsqu'il est en opposition avec elle. C'est ce sentiment qui pousse à l'échafaud des martyrs, de nobles et courageuses victimes que la postérité vénère, et qui protestent intrépidement contre les passions d'un peuple ou même d'un siècle tout entier.

L'humanité se réunirait-elle pour décider, d'un consentement unanime, que le parricide est une chose sainte ou que deux et deux ne font pas quatre, nous ne cesserions pas de croire que le parricide est exécrable et que deux et deux font quatre. Pourquoi ne cesserions-nous pas de le croire ? Parce que nous sentons en nous quelque chose de supérieur au consentement de tous les hommes de la terre, la voix de la raison, dont le témoignage est environné d'une évidence tellement irrésistible, qu'aucune autorité, aucun autre témoignage ne sauraient l'ébranler.

D'autres ennemis se sont encore, de nos jours, élevés contre la règle de l'évidence et contre la souveraineté de la raison. Ils l'ont attaquée, non plus au nom du consentement universel, mais au nom d'une autorité supérieure et divine, au nom de la révélation. Même, en se plaçant au point de vue de ces philosophes, ou plutôt de ces ennemis de la philosophie, il est facile de les combattre et de les convaincre d'une flagrante contradiction. Qui m'assurera de l'existence d'une révélation ? qui la distinguera de tout ce qui n'est pas elle ? qui vérifiera les titres de ceux qui s'annoncent comme les prophètes de Dieu, sinon la raison ? Si l'autorité de la raison peut être légitimement suspectée, ce doute ne rejaillira-t-il pas sur ce qu'elle déclare être divin ? Qu'importe que la lumière brille, si nos yeux ne peuvent l'apercevoir ? Détruire l'autorité de la raison pour mieux assurer le triomphe des vérités de la foi, c'est *se crever les yeux pour voir clair*, suivant l'énergique et spirituelle expression de la royale élève de Descartes, de Christine de Suède.

Ainsi donc, soit que l'on admette, soit que l'on rejette l'hypothèse d'une révélation distincte de la raison ou supérieure à la raison, cela n'importe en rien à la vérité de la règle de l'évidence qui toujours demeure la règle suprême d'après laquelle il faut juger et peser l'autorité, d'après laquelle il faut croire ou ne pas croire. Je n'insiste pas davantage sur cette contradiction flagrante qui réduit au néant toutes les objections de l'école théologique contre notre principe de la certitude.

Je considère comme plus dangereux ces autres adversaires qui attaquent directement en elle-même la règle de l'évidence, en élevant un doute sur la légitimité de notre faculté de connaître. Ceux-là n'entreprennent pas d'établir un principe supérieur au principe de l'évidence; ils ne contestent pas l'existence de l'évidence, en tant qu'elle est dans notre esprit, ils ne contestent que la valeur objective de cette évidence. L'évidence est le résultat de l'action de nos facultés; nous ne voyons, nous ne connaissons rien qu'au travers de ces facultés; or, qui nous assure qu'elles nous montrent exactement la réalité des choses? Si ces facultés venaient à changer, le monde ne changerait-il pas à nos yeux? Voilà le doute formulé par Kant sur la raison humaine. A ce doute équivaut l'hypothèse d'un Dieu malin et trompeur qui prendrait plaisir à nous tromper, hypothèse à l'aide de laquelle Descartes achève d'établir le scepticisme universel par lequel il débute dans la recherche de la vérité. Je n'ai pas la prétention d'examiner sous toutes ses faces cette nouvelle forme sous laquelle le scepticisme s'est produit dans les temps modernes. Je me borne à quelques courtes considérations qui ont plus directement rapport à la question qui nous occupe.

Ce n'est pas seulement l'évidence, en tant qu'elle existe dans notre esprit, mais l'évidence, en tant qu'elle nous découvre la réalité des choses, que Descartes a posée comme le principe de la certitude. Nul philosophe n'a jamais eu une foi plus profonde en la valeur objective des données de la raison, et c'est sur une apperception de cette raison, qu'il a fondé la preuve la plus ferme de l'existence de Dieu. Nous partageons cette foi profonde de Descartes en l'objectivité des données de la raison ; nous ne croyons pas que la raison nous montre tout ce qui est dans les choses, mais nous croyons que ce qu'elle nous y montre y est réellement. Si notre raison venait à se développer ou à se restreindre, nous verrions plus ou nous verrions moins, mais nous ne verrions pas autrement. Les lois de la raison ne sont point des formes variables relatives à la constitution de chaque intelligence. Le foyer de la raison n'est pas en nous, mais hors de nous ; sa lumière ne va pas du dedans au dehors, mais du dehors au dedans. Voilà pourquoi elle est absolue et non pas relative. Voilà pourquoi, comme l'a dit Malebranche, ce qui est vrai et juste au regard de l'homme, est aussi vrai et juste au regard de l'ange et au regard de Dieu même. Toutes les intelligences qui participent à sa clarté divine, aperçoivent les mêmes réalités et les mêmes rapports. Tels sont les fondements de notre foi à l'objectivité en même temps qu'à la souveraineté de la raison.

Mais, en établissant ces fondements, nous n'avons point battu les disciples de Kant dans leurs derniers retranchements. Ils persistent à demander une démonstration de la légitimité de notre faculté de connaître. Pour donner une telle démonstration, il faudrait évidemment que nous eussions en nous une seconde raison destinée à contrôler la première, encore cette seconde raison aurait elle-même besoin d'un contrôle, et ainsi de suite à l'infini. Les sceptiques triomphent de cette impossibilité. Nous reconnaissons avec eux que la légitimité de la raison ne saurait être démontrée, puisqu'elle est elle-même le point de départ nécessaire de toute démonstration, mais nous ajoutons qu'elle n'a pas besoin d'être démontrée. De même qu'il nous faudrait une seconde raison pour démontrer la légitimité de notre raison, de même il nous faudrait une autre raison pour infirmer la légitimité de la première. Qu'on y songe, le doute et la démonstration sont ici également impossibles. De part et d'autre, il serait nécessaire de sortir de la raison pour juger la raison, de part et d'autre il y a un cercle également grossier. De tout ceci que faut-il conclure, sinon que nous devons demeurer dans la foi du genre humain et continuer de croire que la raison nous montre ce qui est réellement dans les choses, puisque nous ne pouvons raisonnablement élever des doutes sur la valeur irrésistible de ses témoignages.

Donc Descartes a eu raison de poser l'évidence comme le signe infaillible de la vérité, mais il s'est trompé en cherchant à appuyer ce principe sur un principe supérieur, sur la démonstration de l'existence d'un Dieu souverainement bon qui ne saurait vouloir nous tromper, ni permettre qu'on nous trompe. En effet, Descartes semble tenir pour incertain dans toutes ses applications le critérium de l'évidence, à l'exception d'une seule, celle de la vérité de sa propre existence, tant que cette démonstration de l'existence de Dieu n'a pas été donnée. Mais comment démontrera-t-il l'existence de Dieu? A quelle condition se tiendra-t-il pour assurer que cette démonstration est vraie. A cette condition, sans doute, qu'elle lui paraisse évidente? Ainsi donc, Descartes veut prouver la légitimité du critérium de l'évidence par une démonstration qui, elle-même, n'a de force qu'en raison de son évidence. Telle est l'objection que lui adresse le grand Arnauld, telle est l'objection qui a été reproduite par la plupart de ses adversaires. A cette objection il est impossible de faire une bonne réponse, car le cercle vicieux est évident. Toutes les fois qu'on entreprend de démontrer ce qui est le principe même de toute démonstration, on s'engage dans un cercle dont il est impossible de sortir. Vouloir démontrer la légitimité du critérium de l'évidence, c'est, encore une fois, vouloir démontrer la légitimité même de l'intelligence humaine, c'est-à-dire, ce qui est la prémisse universelle et nécessaire de tous nos jugements, de tous nos raisonnements et de toutes nos démonstrations. Ou cette évidence qui résulte de l'exercice légitime de nos facultés intellectuelles se suffit à elle-même, ou il est impossible à l'homme d'arriver à la vérité, parce qu'il lui est impossible de donner à l'évidence, en vertu d'aucun autre principe, un autorité qu'elle n'a pas d'elle-même.

Mais, peut-être, est-il inutile d'insister davantage sur ce cercle tant reproché à Descartes. Lui-même, sur ce point, semble avoir reconnu son erreur, et j'ai rapporté la modification qu'il a fait subir à sa première opinion, modification qui équivaut à peu près à une complète rétractation. D'ailleurs, à consulter l'esprit général de sa méthode et de sa philosophie, il ne peut y avoir nul doute que l'évidence ne soit pour lui le principe premier de la certitude.

Je ne puis mieux terminer et résumer cette discussion qu'en citant un passage d'un disciple éminent de Descartes, de Fénelon, qui renferme tout ce qu'il y a de plus fort et de plus concluant en faveur du critérium de l'évidence et de la légitimité de la raison.

« Raisonnez tant qu'il vous plaira, je vous défie de former aucun doute sérieux contre aucune de vos idées claires. Vous ne jugez jamais d'aucune d'elles, mais c'est par elles que vous jugez et elles sont la règle immuable de tous vos jugements. Vous ne vous trompez qu'en ne les consultant pas avec assez d'exactitude. Si vous n'affirmiez que ce qu'elles présentent, si vous ne niiez que ce qu'elles excluent avec clarté, vous ne tomberiez jamais dans la moindre erreur. Vous suspendriez votre jugement, dès que l'idée que vous consulteriez ne vous paraîtrait pas assez claire.

« Que pouvons-nous faire, sinon suivre notre raison ? Et si c'est elle-même qui nous trompe, qui nous détrompera ? Avons-nous au-dedans de nous une autre raison supérieure à notre raison même, par le secours de laquelle nous puissions nous défier d'elle et la redresser ? Cette raison se réduit à nos idées que nous consultons et comparons ensemble. Pouvons-nous, par le secours de nos seules idées, mettre en doute nos idées mêmes ? Avons-nous une seconde raison pour corriger en nous la première ? Non, sans doute, nous pouvons bien suspendre notre conclusion quand ces idées sont obscures, mais quand elles sont claires comme cette vérité, deux et deux font quatre, le doute serait non un usage de la raison, mais un délire. » (*Lettres sur la religion*).

La raison est juge suprême de la vérité comme de l'erreur, l'évidence est le signe de la vérité, tel est le principe fondamental de la méthode de Descartes, tel est aussi le vrai principe de la certitude. En proclamant ce principe, Descartes a rendu un service immortel aux progrès de la raison humaine, il l'a rétablie dans ses droits, il l'a pour jamais délivrée des liens dans lesquels le moyen-âge l'avait enchaînée. Au point de vue psychologique, il a déterminé le vrai caractère de la certitude, au point de vue social, il a accompli une réforme qui contenait en son sein le germe de toutes les réformes. Il a fait plus que donner le précepte, il a donné un mémorable exemple. Car il l'a lui-même, le premier, intrépidement appliqué, en débutant dans la philosophie par ce doute méthodique à travers lequel il fait passer toutes les opinions de ceux qui l'ont précédé, et toutes celles qu'il a antérieurement reçues dans son intelligence.

Voilà la grande vérité que Descartes a fixée pour jamais dans la méthode philosophique. La révolution cartésienne n'eut-elle mis au monde que cette vérité, elle aura't néanmoins bien mérité de la philosophie et de la civilisation moderne.

DE LA MÉTHODE PSYCHOLOGIQUE ÉTABLIE PAR DESCARTES.

Descartes a la gloire d'avoir posé le vrai principe qui doit présider à toute recherche de la vérité, il a eu aussi la gloire d'avoir déterminé en particulier le vrai caractère de la méthode psychologique. Dugald-Stewart, Laromiguière lui donnent avec raison le titre de père de la philosophie de l'esprit humain, et Maine de Biran, dans son ouvrage *sur les Rapports du physique et du Moral*, lui accorde cet éloge qui nous semble de tout point mérité.

« Descartes est le premier de tous les métaphysiciens qui ait conçu et nettement posé la ligne de démarcation qui sépare les attributs de la matière et ce qui appartient au corps, des attributs de l'ame et de ce qui ne peut appartenir en propre qu'à une substance ou forme pensante. Cette distinction fondamentale, appliquée et développée dans le grand ouvrage des *Méditations* avec une profondeur de réflexion vraiment admirable, a mérité à notre Descartes le titre de créateur et de père de la vraie métaphysique. »

Dans un passage des *Méditations* que nous avons déjà cité, Descartes se demande : qui suis-je ? A cette question il répond : je suis un être qui pense, qui doute, qui connaît, qui affirme, qui veut et qui ne veut pas, qui souffre et qui jouit. Or, dans tout cela, il n'y a rien qui ne se conçoive parfaitement, indépendamment de la matière et de ses lois. Il n'est donc pas besoin de connaître mon corps pour me connaître moi-même, pour connaître ce qu'on appelle l'esprit. Il faut étudier l'esprit par la conscience et par la réflexion, le corps par les sens et par l'imagination. Tout ce qui nous est révélé par la réflexion et la conscience appartient à l'esprit ; tout ce qui nous est révélé par les sens et reproduit par l'imagination, appartient au corps et à la matière.

Ce principe est le principe fondamental des *Méditations*, c'est contre lui que les deux plus grands adversaires de Descartes, Hobbes et Gassendi, ont dirigé l'effort principal de leur polémique. Hobbes, matérialiste avoué, Gassendi, matérialiste timide, attaquent tous deux avec vigueur cette distinction du corps et de l'ame. Descartes, suivant Hobbes, a bien prouvé que, du fait de sa pensée, résultait sa propre existence; il a prouvé qu'il était une chose pensante. En effet, la pensée étant un acte, doit se rapporter à un sujet, mais comme il nous est impossible de concevoir un sujet quelconque hors la raison de la matière, ce sujet doit être matériel. Gassendi, à son tour, reproduit sous une autre forme la même objection. « O chair, vous nous avez bien prouvé que vous pensiez, ce que nous savions tous, mais vous ne nous avez nullement appris quelle était la substance de la pensée et la nature du lien qui l'unit avec le corps. Pourquoi ne pourriez-vous pas être un vent, un esprit fort subtil répandu dans toutes les parties du corps. Pour prouver que vous êtes distinct du corps, il faudrait prouver que vous pouvez penser, sinon hors, au moins indépendamment du cerveau. »

A Hobbes, à Gassendi, Descartes fait cette réponse victorieuse qui peut s'adresser encore à tous ceux qui aujourd'hui attaquent la méthode psychologique. Il est vrai que tout acte se rapporte à un sujet, mais il est faux d'affirmer que tous les sujets soient de la même nature, c'est-à-dire, d'une nature matérielle. Nous ne connaissons pas les sujets en eux-mêmes et directement, nous ne les connaissons que d'après les phénomènes, d'après les actes par lesquels ils se manifestent à nous. Lors donc que deux sujets, deux substances se révèlent à nous par des phénomènes et des actes différents, il est convenable de les distinguer et de leur donner des noms différents. Or, les phénomènes d'après lesquels le sujet de la pensée, d'une part, de l'autre le sujet du corps, se manifestent à nous, sont non seulement différents, mais encore tellement opposés, qu'il ne saurait y avoir entre eux aucune comparaison, ni aucune analogie. En effet, quelle analogie y a-t-il entre les attributs ou les modes propres de l'ame, qui sont la pensée, la volonté, la réminiscence, le jugement, la réflexion, et qui nous sont connus intérieurement par la conscience, et les attributs ou modes propres du corps, l'étendue, la figure, le mouvement, qui nous sont représentés au dehors par les sens externes? Descartes, en établissant ainsi le fait de la distinction de l'ame et du corps, sur l'incompatibilité absolue des phénomènes par lesquels ils se manifestent, nous semble avoir mis désormais cette importante distinction au dessus de toute objection et de toute atteinte sérieuse, et avoir posé, d'une manière définitive, les bases de la psychologie.

Cependant, cette distinction si claire et si nette a encore rencontré, de nos jours, d'ardents adversaires. On a contesté la légitimité de cette méthode psychologique dont Descartes est le père ; on s'est efforcé de la tourner en ridicule. On a accusé le psychologue qui s'enferme au sein de sa conscience pour étudier le moi par le moi, la pensée par la pensée, de s'enfermer au sein d'un monde imaginaire, et de faire profession d'un spiritualisme exalté jusqu'à la folie. L'observation interne a été déclarée impossible et chimérique, l'existence de faits de conscience proprement dits, a été niée. Car, ont objecté les adversaires de la psychologie, toutes les connaissances dont chaque science se compose, sont des faits de conscience, les connaissances physiques, chimiques, mathématiques sont des faits de conscience, puisqu'elles seraient pour nous comme si elles n'existaient pas, puisqu'elles ne seraient pas des connaissances, si nous n'en avions conscience. Il en est de même de toutes les connaissances, sans aucune exception : passez-les toutes en revue, et vous n'en trouverez pas une qui ne soit un fait de conscience. Mais comme toutes ces connaissances sont les objets spéciaux d'un certain nombre de sciences, il en résulte que la psychologie n'a point d'objet propre, puisqu'il n'y a de faits de conscience que des connaissances qui rentrent comme telles dans le domaine de quelqu'autre science. Ils objectent encore que dans tout fait de conscience, il y a du *moi* et du *non-moi*, et que par conséquent on ne peut étudier le *moi* indépendamment du *non-moi*. Toutes ces objections reposent, à ce qu'il nous semble, sur une déplorable confusion. Il est vrai que toutes nos connaissances ne sont des connaissances qu'à la condition de tomber sous l'œil de la conscience. Il est vrai que, dans tout fait de connaissance, il y a deux choses, l'esprit, qui connaît, la chose, qui est connue, ou, en d'autres termes, le *moi* et le *non-moi*; mais il n'en résulte pas que la psychologie n'ait son domaine propre, et que le moi ne puisse étudier le moi, que la pensée ne puisse se penser elle-même. Le fait de la connaissance étant double, peut être envisagé sous deux points de vue différents et étudié par deux méthodes opposées. Le chimiste, le physicien, le naturaliste concentrent toute leur attention sur l'objet qui est connu, ils l'étudient avec les sens et font abstraction de l'esprit qui connaît. Le psychologue, au contraire, ne considère que l'esprit qui connaît et la manière dont il connaît, et fait abstraction du *non moi*; en d'autres termes, il néglige l'objet qui est connu pour n'étudier que l'esprit qui connaît. Or, tandis que le chimiste et le physicien étudient l'objet qui est connu par les sens et l'attention, le psychologue, au contraire, étudie le moi qui connaît, avec le moi, avec la conscience et la réflexion intérieure. Mais Gassendi et, après lui, les matérialistes de nos jours soutiennent encore que le moi ne peut s'observer de lui-même, par cette raison qu'aucun organe n'a d'action sur lui-même. La main ne peut se saisir elle-même, l'œil ne peut se voir lui-même et s'observer, comment donc l'ame pourrait-elle se voir et s'observer elle-même? A cette objection il suffit de répondre qu'il n'en est pas de l'ame comme de l'œil, comme d'un organe quelconque, car l'ame n'est pas un organe, un instrument, elle est ce qui se sert des instruments et des organes; elle n'est pas semblable à la main, semblable à l'œil, elle n'est pas distincte de nous-même, elle est nous-même. C'est parce que l'ame ou la pensée est nous-même, qu'elle ne peut agir sans que nous sachions qu'elle agit; qu'elle ne peut penser, vouloir, jouir et souffrir, sans que nous sachions qu'elle pense, qu'elle veut, qu'elle jouit ou qu'elle souffre. Ce que dit Aristote de l'intelligence divine, nous pouvons aussi le dire de l'intelligence humaine. Cette incontestable vérité est le fondement même de la psychologie.

Ni les objections des contemporains de Descartes, ni les objections faites de nos jours ne nous paraissent donc pas avoir en rien ébranlé cette importante distinction de deux ordres de phénomènes, et, par conséquent, de deux substances, celle du corps et celle de l'esprit. La méthode que Descartes a appliquée aux phénomènes de l'esprit, est la véritable, l'unique méthode appropriée à l'étude de l'ame humaine.

Ici encore on ne saurait comprendre toute l'importance et toute l'originalité des idées émises par Descartes sur la distinction de l'ame et du corps, et sur la méthode psychologique, si l'on ne se reportait, par la pensée, à l'état où se trouvait la psychologie à l'époque où parurent les *Méditations*. La plupart des prédécesseurs de Descartes admettaient encore plusieurs ames, l'ame intelligible, l'ame sensitive, l'ame végétative. Bacon lui-même n'a pas aperçu, ou du moins n'a jamais nettement déterminé cette distinction de deux ordres de phénomènes. Quant à Hobbes et à Gassendi, qui sont les deux plus grands philosophes contemporains de Descartes, ils confondent perpétuellement l'ame avec le corps, la méthode psychologique avec la méthode appropriée aux sciences physiques, comme l'attestent leurs objections contre l'auteur des *Méditations*.

J'ai dit ailleurs quelle avait été l'influence de la méthode psychologique de Descartes sur Locke. J'ai montré comment Locke était cartésien par la méthode psychologique, comment l'essai sur l'entendement humain avait subi l'influence des *Méditations*. Mais Locke n'est pas le seul philosophe qui ait subi l'heureuse influence de la méthode de Descartes. Car, depuis Descartes, la vraie méthode psychologique a été généralement reconnue et adoptée dans la philosophie moderne. Les disciples de Descartes, Malebranche, Bossuet, Fénelon, n'ont pas connu d'autre méthode dans l'étude de l'esprit humain. Condillac, lui-même, disciple de Locke, l'a suivie comme son maître. L'école écossaise n'a pas de plus grande gloire que d'y être constamment demeurée fidèle, et de l'avoir victorieusement défendue contre tous ses adversaires. Enfin, Kant, en a fait les plus belles et les plus profondes applications. La vraie méthode psychologique est donc définitivement établie au sein de la philosophie moderne. Sans doute, tous les philosophes que je viens de citer, l'ont appliquée avec des degrés bien divers d'impartialité, de force et de profondeur, mais il serait facile de démontrer que tous ont été d'accord sur le principe de la méthode qui doit être appliquée aux faits de l'esprit humain, quelques divers que soient les résultats auxquels ils sont arrivés.

Nous considérons, pour notre part, la cause de la vraie méthode psychologique, comme une cause définitivement gagnée. Elle rencontrera, peut-être, encore des adversaires, mais il nous est permis d'espérer que la discussion finira par dissiper cette confusion déplorable, ces perpétuelles équivoques sur lesquelles ils s'appuient, et que rien n'arrêtera désormais les progrès de cette science de l'esprit humain dont Descartes, il y a deux cents ans, a fixé la méthode avec tant de netteté et tant de profondeur.

DES IDÉES INNÉES DE DESCARTES, DE L'IDÉE DE L'INFINI ET DE LA SOUVERAINE PERFECTION.

Descartes n'a pas seulement rendu service à la science de l'esprit humain par la détermination de la vraie méthode psychologique, mais aussi par les résultats que lui-même a obtenus à l'aide de cette méthode. Il a reconnu dans l'ame humaine deux classes d'idées profondément distinctes; les unes qui sont le résultat des impressions organiques ou de l'activité de notre esprit, les autres qui sortent naturellement du fond de notre ame et auxquelles il a donné le nom d'idées innées pour les opposer aux idées acquises par l'exercice des sens ou par le travail de l'esprit.

Descartes trompé par une fausse interprétation de l'attribut de la toute puissance, a eu le tort de considérer ces idées comme des décrets arbitraires de la volonté de Dieu, et j'examinerai plus tard la nature et les causes de cette erreur. On peut lui reprocher encore de n'avoir pas même tenté de donner une liste de ces idées. Il en a énuméré quelques-unes sans règle ni méthode, et parmi celles qu'il a énumérées, il en est un certain nombre qui, à aucun titre, ne peuvent être considérées comme des idées innées ou naturelles. Il faut dire en général que Descartes a passé beaucoup trop légèrement sur cette question qui ne tient qu'une fort petite place dans l'ensemble de ses spéculations philosophiques. Néanmoins, en déterminant l'existence de cette classe d'idées, en fixant les vrais caractères de quelques-unes d'entre elles, Descartes a rendu à la science de l'esprit humain un service d'une haute importance. Ainsi il a victorieusement défendu l'existence, l'origine, les vrais caractères des notions de l'infini et de la souveraine perfection contre toutes les attaques des philosophes sensualistes et matérialistes. Hobbes et Gassendi nient tous deux l'existence de cette idée d'infini. Ils prétendent que l'intelligence humaine ne saurait avoir aucune idée de l'infini, puisqu'elle ne saurait ni l'embrasser, ni le comprendre. Descartes soutient, au contraire, que nous avons une idée claire de l'infini, et Descartes, à ce qu'il nous semble, a raison contre Hobbes et Gassendi. En effet, de ce que notre intelligence ne peut comprendre et embrasser l'infini, il n'y a pas à conclure qu'elle ne possède pas l'idée de l'infini. Comprendre l'infini, ce serait lui assigner des limites, ce serait, par conséquent, le détruire. Mais qui donc, lorsqu'il vient à y songer, ne conçoit clairement l'impossibilité où nous sommes de marquer une limite au temps, à l'espace, à la substance, à la perfection de Dieu, c'est-à-dire, qui ne conçoit clairement qu'il y a de l'infini dans le monde? Après avoir attaqué l'existence même de la notion de l'infini, les adversaires de Descartes se rejettent sur son origine et prétendent qu'elle ne se distingue en rien des idées qui sont le produit d'une abstraction et d'une généralisation expérimentale. En ajoutant le fini à l'infini, ne pouvons-nous pas arriver à une certaine idée de l'infini? En ajoutant aux perfections que nous avons remarquées en nous, celles que nous remarquons dans les autres créatures, ne pouvons-nous pas arriver à construire successivement la notion de souveraine perfection?

Descartes triomphe aisément de ces objections. On aura beau entasser le fini sur le fini, jamais on n'arrivera à construire l'infini, de même qu'en ajoutant un nombre à un autre nombre, jamais on n'arrivera à obtenir un nombre infini, c'est-à-dire, un nombre tellement grand qu'il ne puisse être encore augmenté. Il en est de même de la souveraine perfection ou de la perfection infinie de Dieu. En ajoutant perfection à perfection, on n'arrive pas plus à la notion d'une perfection souveraine, qu'en ajoutant l'unité à l'unité, on arrive à un nombre infini. Ces deux idées spéciales ne viennent donc ni de nous, ni du monde extérieur, elles ont été mises en nous par celui qui nous a créés, et, suivant l'expression déjà rapportée de Descartes, elles sont comme la marque que Dieu lui-même a imprimée sur son ouvrage.

L'opinion de Descartes, sur l'origine des idées naturelles, est au fond la même que celle qui semble aujourd'hui assez généralement adoptée dans la science, elle n'en diffère que parce qu'elle n'a pas le même degré de rigueur et d'analyse. Il est vrai qu'en donnant à ces idées le nom impropre d'idées innées, Descartes avait pu d'abord prêter à croire qu'il entendait par là des idées coexistantes avec l'ame humaine, et toujours présentes à l'œil de la conscience. Mais dans sa polémique, il a complètement fait disparaître ce que cette dénomination pouvait avoir d'obscur et d'équivoque. Il appelle idées innées ou idées naturelles, non pas des idées toujours présentes à l'esprit, car, à les prendre en ce sens, il n'y en aurait aucune, mais des idées qui se manifestent naturellement dans l'ame en certaines circonstances. Nous n'apportons pas avec nous ces idées en naissant, mais nous apportons en naissant la faculté de les produire, faculté qui doit se développer dans des circonstances données. Cette théorie ne contient-elle pas en germe la théorie de Kant sur l'origine des jugements synthétiques a priori ?

Ainsi donc, Descartes a reconnu qu'il y a dans l'intelligence d'autres idées que celles qui sont le produit de la sensation et du travail de l'esprit sur la sensation. Il a particulièrement prouvé, contre toutes les objections des sensualistes, que l'idée d'infini et l'idée de souveraine perfection ne pouvaient, en aucune sorte, se déduire des notions de l'expérience. Enfin, il a indiqué la véritable origine de ces idées. Ce sont là de grandes vérités dont il faut rendre hommage à la métaphysique cartésienne.

EXAMEN CRITIQUE DES PREUVES DE L'EXISTENCE DE DIEU.

Les preuves de l'existence de Dieu sont un des points les plus considérables de toute la métaphysique de Descartes, et nul, peut-être, n'a donné lieu à de plus vives controverses. C'est contre ces preuves, contre les principes sur lesquelles elles s'appuient, que semble porter le principal effort de la polémique de ses plus redoutables adversaires, de Hobbes et de Gassendi. Ils ont successivement attaqué toutes leurs parties, ils se sont efforcés d'ébranler tous leurs points d'appui. Descartes, de son côté, n'a pas défendu son œuvre avec moins de vivacité et de vigueur, et nulle part il ne s'est montré plus habile à parer les coups qui lui étaient portés. Le débat s'est continué au sein de la philosophie moderne, et les uns ont persisté à traiter d'illusions et de chimères ce que d'autres persistaient à considérer comme le fondement le plus ferme de la croyance à l'existence de Dieu.

De quel côté est la raison dans ce grand débat ? Quelle est en réalité la valeur des différentes preuves de l'existence de Dieu introduites par Descartes dans la philosophie ? Ces preuves appartiennent à l'ordre des preuves métaphysiques, c'est-à-dire, elles s'appuient directement sur des conceptions *a priori* de la raison, auxquelles elles empruntent toute leur valeur. Néanmoins, il faut pour les juger, distinguer entre elles. Car, toutes n'ont pas la même forme, le même fondement et par conséquent, la même valeur. Elles sont au nombre de trois. La première va directement de l'idée de l'infini, qui est en nous, à l'existence de l'exemplaire de cette idée, à l'existence de Dieu. La seconde part à la fois du fait de notre existence et de l'idée de l'infini pour arriver à la même conclusion. La troisième conclut de l'idée d'un être souverainement parfait, à l'existence de cet être, parce que l'existence est une perfection qui entre nécessairement dans l'idée d'un être souverainement parfait. La plus considérable, la plus originale de ces preuves, c'est, sans contredit, la première ; les deux autres n'en sont que des transformations plus ou moins légitimes. C'est donc sur cette première preuve, tirée directement de l'idée de l'infini, que la discussion doit principalement porter. Est-il vrai que l'idée d'un être infini existe naturellement dans toutes les intelligences ? Si cette idée existe, peut-on légitimement conclure de son existence, à l'existence en dehors de notre pensée, d'un être infini ? Voilà les deux points qu'il s'agit d'examiner.

L'idée d'un être infini existe, selon nous, plus ou moins vague, plus ou moins confuse, dans toutes les intelligences. Toutes, à l'occasion du fini, conçoivent l'infini. Sans doute, il ne faut pas demander à toutes les intelligences de rendre compte de cette notion de l'infini, de l'analyser, de la suivre dans toutes ses conséquences et dans toute sa portée, il ne faut pas leur demander ce que vous n'avez droit de demander qu'aux philosophes. Mais considérez toutes les intelligences humaines dans leurs diverses manifestations, dans leurs vagues espérances, dans leurs mystérieuses appréhensions, dans leurs croyances religieuses, et vous demeurerez convaincus de l'existence de la notion universelle d'une substance infinie dans son essence, et infinie dans les attributs qui sont l'expression de cette essence. Comment donc se fait-il que l'idée de l'unité et de l'infinité de Dieu, ne soit pas une idée universelle, une idée de tous les temps et de tous les lieux, mais une idée ultérieure, ainsi que l'atteste l'histoire des religions, une idée qui a été ignorée d'une foule de peuples, une idée qui s'est développée lentement dans le monde, à la suite des progrès de la réflexion et de la science, et qui n'a pas pénétré encore dans toutes les intelligences ? Cette objection n'en est pas une pour quiconque sait faire la différence entre une notion vague et confuse et une notion éclairée par la réflexion et l'analyse. De l'idée vague de quelque chose d'infini à l'idée d'un Dieu unique et souverainement parfait, il y a une distance assez grande pour concevoir que l'intelligence humaine ne puisse immédiatement la franchir. Sans doute, dans la réalité, ces deux idées se confondent en une seule et même idée, mais c'est l'analyse et la réflexion qui seules peuvent découvrir leurs rapports et leur identité. Voilà pourquoi les intelligences humaines, quoique toutes naturellement en possession de l'idée de l'infini, s'élèvent cependant si difficilement à l'idée d'un Dieu unique et souverainement parfait. Nous croyons avec Descartes que l'idée d'un être, d'une substance infinie existe naturellement dans toutes nos intelligences, et nous ajoutons que toutes possèdent cette idée en raison du rapport nécessaire qui les unit à cette substance infinie.

Mais de l'existence de cette idée en notre intelligence, Descartes a-t-il le droit de conclure à l'existence d'un être infini, hors de notre intelligence? S'il n'a pas ce droit, sa démonstration n'est qu'un vain jeu de logique. Ce droit sera sans nul doute contesté par tous ceux qui, à l'exemple de Kant, dépouillent la raison de toute valeur objective. Mais nous qui, d'accord avec le genre humain, avons foi à la légitimité de la raison, et par conséquent, à l'objectivité de ses diverses données, nous pensons qu'une conclusion qui va d'une idée à l'objet et à l'exemplaire de cette idée, est une conclusion légitime. Or, c'est une conclusion de cette nature qui est le fondement de la preuve de Descartes. Nous avons en nous l'idée de l'infini, voilà un fait que constate l'expérience. Mais d'où nous vient cette idée, qui l'a mise en nous? Elle n'est pas notre ouvrage, car elle est universelle et spontanée, car la réflexion, en ajoutant le fini au fini, ne peut jamais atteindre l'infini. Mais peut-être, l'objet de cette idée est-il en nous même, peut-être a-t-elle pour exemplaire et pour original notre propre nature? Une telle supposition est impossible, car comment, êtres finis que nous sommes, pourrions-nous servir d'exemplaires à l'idée d'un être infini ? C'est donc en dehors de nous, en dehors de notre intelligence, qu'est nécessairement placé l'objet de notre idée de l'infini, et cet objet ne pouvant être que l'être infini lui-même, nous sommes forcés de conclure de cette idée à l'existence en dehors de nous, d'un être infini, c'est-à-dire, à l'existence de Dieu même.

Remarquons que cette preuve de l'existence de Dieu repose, en dernière analyse, sur le principe de la causalité auquel elle emprunte toute sa valeur. Il y a en nous un effet divin, à savoir l'idée d'une substance infinie, nous concluons de l'existence de cet effet divin, à l'existence d'une cause divine. Cette preuve, par l'idée de l'infini, a donc en réalité le même fondement que les preuves physiques, néanmoins, dans l'un et l'autre cas, le principe de causalité n'agit pas de la même manière. Lorsque nous prenons l'univers physique pour point de départ de la démonstration de l'existence de Dieu, le principe de causalité n'atteint la cause première et infinie, qu'en passant par l'intermédiaire de la série des causes secondes. Lorsque nous prenons, au contraire, pour point de départ l'idée de l'infini, le principe de causalité atteint directement l'existence de la cause première et infinie. Ainsi, toutes les preuves de l'existence de Dieu qui ne sont pas des illusions, reposent également sur le principe de causalité, mais dans les preuves physiques, le principe de causalité ne nous conduit à Dieu que médiatement, tandis que dans les preuves métaphysiques il nous y conduit immédiatement.

La seconde preuve que Descartes a donnée de l'existence de Dieu n'a rien d'original ; elle est en partie la répétition de la première, avec cette différence que le principe de causalité y porte à la fois sur l'idée de l'infini et sur le fait de notre existence. Elle participe donc à la fois de la nature des preuves physiques et métaphysiques, et ne nous fournit matière à aucune critique, si ce n'est en ce que Descartes y confond dans un de ses arguments, la conservation avec la création continue, point capital qui sera pour nous l'objet d'une discussion spéciale.

Quant à la troisième preuve, elle n'est, selon nous, qu'une vaine illusion de logique dépourvue de toute valeur. Elle ne peut établir qu'un simple rapport logique entre deux termes donnés, rapport qui ne correspond nécessairement à aucune existence extérieure. Il est vrai que ces jugements, *l'être souverainement parfait existe*, *les trois angles d'un triangle égalent deux angles droits*, sont des propositions dans lesquelles le sujet entraîne nécessairement après lui l'attribut. Si l'on fait disparaître l'attribut et qu'on retienne le sujet, il y a contradiction. Mais si l'on fait disparaître le sujet en même temps que l'attribut, alors il n'y a plus de contradiction, car il ne reste plus rien avec quoi il puisse y avoir contradiction. Il est contradictoire de supposer un triangle, si l'on en supprime par la pensée les trois angles, mais il n'y a pas de contradiction à faire disparaître en même temps, le triangle et ses trois angles. Il en est de même de la conception d'un être absolument nécessaire : si on nie cette conception, on supprime en même temps la chose avec tous ses attributs. Dieu est tout puissant, c'est un jugement nécessaire. La toute puissance ne peut être enlevée, si vous posez une divinité, mais si vous dites : Dieu n'est pas, alors il n'y a aucune puissance, ni aucun attribut, car ils sont tous ensemble enlevés au sujet, et il n'y a pas l'ombre d'une contradiction. Il y a donc un rapport logique entre ces deux termes; le premier étant posé, le second suit nécessairement; mais ce rapport logique n'a aucune valeur objective. Indépendamment du vice de sa nature, cette démonstration renferme une erreur fondamentale qui consiste à considérer l'existence comme une perfection. Nous ne saurions concevoir l'existence comme une perfection. Il ne peut y avoir de perfection réelle sans l'existence; l'existence est la condition nécessaire de toute perfection, mais nous ne comprenons pas qu'elle soit elle-même une perfection qui doive être rangée à côté de la souveraine bonté, de la souveraine puissance. Rien donc n'est plus juste que cette critique de Gassendi : « Mais, à vrai dire, soit que vous considériez l'existence en Dieu, soit que vous la considériez en quelqu'autre sujet, elle n'est point une perfection, mais seulement une forme ou un acte sans lequel il ne peut y en avoir; et, de fait, ce qui n'existe point n'a ni perfection ni imperfection. »

Mais si cette troisième preuve de l'existence de Dieu n'est pas légitime, sa fausseté ne nuit en rien à l'éternelle vérité de cette autre preuve qui est fondée sur la notion d'un être infini. La preuve par l'idée de l'infini, voilà dans la métaphysique de Descartes, la base de la démonstration de l'existence de Dieu, les autres preuves ne sont pour lui que des compléments et des accessoires. Or, cette preuve est d'une rigoureuse vérité. Avoir mis en lumière cette notion d'un être infini, l'avoir suivie dans toute sa portée, en avoir fait le fondement et la démonstration de l'existence de Dieu, voilà la gloire et l'originalité de Descartes.

Telles sont les principales vérités contenues au sein de la métaphysique de Descartes. Sans doute, c'est par sa méthode que Descartes a exercé la plus grande influence, mais ne faut-il pas lui tenir compte aussi de ces grands résultats qu'il a contribué à établir au sein de la philosophie moderne ?

DE LA PART D'ERREUR

CONTENUE

DANS LE CARTÉSIANISME.

UNE FAUSSE NOTION DE LA SUBSTANCE EST LA SOURCE DE TOUTES LES GRANDES ERREURS DE LA MÉTAPHYSIQUE DE DESCARTES.

Il y a un principe fondamental auquel doit se ramener la critique du cartésianisme, car c'est une fausse notion de la substance qui contient le germe de toutes les grandes erreurs de Descartes, de Malebranche et de Spinosa. L'idée de la passiveté absolue de toutes les substances créées a constamment dominé et égaré toute la méthaphysique cartésienne. C'est par elle que Spinosa et Malebranche se rattachent à Descartes, c'est par elle qu'ils se rattachent intimement l'un à l'autre, malgré l'apparente diversité de leurs doctrines. L'analyse que nous en avons faite n'a pas eu d'autre but que de mettre en évidence ces rapports et cette filiation. Non seulement cette opinion conduit à Malebranche et à Spinosa, mais dans le sein même de la philosophie de Descartes, elle est le principe de presque toutes les erreurs dans lesquelles ce grand philosophe est tombé. Il suffira donc pour les réfuter de corriger avec Leibnitz cette fausse notion de la nature de la substance qui est la source d'où elles découlent.

Il ne faut pas craindre de répéter que l'ontologie a ses fondements dans la psychologie et que toute erreur en psychologie a pour conséquence nécessaire une erreur plus grave en métaphysique ou en ontologie. La philosophie de Descartes en est une preuve éclatante. Pour s'être trompé sur la vraie nature de l'ame humaine Descartes s'est trompé sur la vraie nature de toutes les substances créées et de la substance en général. En effet, la seule substance dont nous ayons conscience, c'est nous-mêmes, la seule substance qui tombe sous notre observation, c'est notre propre substance, c'est donc à son image que nous devons concevoir toutes les autres substances, c'est donc en elle que nous devons chercher le type de la substance en général, sous peine de nous perdre dans le monde des hypothèses et des chimères. Telle nous concevons l'essence de notre propre substance, telle nous sommes conduits à concevoir la nature de la substance en général.

Or Descartes, ainsi que nous l'avons déjà remarqué, a conçu principalement l'ame comme une chose qui pense, c'est-à-dire comme une chose qui subit passivement certaines modifications, car la pensée, l'intelligence considérées en elles-mêmes, ne dépendent pas de l'activité volontaire et libre. Il a plutôt envisagé l'ame sous le point de vue de la passiveté que sous le point de vue de la causalité, de l'activité volontaire et libre. C'est par là que Descartes a été conduit à considérer la nature de l'ame et de toutes les substances en général comme essentiellement passive ; c'est par là qu'il a été conduit à mettre en doute l'existence du monde extérieur, à confondre la volonté avec l'intelligence, à identifier la conservation avec la continuité de la création, à placer dans l'existence pure l'essence de toute substance. Par une analyse rapide je vais mettre en lumière la génération et le lien de toutes ces grandes erreurs.

Descartes n'a pas nié l'existence du monde extérieur, mais il a subordonné la vérité de cette existence à la nécessité d'une démonstration. Il méconnait l'évidence immédiate de cette vérité, il va d'abord de l'ame à Dieu, il redescend ensuite de Dieu à l'ame pour ne revenir au monde extérieur qu'après ce long et difficile détour. Mais, du moins, cette vérité si péniblement trouvée, l'aura-t-il assurée par une démonstration dont la valeur ne puisse être contestée? Descartes n'a pas réussi à trouver une pareille démonstration. C'est sur la véracité divine qu'il fonde la croyance à l'existence du monde extérieur. Il y a en nous une tendance naturelle à croire que le monde extérieur existe; c'est Dieu qui a mis en nous cette tendance; or Dieu, étant infiniment bon, ne peut vouloir nous tromper, donc le monde extérieur existe. Mais Descartes semble prendre soin lui-même de détruire la valeur de cet argument de la véracité divine, en admettant que les sens ne nous montrent pas le monde tel qu'il est, malgré la tendance naturelle que nous avons à croire qu'ils nous en représentent une fidèle image. Il semble abandonner la véracité divine, pour se réfugier dans la bonté divine. Dieu, il est vrai, ne nous a pas donné des sens qui nous représentent les choses telles qu'elles sont en elles-mêmes, mais dans sa bonté il veut qu'ils nous le présentent telles qu'elles sont par rapport à nous, et qu'ils nous informent fidèlement de tout ce qu'elle peuvent avoir pour nous de nuisible ou d'avantageux.

Malebranche lui-même, tout en reconnaissant l'argument de la véracité divine comme le meilleur qu'on puisse apporter en faveur du monde extérieur, déclare néanmoins que cet argument n'est pas suffisant et qu'il n'emporte pas avec lui l'évidence. Ainsi donc, Descartes et son école ont une tendance plus ou moins prononcée à l'idéalisme. D'où vient cette tendance, d'où vient qu'il subordonne l'existence du monde extérieur à la nécessité d'une démonstration dont l'évidence ne peut qu'être inférieure à l'évidence même du fait qu'il s'agit de démontrer ? C'est dans l'erreur fondamentale de Descartes que je trouve l'origine de cette tendance à l'idéalisme. S'il n'avait pas méconnu ou du moins négligé la considération de l'activité essentielle de l'ame et de sa causalité, dans le sentiment de cette activité et de cette causalité, il aurait nécessairement aperçu l'action du moi sur quelque chose qui n'est pas lui, sur le non moi, et la réalité de l'existence de ce non moi ne lui aurait pas apparu comme moins évidente que celle du moi, ou plutôt elles lui auraient toutes deux également apparu au sein d'une corrélation nécessaire. Mais l'opinion de la passiveté absolue des substances créées lui a fait méconnaître cette action réciproque, directe et continue du moi sur le non moi et du non moi sur le moi. En effet, le moi d'une part et le non moi de l'autre, étant considérés comme dépourvus de toute action et de toute causalité, comment concevoir leur union et leur correspondance, à moins d'une intervention surnaturelle de la seule cause réelle qui soit au monde, c'est-à-dire de Dieu, seule cause vraie et efficiente que reconnaisse le cartésianisme. Donc la tendance idéaliste de l'école cartésienne a évidemment sa source dans le point de vue exclusif et faux sous lequel Descartes a envisagé la nature de l'ame en particulier, et par suite la nature de toutes les substances en général.

Telle est aussi la source de cette autre tendance non moins remarquable du cartésianisme à confondre la volonté avec le jugement. Dans Descartes cette confusion n'est encore que partielle, car il n'entend pas seulement par volonté le pouvoir de juger, d'affirmer et de nier, il entend le pouvoir de se déterminer et de se résoudre. Mais Malebranche et surtout Spinosa ont achevé la confusion commencée par le maître, et, suivant Spinosa, la volonté tout entière consiste dans la négation ou l'affirmation, dans le jugement. Définir ainsi la volonté, c'est la nier, c'est confondre ensemble deux faits d'un ordre distinct, le fait intellectuel avec le fait volontaire, le jugement qui précède l'acte volontaire avec la détermination qui suit ce jugement. Tout fait volontaire est, il est vrai, précédé d'un fait intellectuel, d'un jugement, d'un motif, puisque jamais nous ne voulons, sans vouloir quelque chose dont nous avons connaissance, mais le jugement ou le motif se distinguent profondément de la détermination, de l'acte volontaire qui peut les suivre ou ne pas les suivre. Le jugement est fatal de sa nature, nous ne sommes pas libres de ne pas juger que telle ou telle proposition est vraie ou fausse, que telle action est bonne ou mauvaise, mais lorsque nous avons porté notre jugement, nous sommes libres d'y conformer ou de n'y pas conformer notre conduite, nous sommes libres de faire une action mauvaise préférablement à une autre action qu'à un point de vue absolu, nous avons jugé meilleur. Donc juger n'est pas la même chose que se déterminer, et confondre, même partiellement le jugement avec la volonté, c'est porter une grave atteinte à l'existence d'une activité libre et volontaire de l'ame humaine. Mais Descartes, et surtout ses disciples, ayant méconnu l'existence de cette activité, étaient nécessairement placés dans l'alternative, ou de nier ouvertement l'existence de la volonté, ou de la confondre avec un fait d'une nature différente. Ils ont en général conservé le mot et ils ont nié la chose en confondant avec le jugement, c'est-à-dire avec un fait fatal, le fait de l'activité volontaire et libre. Sylvain Régis, Clauberg, Geulincs, Malebranche, Spinosa, à la suite de leur maître Descartes, ont tous plus ou moins explicitement nié l'existence du libre arbitre, ou du moins ont tous admis des principes avec lesquels il est impossible de le concilier. Cette tendance fataliste de l'école cartésienne dérive donc évidemment de la même source que sa tendance idéaliste, elle dérive d'une négation générale de toute activité dans le moi, qui comprend la négation particulière de l'activité volontaire et libre.

Descartes est tombé dans une autre erreur qui se rattache à cette confusion de la volonté avec l'entendement. En effet, il a placé la source de toutes nos erreurs dans la nature du rapport qui unit la volonté avec l'entendement. Nous avons, en exposant sa philosophie, développé cette théorie. L'entendement est fini et limité, tandis que la volonté est, en quelque sorte, infinie et illimitée, puisque nous avons indéfiniment le pouvoir d'affirmer ou de nier, de nous porter ou de ne pas nous porter à telle ou telle action. Il résulte de cette inégalité que la volonté déborde et devance l'entendement, et que cessant d'être dirigée par lui, elle erre à l'aventure.

Mais il n'est pas vrai que la volonté, suivant l'opinion de Descartes, soit plus vaste que l'entendement. Comment serait-elle plus vaste, puisque nous ne pouvons vouloir sans vouloir quelque chose, puisque tout acte de volonté doit être nécessairement précédé d'un acte de connaissance? La volonté ne peut se porter à rien que l'entende ment n'ait prévu, mais elle ne se porte pas à tout ce que l'entendement connaît, conçoit, imagine, de telle sorte que ce n'est pas la volonté qui est plus étendue que l'entendement, mais l'entendement qui est plus étendu que la volonté. Comme la volonté n'est, pour ainsi dire, que la servante de l'entendement, ce n'est ni dans la volonté elle-même, ni dans le rapport de la volonté avec l'entendement, qu'il faut, comme Descartes, placer la source de nos erreurs. C'est notre entendement, notre faculté de connaître qui est la source de toutes les erreurs comme de toutes les vérités. L'entendement porte deux sortes de jugements ; les uns irrésistibles et fatals, en ce sens que nous ne sommes pas libres de les porter ou de ne pas les porter, de leur donner ou de ne pas leur donner notre adhésion. Leur évidence est telle, qu'elle nous subjugue et commande notre assentiment ; ces jugements sont infaillibles ; jamais nous ne pouvons les trouver en défaut. D'autres jugements, au contraire, sont de telle nature que nous sommes libres de les porter ou de ne pas les porter, de les suspendre ou de ne pas les suspendre ; ces jugements ne sont pas infaillibles, il se peut que nous les trouvions en défaut, ils sont la source de toutes nos erreurs, mais il dépend de nous de nous mettre en garde contre ces jugements puisqu'ils n'ont rien de fatal et de nécessaire, et, par conséquent, il dépend toujours de nous d'éviter l'erreur.

La confusion du pouvoir de se déterminer avec le pouvoir d'affirmer ou de nier, voilà la véritable cause de cette fausse origine assignée par Descartes aux erreurs de l'intelligence humaine. Elle se ramène donc aussi au principe de la passiveté des substances créées, dont cette confusion de la volonté et du jugement est une conséquence.

L'identification de la conservation des substances avec

la création continue est une conséquence qui ne sort pas moins directement de la doctrine qui ôte toute force et toute causalité aux créatures. Selon Descartes, conserver est la même chose que produire de rechef, et nous ne continuons d'exister qu'à la condition d'être créés. J'ai déjà fait remarquer que cette opinion est de la plus haute gravité. Sans doute, des créatures au créateur il y a un rapport, et un rapport de dépendance, mais identifier ce rapport avec une création continue, ce n'est rien moins qu'annihiler jusqu'à la dernière trace d'indépendance, de personnalité et de liberté dans les créatures. En effet, n'est-il pas évident que, si nous sommes de nouveau créés à chaque instant de notre existence, nous ne nous appartenons plus à nous-mêmes, nous ne sommes plus des êtres indépendants, mais des opérations de Dieu, comme l'a dit Clauberg? Or, si nous et tous les êtres créés nous ne sommes que des opérations de Dieu, n'en résulte-t-il pas que Dieu est la seule substance en même temps que la seule cause réelle, dont nous ne sommes que des manifestations et des phénomènes? C'est encore de l'opinion de Descartes sur la nature de la substance, que découle l'hypothèse de la création continue. Après avoir nié l'existence dans les êtres d'une force essentielle, en vertu de laquelle ils persévèrent dans l'existence, il devient impossible d'expliquer autrement leur existence que par l'intervention continuelle du créateur et par la répétition non interrompue de l'acte qui les a fait exister une première fois.

Donc, c'est encore le principe de la passiveté des substances créées qui a conduit Descartes à confondre la conservation avec la création continue. C'est parce que Descartes a méconnu cette activité essentielle à toute vraie substance, qu'il a été obligé de chercher en dehors des substances créées l'action qui les fait persévérer dans l'existence, et d'établir une fausse et redoutable équation entre conserver et produire derechef.

Enfin, je signalerai comme une dernière erreur, dérivant du même principe, la définition que Descartes a donnée de la substance. L'essence de la substance est l'existence pure, la substance est ce qui existe par soi, voilà les termes de cette définition. Elle est le point de départ de l'*éthique*, elle est le principe d'où Spinosa déduit avec une incontestable rigueur de logique l'unité absolue de la substance. En montrant les rapports qui unissent la philosophie de Spinosa à la philosophie de Descartes, je me suis avant tout efforcé de mettre ce point de vue en évidence, et je ne crois pas avoir besoin d'y insister de nouveau. Mais si le panthéisme sort de cette définition, la définition sort elle-même directement de l'opinion de Descartes sur la nature de la substance. En effet, la substance étant dépouillée de toute activité propre, comment la définir, sinon par l'existence; où placer son essence, sinon dans le fait pur et simple de l'existence? L'existence pure et nue, demeure nécessairement, dans cette hypothèse, le seul signe caractéristique de la substance, et toutes les substances, en raison de l'identité de leurs essences, qu'il est impossible de distinguer les unes des autres, viennent se confondre en une seule et même substance. D'un côté, la définition que Descartes a donnée de la substance conduit droit au panthéisme; de l'autre, elle est une conséquence directe de la négation de l'activité essentielle de la substance, voilà deux points qui me semblent également démontrés.

Ainsi donc la tendance à l'idéalisme et au fatalisme, l'identification de la conservation avec la création continue, la définition de la substance par l'existence, en un mot, toutes les grandes erreurs du cartésianisme découlent en effet d'un même principe, et, par conséquent, pour les réfuter, il nous suffira de démontrer la fausseté de ce principe fondamental de la métaphysique cartésienne.

DE LA VRAIE NOTION DE LA SUBSTANCE.

Déjà avec Leibnitz nous avons réfuté Descartes. Déjà en déterminant le rôle de Leibnitz au sein de la révolution accomplie par Descartes, nous avons exposé les principaux arguments par lesquels il faut combattre et réformer la notion cartésienne de la substance. Nous n'avons plus qu'à rappeler et à enchaîner les principaux de ces arguments, en y ajoutant une réfutation plus spéciale de quelques-unes des raisons alléguées par Descartes en faveur de la création continue.

C'est l'observation de nous-mêmes qui doit être le point de départ de toute détermination légitime de la nature de la substance, car notre ame est la seule substance qui tombe directement sous notre observation, sous l'œil de la conscience. Or, notre ame se révèle à nous comme douée d'activité et de causalité, et nous puisons même d'abord dans le sentiment de cette activité et de cette causalité, les idées de force et de cause que nous transportons ensuite dans le monde extérieur. L'unique substance, dont la conscience nous découvre la nature, n'est donc pas seulement une substance pensante, mais aussi une substance essentiellement active et causatrice. Comme nous ne pouvons concevoir la nature de toutes les substances en général que d'après le type de la seule substance qui nous soit connue, les idées de substance, de cause et de force, sont des idées que nous associons et que nous pensons ne pouvoir être séparées. Nous concevons toute substance comme douée d'une activité et d'une causalité qui est accompagnée ou qui n'est pas accompagnée de conscience, et en vertu de laquelle elle persévère dans l'existence et accomplit la série d'actes par lesquels elle se manifeste. Soutenir le contraire, soutenir que Dieu intervient à chaque instant pour créer de nouveau chaque substance et produire en elle chacun de ses phénomènes, c'est porter une grave atteinte à l'efficacité de la volonté divine, car, en réalité, cela revient à nier que cette volonté ait une action qui s'étende au-delà du moment où elle se détermine, cela revient à dire qu'elle est impuissante à produire quelque chose qui dure et qui conserve empreinte la trace de ses décrets. Dieu, dans cette hypothèse, ne pourrait produire un seul effet durable qu'à la condition de le renouveler sans cesse. Une telle idée ne pouvant s'accorder avec l'idée de la grandeur et de la puissance de Dieu, nous devons croire que dès l'origine, il a déposé au sein de chaque être créé, la force qui le fait exister, se manifester et agir. Non seulement nous croyons que toute substance est douée d'activité, mais nous croyons encore avec Leibnitz, que l'activité est l'essence même de la substance, et qu'une substance ne peut cesser d'agir sans cesser d'exister. Toute substance est cause, et toute cause est substance. Dans la réalité, la substance et la cause se confondent au sein d'un seul et même être. L'unique différence qu'il nous soit possible de concevoir entre ces deux notions de cause et de substance, résulte tout entière de la différence du double point de vue sous lequel la substance peut être envisagée. Toute substance, avons-nous dit, est une force, une cause. Mais, si par une abstraction de mon esprit, je considère cette force antérieurement à l'acte qu'elle produit, et comme étant une simple puissance de le produire, j'aurai la notion de substance; si, au contraire, je considère cette même force au moment où elle accomplit l'acte, j'aurai la notion de cause. Il nous semble donc bien évident que les notions de cause et de substance n'expriment que deux points de vue différents sous lesquels la substance peut être envisagée. La cause sans la substance n'est qu'une abstraction, et la substance sans la cause est une autre abstraction. La force essentiellement active ne pouvant cesser d'agir sans cesser d'exister, voilà ce qui n'est pas une abstraction, voilà ce qui est une vraie réalité.

La séparation de l'idée de substance d'avec l'idée de cause, tel est encore une fois le grand vice de la métaphysique de Descartes, la réunion, l'identification de ces deux idées, tel est le grand mérite de la métaphysique de Leibnitz.

Mais, selon Malebranche, attribuer quelque activité et quelque causalité aux créatures, c'est en faire autant de petits dieux, c'est retomber dans un vaste et dangereux paganisme. Une telle objection n'a rien qui nous puisse arrêter. En effet, cette activité que nous attribuons aux substances créées, et qui, selon nous, constitue leur essence même, elles ne la tiennent pas d'elles-même et de leur propre fond, elles la tiennent de celui qui les a créées, et elles ne cessent pas d'être régies par ces lois générales qui sont l'expression de l'action constante et régulière de Dieu sur le monde.

Mais Descartes pour établir la nécessité de l'intervention incessante de la cause efficiente et productrice de notre être, et justifier son hypothèse de la création continue, s'appuie sur le mode de relation des parties du temps au sein desquelles s'écoulent toutes les existences. Si l'on divise le temps de la vie d'un être en autant de parties qu'on voudra, on reconnaîtra qu'il n'y a aucune liaison, aucune dépendance entre toutes ces parties. Donc, selon Descartes, de ce que nous vivons, de ce qu'un être quelconque vit le moment d'à présent, il n'en résulte pas qu'il doive vivre le moment d'après, et il ne peut continuer d'exister qu'à la condition d'être de nouveau créé à chacune des parties du temps. A cet argument de Descartes en faveur de la création continue, je réponds avec Gassendi : Le temps n'est pas une cause agissant sur notre existence, il n'est qu'un milieu nécessaire dans lequel toutes les existences s'accomplissent. Les parties du temps sont extérieures, successives; elles n'ont aucune activité; il n'importe donc en rien à l'existence des êtres qu'elles soient unies ou qu'elles ne soient pas unies, qu'elles soient dépendantes ou indépendantes les unes des autres. Elles n'importent pas plus à notre production ou à notre conservation, que le flux et le reflux des eaux de la mer à la production ou à la conservation de la roche qu'elles arrosent. Dans ses preuves de l'existence de Dieu, Descartes reproduit encore ce même argument, sous une forme un peu différente. La puissance de persévérer un seul instant dans l'existence ne peut résider en nous, ni en aucun être, parce que, de ce que nous avons été ci-devant, il ne résulte en aucune façon, selon Descartes, que nous devions être maintenant. Il est, en effet, incontestable que, de ce qu'un être a existé le moment d'avant, il ne suit pas qu'il doive exister nécessairement le moment d'après. Il n'y a pas de liaison nécessaire d'un moment à l'autre de l'existence, mais l'absence d'une telle liaison ne prouve pas qu'il doive y avoir une cause qui nous crée incessamment; elle prouve seulement qu'il n'est pas impossible que quelque cause extérieure plus puissante ne vienne détruire la raison d'exister qui est en nous. L'incertitude de la durée de notre existence ne signifie donc pas que nous ne pouvons subsister un seul instant par nous-mêmes, elle signifie seulement que la raison d'exister, qui a été mise en nous, peut être à chaque instant détruite par l'action de certaines causes extérieures.

Les substances créées sont douées d'une activité qu'elles tiennent originairement du créateur, et en vertu de laquelle elles accomplissent la série d'actes qu'elles doivent accomplir, et persévèrent dans l'existence. Non seulement elles sont douées d'activité, mais cette activité est leur essence, toute substance est une force, une cause, et toute force, toute cause est une substance. Voilà la vraie notion de la substance, voilà celle qu'il faut opposer à cette notion cartésienne source féconde de tant de grandes erreurs.

Descartes s'est donc trompé en définissant la substance, ce qui existe par soi. Sans doute, ce qui existe par soi est substance et même la substance par excellence. Mais l'inconvénient de cette définition est de ne pouvoir s'appliquer qu'à la substance suprême et infinie, et d'absorber en son sein toutes les substances finies. Il y a des êtres qui, sans exister par eux-mêmes, sont cependant des substances. Toute chose qui agit en vertu d'une activité propre, alors même que dans l'origine elle a reçu cette activité d'un autre être, mérite le nom de substance. La substance n'est donc pas ce qui existe par soi, mais toute chose qui agit en vertu d'une activité essentielle, soit qu'elle tienne cette activité d'elle-même, soit que dans l'origine elle l'ait reçue d'un autre être. Par cette définition nous échappons aux conséquences qui sortent de la définition de Descartes. En effet, l'essence de la substance étant placée dans l'activité, il en résulte que les substances créées peuvent exister et agir en vertu de l'acte primitif du créateur qui leur a conféré cette activité. Il n'est plus besoin, pour expliquer leur conservation, de recourir à la création continue. D'une part, elles se distinguent de Dieu; de l'autre, elles se distinguent en même temps et par la même raison, les unes des autres. Celui pour lequel la substance est quelque chose d'inerte et de passif, une simple possibilité d'être modifié, l'existence nue, dépouillée de tout mode d'agir, et par conséquent, de tout caractère spécial, doit nécessairement tendre à les confondre et arriver à la conception d'une substance unique. En effet, si toutes les substances étaient passives, si aucune action ne pouvait provenir d'elles, elles auraient toutes, ainsi que déjà nous l'avons fait remarquer, une essence identique, la pure existence. Cette existence, il est vrai, nous apparaîtrait comme diversement modifiée. Mais, le même sujet ne peut-il pas être modifié de différentes manières, pourquoi donc n'y aurait-il pas une substance unique dont toutes les autres choses, auxquelles nous donnons à tort le titre de substances, ne seraient que des modifications?

Il n'en est pas de même lorsqu'on ne sépare pas l'idée de substance de l'idée de force. Car, tandis que ce qui n'a d'autre définition que la passivité absolue, se confond avec tout ce qui a cette même définition, une force se distingue nécessairement de toute autre force. L'essence de la substance étant l'activité et non la passivité, et toute activité, toute force, par là même qu'elle est une force, ayant une manière d'agir propre et spéciale qui la constitue, il en résulte qu'il ne saurait y avoir entre elles aucune confusion.

En séparant l'idée de substance de l'idée de force, on arrive bientôt, avec un peu de logique, à l'identification absolue de toutes les substances, et par conséquent, au panthéisme; en les unissant, au contraire, on oppose au panthéisme une invincible barrière. Aussi le système le plus opposé au panthéisme est-il celui de Leibnitz. Tout en rejetant bien loin l'hypothèse de l'harmonie préétablie, nous admettons donc, avec Leibnitz, l'activité essentielle de toutes les substances créées.

Nous croyons avec lui que le monde est un composé d'une multitude infinie de substances simples et indivisibles, qui agissent et persévèrent dans l'existence, en vertu d'une activité propre. Dieu est le père de toutes ces substances. Elles sont, pour ainsi dire, des étincelles projetées de toutes parts dans l'espace et échappées du foyer d'où jaillit toute existence, toute vie, toute intelligence.

DES VRAIS RAPPORTS DE DIEU AVEC LES ÊTRES CRÉÉS.

Trop séparer Dieu du monde ou trop l'en rapprocher sont deux grands écueils entre lesquels il est bien rare que la philosophie fasse route avec bonheur, lorsqu'elle entreprend de déterminer la nature des rapports qui unissent les êtres créés avec le créateur. Descartes est venu se heurter contre le second de ces écueils et peut-être Leibnitz n'a-t-il pas toujours heureusement évité le premier. Descartes a trop rapproché Dieu du monde, il a préparé Spinosa et l'absorption des substances finies au sein de la substance infinie, en établissant entre elles un rapport de création continue. Leibnitz, en combattant Descartes, est un peu tombé dans l'excès contraire, il a peut-être trop insisté sur l'individualité et l'indépendance des substances finies, et pas assez sur le lien qui les rattache à la substance infinie. Mettons à profit l'erreur de ces deux grands génies, et tâchons, s'il se peut, d'arriver à une détermination plus exacte des vrais rapports de l'être infini et incréé avec les êtres finis et créés.

Nous existons et nous sommes des êtres finis. La conscience nous atteste notre existence, elle nous atteste que nous avons une certaine part de causalité. Si nous avons une certaine part de causalité, nous devons avoir aussi une certaine part de substantialité, car la causalité ne va pas sans la substantialité. Nous savons encore, de science non moins certaine, que nous sommes limités sous le rapport de notre causalité et de notre substantialité. Nous jugeons ensuite par induction qu'il y a dans le monde une foule d'êtres qui, comme nous, sont doués d'une certaine portion d'activité et de substantialité, qui, comme nous, sont des substances finies. Ainsi donc, la conscience et l'observation nous assurent de l'existence de substances finies; mais d'un autre côté, la raison nous assure de l'existence d'une nature infinie, d'un être incréé, principe et cause de tous les êtres finis et créés. Voilà placés en face l'un de l'autre les deux termes dont il s'agit de chercher le rapport, les deux termes qu'il faut concilier. Comment des substances finies peuvent-elles exister distinctes et indépendantes de la substance infinie, voilà la grande question.

Nous avons considéré avec Leibnitz l'activité ou la force comme le fond, l'essence même des substances créées. Nous avons pensé qu'elles agissent et continuent d'exister en vertu de cette force qui constitue leur nature. Cependant, tout en rejetant l'hypothèse de la création continue, nous sommes loin de croire que les substances créées soient en un rapport d'indépendance absolue à l'égard de la substance infinie. Car, cette force qui est leur essence, elle ne la tiennent pas d'elles-mêmes, mais de la force suprême et infinie qui est Dieu. Elles sont en participation continue avec cette source commune d'où découlent toute force, toute vie, toute intelligence. Déterminer nettement en quoi consiste cette participation continue est chose délicate et difficile. Cependant il n'est peut-être pas impossible de se représenter à peu près la nature de ce rapport. Toute substance finie procède nécessairement de la substance infinie. Sa puissance vient de la puissance infinie; son intelligence vient de l'intelligence infinie. Ainsi toute substance finie n'est, à proprement parler, qu'une certaine détermination fixe et permanente imprimée par Dieu, suivant des lois générales, à sa propre substance. C'est cette détermination fixe et permanente qui lui donne une certaine indépendance, qui lui confère une activité et une existence propre, qui la distingue enfin profondément de la substance infinie elle-même. Mais si elle en est distincte, elle n'en est pas séparée, et nulle substance finie ne continuerait un seul instant d'exister, si elle n'était pas continuellement fécondée et alimentée par la substance infinie. Que le rapport qui les unit soit un moment suspendu et les substances finies, semblables au ruisseau qui tarit en même temps que sa source, seraient, dans le même moment, toutes anéanties. Je conçois ce rapport de la même manière que le rapport du fœtus à la mère qui le porte et le nourrit en son sein. Ce fœtus a déjà son existence propre, il ne se confond nullement avec sa mère, il en est un être distinct, et cependant c'est de sa mère qu'il tient sa substance et sa vie, et il périt, si les liens qui l'unissent avec elle sont rompus. Je sais que je m'expose à ce reproche de faire des métaphores poétiques, qu'à propos d'une question semblable, Aristote adresse à Platon. Mais comment ne pas se servir de comparaisons et de métaphores, là où notre intelligence a tant de peine à saisir la réalité directement en elle-même?

Mais la différence entre la création continue de Descartes,

et cette participation continue en vertu de laquelle, selon nous, chaque être existe et agit, ne serait-elle pas une différence plutôt apparente que réelle, et, sans nous en apercevoir, n'aurions-nous fait que changer les mots en conservant les choses ? Nous ne croyons pas être dupes d'une illusion en considérant cette différence comme réelle. En effet, dans l'hypothèse de Descartes, Dieu crée un être, et cet être ne continue d'exister qu'à la condition que Dieu répète et renouvelle sans cesse l'acte créateur par lequel il lui a, une première fois, conféré l'existence. Dans notre hypothèse, au contraire, Dieu crée un être, et cet être continue d'exister en vertu seulement d'un rapport permanent qui date du moment de sa création et qui l'unit à la substance infinie et créatrice. Avec la création continue il est impossible de concevoir les êtres créés autrement que comme des opérations de Dieu ; avec la participation continue on peut, au contraire, très-bien les concevoir, sinon comme séparés, au moins comme distincts de la substance infinie.

Descartes et tous ses disciples ont parfaitement compris qu'entre les êtres créés et le créateur il existait un rapport de dépendance, mais en dépouillant les êtres créés de toute espèce d'activité et de causalité, en identifiant ce rapport de dépendance avec une création continue, ils ont absorbé dans le sein l'un de l'autre, ces deux termes qu'il s'agissait de concilier ensemble. Nous avons combattu cet excès, nous avons cherché à l'éviter, sans, toutefois, par une peur trop grande du panthéisme, nous précipiter dans un excès opposé. Dieu est dans le monde, il est dans la nature, il est dans l'homme, et cependant il se distingue de la nature et de l'homme comme l'infini et l'illimité se distinguent du fini et du limité, ou bien, en deux mots, Dieu est distinct du monde, mais il n'en est pas séparé, telle est la formule à laquelle nous nous attachons fermement, telle est la formule qui exprime le fond de notre pensée sur cette grande question des rapports de Dieu avec le monde.

Avons-nous atteint le but de cette recherche ? Avons-nous évité l'un et l'autre de ces écueils que nous avons signalés en commençant? Avons-nous rencontré ce milieu si difficile à trouver et si difficile à tenir ? Nous n'osons nous en flatter. Mais, alors même que nous ne l'aurions pas trouvé, il n'en existe pas moins, car d'une part nous sommes certains qu'il y a des substances finies, et de l'autre, nous sommes également certains qu'il y a une substance infinie. Que la philosophie ne se décourage pas, et qu'elle continue à rechercher de toutes ses forces le vrai rapport qui unit, sans les confondre, Dieu et le monde, la substance infinie et les substances finies ; car un rapport de cette nature doit nécessairement exister entre elles.

DE L'ERREUR DE DESCARTES RELATIVEMENT A LA PUISSANCE ET A LA LIBERTÉ DE DIEU.

Quoique les principales erreurs de la philosophie de Descartes aient leur origine dans une fausse notion de la substance, il en est encore d'autres cependant, qui se rapportent à d'autres causes, et qu'il importe de signaler. Ainsi Descartes, en plusieurs occasions, émet sur la puissance et sur la liberté de Dieu une opinion de la plus haute gravité. Il attribue à Dieu une liberté d'indifférence. Selon Descartes, il n'y a point de vérités immuables et éternelles, car, Dieu qui les a empreintes dans notre intelligence, peut les changer et les détruire comme un monarque les lois de son royaume. Il n'y a point de règle, pas même la règle du bien à laquelle Dieu soit assujéti ; le soumettre à une loi quelconque dans l'exercice de sa toute puissance, c'est se le représenter comme un Jupiter ou un Saturne enchaîné par les destinées.

Les conséquences d'une telle opinion sont énormes, et Descartes semble ne les avoir pas entrevues. En effet, il en résulte que ce qui est le bien aurait pu être le mal, que ce qui est le mal aurait pu être le bien ; si c'est par un décret purement arbitraire que Dieu a établi la justice, il peut aussi la défaire, la changer, la modifier à son gré. Rien ne nous assure qu'il persévérera toujours dans le même décret. La vertu, la confiance en la bonté et la sagesse de Dieu, n'ont plus de fondement. Dieu, dans cette hypothèse, est semblable au souverain rêvé par Hobbes, il n'a d'autre loi que sa volonté, d'autre droit que sa force, et l'univers tout entier se trouve placé sous un régime de bon plaisir. Descartes semble n'avoir pas entrevu ces conséquences. Cette question, si grave en elle-même, est une question qu'il a seulement effleurée. S'il a adopté l'opinion de la liberté d'indifférence préférablement à toute autre, c'est, peut-être, uniquement pour complaire aux Jésuites, ses anciens maîtres. Car les Jésuites soutenaient la liberté d'indifférence, et Descartes, pour assurer le succès de sa philosophie, cherchait à leur complaire dans tous les points qui lui paraissaient n'avoir qu'une importance secondaire. Néanmoins, il faut combattre cette dangereuse doctrine de la liberté d'indifférence, et c'est avec Leibnitz et Malebranche que nous allons réfuter Descartes.

Sur cette question de la liberté de Dieu, il est deux opinions contraires qui se sont ordinairement produites à la fois en luttant l'une contre l'autre, la première est celle de la liberté d'indifférence qu'à soutenue Descartes, la seconde, celle de la nécessité absolue qu'ont soutenue Hobbes et Spinosa. Selon Hobbes et Spinosa, tous les actes de Dieu sont soumis à une aveugle nécessité, et rien n'arrive qui n'ait dû nécessairement arriver.

Telles sont les deux opinions extrêmes entre lesquelles se trouve la vérité. Il faut repousser également la nécessité absolue à laquelle Hobbes et Spinosa soumettent la nature divine, et la liberté d'indifférence que Descartes lui attribue. Ni Dieu n'agit sous l'empire d'une aveugle nécessité, ni il n'agit arbitrairement, capricieusement, sans raison, sans motif, comme un tyran. Les partisans de la nécessité absolue ont bien compris que Dieu ne pouvait agir d'une manière arbitraire, que Dieu ne pouvait varier dans ses desseins, et que l'ordre du monde, son ouvrage, devait être immuable; mais ils n'ont pas trouvé la véritable cause de cette invariabilité des desseins de Dieu, et de cette immutabilité des décrets en vertu desquels toutes choses se passent et s'enchaînent dans le monde. Les partisans de la liberté d'indifférence ont eu le tort de détacher les uns des autres les divers attributs de Dieu, d'avoir considéré sa toute-puissance à l'exclusion de sa sagesse souveraine qui règle l'exercice de sa toute-puissance. Or, c'est précisément dans l'union de la sagesse de Dieu avec sa puissance, que se trouve le milieu raisonnable entre les deux opinions extrêmes de la liberté d'indifférence et de la nécessité absolue.

De même que la volonté de l'homme, la volonté de Dieu tend sans cesse vers le bien. Mais, à la différence de l'homme, Dieu étant à la fois souverainement intelligent et souverainement sage, il ne se trompe jamais dans son choix, il voit toujours ce qu'il y a de meilleur, il fait toujours ce qu'il y a de meilleur. L'homme se trompe dans le choix qu'il fait entre les divers partis qui le sollicitent, il prend l'apparence pour la réalité, il prend souvent le parti qui paraît le meilleur, et non pas celui qui est le meilleur dans la réalité. Mais Dieu ne se trompe jamais dans le choix des partis divers qui se présentent à sa pensée. On peut dire en un sens, comme Hobbes et comme Spinosa, qu'il n'a pu faire ce qu'il n'a pas fait, qu'il n'a pas pu ne pas faire ce qu'il a fait; mais il faut ajouter que c'est en raison de sa souveraine sagesse, qui ne lui permet pas de ne pas faire ce qui n'est pas le meilleur, et non en vertu d'une aveugle nécessité. Si Dieu ne peut changer d'avis, varier en ses desseins, se repentir, ce n'est pas qu'il agisse sous l'empire d'une inflexible fatalité, c'est qu'il est souverainement intelligent et souverainement sage, pour que Dieu pût varier en ses desseins, pour qu'il pût se repentir, il faudrait de deux choses l'une, ou qu'il n'eût pas vu tout d'abord le parti le meilleur, ou que, l'ayant vu, il ne l'eût pas pris. Or, Dieu, en raison de son intelligence infinie, ne peut pas ne pas voir le parti le meilleur ; s'il ne le voyait pas, son intelligence serait limitée et bornée ; il le voit toujours en raison de son intelligence infinie, et en raison de sa sagesse infinie, il le prend toujours. Car, supposez par impossible, qu'il ne le prenne pas, qu'il se décide à prendre le pire parti, alors il n'aurait pas agi conformément à sa sagesse souveraine, alors il ne serait pas souverainement sage, souverainement bon, il ne serait pas souverainement parfait. Soutenir que Dieu aurait pu agir autrement qu'il n'a agi, c'est porter atteinte à sa perfection infinie, c'est supposer qu'il n'a pas vu ou qu'il n'a pas fait le meilleur. Il était impossible que Dieu n'agît pas comme il a agi, qu'il ne créât pas le monde comme il l'a créé; mais cette impossibilité n'est pas une impossibilité absolue, contradictoire, c'est une impossibilité morale qui résulte de la nature de la sagesse de Dieu. Si Dieu n'était que souverainement puissant, il pourrait faire tout ce qu'il lui plairait, il pourrait défaire aujourd'hui ce qu'il a fait hier, passer d'un avis à un avis contraire, de même que si vous ne considérez d'un homme que sa liberté, vous pourrez dire qu'il peut tuer, assasiner, se précipiter dans un abîme, mais si vous considérez que cet homme est sage en même temps qu'il est libre, vous pourrez affirmer à coup sûr, qu'il ne fera rien de tout cela, quoiqu'il puisse le faire.

L'erreur de ceux qui ont attribué à Dieu une liberté d'indifférence, consiste donc à n'avoir pas considéré l'ensemble des attributs de Dieu à n'avoir considéré que sa liberté et sa toute-puissance, sans prendre garde qu'en Dieu, la liberté et la toute-puissance étaient intimement unies à la souveraine sagesse. Les décrets, les actes de Dieu sont donc, en réalité, placés sous l'empire d'une certaine nécessité. Mais cette nécessité n'est pas une nécessité métaphysique, suivant l'expression de Leibnitz, dont le contraire implique contradiction, c'est une nécessité morale qui résulte de la perfection infinie de Dieu.

Voilà pourquoi, et voilà en quel sens, nous devons croire et dire que Dieu ne peut rien faire qui ne soit sage, rien faire qui ne soit bien fait. Voilà pourquoi en toutes choses, nous devons croire qu'il obéit à ces vérités de la raison, à cette loi éternelle et immuable de la justice qu'il a fait pénétrer dans nos intelligences. Il a consulté ces vérités, il a consulté les types du bon, du beau et du vrai dans la création et dans l'organisation du monde. Ce n'est point arbitrairement et au hasard qu'il a fixé le juste et l'injuste. La justice découle de sa nature. La justice est absolue et indépendante, elle ne peut varier ; Dieu lui-même ne peut la changer, Dieu lui-même y est soumis. Il n'y pas une jus-

tice pour Dieu et une autre justice pour l'homme différente
de la justice divine, ce qui est juste au regard de l'homme,
comme l'a si bien dit Malebranche, est juste au regard de
l'ange, est juste au regard de Dieu. Jamais Dieu ne pourra
récompenser le coupable, jamais il ne pourra châtier l'innocent, jamais il ne pourra faire que le meurtre et l'assassinat deviennent des choses justes et saintes ; jamais il ne
pourra faire que le dévouement soit une acte coupable. Ce
qui est la vertu demeurera de toute éternité la vertu. Ce
qui est la justice demeurera de toute éternité la justice. Car,
Dieu n'est pas un tyran capricieux et fantasque qui se
joue impunément de ses sujets; c'est un monarque qui gouverne d'après les lois et qui ne veut jamais que ce qui est
sage, que ce qui est juste. Toute autre idée de la liberté de
Dieu, est incompatible avec sa sagesse et sa perfection infinie. Le choix du meilleur, de ce qu'il y a de plus conforme à
la raison et à la justice, elle est la loi absolue, invariable,
qui préside à toutes les déterminations de la volonté de
Dieu, à tous les actes de sa toute-puissance.

Mais s'il y a une justice indépendante, absolue, s'il y a
des propositions d'une éternelle vérité, qui sont telles de
leur nature et non point par une institution, par un décret de Dieu ; si Dieu les a connues nécessairement véritables, parce que telle était leur nature, n'est-ce pas une sorte
de fatalité à laquelle Dieu est assujéti ? N'en résulte-t-il
pas qu'il y a une puissance aveugle, une loi extérieure à
Dieu à laquelle il est obligé de se soumettre ? Or, rien ne
paraît plus incompatible qu'une telle sujétion à la perfection
infinie de Dieu. Mais ceux qui font une telle objection ne
prennent pas garde au fondement, à la nature de ces vérités éternelles auxquelles nous disons que Dieu lui-même
est soumis. Ce prétendu fatum qui oblige la nature divine
elle-même, n'est autre chose que la propre nature de Dieu,

que sa propre sagesse, sa propre raison. Dire que Dieu ne peut agir contre la raison, contre la justice, contre la vérité, ce n'est pas dire que Dieu est soumis à un pouvoir supérieur, à une fatalité qui le domine, c'est dire tout simplement que Dieu ne peut agir contre sa nature, contre sa sagesse. Cette raison universelle qui éclaire, en un certain degré, toutes les intelligences, c'est la raison, c'est la sagesse de Dieu même, ce n'est pas une loi placée en dehors de Dieu et à laquelle Dieu serait obligé d'obéir, puisqu'elle n'est pas distincte de Dieu, puisqu'elle constitue sa nature même. Quelques auteurs se sont tellement pénétrés de l'inviolabilité, de l'indépendance et du caractère absolu de ces vérités de la raison qu'ils ont été jusqu'à dire qu'alors même qu'il n'y aurait point de Dieu elles ne laisseraient pas de subsister, il n'y aurait pas moins un droit, une morale naturelle. Ces auteurs se sont trompés, il n'est pas vrai que les vérités éternelles subsisteraient alors même qu'il n'y aurait point de Dieu, point d'entendement divin pour les recevoir. Car c'est l'entendement divin qui est le siége, la substance, pour ainsi dire, des vérités éternelles. Toute réalité a son fondement quelque part, dans quelque chose d'existant. Le fondement de la réalité des vérités éternelles, c'est l'intelligence divine. Si donc Dieu pouvait cesser d'être, il n'y aurait plus de raison, plus de justice, plus de vérités éternelles pour toutes les intelligences, de même que pour nos yeux, il n'y aurait plus de lumière, si le soleil, foyer de la lumière, venait à être anéanti.

S'il était quelqu'un auquel pût répugner encore cette impossibilité morale dans laquelle, selon nous, se trouve Dieu de faire le mal, et la nécessité morale dans laquelle il se trouve également de faire le bien, il faudrait lui rappeler que la liberté ne consiste pas dans l'indécision entre le oui et le non, dans l'indifférence entre le mal et le bien, dans le bon et dans le mauvais usage qu'on en peut faire alternativement. S'il en était ainsi, si la liberté ne pouvait se manifester qu'à la condition de secouer le joug de la raison, d'agir de temps en temps, au hasard et par caprice, l'homme libre par excellence, ce serait le fou, ce serait l'insensé agissant en toutes choses sans suite et sans règle. La conséquence dernière de cette opinion serait que la liberté ne peut se manifester et se prouver que par le mauvais usage qu'on en fait, conséquence qui est absurde. Se servir constamment de la liberté pour atteindre le but qui lui a été assigné, à savoir notre amélioration et notre perfectionnement, voilà quel est, au contraire, l'idéal de la liberté.

Celui-là fait preuve de la plus grande liberté possible qui ne s'en sert jamais que pour faire le bien, qui ne se détermine jamais que par le motif le plus raisonnable, le meilleur. L'homme de bien, l'homme juste, l'homme saint se rapprochent de cet idéal de la liberté, mais, en Dieu seul, il se trouve dans tout son éclat, dans toute sa pureté en Dieu seul, la liberté est toujours au service de la raison; en Dieu seul la liberté est toujours déterminée, sans lutte, sans obstacle, sans effort, à faire ce qui est le meilleur. Le choix du meilleur ne nécessite pas, mais il incline, il détermine infailliblement la volonté de Dieu.

Tel est le milieu qu'il faut adopter entre ces deux opinions extrêmes dont l'une assujétit les décrets de Dieu à une nécessité aveugle et absolue, l'autre les affranchit de toute loi et de toute règle. Ni les décrets de Dieu ne sont nécessaires d'une nécessité absolue, ni ils ne sont arbitraires. Ils sont soumis à la loi du meilleur, à une nécessité morale qu'il ne faut point confondre avec une nécessité absolue et métaphysique, laquelle seule est incompatible avec la liberté. Cette nécessité morale résulte de sa nature. Dieu étant souverainement sage ne peut pas ne pas choisir en toutes choses le meilleur, car s'il ne le choisissait pas, s'il ne faisait pas le meilleur, il ne serait pas souverainement sage. Dieu est soumis en toutes choses aux lois, aux vérités éternelles de la raison; la justice n'est point un décret arbitraire de sa volonté, elle est indépendante et absolue. Mais Dieu en obéissant à ces lois qu'il ne peut violer, n'obéit pas à une puissance supérieure, distincte de lui-même, il obéit à sa propre raison, à sa propre nature.

Voilà ce qu'il faut répondre d'une part aux partisans de la liberté d'indifférence, de l'autre aux partisans de la nécessité absolue. Il est à remarquer que cette erreur de Descartes n'a point passé du maître aux disciples. Spinosa est tombé dans une erreur d'une nature toute opposée. Malebranche a déterminé la véritable nature de la liberté de Dieu, et la plupart des cartésiens, entre autres Fénelon et Bossuet se sont ralliés à Malebranche sur cette grande question.

HYPOTHÈSE DE L'ANIMAL MACHINE.

Je passe à une autre erreur plus célèbre de la philosophie cartésienne, à l'hypothèse de l'animal machine. J'ai montré comment cette hypothèse se rattachait aux principes fondamentaux du cartésianisme, d'après lesquels, il ne saurait y avoir dans le monde que deux sortes d'êtres, les êtres pensants et les êtres étendus ou matériels soumis aux lois générales de la mécanique. Quelque étrange que soit cette hypothèse de l'animal machine, et quelque contraire qu'elle se trouve aux données du bon sens et de l'observation, elle a eu cependant plus de partisans et plus d'influence qu'on ne se l'imagine ordinairement. Les théologiens et les scrupules religieux lui sont venus en aide. Plusieurs ont embrassé cette opinion que les animaux sont de pures machines, parce qu'il leur a paru que toute autre opinion conduisait à des conséquences dangereuses pour la croyance à l'immortalité de l'ame. Ils ont pensé qu'admettre dans les animaux une ame périssable et matérielle quoique pensante, c'était compromettre le dogme de l'immortalité de l'ame humaine. Si les animaux, quoique intelligents, n'ont qu'une ame matérielle et périssable, pourquoi l'ame humaine ne serait-elle pas aussi matérielle et périssable?

D'un autre côté, si pour échapper à cette conséquence on admet l'immortalité de l'ame des animaux, on égale ainsi leurs destinées à celles de l'homme. Descartes, en niant l'existence de la pensée chez les animaux, semblait résoudre cette difficulté, voilà pourquoi elle a trouvé de la faveur, même en dehors du cartésianisme. D'un autre côté, cette hypothèse avait l'avantage de supprimer une objection embarrassante contre la divine providence tirée de la souffrance de l'animal qui n'a pu démériter, puisqu'elle niait l'existence du sentiment chez les animaux, comme l'existence de la pensée.

La plupart des disciples de Descartes, Bossuet, Fénelon, pensaient, par cette hypothèse, servir le spiritualisme. Ils se sont trompés, car pour prouver que dans l'homme tout n'était que le résultat fatal d'un certain mécanisme, d'autres philosophes ont employé les mêmes arguments dont ils s'étaient servis pour prouver que tout dans l'animal n'est que l'action fatale de certains ressorts placés en lui.

L'hypothèse de l'animal machine a mis sur la voie de l'hypothèse de l'homme machine, et l'une et l'autre ont été défendues par les mêmes arguments (1). L'hypothèse de Descartes, en raison de l'importance qu'elle a eue, mérite donc d'être sérieusement examinée, et quelques observations bien simples suffiront pour la réfuter.

D'abord, il n'est pas vrai qu'il n'y ait dans le monde que des êtres pensants d'un côté, et de l'autre des êtres matériels et inanimés, soumis aux lois générales de la mécanique. Entre la classe des êtres pensants et des êtres inanimés, il faut placer la classe des êtres vivants et animés, qui ne sont pas régis par les lois qui gouvernent la matière inerte. Je ne sais s'il arrivera un jour où il sera démontré que les lois des corps vivants peuvent se ramener aux lois des corps bruts, je ne sais si cette idée de Descartes est une prévision de son génie, mais ce jour n'est pas encore arrivé. Les phénomènes dont s'occupe la science des corps vivants, la physiologie, sont encore aujourd'hui des phénomènes spéciaux, distincts de ceux qui sont l'objet des sciences physiques et chimiques, et les lois qui les gouvernent sont des lois spéciales.

Après cette remarque préliminaire, entrons dans le fond même de la question et examinons s'il est vrai que les animaux soient dépourvus de sentiment et d'intelligence. Mais

---

(1) Voici l'éloge que fait Lamettrie de cette hypothèse de Descartes, dans son traité de l'animal machine.

« Il est vrai que ce célèbre philosophe s'est beaucoup trompé, et personne n'en disconvient. Mais enfin il a connu la nature animale, il a, le premier, parfaitement démontré que les animaux étaient de pures machines. Or, après une découverte de cette importance, et qui demande autant de sagacité, le moyen, sans ingratitude, de ne pas faire grâce à toutes ses erreurs. Elles sont, à mes yeux, toutes réparées par cet aveu. »

comment pourrons-nous nous assurer que les animaux sentent, qu'ils sont intelligents, puisque ni leurs sentiments, ni leur intelligence ne tombent directement sous notre observation? C'est par l'induction seule que nous pouvons juger de ce qui se passe au dedans des animaux, comme au dedans de nos semblables. Lorsque nous jouissons ou nous souffrons, nous manifestons au dehors notre jouissance ou notre souffrance par certaines expressions, et lorsque nous voyons d'autres êtres reproduire ces mêmes expressions ou des expressions analogues, nous pensons que ces êtres éprouvent les mêmes sentiments ou des sentiments analogues. Nous jugeons de même que les actes par lesquels nous témoignons de notre intelligence, doivent témoigner aussi de l'intelligence des autres êtres qui les accomplissent. Or, les fondements de notre croyance à l'intelligence et à la sensibilité des animaux sont les mêmes que ceux de notre croyance à l'intelligence ou à la sensibilité de nos semblables. Dans l'un et l'autre cas, l'induction est la même et possède la même valeur. On peut, avec autant de raison, douter de l'existence du sentiment et de la douleur chez l'enfant qui se plaint et pleure, que chez l'animal qui gémit. Un jugement de même nature nous atteste que dans tous les animaux comme dans l'enfant, il y a de la sensibilité, quoique à des degrés différents. Descendez jusqu'aux plus bas degrés de l'échelle animale, et vous y trouverez des êtres qui souffrent et qui jouissent. Mais si tous les animaux sont sensibles, tous, il faut en convenir, ne sont pas intelligents, il en est qui sont réduits au pur instinct, il en est au contraire d'autres qui manifestent un commencement d'intelligence et de liberté.

Ces animaux purement instinctifs sembleraient, au premier abord, donner raison à l'hypothèse de Descartes, et leur intelligence pourrait bien n'être que le résultat d'un savant mécanisme. Ils accomplissent, sans doute, des ouvrages merveilleux et qui supposent une haute sagesse, mais cette sagesse n'est pas la leur, elle a été mise en eux par celui qui les a créés ; elle a été, pour ainsi dire, imprimée dans leur organisation; ils agissent, semblables à des machines qui se meuvent en vertu d'un ressort. Les animaux purement instinctifs, c'est-à-dire les animaux qui n'agissent qu'en vertu de cette force fatale de l'instinct, se distinguent facilement par certains caractères des animaux qui, à l'instinct, ajoutent un commencement d'intelligence. Ils ne sont susceptibles d'aucune sorte d'éducation, et ils n'en ont pas besoin. L'insecte n'a pas vu les parents qui lui ont donné le jour, ils ont péri avant qu'il ne fût éclos, et cependant, dès la première fois, et sans aucun apprentissage, sans aucun tâtonnement, il accomplit avec la même précision le même ouvrage qu'ont accompli tous ceux de sa race, il développe la même industrie pour saisir sa proie. De même que l'animal purement instinctif est incapable de perfectionnement, de même il est incapable d'aucune variation dans la pratique. Il ne sait pas modifier son œuvre suivant les temps, les lieux, les circonstances. Il y a dans ses œuvres la même régularité, la même uniformité que dans l'action d'une machine. Mais, dans ces animaux, à côté de l'instinct, il y a le sentiment qui ne permet, en aucune sorte, de les confondre avec de pures machines.

Il y a d'autres animaux en qui s'allie à l'instinct un commencement d'intelligence et de liberté. Ceux là se distinguent des animaux purement instinctifs parce qu'ils offrent des caractères opposés. Ils sont susceptibles d'apprendre quelque chose, et, par conséquent, ils sont susceptibles d'un certain perfectionnement. Ils savent varier leur œuvre suivant les temps, les lieux et les circonstances. Enfin, plus on s'élève dans l'échelle des animaux, et plus la part de l'instinct diminue, tandisque celle de l'intelligence augmente. Les animaux supérieurs manifestent évidemment, en un certain degré, quelques-unes des facultés intellectuelles qui sont dans l'homme. On ne saurait leur refuser de l'intelligence sans mettre en question la valeur des bases de tout jugement inductif. Autant vaudrait affirmer que nos semblables sont des machines se mouvant d'après certains ressorts cachés que d'affirmer que ces animaux sont dépourvus de toute intelligence et de tout sentiment. Ainsi donc, nul animal n'est une pure machine, car ceux qui ne se distinguent pas d'une machine par leur intelligence s'en distinguent encore profondément par le sentiment dont ils sont doués.

Mais si les animaux pensent et sentent, il faut admettre en eux, comme dans l'homme, une ame distincte du corps, une ame spirituelle. Nous ne reculons pas devant cette conséquence, elle découle directement des principes par lesquels nous établissons la distinction des deux substances de l'ame et du corps.

On demandera peut-être ce que ce principe intelligent et distinct des organes devient à la dissolution du corps de l'animal. Leibnitz répond à cette question en distinguant deux sortes d'immortalité, l'immortalité métaphysique et l'immortalité morale. L'immortalité métaphysique n'est pas accompagnée de conscience, c'est l'immortalité propre à l'animal. L'immortalité morale, au contraire, est accompagnée de conscience, c'est l'immortalité propre à l'homme. Le principe spirituel, sensible et intelligent de l'animal survit au corps, mais il y survit sans le savoir. L'ame humaine, au contraire, à la différence des ames des animaux, est immortelle et sait qu'elle est immortelle.

Je rapporte, sans la rejeter, sans l'approuver, cette conjecture de Leibnitz. Là n'est pas le point de dissidence entre nous et le cartésianisme. Descartes prétend que les animaux sont de pures machines, et nous, d'accord avec l'observation et le sens commun, nous reconnaissons en eux un commencement de sensibilité et d'intelligence.

JUGEMENT GÉNÉRAL SUR LA PHYSIQUE ET SUR LA PHYSIOLOGIE DE DESCARTES.

Après avoir apprécié les principes de la métaphysique de Descartes, il faut apprécier la valeur des principes de sa physique. Nous ne pouvons en faire une longue et bien savante appréciation, et d'ailleurs il n'en est pas besoin. Depuis longtemps la physique de Descartes est jugée dans la science, et personne, je crois, depuis Fontenelle et Mairan, n'a pris la défense de l'hypothèse des tourbillons. Mais si cette hypothèse n'a aucune valeur dans l'état actuel de la science, elle en a une grande dans l'histoire des sciences physiques. Il est arrivé à la physique de Descartes ce qui est arrivé à toutes les opinions, à tous les systèmes qui ont eu de la puissance et de la durée. La physique cartésienne, malgré les protestations de Gassendi, a régné presque sans contestation pendant un siècle. Quand de nouvelles expériences, de nouvelles démonstrations eurent prouvé la fausseté de ses principes, elle a néanmoins résisté, elle a fait obstacle, à son tour, à l'introduction de théories plus conformes aux faits, alors une lutte a commencé contre elle. Les adversaires qui l'ont combattue ont été injustes à son égard pendant le combat, et après la victoire, l'injustice a été poussée à tel point que l'hypothèse des tourbillons est arrivée jusqu'à nous couverte du ridicule qu'y a jeté le XVIIIe siècle. Cependant, la courte exposition que nous en avons faite a suffi, je l'espère, pour prouver que non seulement elle ne mérite pas ce ridicule, mais encore qu'elle témoigne d'un des plus puissants et des plus merveilleux efforts, en même temps que d'un des plus grands progrès de l'esprit humain dans l'explication de la nature des choses. Jamais, peut-être, le génie de l'homme n'a conçu une plus grande et plus belle hypothèse.

Pour apprécier la grandeur du progrès que représente la physique de Descartes dans la science, il faut considérer quel était, à cette époque, l'état général des sciences physiques. Il ne faut pas trop, dans cette considération, se préoccuper des immortelles découvertes de Keppler et de Galilée ni des sages préceptes donnés par Bacon, pour guider l'esprit dans l'étude de la nature, car ni Keppler ni Galilée, n'avaient conçu de système général du monde, et les préceptes de Bacon se rapportent seulement à la physique expérimentale. Sauf quelques rares et grandes exceptions, la physique, peut-être plus encore que la métaphysique, était presque toute péripatéticienne. On s'appuyait encore plus sur l'autorité d'Aristote que sur l'expérience. On supposait dans chaque chose des formes substantielles, des propriétés, des facultés spéciales et mystérieuses par lesquelles on expliquait tous les phénomènes. On expliquait les choses obscures par des principes non seulement obscurs, mais encore incompréhensibles. Descartes débarrasse la science de cette multitude de principes mystérieux et obscurs. En ramenant, comme déjà nous l'avons dit, la physique à la géométrie, et la géométrie à l'algèbre, il a introduit dans l'étude des phénomènes du monde matériel, une méthode nouvelle et puissante qui a changé la face des sciences physiques, et préparé tous les grand progrès qu'elles ont accomplis dans les temps modernes.

L'étendue, le mouvement des parties de l'étendue, la figure de ses parties, voilà les seules idées, les seuls principes auxquels il ait recours pour l'explication des phénomènes les plus divers. Les principes qu'il adopte pour point de départ, ont du moins tous le mérite de la simplicité et de la clarté. De la cette simplicité et cette clarté admirable de toute sa physique.

Si la physique de Descartes est remarquable par la clarté, elle ne l'est pas moins par l'unité et par la grandeur. Descartes n'a pas trouvé les véritables lois qui régissent l'univers, mais il a soupçonné qu'il devait y avoir des lois générales auxquelles non seulement tous les êtres de ce monde, mais encore tous les mondes sont soumis. Personne, avant Descartes, n'avait eu cette idée grande et féconde, que tous les corps, ceux qui se meuvent à la surface de la terre, comme ces astres immenses qui roulent dans les cieux, accomplissaient leurs mouvements en vertu des mêmes lois. Si Descartes n'a pas trouvé la véritable loi de tous ces mouvements, du moins a-t-il préparé la voie à ceux qui l'ont trouvée après lui, et l'hypothèse des tourbillons est le grand antécédent de la théorie de l'attraction. L'hypothèse des tourbillons renferme l'idée-mère de l'attraction newtonienne. Jamais, peut-être, Newton n'aurait conjecturé que la même loi de l'attraction devait s'appliquer au corps qui tombe sur la terre, et à l'astre qui accomplit sa révolution dans l'espace, si Descartes, avant lui, n'avait tenté de rendre compte de tous les phénomènes de l'univers physique par les lois générales du mouvement.

On a été injuste envers Descartes, on l'a trop sacrifié à Newton, et l'hypothèse de l'attraction a trop fait oublier

l'hypothèse des tourbillons. Cependant la différence entre ces deux hypothèses est peut-être moins grande que, d'ordinaire, on se l'imagine. Toutes deux partent d'une idée commune, toutes deux envisagent l'univers sous un même point de vue. Pour Newton, comme pour Descartes, le problème de la constitution de l'univers est un problème de mécanique. Il était plus difficile peut-être de déterminer la vraie nature du problème du monde que de le résoudre, sa nature étant déterminée. Or, cette gloire revient tout entière à Descartes. Avant Descartes, ce problème était plutôt considéré comme un problème de physiologie que comme un problème de mécanique. Keppler lui-même avait admis dans chaque astre une ame, une vie, un principe particulier de mouvement. Lafontaine, en disant :
Quelque ange est attaché peut-être à ces grands corps,
résumait sous une forme poétique l'opinion générale de la science antérieurement à Descartes. C'est donc Descartes qui, le premier, a eu l'idée que tous les mondes étaient également assujétis aux lois générales de la mécanique. Par cette seule idée il a préparé Newton, il a fait peut-être plus que Newton.

La plupart de ces réflexions empruntent leur valeur au témoignage de d'Alembert, qu'on ne saurait soupçonner de partialité en faveur du cartésianisme, et dont l'autorité est imposante dans la science. Voici, en effet, le jugement remarquable que porte d'Alembert sur la physique de Descartes, dans la préface de l'*Encyclopédie*.

« Sa dioptrique est la plus grande et la plus belle application qu'on ait fait encore de la géométrie à la physique. On voit partout, dans ses ouvrages, même les moins lus maintenant, briller le génie inventeur. Si on juge sans partialité ces tourbillons, devenus aujourd'hui presque ridicules, on conviendra, j'ose le dire, qu'on ne pouvait alors imaginer mieux. Les observations astronomiques qui ont servi à les détruire, étaient encore imparfaites ou peu constatées, rien n'était plus naturel que de supposer un fluide qui transportât les planètes. Il n'y avait qu'une longue suite de phénomènes, de raisonnements, de calculs et, par conséquent, une longue suite d'années, qui pût faire renoncer à une théorie aussi séduisante. Elle avait, d'ailleurs, l'avantage singulier de rendre compte de la gravitation des corps par la force centrifuge du tourbillon même, et je ne crains pas d'avancer que cette explication de la pesanteur est une des plus belles et des plus ingénieuses hypothèses que la philosophie ait jamais imaginées. Aussi a-t-il fallu pour l'abandonner, que les physiciens aient été entraînés, comme malgré eux et par des expériences faites longtemps après. Reconnaissons donc que Descartes, forcé de créer une physique toute nouvelle n'a pu la créer meilleure, et que s'il s'est trompé sur les lois du mouvement, il a du moins deviné qu'il devait y en avoir. »

Si l'on songe que d'Alembert a vécu au milieu de la réaction contre le cartésianisme, on appréciera mieux encore ce qu'il y a de vérité et de grandeur dans ce jugement. Il est impossible de faire un plus bel éloge de la physique de Descartes, que de dire qu'il fallait passer par elle pour arriver au vrai système du monde, et cet éloge a d'autant plus de force qu'il est accordé à Descartes par un adversaire du cartésianisme.

A cette appréciation de la physique de Descartes, j'ajoute quelques considérations sur sa physiologie. Déjà, en critiquant l'hypothèse de l'animal machine, nous en avons signalé le vice fondamental. Selon Descartes, les lois qui régissent les corps vivants sont les mêmes que celles qui régissent les corps bruts, la matière inanimée. Ainsi, pour

Descartes, la physiologie n'est pas une science particulière, elle n'est qu'une branche de la physique et de la mécanique. Entre la pensée pure et la matière, il y a un intermédiaire que Descartes a méconnu. Cet intermédiaire c'est la vie ou la sensibilité. Les phénomènes vitaux et organiques se distinguent de la pensée, puisqu'ils s'accomplissent dans notre corps sans que nous en ayons conscience, puisque nous connaissons notre pensée sans les connaître. Nous n'admettrons donc pas avec quelques physiologistes, que leur principe soit le même que le principe qui veut et qui pense. Autre chose est le principe intelligent, autre chose est le principe vital; et les phénomènes qui en découlent se distinguent, d'un côté, profondément des phénomènes psychologiques et de l'ame pensante ; de l'autre, ils ne se distinguent pas moins profondément des phénomènes gouvernés par les lois générales du mouvement. La physiologie n'est donc pas une branche de la physique et de la mécanique, elle est une science spéciale ayant un objet spécial, elle se place entre la science des corps bruts et la science des êtres pensants. L'erreur fondamentale de la physiologie cartésienne est d'avoir méconnu cet intermédiaire, et cette erreur, comme nous l'avons dit, à propos de l'hypothèse de l'animal machine, n'a pas été sans influence non seulement sur les progrès ultérieurs de la physiologie, mais encore sur la philosophie elle-même. En effet, quelques esprits hardis ont étendu à l'ame elle-même ces hypothèses que Descartes avait limitées aux corps vivants, et ont entrepris de démontrer que les choses se passent dans l'ame comme elles se passent dans le corps, c'est-à-dire, d'après les lois générales du mouvement. Ils ont essayé de rendre compte de la pensée et de tous les phénomènes de l'ame par un pur mécanisme, de la même manière que Descartes avait entrepris d'expliquer tous les phénomènes vitaux et organiques.

Néanmoins, malgré cette grave erreur, la physiologie de Descartes, comme sa physique, a été un progrès dans la science. L'hypothèse des esprits animaux est tout au moins aussi vraisemblable et aussi ingénieuse que celle du fluide nerveux ou des vibrations des nerfs. D'ailleurs, Descartes était un habile anatomiste, et sa physiologie a puissamment contribué à répandre les notions d'anatomie sur lesquelles elle reposait. Elle a répandu et popularisé, entre autres vérités, la grande découverte de la circulation du sang. « L'homme de M. Descartes n'est pas celui de la nature, a dit avec raison Leibnitz. » Néanmoins, s'il n'est pas encore l'homme de la nature, il s'en rapproche plus que toutes les descriptions et toutes les explications scientifiques qu'en avaient données la physiologie et l'anatomie antérieurement à Descartes.

DE LA PROSCRIPTION DES CAUSES FINALES.

Je n'abandonnerai pas ce sujet sans rappeler que Descartes a tenté d'introduire, dans la science de la nature, une opinion contraire à toutes nos idées sur l'ordre et la fin du monde, et sur le but de la science. Cette opinion, que Descartes érige en un principe qui doit présider à toute investigation scientifique, est la proscription absolue de la recherche des causes finales.

Leibnitz a jugé avec sévérité et a toujours combattu cette tendance de la physique cartésienne à proscrire, comme téméraire, toute recherche des causes finales.

Voici le jugement qu'il en porte dans une lettre à l'abbé Nicaise :

« Quoique je veuille bien croire que cet auteur a été sincère dans la proposition de sa religion, néanmoins, les principes qu'il a posés renferment des conséquences étranges auxquelles on ne prend pas assez garde. Après avoir détourné les philosophes de la recherche des causes finales, ou, ce qui est la même chose, de la considération de la sagesse divine dans l'ordre des choses qui, à mon avis, doit être le grand but de la philosophie, il en fait entrevoir la raison dans un endroit de ses principes, où voulant s'excuser de ce qu'il semble avoir attribué à la nature certaines formes et certains mouvements, il dit qu'il a eu le droit de le faire parce que la matière prend successivement toutes les formes possibles, et qu'ainsi, il a fallu qu'elle soit venue à celle qu'il a supposée. Mais si ce qu'il dit est vrai, si tout possible doit arriver, et s'il n'y a point de fiction quelqu'indigne et quelqu'absurde qu'elle soit, qui n'arrive en quelque temps et en quelque lieu de l'univers, il s'en suit qu'il n'y a ni choix, ni providence, que ce qui n'arrive point est impossible, et que ce qui arrive est nécessaire, justement comme le disent Hobbes et Spinosa en termes plus clairs (1).

Nous ne pouvons partager les soupçons de Leibnitz, sur la foi de Descartes en une providence du monde, cependant nous reconnaissons que ces reproches, quoique sévères, ne manquent pas de justesse et de vérité, et que la conséquence suprême du principe de Descartes serait la négation de la providence et d'un plan de l'univers. En effet, s'il existe un plan dans l'univers, si toutes choses y ont été ordonnées par une intelligence souveraine,

---

(1) Cousin. *Frag. Philosoph.*, 3me édition, 2me volume, p. 280.

comme il nous est impossible d'en douter, nous devons croire que chaque chose a été créée en vue d'une certaine fin, et que l'univers lui-même n'a été tiré du néant que dans un certain but. Nous accorderons à Descartes que la fin dernière de l'univers échappe à notre intelligence, mais chaque chose, indépendamment de cette fin générale et dernière, à laquelle elle concourt, a une fin particulière et moins éloignée par laquelle elle est en rapport avec les êtres qui l'entourent et avec la fin générale de l'univers. Or, il nous semble que la science ne saurait être complète si elle n'embrasse la recherche de cette fin particulière des choses. Sans doute, elle ne doit pas débuter par faire des hypothèses sur les causes finales des choses ; ce n'est pas par cette recherche qu'elle doit commencer, mais c'est par elle qu'elle doit finir. C'est seulement lorsqu'on connaît la nature d'un être qu'on peut faire une induction de quelque valeur sur la fin et la destination de cet être. Mais lorsque la nature d'un être ou d'un phénomène est connue, la science n'en saurait être achevée que lorsqu'elle aura découvert la cause finale de cet être. C'est ainsi qu'en physiologie, lorsqu'on découvre un organe nouveau, on ne se contente pas de l'analyser et de le décrire ; on cherche le but, la fin de cet organe, parce qu'on est persuadé qu'il doit avoir une fin, et on ne pense le connaître que lorsque cette fin a été trouvée.

Concluons donc que Descartes a eu tort de proscrire de la science la recherche des causes finales. L'univers est l'ouvrage d'un être souverainement intelligent, donc toutes les choses de l'univers doivent avoir été créées en vue d'une certaine fin. Si la fin générale et dernière de tous les êtres et de l'univers, échappe à notre intelligence bornée, du moins devons-nous rechercher les causes finales particulières de chaque chose, et la science n'est achevée que lorsqu'elle a trouvé la cause finale des êtres et des phénomènes dont elle étudie la nature.

Leibnitz a parfaitement compris toute la gravité de cette proscription absolue de toute considération sur la recherche des causes finales, il a eu raison de rapprocher sur ce point le système de Descartes du système de Spinosa, car Spinosa s'est attaché à cette opinion de son maître qui s'accordait si bien avec l'ensemble de son système. Mais Leibnitz a été trop sévère à l'égard de Descartes, et n'a pas tenu compte des circonstances et des causes qui peuvent servir, si non à justifier, au moins à expliquer son erreur. Ce qui, sans nul doute, engagea Descartes à rejeter de la philosophie toute recherche des causes finales, c'est le prodigieux abus qui en avait été fait et qui s'en faisait encore dans la physique de son temps. Pour l'explication de chaque phénomène on imaginait des causes occultes, des formes substantielles, des causes finales particulières; Descartes, en ramenant à des lois générales l'explication de tous les phénomènes de l'univers, bannit à jamais de la science toutes les causes occultes, toutes ces formes substantielles, mais il eut tort de comprendre dans la même proscription les causes finales, sans prendre garde, qu'en assujétissant tous les phénomènes à quelques lois générales du mouvement, il s'élevait dans la série des causes finales, au lieu de les détruire, et s'approchait de plus en plus de la cause finale suprême. Voilà ce qui peut expliquer et atténuer une erreur que l'on s'étonne de trouver dans Descartes et que Leibnitz aurait, sans doute, traitée avec moins de sévérité s'il en avait bien compris la cause et l'origine.

Telles sont, à notre jugement, les grandes vérités et les grandes erreurs contenues au sein du cartésianisme. Une critique plus minutieuse nous y aurait fait, sans doute, découvrir bien d'autres vérités et bien d'autres erreurs de détail, mais nous avons dû nous borner à signaler les vérités et les erreurs par lesquelles le cartésianisme a exercé quelque influence, soit en bien, soit en mal, sur les développements de la philosophie moderne.

JUGEMENT GÉNÉRAL SUR LA RÉVOLUTION CARTÉSIENNE.

Nous avons réuni tous les éléments d'une sage appréciation de la valeur et de l'importance de la révolution cartésienne. Nous l'avons étudiée en elle-même, dans ses antécédents et dans ses conséquences, nous avons distingué en elle la part de la vérité et la part de l'erreur. Par l'histoire et par la critique de ce mouvement philosophique, nous avons justifié ce que nous disions, en commençant, de sa puissance et de sa grandeur. Nulle révolution philosophique, dans les temps modernes, n'a eu le même retentissement. Son action ne s'est pas bornée à la philosophie elle-même ; toutes les branches des connaissances humaines, toutes les sciences et toute la littérature d'un grand siècle en ont porté l'empreinte. Les philosophes, les savants, les littérateurs, les poètes, les gens du monde, tous, en une certaine façon, en une certaine mesure, ont subi son influence. Toutes les hautes intelligences du siècle de Louis XIV ont été animées de son esprit, ont eu foi en ses principes. Mais cette influence si grande a-t-elle été pernicieuse ou salutaire ? La révolution cartésienne a-t-elle bien ou mal mérité de la philosophie et de la civilisation moderne, voilà la question ?

A cette question nous avons déjà répondu par l'esprit

général de ce livre. Quelles que soient les erreurs contenues dans le cartésianisme, la part du bien l'emporte, et, toutes choses considérées, son influence a été féconde et salutaire. Sans doute la logique de Spinosa et de Malebranche a fait sortir de quelques uns de ses principes des conséquences redoutables. Mais Leibnitz a fait justice de ces principes, et la plupart des erreurs dans lesquelles Malebranche et Spinosa sont tombés, n'existent plus aujourd'hui que dans l'histoire, comme un avertissement salutaire à tous ceux qui agitent les hauts problèmes de la métaphysique. A peine est-il resté quelques traces de l'erreur, tandisque la vérité est demeurée tout entière. Or, cette part de vérité est assez grande pour nous faire absoudre le cartésianisme de toutes ses erreurs. Par sa méthode et par ses principes, Descartes a rendu à la métaphysique en particulier, et à toutes les sciences en général, d'immortels services.

En métaphysique, par la distinction nette et profonde des phénomènes qui se rapportent à l'ame et des phénomènes qui se rapportent au corps, il a déterminé la vraie méthode psychologique et jeté les fondements de la science de l'esprit humain.

En établissant l'existence d'idées innées qui ne viennent pas des sens et qui ne sont pas le produit de notre activité intellectuelle, il a préparé les voies à cette théorie de la raison que Malebranche a développée avec tant de profondeur et d'éloquence.

Enfin, il a victorieusement défendu contre toutes les objections des philosophes sensualistes l'existence de la notion de l'infini au sein de l'ame humaine, et il en a fait le fondement d'une preuve nouvelle et légitime de l'existence de Dieu.

En physique, il n'a pas moins fait qu'en métaphysique.

Par l'application des mathématiques à la physique, il a introduit une méthode nouvelle qui est la première cause de toutes les découvertes et de tous les progrès de la physique moderne. Le premier, il a pensé que tous les phénomènes de l'univers devaient être soumis aux lois générales du mouvement; le premier, il a posé comme un simple problème de mécanique, ce problème du monde, que Newton n'aurait peut-être jamais résolu, s'il n'avait hérité de cette idée féconde.

Mais Descartes n'eût-il rencontré aucune vérité, soit en métaphysique, soit en physique, aurait encore des droits à notre éternelle reconnaissance. Ce n'est pas par tel ou tel de ses résultats; c'est par son esprit et par sa méthode, que le cartésianisme a exercé le plus d'influence sur le monde moderne. Depuis le commencement du moyen-âge la raison humaine, par des circonstances dont j'ai essayé de rendre compte, était enchaînée dans les liens de l'autorité; dans toute recherche de la vérité elle était obligée de prendre pour guide soit la théologie, soit Aristote. Il est vrai que déjà vers la fin du moyen-âge, et au sein même de la philosophie, de nombreuses tentatives d'indépendance s'étaient manifestées, mais aucune d'elle ne s'était élevée à la hauteur d'une méthode, aucune d'elle n'avait triomphé. L'autorité de la philosophie scholastique, quoique un peu ébranlée, subsistait encore lorsque Descartes parut, et vint, par sa méthode, lui porter le dernier coup. D'Alembert, que nous avons déjà cité, et qui, selon nous, a beaucoup mieux jugé Descartes que Huygens et Leibnitz, a parfaitement apprécié son rôle philosophique et l'importance de cette révolution qu'il a eu la gloire d'accomplir.

« On peut, dit-il, le regarder comme un chef de conjurés qui a eu le courage de s'élever le premier contre une puissance despotique et arbitraire, et qui, en préparant une révolution éclatante, a jeté les fondements d'un gouvernement plus juste et plus heureux qu'il n'a pu voir établi. S'il a fini par croire tout expliquer, il a commencé par douter de tout, et les armes dont nous nous servons pour le combattre ne lui appartient pas moins parce que nous les tournons contre lui. » (Préf. de l'*Encyclopédie*).

Avoir définitivement affranchi la raison du joug de l'autorité dans la recherche du vrai, en plaçant le principe de la certitude là où il doit être placé, c'est-à-dire dans l'évidence, voilà donc la grande gloire de Descartes et du cartésianisme. Voilà par où le cartésianisme a véritablement inauguré l'ère de la pensée moderne, voilà par où il a servi et préparé tous les développements ultérieurs des sciences et de la philosophie. C'est, sans doute, en l'envisageant sous ce point de vue que Leibnitz a dit de la philosophie de Descartes, qu'elle était l'antichambre de la vérité. Descartes est incontestablement le père de cet esprit d'examen et de critique, de cette indépendance de la pensée qui constitue un des caractères les plus importants de la civilisation moderne.

Nous qui réclamons, en tout ordre d'idées, les droits de la raison, la liberté d'examen, l'indépendance de la pensée philosophique, nous sommes les enfants du cartésianisme, nous devons tous nous incliner au grand nom de Descartes, et nous ne devons pas oublier en le critiquant, que les armes dont nous nous servons contre lui, comme l'a dit d'Alembert, ne lui appartiennent pas moins parce que nous les tournons contre lui. Comme système de philosophie, le cartésianisme est mort, mais il a laissé dans la science des traces fécondes de son passage, car c'est de lui que la philosophie française du XIXe siècle tient sa méthode et quelques-uns de ses principaux résultats. Le cartésianisme est mort, mais son esprit vit en nous, il est l'esprit même de la science, de la philosophie et de la civilisation des temps modernes.

FIN.

TABLE DES MATIÈRES.

	Pages.
État de la Philosophie antérieurement a Descartes.	1
De la nature et de l'origine de la Philosophie scholastique	2
Des différentes voies par lesquelles la raison commence à s'affranchir du joug de l'autorité.	4
Des causes de la décadence et de la chute de la Philosophie scholastique.	9
Caractères généraux des philosophes réformateurs du XVe et du XVIe siècle.	17
Pierre Pomponat.	22
Jules Vanini.	32
Bernardino Telesio.	39
Thomas Campanella.	43
Marsile Ficin. — Franç. Patrizzi.	54
Ramus.	58
Giordano Bruno.	67
Du rôle et de l'influence du mysticisme au XVe et au XVIe siècle.	73
Considérations générales sur le rôle et sur la vie de Descartes.	78

EXPOSITION COMPLÈTE DE LA PHILOSOPHIE DE DESCARTES.

MÉTAPHYSIQUE DE DESCARTES.

De l'objet et du but de la Philosophie 95
Critérium de la certitude. — Distinction de l'ame et du corps. . 98
Preuves de l'existence d'un Dieu souverainement bon qui ne peut
    vouloir nous tromper 105
Des attributs de Dieu. 114
De l'origine, de la nature et des caractères des idées innées. . . 118
Des idées adventices et de l'existence du monde extérieur. . . . 122
De la volonté et de l'origine de nos erreurs 127
Des passions. 130
Distinction de l'ame et du corps 136
De la nature de la substance de l'ame en particulier et des substan-
    ces créées en général 138
Du siège de l'ame dans les organes 142
Hypothèse de l'animal-machine. 144

PRINCIPES GÉNÉRAUX DE LA PHYSIQUE DE DESCARTES.

Proscription des causes finales et des formes substantielles. . . . 148
De la matière, de l'espace, de la divisibilité à l'infini, du vide, des
    trois éléments 150
Du mouvement et de ses lois. 153
Hypothèse des tourbillons. 157
De la terre, du mouvement de la terre, de la pesanteur, du flux et
    du reflux, de la lumière, de la chaleur 164
PRINCIPES DE LA PHYSIOLOGIE DE DESCARTES. 172
Hypothèse des esprits animaux 174
Résumé général de la Philosophie de Descartes. 177

DES DISCIPLES IMMÉDIATS ET AVOUÉS DE DESCARTES.

Clerselier, Rohault, de la Forge, Sylvain Régis, Geulincs, Clauberg. 182

SPINOSA.

De la vie, des ouvrages et de la méthode de Spinosa 201
De la substance une et indivisible et de ses attributs 205
Notion de l'homme déduite de la notion de Dieu 214
Théorie de la connaissance 218
Du principe des passions 224
Du principe de la morale et de l'immortalité de l'ame. 227
Principes de la politique de Spinosa. 230
Influence de la métaphysique de Descartes sur la métaphysique de Spinosa 233

MALEBRANCHE.

De la vie, de l'esprit et de la méthode philosophique de Malebranche 236
Théorie de la vision de Dieu. 241
Des vérités éternelles, de la nature et des caractères de la raison. 247
De l'existence d'un monde extérieur. 252
De la nature et de l'origine de la volonté. 255
Théorie des causes occasionnelles. Rapports de l'ame avec le corps 260
Rapports de la Philosophie de Malebranche avec la Philosophie de Descartes et de Spinosa. 263

LOCKE.

Influence de la Philosophie de Descartes sur la Philosophie de Locke. 268

LEIBNITZ.

Rôle de Leibnitz dans le mouvement cartésien. 281
Réforme de la notion cartésienne de la substance. Théorie des monades 284
De l'hypothèse de l'harmonie préétablie et de son origine cartésienne. 255

BAYLE.

Du rôle de Bayle dans le mouvement cartésien. 305

INFLUENCE GÉNÉRALE DU CARTÉSIANISME SUR LA LITTÉRATURE DU XVIIe SIÈCLE.

Propagation rapide et triomphe complet de la Philosophie de Descartes. 321

Persécution du cartésianisme en France. 324
De l'influence de Descartes sur la littérature du XVIIe siècle. . . 327
Madame de Sévigné. Labruyère. Boileau. Lafontaine. 333
Pascal. Arnauld-Nicole. 338
Logique de Port-Royal 338
Du cartésianisme de Bossuet et de Fénelon 347
Causes de la décadence du Cartésianisme et du triomphe de la Philosophie sensualiste 355

CRITIQUE DU CARTÉSIANISME.

PART DE VÉRITÉ CONTENUE DANS LE CARTÉSIANISME.

Du principe et du critérium de la certitude. 367
De la méthode psychologique établie par Descartes. 380
Des idées innées de Descartes, de l'idée de l'infini et de la souveraine perfection. 386
Examen critique des preuves de l'existence de Dieu 389

DE LA PART D'ERREUR CONTENUE DANS LE CARTÉSIANISME.

Une fausse notion de la substance est la source de toutes les grandes erreurs de la métaphysique de Descartes. 396
De la vraie notion de la substance 405
Des vrais rapports de Dieu avec les êtres créés. 411
De l'erreur de Descartes relativement à la puissance et à la liberté de Dieu 415
Jugement général sur la physique et sur la physiologie de Descartes. 429
De la proscription des causes finales. 435
Jugement général sur la révolution cartésienne. 439

FIN DE LA TABLE.

www.ingramcontent.com/pod-product-compliance
Lightning Source LLC
Chambersburg PA
CBHW070822250426
43671CB00036B/757